F İREDOM

Afrikalı Mühacirlərin Maliyyə Müstəqillik Hekayələri

OLUMIDE OGUNSANWO
&
ACHANI SAMON BIAOU

FIREDOM: AFRİKALI İMQRANTLARIN MALİYYƏ MÜSTƏQİLLİK HEKAYƏLƏRİ
Birinci nəşr.

2023-10-30
Bülletenimizə abunə olun: firedom.substack.com Bizə e-poçt göndərin: hello@myfiredom.com Veb saytımıza daxil olun: myfiredom.com

Table of Contents

1. Giriş

Olumide Ogunsanwo: Mən bu kitabı alan hər kəsi salamlamaqla başlamaq istərdim. Biz minnətdarıq və ümid edirik ki, kitab sizə özünü kəşf etmək, şəxsi inkişaf, müstəqillik və azadlıq səyahətinizdə kömək edəcək.

Bu giriş fəslində beş mövzunu əhatə edəcəyik: biz kimik, necə tanış olduq, niyə bu kitabı birlikdə yaratmağa qərar verdik, niyə bu kitabı yaratmaq yaxşı fikir olmaya bilər və oxucuların bundan nə əldə etməsini istəyirik. kitab.

Samon, mən sənin haqqında və keçmişin haqqında daha çox öyrənməklə başlamaq istərdim.

Achani Samon Biaou: Mənim adım Samon Biaou. Mən Qərbi Afrikanın Benin şəhərində anadan olmuşam və dünyanın 20-dən çox ölkəsində yaşamışam və yüzə yaxın ölkədə olmuşam. Mən 8 dildə danışıram. Mənim bir neçə həyatım olub: mühəndis kimi başlamışam, idarəetmə konsaltinqinə keçdim və indi diqqətimi sahibkarlıq və investisiyaya yönəldirəm. Əsas maraqlarım mədəniyyətləri anlamaq, müxtəlif yerləri görmək və problemləri həll etməkdir.

Olumide Ogunsanwo: Ən çox hansı üç dili bilirsiniz?

Achani Samon Biaou: Mən ən çox ingiliscə danışıram, ondan sonra fransız dili və yoruba dili gəlir.

Olumide Ogunsanwo: Dayan. Mən yorubam və yoruba dilini çətin ki danışıram. Yoruba dilini niyə bu qədər çox məşq edirsən? Valideynlərinizə görədir, yoxsa ailəniz?

Achani Samon Biaou: Həqiqətən, mən anam və ailə üzvlərimlə yoruba dilində danışıram. Oxucularımız üçün qısa məlumatı təqdim edirik: Yoruba təkcə etnik qrup deyil, həm də Qərbi Afrikada danışılan dildir. Yoruba xalqına Braziliya və Kuba da daxil olmaqla digər ölkələrdə də rast gəlmək olar.

Oxucularımız üçün iki imtinanı bölüşmək istərdim. Birincisi, mən şənliyi sevirəm, çünki onun ətrafında böyümüşəm. Benində uşaqlıq illərində hər şey xoşbəxtlik və mehriban qonşuluq münasibətləri ətrafında idi. Mən xoş əhval-ruhiyyə ilə əhatə olunmağı sevirəm!

Olumide Ogunsanwo: [Gülüş]

Achani Samon Biaou: İkincisi, mən tez-tez dillərarası dildən istifadə edirəm, yəni danışarkən bildiyim digər yeddi dildən bəzilərinin sintaksisini qarışdırıram. Bəzən bir dildə düşünməyə başlayıram, başqa dildə bitirirəm. Buna görə də, cümlələri ifadə etməyin qəribə bir tərzini eşidirsinizsə, bu, çox güman ki, ərəb, fransız, ingilis və yoruba dillərinin qarışığından qaynaqlanır.

Olumide Ogunsanwo: Möhtəşəm! Bəzi fransız sözlərini daxil etsəniz, fransızcamı təkmilləşdirə bilərəm. Hətta sizin "xoş əhval-ruhiyyə"ni bəyənmə ilə bağlı əvvəlki cümləni ifadə etməyin tərzi mənim (doğma ingiliscə danışan birinin) onu ifadə edəcəyimdən fərqlidir. Bu prosesdən çox şey öyrənə bilərəm. Fransız dilimi təkmilləşdirməyi səbirsizliklə gözləyirəm.

Achani Samon Biaou: Hansı növ fransız dilini öyrənmək istədiyinizi mənə bildirməlisiniz: Fransız Fransızı, Fil Dişi Fransızı, yoxsa Benin Fransızı? Onlar demək olar ki, tamamilə fərqli dillərdir (Gülüş).

Olumide Ogunsanwo: [Gülümsəyin] Maraqlarınız nədir?

Achani Samon Biaou: Mənim əsas marağım insan təcrübəsini daha dərindən dərk etməkdir, bura insanların niyə müəyyən tərzdə davrandığını və onları nəyin motivasiya etdiyini başa düşməkdir. Səyahət yolu ilə müxtəlif mədəniyyətləri araşdırmaq həvəsim insan vəziyyətini dərk etməyə olan bu maraqdır.

Bu marağın necə inkişaf etməsinə gəlincə, mən bunu yoruba mədəniyyətində böyüdüyüm, ağsaqqalların atalar sözləri ilə ünsiyyət qurduğum şəraitlə əlaqələndirirəm. Valideynlərim və ya əmilərim sadəcə atalar sözləri mübadiləsi etməklə bütün söhbətləri apara bilərdilər. Bu, mənə təkcə insanların istifadə etdiyi sözlərə deyil, həm də onların şifahi olmayan işarələrinə və davranışlarına çox diqqət yetirməyi öyrətdi.

Olumide, özüm haqqında bir az paylaşdıqdan sonra, sizin haqqınızda daha çox öyrənməkdə maraqlıyam. Sən kimsən?

Olumide Ogunsanwo: Mən kiməm? Bu, dərin fəlsəfi sual kimi səslənir. Mənim adım Olumide Ogunsanwo.

Mənim ümumi dəyərlərim münasibətlər, sağlamlıq, muxtariyyət/azadlıq, öyrənmə, icra (işlətmək), macəra və maliyyə mükəmməlliyidir.

Bu dəyərlər texnologiya, şəxsi maliyyə, şəxsi inkişaf, kitablar, elm, riyaziyyat, podkastlar, tarix, birləşmə və satınalmalar (M&A), şirkət tarixçələri, qidalanma, səyahət, rəqs və səyahət mükafatları proqramlarını əhatə edən xüsusi maraqlarıma ilham verir.

Maraqlıdır ki, biz ən azı iki ümumi maraqları bölüşürük: səyahət və şəxsi maliyyə.

Achani Samon Biaou: Bəli. Siz danışdıqca özümü bir az yorğun hiss etməyə bilməzdim. Bu qədər maraqlarla gündə bunların hamısını həyata keçirmək üçün kifayət qədər saatı necə tapırsınız? Həyatınızın müxtəlif dövrlərində bu dəyərlərə diqqət yetirirsiniz, yoxsa hamısını birdən həyata keçirirsiniz?

Olumide Ogunsanwo: Mən həyatımı məndə kök salmış dəyərlərimə uyğun yaşayıram. Mən onları fəal şəkildə təqib etmirəm, onlar mənə qərarlar qəbul etməkdə rəhbərlik edir və bir çox imkanlarım və rəqabətli seçimlərim olduqda vaxtımı prioritetləşdirməyə kömək edirlər.

Maraqlarım tez-tez üst-üstə düşür və onları maraqlı və əyləncəli hesab etdiyim üçün, hamısına vaxt ayırmağa imkan verəcək şəkildə onlara üstünlük verirəm.

Achani Samon Biaou: Yeni maraqları necə inkişaf etdirirsiniz?

Olumide Ogunsanwo: Mən eksperimentlərə böyük həvəs göstərirəm və bir çox maraqlarım keçmiş təcrübələrdən yaranıb. Hər ay yeni bir sınaq keçirməyə çalışıram, bəziləri yapışır, bəziləri isə yox. Bundan əlavə, Laqos, Çikaqo, London, Boston və Mayami kimi çoxmədəniyyətli şəhərlərdə yaşamaq məni müxtəlif həyat tərzi və perspektivləri olan müxtəlif insanlarla tanış etdi.

Hamısını bir araya gətirərək, üç fərqli şey edirəm. Mən investor, podkaster və məsləhətçiyəm (və bu kitabı dərc etdikdən sonra müəllif):

1. **İnvestor: Mən** Adamantium Fondu [1]vasitəsilə Afrika startaplarına sərmayə qoyuram .

2. **Podkaster: Mən** Afrobility podkastının [2]həm aparıcısı və həmtəsisçisiyəm . Bu kitabı bəyənirsinizsə, podkasti bəyənə bilərsiniz. Bu, Afrika texnologiya şirkətlərinin hekayələrini və təhlillərini təqdim edir.

3. **Məsləhətçi:** Mən startaplara məsləhət görürəm. Mən də maliyyə müstəqilliyi ilə bağlı konsaltinq biznesim var; İnsanlara maliyyə cəhətdən müstəqil olmağı məsləhət görürəm (bu kitabın mövzusuna bənzər).

Bu kitab əsasən mənim şəxsi maliyyə və maliyyə müstəqilliyi ilə bağlı

1. http://adamantiumfund.com

2. http://afrobility.com

maraqlarımı araşdırır, lakin hekayələrimizi nəzərdən keçirdikcə yəqin ki, ortaya çıxacaq daha geniş maraqlarım var.

Achani Samon Biaou: Harada yaşayırsınız?

Olumide Ogunsanwo: Mən vaxtımı geostrategiyama əsasən müxtəlif şəhərlər arasında bölürəm:

Mayami 50%, Laqos 20%, Nyu York 5%, London 5%, Digər şəhərlər 20%

Achani Samon Biaou: Sizdəki məsləhətçinin hər şeyi yaxşı qurulmuş vəziyyətdə saxladığını qeyd etməsəm, peşman olacağam. Başqa bir məsləhətçi ilə söhbət etmək və strukturu tanımaq əladır.

Olumide Ogunsanwo: [Gülümsəyin]. Bu bir az mənim haqqımdadır. Necə tanış olduq?

Achani Samon Biaou: Tərəfdaşım mənə Olumide haqqında 2022-ci ilin avqustunda danışdı və dedi ki, bir-birimizlə danışmaqdan həzz alacağıq. O vaxtlar bu haqda çox fikirləşmirdim. 2022-ci ilin oktyabr ayına sürətlə irəliləyərək Mayamiyə səfər edirdim və Olumide şəhərdə yaşadığı üçün adı yenidən gündəmə gəldi. Sonra yoldaşım Olumidenin maliyyə müstəqilliyinə sahib olduğunu söylədi və dərhal diqqətimi çəkdi. Biz Olumidenin evinə getdik, mən maliyyə müstəqilliyi söhbətinə getdim və insanın həqiqiliyi və həqiqiliyi üçün qaldım.

Olumide Ogunsanwo: [Gülümsəyin] Oh, bu çox şirindir.

Achani Samon Biaou: Bizi birləşdirən çox şey var. Siz həqiqi və orijinalsınız. Bu mənimlə ünsiyyətdə olduğum insandır. İki orta məktəb uşağı kimi təcrübələrimizdən danışaraq həddindən artıq çox vaxt keçirdik. Biz əyləndik!

Olumide Ogunsanwo: Bəli! Belə hiss olunurdu. Bir insanla dərhal əlaqə qurduğunuz həyatda o vaxtlardan biri idi. Bizim maliyyə müstəqilliyi ilə bağlı ümumi marağımız var idi və biz getdikcə daha da dərinləşməyə davam etdik. Biz hətta birbaşa cədvəllərə və büdcələrə keçdik. Əyləncəli idi! Həmin səfər bu layihə üzərində birgə işləməyin genezisi idi, çünki sizin daha yaxından tanış olmaq üçün potensial olaraq maraqlı bir insan olduğunuzu düşündüm.

Bu kitabı niyə yazmaq istəyirsən?

Achani Samon Biaou: Birincisi, söhbətlərimizin xatirələrini və bir dostla danışmaqdan həzz almaq üçün.

Olumide Ogunsanwo: 2030-cu ildə və ondan sonrakı illərdə mən bu kitab üzərində düşünə və Samonla qurduğum gözəl əlaqəni xatırlaya bilərəm. Biz həyat hekayələrimizi bölüşmək üçün xüsusi bir şey yaratdıq və bu təcrübənin öz səhifələrində əbədi olaraq qorunacağını bilmək çox xoşdur. Bu kitabla bu təcrübəni əbədi olaraq kodlaşdırmaqda gözəl bir şey var.

Achani Samon Biaou: İkincisi, mən bunu bizim söhbətlərimiz vasitəsilə öyrənmək və inkişaf etmək üçün bir fürsət kimi görürəm.

Olumide Ogunsanwo: İnanıram ki, siz fərqli bir yol tutduğunuz üçün maliyyə müstəqilliyinə yanaşmanızdan çox şey öyrənə bilərəm. Bu kitab hər ikimiz üçün bir-birimizin təcrübələrini öyrənmək üçün əla fürsətdir.

Achani Samon Biaou: Mən əlaqələrimizi və əvvəldən bir-birimizlə nə qədər açıq olduğumuzu sevirdim. Ehtiyatımı aşağı sala biləcəyim və rəqabətlə sağ qalma instinktlərinin lazım olmadığı bir mühitdə olmaq mənim üçün həqiqətən güclüdür. Möhtəşəm dostluq elə bir mühitdir ki, mənim kim olduğumdan və etdiklərimdən narahat, narahat, utanmadığım bir mühitdir. Bu, istənilən miqdarda puldan daha güclüdür.

Bu kitabı yazmağımın üçüncü səbəbi hekayələrimizi başqaları ilə bölüşməkdir. Bununla belə, mən bu barədə qarışıq hisslər keçirirəm, çünki insanların təcrübələrimizdən yanlış nəticələr çıxarmasını istəmirəm. Yaxşı qərarlar qəbul etmək mürəkkəbdir və istifadə etdikləri əsas prinsipləri başa düşmədən başqalarının etdiklərini kopyalamaq risklidir. Bunun əvəzinə, bu prinsiplərdən öyrənmək və onları öz vəziyyətinizə uyğun şəkildə tətbiq etmək və bizim etdiyimizdən fərqli bir şey etmək daha yaxşıdır.

Olumide Ogunsanwo: Razıyam. Qərarların özü deyil, qərarların arxasında duran düşüncə prosesidir.

Mən həyatımın hər mərhələsində mövcud olan variantları, şəxsiyyətimə və maraqlarıma uyğun gələn variantları nəzərdən keçirdim və məndə olan limondan ən yaxşı limonad hazırladım. Mən qətiyyən başqasının planına əməl etməmişəm.

Hekayələrimizi oxuduqca, sadəcə bizim etdiklərimizi kopyalamaq əvəzinə, həyatınız üçün necə seçim edə biləcəyinizi düşünməyə dəvət edirik. Bu kitabdan əsas nəticə qəsdən və məqsədli yaşamaqdır.

Achani Samon Biaou: Bunlar mənim səbəblərim idi. Bu kitabı yazmağınızın səbəbləri nədir?

Olumide Ogunsanwo: Birinci səbəb odur ki, əylənmək və yeni bir şey yaşamaq istəyirəm. 100 saatdan çox Afrobility podkastını qeyd etməsinə baxmayaraq, əvvəllər heç vaxt kitab yazmamışam, ona görə də fərqli bir şey öyrənmək üçün maraqlı bir fürsət olacaq.

Samonla kitabı necə yerləşdirmək və özümüzü təqdim etmək barədə müzakirə apardıq. Mən orijinallığın ən vacib şey olduğunu paylaşdım, çünki əsl insanlarla vaxt keçirməyə üstünlük verirəm və mənə özüm olmağa icazə verirəm. Əksinə, insan özünün bəzi hissələrini gizlətməli olsa, həyat daha az zövq alır. Ümid edirəm ki, bu kitabı yaratmaqla biz sərbəst danışa, dincələ və səyahətdən həzz ala bilərik.

Bu kitabın yazılmasının başqa bir səbəbi hekayənin insan aspektidir. Hekayələr insanların biliyi bir nəsildən digərinə ötürməsidir.

Bu kitabda Samon mənə maliyyə müstəqilliyinə apardığım səyahətlə bağlı bəzi suallar verəcək, mən də eyni şeyi edib ona səyahəti ilə bağlı suallar verəcəyəm. Bu danışıq formatı əyləncəli olmalıdır və ümid edirəm ki, oxucular hekayələrimizdən bəzi dəyərli nüsxələr əldə edə bilərlər.

Achani Samon Biaou: Biz niyə bu kitabı yaratmayaq ?

Olumide Ogunsanwo: Üç səbəb:

1. Naməlum qorxu: Yeni şeylər sınadığım zaman onların necə qarşılanacağı və özümü necə təsvir edəcəyim barədə çox vaxt narahat oluram. Bu kitab satışa çıxarılacaq və tənqidə açıq olacaq. Artıq podcast və VC fonduna başladığım üçün indi daha az narahat olsam da, tənqid qorxusu hələ də şüuraltımda bir yerdə gizlənir.

2. Şəxsi maliyyə məlumatlarının geniş əlçatanlığı: Artıq bloqlar, podkastlar və kitablar kimi müxtəlif formatlarda çoxlu sayda şəxsi maliyyə məlumatı mövcuddur, lakin bu kitab fərqli yanaşma tətbiq etdiyi üçün mən bundan çox narahat deyiləm. Kitabımız şəxsi hekayələrimizə və təcrübələrimizə diqqət yetirir və zəiflərə və kənar şəxslərə xidmət edir. Afrikalı mühacirlər kimi maliyyə səyahətlərimizi bölüşsək də, irqindən və mənşəyindən asılı olmayaraq maliyyə müstəqilliyi prinsipləri hamılıqla tətbiq oluna bilər.

3. Açıqlama və məxfilik səviyyəsi: Kitabın mahiyyəti şəxsi maliyyə səyahətlərimizi paylaşmağı əhatə edir, bu da məxfilik və paylaşılan detallarla bağlı narahatlıq yarada bilər. Buna baxmayaraq, biz demək olar ki, həmişə faydalı olan ümumi prinsiplər və strategiyalar təklif etməklə kitabı işlək və oxuculara aid etmək üçün çalışacağıq. Oxuculara strategiyaların həyata keçirilməsini və mübadilə mülahizələrini başa düşməyə kömək etmək üçün lazım olduqda, biz həmçinin xüsusi məlumatları daxil edəcəyik.

Bunlar daxil olduğum bəzi rezervasiyalardır, amma yenə də davam edəcəyəm. Məhz bu anda bir az qorxu hiss edirəm ki, bilirəm ki, irəliyə doğru getməliyəm.

Achani Samon Biaou: Mən də parçalanmışam. Bir tərəfdən mən istəyirəm ki, biz kitabı insanlar üçün mümkün qədər əlçatan edək. Digər tərəfdən, bu, xalis dəyər və digər məxfilik məsələlərinə həddindən artıq diqqət yetirməyə səbəb ola bilər.

Olumide Ogunsanwo: Biz oxucuların bu kitabdan nə əldə etmələrini istəyirik?

Achani Samon Biaou: Mən oxucuların öz hekayələrini danışa biləcəklərini hiss etmələrini istəyirəm. Onların hekayəsi paylaşmaq üçün vacibdir və potensial olaraq başqalarına ilham verə bilər.

Olumide Ogunsanwo: Mənim bununla bağlı fəlsəfəm sadədir: "Sadəcə bunu et!" Nike şüarı kimi. Bəzən qapıçıların sizi istədiyinizi etməyə mane olduğunu və ya ixtisaslı və ya bir şey etməyə hazır olmadığınızı hiss edə bilərsiniz. Amma bu maneələrin çoxu bizim başımızdadır. Reallıq budur ki, insanlar fövqəladə güclüdür və biz istədiyiniz hər şeyi edə bilərik. Sadəcə bunu etmək üçün cəsarətiniz olmalıdır. Çox şey göründüyündən daha asandır, xüsusən də uğursuzluğu yeni şeyləri sınamağın təbii nəticəsi kimi qəbul etdikdən sonra. Təkrarlanan təcrübələr və potensial uğursuzluqlarla rahatlığı inkişaf etdirmək, qura biləcəyiniz bir əzələdir.

Ola bilsin ki, siz bu kitabı oxuyub düşünürsünüz: "Samon və Olumide yeddi ay planlaşdırıblar, bir nəşriyyatı və redaktoru var idi. Onlar hüquq müqaviləsi bağlamalı idilər". Əslində, Samonla tanış oldum, qərara gəldim ki, bu oğlanı sevirəm və biz maliyyə müstəqilliyi haqqında kitab yazmalıyıq. Biz bir plan hazırladıq və çox tez icra etməyə başladıq və hazır məhsul sizin əlinizdədir.

Məqsədlərimizə çatmaq üçün ən böyük maneə çox vaxt öz qorxularımız və şübhələrimizdir. Biz səhv gedə biləcək hər şey haqqında təsəvvürlər yaradırıq və heç vaxt ilk addımı atırıq. Onlar Nike üslubunda "Sadəcə bunu et" lazımdır.

İnsanlar ən yaxşı başlanğıc maşınları deyillər, lakin biz əla bitirmə maşınlarıyıq. Bir işə başladıqdan sonra onu bitirmək ehtimalınız daha yüksəkdir. Özünüzü inkişaf etdirməyə və araşdırmağa icazə verin. İşlərin öhdəsindən gəlmək üçün tədqiqatçı və təcrübəçi düşüncə tərzini inkişaf etdirin.

Samon və mən bu kitabı yazmaq üçün bir araya gəldiyimizə görə minnətdaram və ümid edirəm ki, bu, oxucuları həyatlarında müsbət dəyişikliklər etməyə və şeylər yaratmağa ruhlandırır. Məhsul, kitab, podkast, xəbər bülleteni və ya tamamilə başqa bir şey olsun, cəmiyyətin dediyi kimi deyil, SİZİN istədiyinizi edin. Sizin hekayənizi eşitmək istəyən biri var. İnsanlar da xüsusi və fərqlidirlər. Hər kəsin özünəməxsus hekayəsi var. Orada adətən yaşadığınız hər şeyi qiymətləndirən birisi olur. Bu mənim kiçik çıxışım idi və xatırlayın: "Sadəcə bunu et"!

Achani Samon Biaou: Olumide ilə danışmağı sevməyimin səbəblərindən biri də budur. Artıq çoxlu müsbət vibes alıram. Dediklərinizin çoxu məndə əks-səda doğurur. Həyatım etmək istədiyim çox şeylə doludur. Dərc etmək istədiyim ~10 məqaləm var, amma hər kəsin onlarla maraqlanıb-maraqlanmayacağını düşünürdüm.

Hərdən maraqlı görünməyən yazılar görürəm və fikirləşirəm ki, bu adam niyə bunu yazmağa belə zəhmət çəkib. Sonra bəzi insanların məqalələri ruhlandırıcı hesab etdiyi şərhləri görürəm. Dünyanın dəli olmadığını başa düşürsən və bəlkə də qlobal vahidliyin olduğunu düşündüyün üçün dəlisən. Dünya heyrətamiz dərəcədə müxtəlifdir. Biri üçün maraqlı olan məhsul digəri üçün maraqlı olmaya bilər.

Olumide Ogunsanwo: Düzdür. Əgər siz kənar, azlıq və ya immiqrantsınızsa, bir şey etmək üçün valideynlərin, müəllimlərin və ya menecerlərin icazəsinə ehtiyacınız olduğunu hiss edə bilərsiniz. Zaman keçdikcə bu hiss sizin şüuraltınıza kök salır və siz heç olmayan yerlərdə belə qapıçılar axtarmağa davam edirsiniz. Ancaq qapıçılara ehtiyacınız yoxdur. Sən bunu edə bilərsən. İnternet güclü resurslarla doludur və sizə lazım olan tək şey bir az risk iştahı və potensial aşağı riskin adətən minimal olduğunu başa düşməkdir.

Bu kitabı nümunə götürün. Ən pis ssenari hansıdır? Ola bilsin ki, heç kim oxumur, amma eybi yoxdur, çünki biz bunu pul qazanmaq üçün yazmamışıq. Samonla hekayələr yazmaq və dəyişdirmək üçün hələ də heyrətamiz vaxt keçirərdim.

Bir çox insan mənfi riskləri həddən artıq qiymətləndirir, lakin onları düzgün başa düşmək və ölçmək daha yaxşıdır ki, onları sadəcə təsəvvür etmək əvəzinə idarə edə biləsiniz. Təcrübə etməyə başlayın və etmək istədiyinizi bildiyiniz, lakin başlamaqdan qorxduğunuz şeyi edin. Heç kimdən icazəyə ehtiyacınız yoxdur. Siz öz yolunuzda xüsusisiniz və həyatda istədiyinizi etməlisiniz. Davam et və bunu et!

Achani Samon Biaou: Olumide, sən hər dəfə danışanda hiss edirəm ki, sən birbaşa mənim ruhumla danışırsan. Dediklərinizə iki perspektiv əlavə etmək istəyirəm.

Birincisi, mən tamamilə razıyam ki, qarşılaşdığımız maneələrin çoxu zehnidir. Biz özümüz üçün əslində mövcud olmayan maneələr yaradırıq.

İkincisi, başımızda bir çox maneələrin olması doğru olsa da, bəzən bizi hədəflərimizə çatmaqdan çəkindirməyə çalışan həqiqi qapıçılar var. Hər dəfə darvazadan keçməyi bacarmışam, bu, diqqətimi qapıçılara yönəltdiyim üçün deyildi. Əksinə, onların orada olduqlarından belə xəbərsiz olduğum üçün, ya da onları görüb düşündüm ki, "Sikdirin. Onsuz da bunu edirəm".

Əgər bir şey etmək istəyirsinizsə, sadəcə davam edin və edin. Siz getdikcə potensial mürəkkəb hissələri öyrənəcəksiniz. ABŞ haqqında sevdiyim şeylərdən biri də odur ki, burada daha çox insan risk götürməyə və yeni şeylər sınamağa hazırdır. Bunun əksinə olaraq, yaşadığım bəzi başqa ölkələrdə belə bir hiss ola bilər ki, kimsə həmişə səni izləyir və səni mühakimə edir.

Mən bakalavr pilləsində oxuyanda bəzi şeyləri etməyə icazə verilib-verilmədiyindən, qanuna zidd olub-olmadığından və ya qəribə hesab edildiyindən çox narahat olurdum. Amma indi anlayıram ki, bu narahatlıqlar məni geridə saxlayırdı. Yeni bir şey sınamaq istəyən hər kəsə məsləhətim odur ki, qapıçılara və etiraz edənlərə məhəl qoymasın və sadəcə bunun üçün getsin!

Olumide Ogunsanwo: Şəxsi inkişaf prosesi və bəzi erkən təcrübələrin öyrənilməsi xüsusilə vacibdir. Üfüqlərinizi genişləndirməyin ən yaxşı yollarından biri özünüzü yeni ideyalar, mədəniyyətlər və təcrübələrlə tanış etməkdir. Özünüzə meydan oxumasanız və yeni biliklər axtarmasanız, böyümək və inkişaf etmək çətin ola bilər.

Achani Samon Biaou: Mən inanıram ki, hər birimizdə iki hissə var. İcazə istəmək, sadəcə olaraq birbaşa işlər görmək.

Bir nümunə vermək üçün Mayamidə yaşadığım bir təcrübəni Olumide ilə bölüşmək istərdim. Bir gün o, suyun kənarında yaşadığı üçün bizə istirahət etməyi və suyun kənarında oturmağı təklif etdi. Oturmaq və mənzərədən həzz almaq üçün yer tapana qədər onun binasının qarşısındakı dolama yolu ilə qısa bir məsafə qət etdik. Söhbət etdikcə insanlar yanımızdan keçdi və mən narahat olmağa başladım, görəsən, yolumuza mane olduq, yoxsa orada oturmağa icazə varmı?

Mən bir az arxayın olmaq üçün Olumideyə baxdım, amma o, bütün bunlardan xəbərsiz görünürdü, sadəcə dincəlir və dünyada heç bir qayğı olmadan anın həzzini alırdı. Əvvəlcə "səkidə belə oturan kimdir?" deyə düşünərək ondan və onun rahat münasibətindən şübhələnməyə başladım. İlk dəqiqələrdə narahat idim.

Ancaq tezliklə başa düşdüm ki, daxili monoloqumda narahatlığa səbəb olan şəxs özüm olmuşam. Olumide, başqalarının nə düşündüyü və ya ətrafımızdakı qaydalar barədə narahat olmadan, sadəcə olaraq, anın ləzzətini almaq barədə düzgün fikrə sahib idi. Bu, məni öz zehniyyətimi və öz düşüncələrimin və qavrayışlarımın həyatdan həzzimi məhdudlaşdırmasına nə qədər tez-tez icazə verdiyimi şübhə altına aldı.

Olumide Ogunsanwo: Haha! Bu gülməli. rahat idim.

Achani Samon Biaou: Mən başa düşdüm ki, bəzən özümü geridə qoyuram, çünki nəyin düzgün və icazəli olduğuna dair müəyyən qadağalarım və fikirlərim var. Diqqətli olmaq yaxşı olsa da, sərhədləri itələmək bəşər övladının təkamülünə təkan verir.

Amerikada ən çox sevdiyim şeylərdən biri də budur. Bu, insanları təxəyyüllü olmağa, yeni şeylər sınamağa və sərhədləri aşmağa təşviq edir. Kim bilir, kimsə qeyri-adi bir şey edə bilər və yeni bir iş və ya ideya yaranır.

Qadağalardan azad olmaq güclü bir şeydir və maliyyə müstəqilliyinə nail olmaq ora çatmaq üçün faydalı bir vasitə ola bilər. Bu yeganə vasitə deyil və bəziləri bunun hətta əsas olmadığını söyləyəcək. Lakin maliyyə müstəqilliyinə sahib olmaq sizə həyatda öz işinizi etmək və yeni imkanları araşdırmaq azadlığı verə bilər.

Olumide Ogunsanwo: Bu, həyat tərzi dizaynıdır. Sizin üçün işləyən bir həyat dizayn edin. Ənənəvi yolu izləmək lazım deyil. İstənilən yolu seçə bilərsiniz, lakin bunun üçün niyyət, məqsəd və planlaşdırma lazımdır. İstədiyiniz həyata sadəcə oyanmırsınız. Əgər status-kvonu təqib etsəniz, istədiyiniz kimi olmaya da biləcək bir status-kvo həyatına sahib olacaqsınız.

Achani Samon Biaou: Mən bunu ifadə edə bildiyimdən daha yaxşı dedin. Bu kitab həyatda "gözlənilənlərdən" fərqli bir şeyin arxasınca getmək istəyən hər kəs üçündür. Ümid edirik ki, oxucular bu kitabdan meta-informasiyanı götürəcəklər: status-kvonun xaricində izləmək üçün başqa yollar var.

Kitab sizə yeni imkanlar hiss etdirməyə çalışır. Ənənəvi yolu izləmək lazım deyil. Ümid edirəm ki, oxucular bu hekayənin əslində pulla çox az əlaqəsi olduğunu başa düşürlər.

Olumide Ogunsanwo: Kitabda mütləq pul haqqında deyil . Maliyyə müstəqilliyi həyatınızın qalan hissəsi üçün kifayət qədər maliyyə resurslarına sahib olmaq deməkdir, lakin bu kitab bundan daha çox şey haqqındadır.

Achani Samon Biaou: Maliyyə müstəqilliyi bizim üçün böyük imkan oldu. Bu kitab bizim bu yola necə başladığımızı və bunun bizə arzularımızı həyata keçirmək üçün necə güc verdiyini müzakirə edəcək.

Olumide Ogunsanwo: Kitabımızın şüarı "Afrikalı Mühacirlərin Maliyyə Müstəqillik Hekayələri"dir. Kitab xronoloji olaraq strukturlaşdırılmışdır, çünki biz geriyə baxıb, otuzuncu illərin ortalarında maliyyə müstəqilliyimizə gətirib çıxaran qərarlar üzərində düşünərkən.

Şəxsi hekayələrimizi bölüşməklə yanaşı, səyahətlərimiz üçün kritik olan əsas prinsipləri də müzakirə edirik. Bu prinsiplər həm geniş strategiyaları, həm də oxucuların maliyyə müstəqilliyinə nail olmaq üçün edə biləcəyi xüsusi tədbirləri əhatə edir. Biz inanırıq ki, bu prinsipləri həyat tərzinizin bir hissəsi kimi inkişaf etdirmək uzunmüddətli maliyyə uğuruna nail olmaq üçün vacibdir.

Oxuculara bu prinsipləri həyata keçirməyə və həyatlarına daxil etməyə kömək etmək üçün biz hər bir prinsipə uyğun gələn kitab tövsiyələrini də daxil edirik. Ümidimiz ondan ibarətdir ki, hekayələrimizi və prinsiplərimizi bölüşməklə, biz başqalarını maliyyə gələcəklərinə nəzarət etmək üçün ruhlandıra və gücləndirə bilərik.

Achani Samon Biaou: Olumide, oxucuların bu kitabdan nəyi götürməsini istəyirsən?

Olumide Ogunsanwo: Bu kitabda məqsədim oxucuları ən yaxşı həyatlarını yaşamağa, onların orijinal mənlikləri kimi rahat olmağa ruhlandırmaq və cəmiyyətin gözləntilərinə uyğunlaşmaq məcburiyyətində olduqlarını hiss etməməkdir. Ümid edirəm ki, oxucular kitabdan faydalı olanı götürüb, onlara aid olmayanı görməzlikdən gələcəklər.

Hər şeydən əvvəl, mən oxucuları azad olmağın yollarını tapmağa təşviq etmək istəyirəm. Bu, təkcə maliyyə azadlığı demək deyil, baxmayaraq ki, bu kitabda vacib bir mövzudur. Bu həm də sosial azadlıq, zaman azadlığı və coğrafi azadlıq deməkdir. İstəyirəm ki, oxucular risk götürmək və həyatlarının hər bir sahəsində daha azad olmağa kömək edəcək seçimlər etmək səlahiyyəti hiss etsinlər.

Achani Samon Biaou: Sizcə, maliyyə azadlığı bütün digər azadlıqlar arasında nə yerdədir?

Olumide Ogunsanwo: Həyatın ən vacib iki aspekti, ehtimal ki, münasibətlər və sağlamlıqla bağlı azadlıqlardır. Bəzi insanlar sağlamlığın ən vacib olduğunu iddia edə bilər, çünki onsuz nəyəsə nail olmaq çətindir, bəziləri isə ailə və dostlarla möhkəm münasibətlərin xoşbəxt həyatın açarı olduğunu söyləyə bilər.

Bu ikisindən sonra maliyyə azadlığı, ehtimal ki, üçüncü və ya dördüncü ən vacib cəhətdir. Əhəmiyyətli olsa da, münasibətlər və sağlamlıqla eyni çəkiyə malik deyil. Əgər kimsə maliyyə azadlığının ən vacib şey olduğunu iddia etsəydi, mən onlara ilk növbədə sağlamlıqlarını və münasibətlərini düşünməyi məsləhət görərdim.

Achani Samon Biaou: Mən maliyyə azadlığını digər azadlıqların təminatçısı kimi görürəm. Məsələn, stresli bir iş sağlamlığınıza təsir edəcək. Ancaq nə edəcəyinizi və ya ümumiyyətlə işləməyinizi seçmək iqtidarındasınızsa, maliyyə azadlığı sağlamlığınıza kömək edə bilər.

Olumide Ogunsanwo: Maliyyə azadlığı sizə münasibətləriniz (istər romantik tərəfdaş, ailə və ya dostlarınızla) və sağlamlığınız kimi həyatdakı vacib şeylərə diqqət yetirməyə imkan verir. Maddi cəhətdən azad olduğunuz zaman, həm də sahibkarlıq xəyallarınızı həyata keçirə və müxtəlif ideyalarla məşğul olmaq üçün istədiyiniz qədər vaxt keçirə bilərsiniz. Təcrübələrə və sərgüzəştlərə dəyər verirsinizsə, maliyyə müstəqilliyi sizə bu məşğuliyyətlərə istədiyiniz qədər vaxt sərf etmək rahatlığı verir.

Əslində, maliyyə müstəqilliyi iki böyük aspekti (münasibətlər və sağlamlıq) və həmçinin maraqlana biləcəyiniz başqa hər şeyi dəstəkləyən bir imkandır, çünki bu şeyləri etmək və ya zövq almaq çox vaxt pul tələb edir.

Samon, dostum, qardaşım. Oxucuların bu kitabdan nəyi götürməsini istəyirik?

Achani Samon Biaou: Bu kitabı öz şərtlərinizlə həyatı yaşamaq və tam potensialınıza çatmaq üçün bələdçi hesab edin. Bugünkü cəmiyyətdə ətrafımızda saysız-hesabsız uğur nümunələri və nümunələr var. Bir iş məsləhətçisi olaraq, mən bir çox otaqlarda olmuşam ki, bu rol modellərinin əksəriyyəti adi, adi insanlardır. Onlar müəyyən şeylərdə əla ola bilər, lakin digər sahələrdə də davam edən bir işdir. İnanıram ki, daha çox insan öz cavablarını tapmaq və uğura aparan öz yollarını cızmaq üçün güc hiss edə bilər.

Olumide Ogunsanwo: Mütləq! Rol modelləri axtarmaq şeylərə yanaşmağın ən yaxşı yolu olmaya bilər. Hər bir insanın özünəməxsus dəyərləri, güclü tərəfləri və üstünlükləri var. Özünüzü modelləşdirmək üçün birini axtarmaq əvəzinə, öz orijinal mənliyinizi və həyatda həqiqətən nə istədiyinizi anlamaq vacibdir. Potensial olaraq başqalarından öyrənə bilsəniz də, orijinal mənliyinizi kəşf etmək üçün səyahət həmişə daxildən başlayır.

Rol modelləşdirmənin mənfi tərəfi başqasının həyatına çox diqqət yetirməkdir. Baxmalı olan tək insan özünsən.

Achani Samon Biaou: Çox təsir edici. Dünya paralel yollarla irəliləyir. Birinci trek, fərdlərə özləri olmalarının deyilməsidir. Amma indiki kimi kifayət etməyə bilərsən. Hər kəs daim inkişaf etməlidir.

Olumide Ogunsanwo: Vay. Şərhləriniz qəddardır [Gülümsəyin].

Achani Samon Biaou: İkinci trek odur ki, bizə bir rol modelinin həyatını təqlid etmək deyilir. Təəssüf ki, bu yanaşma əslində özümüz üçün düşünmək qabiliyyətimizi məhdudlaşdıra bilər, çünki biz öz unikal perspektivimizi inkişaf etdirməkdənsə, başqalarını kopyalamağa çox diqqət yetiririk.

Bu iki trek ("sən kifayət edirsən" və "bir rol modeli kopyalayın") tez-tez sosial media tərəfindən gücləndirilir və insanlar arasında seçim etməli olduqlarını hiss edirlər. Ancaq tez-tez diqqətdən kənarda qalan şey, davamlı özünü təkmilləşdirmə və böyümənin vacibliyidir, eyni zamanda başqalarının təcrübələrini mütləq kopyalamadan öyrənin.

Olumide Ogunsanwo: İlk baxışdan FIREDOM maliyyə müstəqilliyi kitabı kimi görünə bilər. Amma əslində bu, həqiqətən istədiyiniz həyatı yaşamaq azadlığına nail olmaq üçün daha çox özünüzü inkişaf etdirməkdən ibarətdir.

Achani Samon Biaou: Hekayələrimizin mükəmməl olmadığını və bizim üstün olduğumuz aspektlər və daha yaxşısını edə biləcəyimiz digər cəhətlər olacağını qəbul etmək vacibdir.

Mən özümü diqqətəlayiq hesab etmirəm, amma inanıram ki, hər kəs öz məqsədlərinə çatmaq üçün potensiala malikdir. Özünüz üçün məqsədlər qoymaq və onlara çatmaq üçün lazımi addımları atmaq əsasdır. Uğur qazanmaq üçün müstəsna olmaq məcburiyyətində deyilsiniz, ancaq işə qoşulmağa hazır olmalısınız.

Olumide Ogunsanwo: FIREDOM = FI (Maliyyə Müstəqilliyi) + RE (Erkən Təqaüdçü) + Azadlıq. Niyə azadlıq və müstəqillik istəyirsən? Müstəqillik istəyirsən ki, həyatı öz şərtlərinə uyğun yaşaya biləsən. Yaşadığınız ölkədən asılı olaraq gözlənilən ömür uzunluğu 50 ilə 80 arasındadır. Bu yer üzündəki vaxtımız məhduddur, bəs niyə doyumlu və zövqlü bir həyat yaşayaraq ondan maksimum yararlanmayaq?

Bu hekayə məhz bundan bəhs edir - istədiyiniz həyatı yaşamaq, təsir etmək, əylənmək və fərq yaratmaq. Pul vacib olan tək şey deyil, amma vacibdir, çünki o, sizə daha böyük və daha yaxşı işlər görməyə imkan verir. Maliyyə sabitliyi olmadan pul həyatınızda daimi stress mənbəyi olacaq.

Bu kitabda hekayələrimizi sizinlə bölüşməkdən məmnunuq. Bu, sevgi əməyidir və ümid edirik ki, bu, sizi həyatınızı dəyişdirmək üçün ruhlandıracaq və həvəsləndirəcək. Bizimlə səyahətə xoş gəlmisiniz!

2: Uşaqlıq hekayələri və Özünə İnam və Özünə Güvən Prinsipləri

Olumide Ogunsanwo: Kitabın hər bir fəsli bir həyat mərhələsindən bəhs edir və şəxsi hekayələrimizi əks etdirəcək, ardınca müvafiq maliyyə müstəqilliyi prinsipləri dərindən araşdırılacaq.

Kəşfiyyatımız şəxsiyyətimizi, özünü qavrayışımızı, heysiyyətimizi və həyatda əldə edə biləcəyimiz şeyləri əhəmiyyətli dərəcədə formalaşdıran uşaqlıq təcrübələrimizlə başlayır.

Achani Samon Biaou: Uşaqlıq hekayələri ilə başlamağı sevirəm. Valideyn olan oxucular bu hekayələri uşaqları üçün faydalı hesab edə bilərlər.

Olumide Ogunsanwo: Uşaqlıq dövrünün təsirlərini araşdırmaq, onları indiki vəziyyətlərinə nəyin gətirdiyini və bu erkən təcrübələrin bu gün də onlara necə təsir etdiyini başa düşmək üçün də faydalıdır. Keçmişi dərk etmək və qəbul etmək təkcə maliyyə müstəqilliyi deyil, istənilən səyahətə başlamaq üçün mühüm addımdır.

Özünə inam və özünə güvənmə prinsipləri haqqında da danışacağıq. Bunlar maliyyə müstəqilliyinə aparan yolda əsas prinsiplərdir. Kitaba başlamaq üçün insan psixologiyası və təfəkkürünə dərindən baxmaqdan daha yaxşı yer nədir?

2A: Olumidenin Uşaqlıq hekayəsi

Achani Samon Biaou: Olumide, gəlin sənin uşaqlığından başlayaq. Mənə ilk xatirələrinizdən danışın.

Olumide Ogunsanwo: Mən səksəninci illərin ortalarında Laqosda, Nigeriyada, Qərbi Afrikada anadan olmuşam. Mən dörd bacı ilə ortaboylu ailədə anadan olmuşam. Mənim iki böyük bacım və iki kiçik qardaşım var. Mən düz ortadayam.

Atam sahibkar idi. O, bir neçə kirayə əmlaka sahib idi, kağız çap biznesi, maliyyə krediti biznesi və bir sıra digər biznesləri idarə edirdi. O, həm də siyasətçi idi və bəzən namizədliyini irəli sürdü. O, çox müxtəlif işlərlə məşğul olub və gənc yaşlarında jurnalist təhsili alıb.

Anam evdar idi. Amma maraqlısı odur ki, mənim təxminən 14 və ya 15 yaşım olanda o, hüquq öyrənmək üçün məktəbə qayıtdı və indi Laqos Ştat Hökumətində hüquqşünasdır. Onun necə vəkil olmasının hekayəsi valehedicidir. Mən orta məktəbdə oxuyanda o, gecə dərsləri alırdı və mən onun niyə bu qədər əziyyətə getdiyini başa düşə bilmirdim. Mən ondan bu barədə soruşdum və o, bizi böyütmək üçün bank işindən ayrıldığını və işini tərk etməsəydi nə olacağını düşündüyünü söylədi. O, televiziyada vəkilləri gördüyünü və bunun onun edə biləcəyi bir iş olduğunu düşündüyünü söylədi. Və o etdi!

Achani Samon Biaou: Maliyyə və ya azadlıqla bağlı ilk təcrübələriniz nələr olub?

Olumide Ogunsanwo: Atam ailənin çörək pulu idi. Onun ailəni dolandıran gəliri var idi və anam evdarlıq edirdi. Atam maliyyəyə cavabdeh idi və o, anama pul verirdi ki, evdə müxtəlif işlər görsün, bu da o demək idi ki, anam atamdan fərqli şeylər üçün pul istəyirdi.

Münasibətlərə qəribə təsir etdiyini müşahidə etdim. Qarşılıqlı əlaqələrə baxdığımı və bunun yaxşı olmadığını düşündüyümü xatırlayıram və heç vaxt pul üçün mütəmadi olaraq kiminsə yanına getməli olduğum vəziyyətdə olmadığıma əmin olmalıyam. Ən yaxşısı olmadığını düşündüyüm qəribə münasibətlər dinamikası yaradır.

Kimdənsə müntəzəm olaraq pul istəməyin nə qədər narahat olduğunu başa düşmək üçün bir toxum əkdi. Bunun heç vaxt olmaq istəmədiyim bir vəziyyət olduğunu dəqiq bilirdim.

Achani Samon Biaou: Təsəvvür etməyə çalışıram ki, mən uşaq vaxtı bu dinamikadan xəbərdar olub-olmadım, çünki uşaqlıqda sən gedib insanlardan pul istəyirsən. İnsanlardan hər şeyi soruşursan.

Olumide Ogunsanwo: Mən düşünürdüm ki, bu, münasibətlər üçün optimal vəziyyətdir, çünki bu, bir tərəfdaşı həssas vəziyyətdə qoyur. Bu, maliyyə cəhətdən müstəqil olmağın demək olar ki, əksidir. Bu birdən-birə asılılıqdır. Ən azından işiniz müdirinizin sizi bəyənib-bəyənməməsindən, hesabatlarınızın sizdən xoş olub-olmamasından və s.-dən asılıdır. Valideynlərimin vəziyyəti fərqli idi, çünki bir nəfərdən pul asılılığı idi.

Valideynlərimin münasibətlərindəki dinamikliyi görəndə dərhal anladım ki, öz həyatımda bundan qaçmalıyam. Bu, pul və onun həyatda sizə nə verdiyi haqqında düşünmək üçün böyük bir başlanğıc nöqtəsi idi.

Achani Samon Biaou: Mən başa düşürəm. Bundan nə qədər sonra maliyyə müstəqilliyinə doğru ilk addımları atdınız? Təsəvvür edə bilərəm ki, siz bu dinamikanı müşahidə etdiniz və gələcəkdə bu mövqedə olmaq istəmədiyinizi başa düşdünüz. Amma siz mütləq öz qərarınıza uyğun hərəkət edə bilmədiniz. Müstəqil olduğunuzu ilk dəfə nə vaxt hiss etdiniz?

Olumide Ogunsanwo: Mənim diafragma bir az dar idi, müstəqillik haqqında düşündüyüm üsul, mümkün qədər çox pul qazanmaq idi. Düşünürdüm ki, məktəbdə yaxşı oxusam, sonradan yaxşı maaşlı bir işə düzələcəm. Bu, dolayı yolla idi. Bu, akademiklərə diqqət yetirməkdən ibarət idi.

Deməzdim ki, biz kasıb və ya varlıyıq. Nigeriya standartlarına görə biz yəqin ki, orta və yüksək gəlirli idik. Məsələn, mən atamdan və ya anamdan bir şey istəsəm, avtomatik olaraq "hə" deməzdilər. Yox deyirdilər, ya da soruşurdular ki, niyə ehtiyacım var? Bu, şəxsi maliyyə və pul haqqında bir az düşünməyə başladığım vəziyyətlərə gətirib çıxardı.

Samon kimi mən də Yorubam (Nigeriyanın ən böyük etnik qruplarından biri). Uşaq vaxtı məni yoruba tədbirlərinə (ad günləri, toylar, dəfnlər) aparırdılar, rəqs edəndə pul verirdilər. Bu kitabın birinci fəslini xatırlayırsınızsa, mənim əsas maraqlarımdan biri rəqsdir. Əvvəllər rəqs edirdim və (az miqdarda) pul alırdım. Bilirəm, qəribə səslənir, amma belə idi.

Həmin pula çıxışım var idi və onunla nə edə biləcəyimi düşünməyə başladım.

Yadımdadır, anamdan bank hesabı açmaq barədə soruşdum. Anam məni banka apardı və mənə bir az sarı əmanət kitabçası olan bir bank hesabı aldı. Tədbirlərdə rəqs edərək qazandığım pulu yatırardım. maraq haqqında öyrəndim. Kiçik bir məbləğ olsa da, qiymətli ifşa etdi.

Achani Samon Biaou: Neçə yaşın var idi?

Olumide Ogunsanwo: Kaş ki, yaşımı dəqiq xatırlaya biləydim. Tutaq ki, 7 ilə 11 arasında bir yerdə.

Bir balaca əmanət kitabçam var idi ki, orada yavaş-yavaş yığılan əmanət və faiz məbləğlərinə baxıb oxuyurdum. Bəzən anam əmanət qoymaq istədiyim xırda pullardan xəcalət çəkdiyi üçün məni banka aparmaqdan imtina edirdi.

Şəxsi maliyyəyə marağım buradan qaynaqlana bilər. Və ya bəlkə də məndə maliyyə və iqtisadiyyata anadangəlmə marağım var. Tək bildiyim odur ki, mən yavaş-yavaş gələcəkdə pulum olacağına əmin olmaqda maraqlı oldum.

Achani Samon Biaou: İki sual:

1. Bank anlayışını necə öyrəndiniz və bunun uşaqlara aid olduğunu necə anladınız?

2. Pulun çıxarılması və xərclənməsi ilə bağlı təcrübəniz necə olub? Valideynlərinizin banka getməsinə ehtiyacınız var idi?

Olumide Ogunsanwo: Bu, yəqin ki, saxlama hesabı idi, çünki banka yalnız anamla gedə bilirdim. Mən hər dəfə əmanət qoyanda və ya pul götürəndə bank işçiləri hesab kitabçasına yazırdılar. Hesaba pul qoymaq və faiz qazandırmaq anlayışı məni valeh etdi.

Sizin kimi, mən də akademik cəhətdən üstün oldum, bu da çox şeydən qurtula biləcəyim anlamına gəlirdi. Yadımdadır, biologiya müəllimim məndən niyə bu qədər təkəbbürlü və özünə həddən artıq əmin olduğumu soruşdu. Mənim münasibətim onun xoşuna gəlmədi. Mən hiss etməyə başladım ki, akademik cəhətdən yaxşı olduğum üçün daha çox şeydən qurtula bilərdim. İstədiyimi etmək mənfi səslənir, amma əslində müstəqil düşüncə ilə oxşarlıq var, çünki qutudan kənarda və əsas cəmiyyətdən uzaq düşünməyə başlayırsan. Mən bir az problemli idim, amma yaxşı mənada. Mən heç vaxt çox çılğın bir şey etməmişəm.

Achani Samon Biaou: Maraqlıdır. İbtidai və orta məktəb təcrübənizdən bizə keçə bilərsinizmi? Dostlarınızla necə anlaşdınız? Dostların sənin haqqında nə dedilər?

Olumide Ogunsanwo: Mən ibtidai məktəbə ilk olaraq Qreys Uşaq Məktəbində sıfırdan beşə və ya altıya getdim. Bu haqda çox şey xatırlamıram. Sonra 5 və ya 6 yaşından 10 yaşına qədər Corona İbtidai məktəbinə keçdim. Çox idman oynadığımı xatırlayıram. Valideynlərim məni hər gün məktəbə aparırdılar. Bundan başqa, o dövrdən aktual olan böyük dərslər yox idi.

10 yaşından 13 yaşına qədər mən bütün oğlanlar üçün nəzərdə tutulmuş King's College-də (KC) orta məktəbə (həmçinin orta məktəb kimi tanınır) getdim.

Achani Samon Biaou: KC haqqında bir az danışın, oxucu bu barədə nə bilməlidir?

Olumide Ogunsanwo: Kontekst üçün, atam Nigeriyanın ən yaxşı məktəblərindən biri olan 60-70-ci illərdə KC-yə getdi. İndi hökumət tərəfindən idarə olunur və bir növ pisdir. Sinif otaqları ilkin olaraq 20 nəfər üçün tikilmişdi, amma mənim sinfimdə 80-100 nəfər var idi, ona görə də mənzərə belə idi: oğlanlar göz gördükləri qədər, bəziləri kobud, bəziləri çirkli, ac idi. Vəhşi Qərb kimi idi.

Bu infrastruktur problemlərinə baxmayaraq, KC-nin bəzi ağıllı uşaqları var idi. Corona Elementary-də KC-yə keçməzdən əvvəl adətən sinfimdə birinci və ya ikinci olurdum. Ancaq KC-də mən adətən üçüncü və ya dördüncü oldum.

Adətən birinci yeri tutan bu adamı xatırlayıram. O, qeyri-adi idi, heç vaxt sual vermirdi və dərsdə iştirak etmirdi. Mən bunu maraqlı tapdım. Həyatı idarə etmək və fərdi məqsədlərə nail olmaq, maneələrdən asılı olmayaraq müvəffəqiyyətə səbəb ola bilər. Bu dərs mənim təcrübəm zamanı aydın oldu ki, mən öyrəndim ki, xarici amillərdən asılı olmayaraq, şəxsi qətiyyət istənilən şəraitə qalib gələ bilər. Bu, mənim orada olduğum müddətdən ən dəyərli paket idi.

Achani Samon Biaou: Sinif yoldaşlarınız necə idi?

Olumide Ogunsanwo: Bütün bu müxtəlif insanlarla söhbət etmək mənə tələbə yoldaşlarımın müxtəlif iqtisadi köklərdən gəldiyini başa düşməyə kömək etdi. KC aztəminatlı ailələrdən olan tələbələrin yüksək faizinə sahib idi. KC-dən sonra ikinci liseyimə, orta məktəb təhsilimin ikinci hissəsini (13 yaşdan 16 yaşa qədər) keçirdiyim birgə məktəb olan Atlantic Hall (AHall)-a keçdim.

AHall KC ilə müqayisədə daha çox imkanlı tələbələrə sahib idi. AHall-da diqqətimi akademiklərə yönəltdim, çünki bunun gələcəkdə yaxşı bir iş tapmağıma kömək edəcəyini və daha çox pul qazanacağını düşündüm.

Achani Samon Biaou: Bütün bunlar azadlığa və ya maliyyə müstəqilliyinə necə təsir edir?

Olumide Ogunsanwo: Mən daha qeyri-konformist olmağa başladım. Akademik cəhətdən çox yaxşı olduğum üçün müstəqil şəkildə işlər görürdüm. Maşınım var idi, rahat sürə və hərəkət edə bilirdim.

Achani Samon Biaou: Sizin neçə yaşında avtomobiliniz olub?

Olumide Ogunsanwo: Mən 15 yaşım olanda avtomobil sürməyi öyrəndim, bu da orta məktəbin tam sonunda idi. Valideynlərimin maşını idi [Smile]. Valideynlərim vecinə almadılar. Əsasən istədiklərimi etməyə icazə verdilər. İstədiyim vaxt çölə çıxa bilirdim. İstədiyimi etmək üçün tam azadlığım olduğunu hiss etdim və valideynlərimdən heç bir məhdudiyyətim yox idi.

Düzünü desəm, valideynlərimin məni niyə belə böyütdüyünü bilmirəm, amma nə istəsəm edə biləcəyim aydın idi və bu mənim xoşuma gəlirdi.

Achani Samon Biaou: Əla. Olumidenin uşaqlıq dostlarından onun çox çalışdığını və çox diqqətli və gərgin insan olduğunu eşitmişəm.

Olumide Ogunsanwo: Valehedici! Düzdür, çox çalışdım və bəyəndim. Çox oxudum və bundan həzz aldım. Mən adətən riyaziyyat və təkmil riyaziyyat dərslərində birinci olurdum. Bu əla idi. Bəzi insanlar valideynləri diqqətini akademiklərə yönəltməyə məcbur etdilər. Mən akademik adam idim. Mən o ləzzəti sevirdim. Mən hələ də o bokunu sevirəm. Akademikliyə olan marağım bu gün müxtəlif maraqlarıma keçdi. Motivasiyam daxili və daxili idi.

Achani Samon Biaou: Olumide mənə intensiv olaraq təsvir edildi. Gözünü bir şeyə dikmiş və ona çatmaq üçün çox çalışacaq kimsə. Bu, hədəflərə lazer fokusunun hekayəsidir.

Olumide Ogunsanwo: Bəli, mən özümü yüksək intizamlı, yüksək mütəşəkkil, son dərəcə motivasiyalı və diqqətli kimi təsvir edərdim.

Mən özümü gərgin kimi təsvir edərdimmi? Mən bilmirəm. Əksər insanlarla müqayisədə, bəli. Amma bilmirəm, intensiv sözünü işlədəcəmmi - yadımdadır, akademik olaraq diqqət mərkəzində idim, ən yaxşı olmaq istəyirdim. Əslində, həqiqətən də ən yaxşı olmaq istəyirsinizsə, demək olar ki, həmişə ən yaxşısı olursunuz.

Çoxları mənim qədər əhəmiyyət vermədi. Uşaqlıqda onların başqa prioritetləri var idi. Uşaq vaxtı nə istədiyimi bilirdim və çölə çıxıb onu aldım. Yetkinlərlə eyni şey.

Achani Samon Biaou: O illərdə maliyyə və ya azadlıq haqqında nə öyrənmək istərdiniz?

Olumide Ogunsanwo: Valideynlərim mənimlə xüsusi olaraq şəxsi maliyyə haqqında danışsaydı, əla olardı. Bilmirəm qulaq asardım, bilmirəm, fərq edərdi, amma yaxşı olardı. Daha sonra hekayəmi danışdığımı eşidəcəyiniz kimi, şəxsi maliyyə haqqında bildiyim demək olar ki, hər şey öz-özünə öyrədilib.

Mən əsaslarla başlamalı oldum: Büdcəni necə yarada bilərəm? Gəlirimi necə artırım? Xərclərimi necə hesablaya bilərəm? Birja necə işləyir? Necə investisiya edə bilərəm? Valideynlərim mənə bunların bir qismini öyrətsəydilər, bir az daha asan olardı, amma mən onları qınamıram, çünki onların da bu şeylərdən xəbəri yox idi.

Bunu tərəddüdlə deyirəm, çünki məlumat almaq istəmirsinizsə, hər şeyi öyrənəcəyinizə əmin deyiləm. Bəzi insanlar məlumat alırlar, lakin dəyişiklik etməyə hazır olmadıqları üçün qəbul etmirlər. Bilmirəm, o vaxt valideynlərimin mənə verdiyi hər hansı təlimi qəbul edərdimmi?

Achani Samon Biaou: Ola bilsin ki, təkbaşına bilik axtarmaq həqiqətən öyrənməyə imkan verir. Təhsil nəzəriyyəsinə görə, təcrübi öyrənmə öyrənməyin ən təsirli yoludur. Buna görə də, sadəcə olaraq bir şey söyləmək uzunmüddətli perspektivdə həmişə təsirli olmur. İnsanlar olaraq biz biliyi passiv şəkildə mənimsəməkdənsə, fəal şəkildə qururuq.

Olumide Ogunsanwo: Maraqlıdır. Əslində, mənim heç vaxt nümunələrim olmayıb. Mən adətən rol model idim, bu o deməkdir ki, hər şeyi özüm həll etməli idim.

Sizə bir misal deyim. Hələ orta məktəbdə riyaziyyat və təbiət fənlərinin əksəriyyətində ən yüksək qiymətləri əldə etmişdim. Uğurlanacaq başqa insan yox idi, uğur qazanmaq üçün özümə güvənməli idim. Bu özünə güvənən zehniyyət uşaqlıqdan mənimlədir, çünki mən həmişə başqalarından rəhbərlik axtarmaqdansa, hər şeyi müstəqil şəkildə başa düşməyə üstünlük vermişəm.

Achani Samon Biaou: Nümunə olmağınız sizi necə dəyişdirərdi?

Olumide Ogunsanwo: Biri ilə tanış olmağın təsiri mənim onunla necə tanış olmağımdan asılıdır. Əgər bizi başqası təqdim etsəydi və ya özlərini mənə təqdim etsəydi, yəqin ki, bunun çox təsiri olmazdı. Ancaq onları araşdırma və kəşfiyyat yolu ilə kəşf etsəydim, onlarla danışmaqda maraqlı olardım.

Ona görə yox ki, mən onların izlərini davam etdirmək istəyirəm, amma onların qərar vermə prosesini və həyat seçimlərində iştirak edən nüansları və mübadilələri başa düşmək istəyirəm.

Rol modelləşdirmə axmaqlıqdır. Tamamlanma başqalarının həyat hərəkətlərini kopyalamaqdan deyil, öz həyatınıza diqqət yetirməkdən gəlir. Başqalarını kopyalamaq kökündən qüsurludur, çünki siz öz dəyərlərinizi, məqsədlərinizi, üstünlüklərinizi və maraqlarınızı nəzərə almırsınız, bu da sizi hər şeyi özünüz başa düşməyə çalışmanızdan daha pis vəziyyətə sala bilər.

Achani Samon Biaou: Maraqlıdır. Bu təkrarlanan bir mövzu olacaq: başqasını təqlid etməyə çalışmayın, hətta onlar əla olsalar da. Sən onların yerində deyilsən. Bunun əvəzinə, böyüklüyün sizin üçün nə demək olduğunu kəşf etməyə çalışın. Bu prosesdə özünüzü daha yaxşı başa düşmək məqsədi ilə dünya haqqında bacardığınız qədər çox şey öyrənin. Bunu iki məsləhətlə ümumiləşdirə bilərəm:

Birincisi, yaxın ətrafınızdan kənarda olan şeylərə maraq inkişaf etdirin.

İkincisi, düşünülmüş təcrübə vasitəsilə sənətkarlığınızı davamlı olaraq təkmilləşdirməyə özünüzü həsr edin.

Olumide Ogunsanwo: Məşhur şəxsi inkişaf lideri Jim Rohn müdrikcəsinə dedi: "İzləyici olma. Tələbə ol." Başqa sözlə, insanlardan öyrənin, sadəcə onları izləməyin. Tələbə olmaq həyatla fəal məşğul olmağı və fərziyyələrə sual vermək və etiraz etməyə hazır olmağı nəzərdə tutur.

Achani Samon Biaou: Mən bunu sevirəm.

Olumide Ogunsanwo: Bu sözlər güclüdür. Tələbə zehniyyəti izləyicinin düşüncə tərzindən daha güclüdür. Tələbə təfəkkürü öyrənir, izləyici təfəkkürü isə kopyalayır. Mən o sitatı sevirəm.

2B: Samonun uşaqlıq hekayəsi

Olumide Ogunsanwo: Samonun uşaqlığı haqqında daha çox öyrənmək vaxtıdır. Samon, böyüdüyünüz mühit haqqında bizə bir az kontekst verə bilərsinizmi?

Achani Samon Biaou: Mən çox eklektik bir mühitdə böyümüşəm. Mən kənd yerində orta səviyyəli bir ailədə anadan olmuşam. Mənim doğma şəhərim Qərbi Afrikanın kiçik Benin ölkəsindəki Kandidir. O dövrdə Kandi əhalisi 100 min nəfərdən az idi. Atam bir sıra bizneslə məşğul olub, ölkədə hörmətli dövlət xadimi olub.

Uşaq ikən Beninin ən kasıb insanları ilə ünsiyyətdə olmuşam. Tozun içində oynayırdıq, bəzən valideynlərimin evindən xeyli aralıda. Mənimlə o şəhərin ən kasıb uşaqları arasında heç bir məsafə yox idi. Heç nə istəmədim, amma ərköyün böyümədim.

Olumide Ogunsanwo: Niyə hekayənin bu hissəsi ilə başladınız? Həm atanızın, həm də həmin mühitin sizə təsir etdiyini hiss etdiyiniz üçünmü?

Achani Samon Biaou: Bəli, müxtəlif sosial-iqtisadi siniflər ətrafında böyüməyin təzadlılığı məni həyatın bütün təbəqələrindən olan insanlarla ünsiyyətdə rahat etdi. Bu, çox güman ki, həyatımın sonrakı dövrlərində mənim maliyyə müstəqilliyim haqqında təsəvvürümü formalaşdırdı. Dostlarımın çoxu kasıb olduğu üçün kasıb olmağın nə olduğunu bilirdim.

Valideynləri xəstə olduğu və onlara qulluq etməli olduqları üçün bəzi uşaqların bir neçə gün oyun meydançasından kənarda qalması adi hal deyildi. Əvvəlcə niyə xəstəxanaya getmədiklərini başa düşə bilmədim. Lakin sonradan öyrəndim ki, bir çox dostlarımın valideynlərinin müalicəyə pulları çatmır və ciddi xəstəlikləri müalicə etmək üçün evdə hazırlanan dərmanlara etibar edirlər. Öz ailəmdə belə bir vəziyyət eşidilməsə də, bunun bir çox başqa ailələr üçün reallıq olduğunu başa düşdüm. Mən başa düşürdüm ki, bəzi insanlar maddi cəhətdən o qədər çətinlik çəkirlər ki, onların yaşaması risk altındadır, lakin onlar vəziyyətin öhdəsindən gəlmək üçün əllərindən gələni edirdilər.

Olumide Ogunsanwo: Bu maraqlıdır. Bunu birbaşa təsir etmədən yaşamaq imkanınız var idi.

Achani Samon Biaou: Bəli, dostlarımın ailələri ilə mən başa düşdüm ki, pul çatışmazlığı insanları necə məhdudlaşdırır. Öz ailəmlə başa düşdüm ki, var-dövlət artıqlıq demək deyil.

Ən erkən xatirələrimdən biri uşaqlığımda güclü bir azadlıq hissi keçirməyimdir. Məktəbdə əla oxuyurdum və çoxlu azadlıqdan həzz alırdım, ona görə də gənc yaşlarımdan azad olmağın nə demək olduğunu bilirdim. Doqquz yaşım olanda valideynlərimə Benin Respublikasının de-fakto paytaxtı Kotonuda təhsil almaq istədiyimi bildirdim. Valideynlərim maraqlandı və narahat oldular və məndən niyə orada oxumaq istədiyimi soruşdular. Gözlədiyiniz qədər bu ideyaya dərhal müqavimət göstərmədilər. Axı, doqquz yaşlı uşaq nə qədər tez-tez başqa şəhərdə oxumağı xahiş edir?

Olumide Oqunsanvo: Siz uşaqlıqda dərin azadlıq hissindən danışdınız. Daha çox azadlıq istədiyin üçün Kotonuya getmək istəyirdin?

Achani Samon Biaou: Mən daha çox azadlıq axtarmaq üçün evdən çıxmadım; Artıq özümü azad hiss edirdim, buna görə də öz seçimlərimi edə biləcəyimə inanırdım. Kandidən olan ən yaxşı dostum illik yay səfərləri zamanı bu barədə hekayələr paylaşdıqdan sonra paytaxt Cotonou ilə maraqlandım. Mən özüm orada yaşamağı yaşamaq istəyirdim.

Əvvəlcə valideynlərim bu fikrə etiraz etmədilər, amma bir az böyüyənə qədər gözləməyi təklif etdilər. Məni məsuliyyətli və ya yetkin bir insan kimi görmədiklərini hiss edərək, onların cavabı məni incitdi. Geriyə dönüb baxanda belə böyük bir qərarla kiçik bir uşağa etibar etməkdən çəkinmələri başa düşüləndir.

Valideynlərimin bu addımımı təsdiqləmək istəməməsi məni hiddətləndirdi və mən ciddi olduğumu onlara göstərməyə qərarlı idim. Nəhayət, bir günlük aclıq aksiyası keçirəndən sonra hər iki valideynin adından qərarlar verən atam mənə icazə verdi.

Olumide Ogunsanwo: Bir günlük aclıq aksiyası səmərəsiz səslənir [Gülüş].

Achani Samon Biaou: Həmin hadisədən sonra valideynlərim anladılar ki, mən artıq uşaq deyiləm. 18 yaşlı bir gəncin kitabxanaya getmək üçün icazə istəyə biləcəyi kimi, mən də təsadüfən onlardan başqa şəhərə köçə biləcəyimi soruşdum. Yoxsulluq anlayışından, qənaətcillikdən və kasıb olmamağın təzadından xəbərdar idim. Mən öz azadlığımı güclü hiss edirdim və həyatımda özümü azad hiss etmədiyim vaxtları xatırlamıram.

Olumide Ogunsanwo: Ailə üzvləriniz birbaşa pul və ya azadlıqdan danışırdılar?

Achani Samon Biaou: Təqaüd və maliyyə müstəqilliyi haqqında söhbət olmayıb. Valideynlərim sahibkar idilər; təqaüd yox idi.

Olumide Ogunsanwo: Mən başa düşürəm. Azadlığa və/və ya maliyyə müstəqilliyinə baxışınıza təsir edən başqa erkən uşaqlıq təcrübəsi olubmu?

Achani Samon Biaou: Sərhədsiz maraq haqqında sizinlə bölüşmək istədiyim iki hekayə və atamın mühasibliyi ilə bağlı başqa bir hekayə var. Sərhədsiz maraqla başlayaq. Mən dəcəl uşaq idim.

Olumide Ogunsanwo: Bu, məktəbdə yaxşı oxumağınıza görə idi?

Achani Samon Biaou: Bəli, marağıma və qadağan olunmuş və ya yersiz hesab edilən şeyləri araşdırmaq istəyimə görə məni "yaramaz" uşaq hesab edirdilər. Buna baxmayaraq, məktəbdə əla oxudum və akademik göstəricilərim mənə bir qədər yumşaqlıq qazandırdı. Məsələn, bacılarıma kişi qonaqların gəlməsi qadağan olunsa da, mən bunun səbəbini anlamaqda maraqlı idim. Bacılarımla yaşayan bir oğlan kimi başqa oğlanların niyə arzuolunmaz göründüyünü başa düşə bilmirdim. Akademik olaraq yaxşı çıxış etmədikləri üçün idi? Eynilə, mən də atamın yoxluğunda onun üçün nə üçün vacib olduğunu başa düşmək üçün onun qəzetlərini oxuyurdum.

Olumide Ogunsanwo: Bu təbii maraq haradan gəldi?

Achani Samon Biaou: İki yerdən gəlir. Birincisi, bu azadlıq anlayışı ilə bağlıdır. Yeni şeyləri kəşf etməyə gələndə mənə mane olmurdu; Əgər bir şey öyrənmək istəsəm, heç bir tərəddüd etmədən onun arxasınca gedirdim. Çox gənc yaşlarımdan bəri heç vaxt özümü uyğunlaşdırmağa və ya senzuraya ehtiyac duymadım. Əgər marağım məni nəyəsə aparsaydı, onun arxasınca gedərdim. İkincisi, mənim davranışımda cansıxıcılıq rol oynadı. Məktəb işləri mənə asanlıqla gəldiyi üçün özümü daha çox boş vaxt tapdım və özümü həddi aşmaq istəyi ilə tapdım. Vaxtımı boş yerə sərf etmək əvəzinə, zehnimi stimullaşdıracaq və yeni bacarıqlar inkişaf etdirməyə kömək edəcək yeni çağırışlar axtardım.

Olumide Ogunsanwo: Maraq, uyğunsuzluq, müstəqil düşünmə və müxtəlif yolları araşdırmaq istəyinin xüsusiyyətləri tez-tez maliyyə müstəqilliyinə və azadlığına nail olmaqda daha çox marağa səbəb olur. Kimsə qutunun xaricində düşünəndə, yeni təcrübələrə açıq olanda və ənənəvi normalara uyğun gəlməyəndə, alternativ yollar axtarmağa daha çox meyllidir. Maliyyə müstəqilliyi 60-70 yaşda təqaüdə çıxana qədər adi 9-5 işə belə alternativlərdən biridir. Hekayənizdən belə görünür ki, bu xüsusiyyətlər qeyri-ənənəvi seçimlərə can atmaq istəyinizdə rol oynamış ola bilər.

Achani Samon Biaou: Müşahidənizlə razıyam. Doqquz yaşımda bibilərimin birinin yanında qaldığım paytaxt Kotonuya köçmək arzusunu yerinə yetirdim. O, tez-tez uzaqda olurdu, məni və iki gənc əmimi özümüzə baxmağa qoyurdu. Bu təcrübə hər birimizə müstəqil olmaq və öz həyatlarımıza nəzarət etmək imkanı verdi. Kotonuda yaşamaq mənə maliyyə təhsili verdi. Valideynlərimlə birlikdə yaşadığım və pulu idarə etmədiyim vaxtlardan fərqli olaraq, indi öz vəsaitlərimi ("P&L") idarə etdiyim üçün yemək kimi xərclər üçün büdcə ayırmalı oldum.

Olumide Ogunsanwo: Sizin heç bir P&L yox idi. Sadəcə itkiləriniz oldu [Gülüş].

Achani Samon Biaou: [Gülümsəyin] Xərclərim var idi. 11 yaşımda Kotonuya köçəndə valideynlərim xərclərimi ödəmək üçün mənə pul göndərdilər. Xahiş etdim ki, pulu adətən kənarda olan bibimin əvəzinə birbaşa mənə göndərsinlər. Azyaşlı olduğum üçün banka tək gedə bilmədiyim üçün pulu nağd almağa üstünlük verdim. Bütün bir ay ərzində büdcə qurmağı öyrəndim, nə vaxt çox xərcləməli, nə vaxt qənaət edəcəyimi diqqətlə planlaşdırdım. Mən güclü məsuliyyət hissi inkişaf etdirdim və pulun tükənməməsinin vacibliyini başa düşdüm.

Olumide Ogunsanwo: Bu, 11-14 yaşlarında olub?

Achani Samon Biaou: Düzdür.

Olumide Ogunsanwo: Belə gənc yaşda bu təcrübəyə sahib olmaq inanılmazdır. Adətən insanlar universitetə gedənə qədər o təcrübəyə malik olmurlar. Bu, nisbətən gəncdir. Daha hansı uşaqlıq təcrübələri sizi maliyyə müstəqilliyinə hazırladı?

Achani Samon Biaou: Yeddi yaşım olanda atamın mühasibi oldum.

Olumide Ogunsanwo: Bu gülməli. Siz artıq qabaqcıl riyaziyyatı bilirdiniz.

Achani Samon Biaou: İcazə verilməsə də, dörd yaşımda ibtidai məktəbə getməyə başladım. Yaş tələbindən necə yan keçdiyimizi xatırlamıram.

Olumide Ogunsanwo: Bunu necə etdiyini sizə deyə bilərəm. Atanız bir oğlanı tanıyan bir oğlan tanıyırdı. Belə işləyirdi.

Achani Samon Biaou: [Gülümsəyin] Bəlkə. O zamanlar yəqin ki, o dinamikadan xəbərim yox idi. Bütün şəhəri qidalandıran böyük bir çörək zavodumuz var idi. Məsuliyyətlərimin bir hissəsi olaraq, əksər gecələr mühasibat uçotu ilə məşğul olurdum. Səhər tezdən bir neçə yüz bagetdən ibarət inventarını götürməyə gələn onlarla pərakəndə satıcımız var idi. Məhsullarını satandan sonra gecələr qayıdırdılar ki, hesablarını həll etsinlər. Girişlərimizi (un, maya, benzin və s.) və çıxışlarımızı (hər pərakəndə satıcıya çatdırılan bagetlərin sayı) izləmək üçün atam Mənfəət və Zərər hesabatı kimi strukturlaşdırılmış kağız dəftərdən istifadə edirdi. Kəmiyyətləri hər bir pərakəndə satıcı üçün vahid qiymətə vurmalı və hər şeyi əlavə etməli olduq. Bəzən pərakəndə satıcıların ödəməli olduğu son məbləği müəyyən etmək üçün nəzərə alınmalı olan borcları olur.

Kitabları tarazlaşdırmaq üçün atam girişləri toplamaq üçün kalkulyatorundan istifadə edirdi. Ancaq riyaziyyatda yaxşı olduğum üçün hər şeyi zehni olaraq hesablamağı təklif etdim. Mən atamın kalkulyatoru olmağı təklif etməklə başladım, 75 dəfə 1243 və 75 dəfə 419 kimi tənliklər işlətdi. tamamilə idarə. Atam əvvəlcə şübhə ilə yanaşdı, amma sonda sınamağa icazə verdi.

Birdən özümü elə bir vəziyyətdə tapdım ki, yaşlı, təcrübəli pərakəndə satışçılar gəlib balanslarını həll edəcəklər. Mən onlardan həmin gün neçə ədəd satdıqlarını soruşar və tez öz qeydlərimizlə onların nömrələrini yoxlayırdım. Bəzi zehni riyaziyyatla onların son balansını hesablaya bildim.

Olumide Ogunsanwo: [Gülüş] Mafioz üslubu, pul verməsələr, ayaqlarını sındırmaqla hədələmisən? Bu belə işləyirdi?

Achani Samon Biaou: (Gülüş) Düzdür, yox, amma burada çoxlu emosional intellekt var idi. Atamın pərakəndə satıcılarla necə münasibət qurduğunu öyrəndim. Məsələn, bir xanım var idi ki, tez-tez maliyyəsini idarə etməkdə çətinlik çəkir, həmişə ödənişləri gecikdirmək və ya borclu olmaq üçün bəhanələr gətirirdi. O, yoldan keçən avtomobilin çörək səbətinə su sıçraması, nəticədə sata bilmədiyi xarab mallar kimi şeyləri günahlandırır və bir neçə ay ərzində kiçik hissələrlə ödəməsini xahiş edirdi. Bu şeylər hər kəsin başına gələ bilsə də, onunla birlikdə nəsə və ya digərinin həmişə səhv olduğu görünürdü. O gələndə anladım ki, ən yaxşısı xoş təəssüratlardan qaçıb rəqəmlərə diqqət yetirim: "Bizə 80,750 CFA borcunuz var". Bu yanaşma onun şikayətlərini və bəhanələrini kəsdi.

Zaman keçdikcə mən treyderlərin əhval-ruhiyyəsini oxumaq hissini inkişaf etdirdim və münaqişələri qabaqcadan görmək və yaymaq üçün uyğun salamlar və kiçik söhbətlərdən istifadə edərək çətin söhbətləri necə idarə etməyi öyrəndim. 7 və ya 8 yaşım olanda mən artıq ödənişləri yığırdım, kimin bizə borclu olduğunu izləyirdim və inventar istifadəsinə nəzarət etməklə biznesin təchizat hissəsini idarə edirdim.

Olumide Ogunsanwo: Bəli, gənc yaşda iqtisadiyyat və maliyyə menecmenti və bütün bunlarla çox tanış olmusunuz. Bu nadirdir.

Achani Samon Biaou: Mən artıq pul qazanmağın və bizneslə məşğul olmağın nə demək olduğunu dəqiq başa düşürdüm. Hələ uşaq ikən atam bagetin qiymətini qaldıranda inflyasiya anlayışını anlayırdım, çünki unun bahalaşmasının təsirini hiss edirdim. Mən gənc yaşlarımda bu anlayışları yüksək səviyyədə dərk etmişəm.

Olumide Ogunsanwo: Maraqlıdır ki, gənc yaşda həm biznes maliyyəsi, həm də şəxsi maliyyə sahəsində təcrübə qazanmısınız. Əvvəlki hekayədəki öz P&L-ni idarə etmək təcrübəniz, atanızın pərakəndə satıcılarla qarşılıqlı əlaqəsinə dair müşahidələrinizlə birləşərək, sizə əlaqəli, lakin fərqli sahələrdə hərtərəfli pul hissi təmin etdi. Biznes maliyyəsi və şəxsi maliyyə eyni olmasa da, onların arasında ötürülə bilən dəyərli dərslər var. Maraqlıdır ki, 13 yaşından əvvəl hər iki təcrübəni əldə etmək imkanınız olub.

Achani Samon Biaou: Biznesin maliyyəsi təcrübəsi məni gənc yaşlarımda daşınmaz əmlak dünyası ilə tanış etdi. Bizim ailə evimiz əsas bazar küçəsində yerləşirdi və biz pərakəndə mağazalara kirayə verirdik. Aylıq icarə haqqı ödədiklərini və arabir təmir xərclərinin olduğunu bildiyim üçün kirayə biznesimizin gəlirliliyini hesablamaq üçün çörəkbişirmə biznesindən mənfəət və zərər prinsiplərini tətbiq etdim. Mağazaların pərakəndə satışçılarının nə qədər qazanc əldə etdiyini və mağazaların onlara icarəyə verilməsindən nə qədər gəlir əldə etdiyimizi öyrənmək mənə maraqlı idi.

Mən atamla bazar araşdırmasının nəticələrini müzakirə etdiyimi xatırlayıram. "Şəhər ətrafında bir az araşdırma apardım və bildim ki, küçədən iki məhəllə yuxarıda yerləşən ev sahibləri bizdən oxşar kirayə haqqı alırlar. Bununla belə, yerləşdiyimiz yer daha yaxşıdır, ona görə də biz daha çox ödəniş etməliyik." Atam məndən məlumatı necə əldə etdiyimi soruşur, mən də izah edirdim ki, mən başqa ev sahiblərinin oğlu və ya qızı ilə dostluq etmişəm və ya söhbətə qulaq asmışam.

Bəzən atam əlavə məlumat verirdi ki, "bu dükan sahibi yaxşı kirayəçi olduğu üçün az pul ödəyir, amma işi yaxşı getmir, daha çox pul ödəyə bilmir". Bu söhbətlər vasitəsilə mən erkən yaşda bizneslə bağlı geniş mövzularla tanış oldum.

Olumide Ogunsanwo: Bu, möhtəşəm idi! Erkən uşaqlıq dövründə öyrəndiyiniz əsas dərsləri ümumiləşdirmək istərdinizmi?

Achani Samon Biaou: Bir neçə dərs var:

1. Pulun olmamasının məhdudiyyətlərini aztəminatlı ailələrdən olan dostlarımla ünsiyyət vasitəsilə öyrəndim.

2. Atamın mühasibi olduğum üçün maliyyə və bizneslə erkən tanış oldum.

3. Mən 11 yaşımda əsasən öz maliyyəmi valideynlərimdən uzaqlaşdıraraq şəxsi maliyyəyə, özünü idarə etməyə məruz qaldım.

Maraqlıdır ki, daha qabaqcıl olanlar daha əvvəl gəldi, çünki şəxsi maliyyə haqqında öyrənməmişdən əvvəl biznesə dəstək verirdim.

Olumide Ogunsanwo: Universitetə getməmişdən əvvəl uşaqlıqda nələri bilsəydiniz və ya fərqli davransaydınız istəyərdiniz?

Achani Samon Biaou: Kaş ki, həmişə döyülə bilməyən yüksək performanslı bir mühitə məruz qalaydım. Fikrimi izah etmək üçün bir misal çəkmək olar. Doğma şəhərimdə akademik cəhətdən heç bir rəqibim yox idi və ardıcıl olaraq sinfimdə birinci yeri tuturdum. Mən Kotonuya gələndə başqa bir oğlan - sonradan yaxşı dost oldu - dominant tələbə idi. O, gərgin və diqqətli idi, mən isə çox vaxt oynaq idim.

Olumide Ogunsanwo: [Gülümsəyin] Siz xoş əhval-ruhiyyəni sevirsiniz.

Achani Samon Biaou: [Gülümsəyin] Bəli, o, gərgin olsa da, xoş təbəssüm xoşuma gəldi.

Onun geniş ədəbiyyata, o cümlədən məşhur fransız yazıçısı Volterin əsərlərinə çıxışı olduğu halda, mən məhdud məruz qalmış kənd yerindən gəlmişəm.

Onun atası hökumətin naziri, atam isə cəmiyyətin işinə sadiq olan bir sahibkar idi.

Həyat tərzimiz çox fərqli idi, onun avtomobili və şəhəri gəzmək üçün sürücüsü var idi, mən isə motosikletimə arxalanaraq yollarda özüm gəzməli oldum.

Onun bir çox fənlərdən ümumi qiymətləri və fərdi qranları

mənimkindən yüksək idi. O, çox şeydə çox yaxşı idi və ümumilikdə əla idi.

Mən riyaziyyat və fizikada əla idi və ondan üstün idim, lakin o, fransız və tarix kimi fənlərdə daha yaxşı idi. O, hər cür mürəkkəb sözləri bilirdi və fransızca imtahanlarında yüksək bal toplayardı. Kənd yerində böyüyən mən buna çox məruz qalmadım.

Olumide Ogunsanwo: Müəyyən növ kurslarda performans məruz qalma ilə yüksək dərəcədə əlaqələndirilir.

Achani Samon Biaou: Həqiqətən. Mən mənasızlığımı ilk dəfə o zaman anladım.

Olumide Ogunsanwo: Vay. Niyə belə güclü bir söz işlədirsən, "mənasızlıq"?

Achani Samon Biaou: Mən yalnız bir dəfə kənddə olarkən ikinci oldum, ona görə də özümə çox qəzəb hiss etdim. Sürüşməyə başladımmı və niyə birinci yeri qoruya bilmədiyimi soruşdum.

Olumide Ogunsanwo: Uşaqlıqda ən yaxşı olmaq üçün çox eqo qoyursan. Eqonuz buna bağlı idi. Sən belə deyirsən?

Achani Samon Biaou: Bilmirəm, bunu belə adlandırardım.

Olumide Ogunsanwo: Siz bunu etiraf etmək istəmirsiniz, amma belə səslənir. Buna görə də incidildin.

Achani Samon Biaou: Mən hiss etdim ki, birinci olmaq üçün lazım olan hər şeyi gözləməli və etməliydim. Bir nömrə olmaq istəyim özümü başqaları ilə müqayisə etməklə deyil, daha çox üstün olmaq istəyimdən qaynaqlanırdı.

Olumide Ogunsanwo: Mən başa düşürəm. Bu, digər insanlara nisbətən deyildi. Mən də başqalarının performansından asılı olmayaraq üstün olmaq üçün daxili motivasiyalı idim. Bu, özümü başqaları ilə müqayisə etməyimin nəticəsi deyildi.

Achani Samon Biaou: İlk imtahan toplusundan sonra. İkinci yeri tutdum. O, Riyaziyyat və Fizika olmayan hər şeyə hakim idi. Bu, mənim üçün oyanış zəngi idi, çünki başa düşdüm ki, fransız dilində uğur qazanmaq sadəcə iradə məsələsi deyil; Hazırlaşmaq üçün daha çox səy göstərməli idim. Bu digər tələbə mənim çatışmazlıqlarımı və qüsurlarımı üzə çıxardı və bir müddət əsəbiləşdim. Aşağı performansımı hər cür bəhanələrlə əsaslandırmağa çalışdım, "o, dövlət nazirinin oğludur, təbii ki, bütün bu əlavə resursları pulsuz alır".

Bir müddət ondan xoşum gəlmirdi və mən onu çox gərgin və yorğun görürdüm.

Olumide Ogunsanwo: O, kifayət qədər oynaq deyildi.

Achani Samon Biaou: Bəli, o, heç oynaq deyildi. Dostlarıma deyərdim: "O, sərin uşaq deyil".

Nəhayət, anladım ki, mən dəli olmuşam. Vəziyyət mənə lazım olan bütün motivasiya idi. Kitab mağazasına getdim və aylıq pulumun yarısını tapdığım bütün klassik fransız ədəbiyyatı kitablarını almaq üçün xərclədim. Onları ödəmək üçün gündə bir dəfə yemək buraxdım və valideynlərimə demədim.

Olumide Ogunsanwo: Yeni bir aclıq pəhrizinə başladınız? [Gülüş]

Achani Samon Biaou: Bəli. Belə qənaətə gəldim ki, riyaziyyat və fizikanı o qədər də oxumağa ehtiyac yoxdu. Əvəzində ədəbiyyat kitablarını oxudum, yeni sözlər öyrəndim. Bir il ərzində mən ədəbiyyatda çox geridə qalmaqdan demək olar ki, rəqabətdavamlı olmağa başladım. Tarixlə eyni. Kiçik kursa qədər bütün məzuniyyətimi oxumağa həsr etdim. Mən çox çalışdım və Kotonuya qayıdanda onu əzməyə hazır idim.

Olumide Ogunsanwo: Siz gərgin idiniz.

Achani Samon Biaou: Mənim intensivliyimə çarəsizlik hissi səbəb oldu. Hazırda gördüyüm işlərdən daha çox şeyə qadir olduğumu düşünməyə bilməzdim. Yay tətilindən sonra məktəbə qayıdanda ən böyük rəqibimin Benindəki bir fransız məktəbinə keçməsi onun daha sonra Fransadakı universitetə keçidini asanlaşdıracaq olduğunu öyrəndikdə şoka düşdüm. Mənə elə gəldi ki, o, qaçıb.

Bu hekayəni, yaxşı oxuduğum fənlər olmasa da, mükəmməl insanlarla əhatə olunmaq istəyimi vurğulamaq üçün paylaşıram. Kaş ki, daha erkən yaşlarda belə insanlarla qarşılaşsaydım. Geriyə baxanda, kənd yerlərində keçirdiyim bəzi illəri potensial olaraq boşa getdiyini görürəm, çünki ətrafımda orta sinif yoldaşlarım var idi və yüksək nəticə göstərən tələbələrlə ünsiyyətdə olmamışam.

Təsəvvür edin ki, gənc yaşlarımda Bill Qeyts kimi biri ilə ünsiyyət qurmaq imkanım olub.

Olumide Ogunsanwo: İndi fərq İnternetdir. Dünyanın ən yaxşısı olsanız belə, insanlar dərhal məruz qalırlar. Biz kompüterlər və İnternet həqiqətən bir şey olmadan əvvəl böyümüşük. Əgər bunu indi oxuyursansa, sənin üçün daha asandır.

Achani Samon Biaou: Mən bir dərəcə ağrı ilə gələn dəyərli bir dərs aldım. Dostumla əvvəllər görüşmədiyimə görə təəssüflənirəm, hətta Şimalda olduğum müddətdə belə. Onunla daha tez tanış olsaydım, bəlkə də ömrümdə fransızcaya və coğrafiyaya olan marağım artardı.

İndi başa düşürəm ki, müəyyən bir sahədə bacarıqlı olduqda, hələ qarşıda duran böyümə və inkişafı gözdən qaçırmaq asandır. Nəticə etibarilə, mən yeni təcrübələr axtarmaq və məruz qalma imkanlarımı genişləndirmək üçün şüurlu səy göstərmişəm. Mən tez-tez səyahət edirəm, yeni dostlar tapıram və müxtəlif sahələrdə ən son ideyaları və tendensiyaları anlamağa fəal şəkildə çalışıram.

Növbəti fəsildə görüşənədək!

2C: Özünə İnam və Özünə Güvən Prinsipləri

Olumide Ogunsanwo: Kitabın hər fəslində biz öz həyat hekayələrimizdən danışmağa başlayırıq, sonra isə hekayələrə ən uyğun olduğunu düşündüyümüz maliyyə müstəqilliyinin konkret prinsipləri haqqında danışırıq. Bu fəsildə biz özünə inam və özünə güvənmə prinsipləri haqqında danışacağıq. Özünə inamla başlayaq.

Özünə inam insanın məqsədlərinə çatmaq və maneələri dəf etmək bacarığına inamıdır. Maliyyə müstəqilliyi sizdən hərəkətə keçməyinizi tələb edir və bu hərəkətlər düşüncə tərzinizə əsaslanır. Buna görə də, özünü qavrayış, özünə dəyər və məlumatı emal etmə tərzinizi ehtiva edən özünə inam maliyyə müstəqilliyinə nail olmaq üçün ilk addımlardan biridir.

Achani Samon Biaou: Əgər siz başqalarının etdiklərini edən bir sərnişinsinizsə, maliyyə müstəqilliyinə nail olmaq çətin ola bilər. Fəaliyyət tələb edir. Hərəkətə keçmək üçün buna inanmağı bacarmalısan, çünki cəmiyyət sənin yalnız 70 yaşında təqaüdə çıxa biləcəyini deyir. Siz düşünməyə başlaya bilərsiniz ki, maliyyə cəhətdən müstəqil olmaq müstəsna səy və ya sahib olmadığınız bacarıqlar tələb edir. Bunun öhdəsindən gəlməli və maliyyə müstəqilliyinə nail olmaq qabiliyyətinə malik olduğunuza və bunun həqiqətən arzuladığınız bir şey olduğuna inanmalısınız.

Olumide Ogunsanwo: Özünə inamın gücü maddi müstəqillikdən deyil, həyatda mənalı bir şey etməkdən gəlir.

Əksər tərcümeyi-hallarda dönüş nöqtəsi insanın əslində dünyada dəyişiklik edə biləcəyini başa düşməsidir. Onlar həqiqətən vacib olan bir şey edə bilərlər. İnsanlar fövqəladə qabiliyyətli varlıqlardır, ancaq gücə sahib olduqlarına inandıqları halda. Gücünüz olduğuna inanmırsınızsa, heç nə etməyəcəksiniz.

Məsələn, Prezident ola biləcəyinə inanan insanlar, ehtimalı dərk edə bilməyənlərdən daha çox bu məqsədə doğru addımlar atırlar. Bu fəsil uşaqlıq təcrübələrinə diqqət yetirsə də, onun dərsləri bütün yaşa aiddir.

Sizi həyatın bu nöqtəsinə gətirən eyni yolda qalmaq məcburiyyətində deyilsiniz. Mövcud planınıza davam etmədən həyatdan istədiyinizi əldə etməyin başqa yolları da ola bilər. Öyrənmək düşüncə tərzinizi dəyişdirmək və özünüzü müxtəlif düşüncə tərzinə məruz qoymaqdır.

Əgər siz bu kitabı oxuyursunuzsa, yəqin ki, siz Avropada və ya Amerikada və ya inkişaf etməkdə olan dünyanın daha zəngin bir hissəsində yaşayırsınız. Bu, yəqin ki, o deməkdir ki, siz dünyada başqalarının təsəvvür belə edə bilmədiyi bir neçə üstünlüklərə sahibsiniz (təmiz ağıl, sağlam bədən və istədiyiniz zaman internet vasitəsilə istədiyiniz məlumatı əldə etmək imkanı). Sizin üçün başlanğıc nöqtəsi, həyatınızda hər şeyin mümkün olduğuna inanmaq üçün düşüncə tərzinizi dəyişdirməkdir. Bu perspektiv sizin üçün həmişə mövcud olan resursları tapmaq və onlardan istifadə haqqında məlumatlılığınızı artıracaq.

Achani Samon Biaou: Siz impuls yaratmağı bacarmalısınız. Bu, özünə inam baxımından nə deməkdir? Birincisi, ətrafınızı bunu edə biləcəyinizə inandıran şeylər və insanlarla doldurmalı və əksinə inandıran şeyləri və insanları çıxarmalısınız.

Olumide Ogunsanwo: Ailəniz və dostlarınız olsa belə. Bəzi insanların özlərinə mənfi münasibət bəsləməsinin səbəblərindən biri də ortağı, əri, arvad, sevgilisi, bacısı, atası, anası, müəllimi, müdiri və s. tərəfindən onlara mənfi sözlər söyləməsidir. Özünüzü bu insanlardan ayırmalı və layiq olduğunuza inandığınız yerə çatmalısınız.

Əks halda, bu mənfi təsirlər sizi geri çəkəcək. Nə qədər yaşlı olsanız, bir o qədər asan olar. Yaşlı insanlar özləri ilə barışıqlı görünürlər və başqalarının onlara dair qavrayışlarına daha az əhəmiyyət verirlər, çünki onlar öz dəyərinin daxildən gəldiyini və digər insanların onlarla düşündükləri qədər maraqlanmadığını öyrənirlər. Əgər siz daha gəncsinizsə, siz də bunu inkişaf etdirməyə başlaya və başa düşə bilərsiniz ki, başqaları özlərinə daha çox əhəmiyyət verirlər və sizin haqqınızda düşünməyə vaxt sərf etmirlər. Ona görə də heç kim sənin kim olduğunu müəyyən edə bilməz. Həyatda öz dəyərinizi təyin edirsiniz.

Achani Samon Biaou: Özünüzə inanmaq üçün zehninizi bacarıqlarınıza güvənmək üçün məşq etməlisiniz. Effektiv üsullardan biri hədəflərinizə doğru kiçik addımlar atmaqdır ki, bu da zamanla nailiyyət hissi yaradır. Erkən yaşlarından hobbidə, idmanda və ya akademiklikdə üstün olan uşaqlar öz qabiliyyətlərinə daha güclü inam bəslədikləri kimi, ardıcıl təcrübə vasitəsilə özünüzə inanma vərdişini inkişaf etdirə bilərsiniz. Məsələn, tennis oynayan uşaqlar müntəzəm məşq etməklə öz bacarıqlarını təkmilləşdirirlər ki, bu da təkcə tennisdə deyil, digər idman növlərində də üstün olmaq qabiliyyətlərinə inamı artırır.

Sizi heç bir şey edə bilməyəcəyinizə inandıran insanları aktiv şəkildə uzaqlaşdırın və sizə həyatda məqsədlərinizə çata biləcəyinizi hiss etdirən müsbət təsirlər əlavə edin.

Olumide Ogunsanwo: Bu kitab aztəminatlılar, kənar insanlar, azlıqlar və immiqrantlar üçün müraciət edəcəkdir. Təbii ki, kitab hamı üçündür, çünki maliyyə müstəqilliyi prinsipləri universaldır.

Əgər özünüzü zəif, kənar adam, azlıq və ya immiqrant kimi tanıyırsınızsa, yeni vəziyyətlərin özünüzə inamınızı və özünə inamınızı sınaya biləcəyini başa düşmək vacibdir. Özünüzü əvvəlcədən hazırlayaraq, naməlum ərazidə hərəkət edərkən möhkəm və diqqətli qala bilərsiniz. Məsələn, əgər siz Cənubi Dakotaya köçən Uqandalı bir mühacirsinizsə, insanların 90%-nin sizin kimi görünməyəcəyi və ya davranmadığı yeni bir mühitə girəcəksiniz. Bu yeni mühitin çətinliklərini həll edərkən özünə inamınızı və öz imicinizi qorumaq üçün özünüzə şəfqət və özünə qulluq təcrübənizi ikiqat artırmalısınız.

Achani Samon Biaou: Mən şəxsiyyətlə bağlı bir məqamı vurğulamaq istəyirəm. İmmiqrant ailələr tez-tez mədəni köklərindən qopmuş və şəxsiyyət böhranı hissi ilə mübarizə aparan uşaqları böyütmək problemi ilə üzləşirlər.

Bunu həll etməyin effektiv yollarından biri uşaqları öz ana dillərində danışmaq və ya öz ölkələrinə səfər etmək kimi mədəni irslərini tam mənimsəməyə həvəsləndirməkdir. Bu, uşaqların özləri ilə daha rahat hiss etmələrinə kömək edir və daha güclü şəxsiyyət və özünə inam hissi yarada bilər. Bu yanaşmada uşaqlar öz köklərini tam əhatə edə və məsələn, Nigeriya əsilli amerikalı olduqlarını deyə bilərlər. Onlar utanmadan o kimliyi tam şəkildə qəbul edirlər.

Alternativ olaraq, bəzi immiqrant ailələr köçdükləri ölkənin şəxsiyyətini tam şəkildə mənimsəməyi seçə bilər, məsələn, uşaqlarını Amerika kimliyini qəbul etməyə təşviq etmək. Yarım yolda yanaşmaqdansa, bir yanaşmaya tam sadiq olmaq vacibdir ki, bu da çaşqınlığa və insanın mənlik mənasında aydınlığın olmamasına səbəb ola bilər.

Olumide Ogunsanwo: Özünə inam həm daxili, həm də xarici amillər, o cümlədən ətrafınız tərəfindən formalaşır. Siz böyüdükcə ətrafınıza daha çox nəzarət etsəniz də, uşaqlar ətraflarını formalaşdırmaq üçün əsasən valideynlərindən və müəllimlərindən asılıdır. Buna görə də, valideynlər və müəllimlər üçün uşaqları müsbət mənlik təsəvvürü, özünə dəyər və özünə inam yaratmağa təşviq etmək çox vacibdir. Güclü bir özünə inam hissi olmadan, uşaqlar, nəhayət, şəxsi inkişaf və maliyyə müstəqilliyi səyahətinə çıxdıqları zaman, öz imici qavrayışlarını yaxşılaşdırmaqda və həyatda mənfi nümunələri qırmaqda əhəmiyyətli psixoloji maneələrlə üzləşə bilərlər.

Özünə inam təcrübəsini və həyat tərzini inkişaf etdirməyə kömək etmək üçün bəzi kitab tövsiyələri:

Viktor Franklın " İnsanın məna axtarışı ". [1]Nasist konsentrasiya düşərgəsində inanılmaz çətinliklərlə üzləşməsinə baxmayaraq, məqsədini tapmaq üçün hələ də öz qabiliyyətlərinə inanan Holokostdan sağ qalanın hekayəsi.

Brian Tracy tərəfindən " Maksimum Nailiyyət ". [2]Gündəlik fəhlə kimi işləmək, məktəbi tərk etmək və ailəsinin dəstəyindən məhrum olmaq da daxil olmaqla ciddi çətinliklərlə üzləşməsinə baxmayaraq, Brayan nəhayət güclü özünə inam hissi inkişaf etdirdi. Özünə olan bu inam ona şəxsi inkişafına təkan verməyə və özü üçün dolğun bir həyat yaratmağa kömək etdi.

Bu iki kitab insanlara öz inamlarını təkmilləşdirməyə və sonsuz potensiallarını anlamağa kömək edə bilər. Əsl dəyişiklik düşüncə tərziniz, fəlsəfəniz, münasibətiniz və daxili dialoqunuz üzərində işləməkdən başlayır. Yalnız bundan sonra şəxsi inkişaf və maliyyə müstəqilliyi istiqamətində hərəkətə keçə bilərsiniz.

İndi özümüzə inamı başa vurduqdan sonra, özünə güvənmə ilə əlaqəli konsepsiyaya keçək?

Achani Samon Biaou: Bəli. Özünə güvənmək insanın öz səylərinə və qabiliyyətlərinə güvənməsidir. Təsəvvür edin ki, iki uşağı hündür siyirmədən stəkan götürmək istənir. Bir uşaq onu almaq üçün dırmaşmaq üçün bir şey axtara bilər, digər uşaq valideyninə zəng edərək qaldırılmasını xahiş edə bilər. Birinci uşaq müstəqildir. İkincisi hələ də dəstək sistemi haqqında düşünür.

Olumide Ogunsanwo: Problemin həllinə yanaşmanın iki yolu var. Siz ya (1) problemi özünüz necə həll edə biləcəyiniz barədə yaradıcı düşünə

1. https://www.amazon.com/Mans-Search-Meaning-Viktor-Frankl-ebook/dp/B009U9S6FI

2. https://www.amazon.com/Maximum-Achievement-Strategies-Skills-Succeed-ebook/dp/B004PYDB1C

bilərsiniz və ya (2) problemi həll etməyə kimin kömək edə biləcəyini düşünün.

Özünə güvənməmək problemi ondan ibarətdir ki, başqa insanlara güvənmək tam həll məkanının yalnız bir hissəsini təmsil edir. İnsanlar, əlbəttə ki, kommunal bir növdür, ona görə də sizə həll yolları yaratmağa kömək edəcək insanları tapmaq təbiidir. Bununla belə, əgər siz başqalarının sizə necə kömək edə biləcəyini öyrənsəniz, çox güman ki, tam potensialınızı düşünmürsünüz. Bəzən problemi yalnız siz həll edə bilərsiniz.

Achani Samon Biaou: Əgər ifrat tam müstəqillik və başqalarından tam asılılıq arasında seçim etməli olursan, ifrat müstəqilliklə başlamaq daha yaxşıdır. Əgər bütün həyatınızı insanlardan sizin üçün bir şey etmələrini istəməyə sərf etsəniz, heç vaxt bir şeyi necə edəcəyinizi öyrənməyəcəksiniz. Və o insanlar getdikdə, sən batacaqsan.

Özünə inamla başlamaq problemin mahiyyətini anlamağa kömək edir. Problemləri özünüz həll etməyə çalışmaq sizə tərəfdaşlıq edə biləcəyiniz hər kəsin işinin keyfiyyətini daha yaxşı qiymətləndirməyə imkan verir.

Özünə güvənmək maliyyə müstəqilliyinə nail olmaq üçün də vacibdir. Bu, sizi problemləri necə həll edəcəyinizi öyrənməyə sövq edən maraq hissi aşılayır və nəticədə əldə olunan nailiyyət hissi dərindən mükafatlandıra bilər. Bir tapşırığı təkbaşına başa vurduqda, özünüzlə fəxr edirsiniz və bu müsbət rəy sizi yeni çətinliklərlə məşğul olmağa təşviq edir.

Özünə inam daha çox müstəqilliyə, uğura və şəxsi məmnuniyyətə səbəb ola biləcək fəzilətli bir dövrdür.

Olumide Ogunsanwo: Samon və mən bu fəsil üçün anlayışlar üçün beyin fırtınası keçirərkən erkən məsuliyyət prinsipini də nəzərə almışdıq. Bu ideya Samonun uşaqlıq təcrübələrindən ilhamlanıb, ona gənc yaşlarından fərqli şeyləri sınamaq və məsuliyyət götürmək imkanları verilib. Erkən məsuliyyət və müstəqillik bir-biri ilə sıx bağlıdır.

Bir valideyn olaraq bu iki anlayışın birlikdə necə işlədiyini düşünməyə dəyər. Uşağınıza bir qədər məsuliyyət vermək və onu bacarıqlarının kənarına itələmək onun inkişafı üçün faydalı ola bilər. Tapşırıqlarda onlara etibar etdiyinizi görsəniz, onlar daha müstəqil olacaqlar, bu, böyüklər kimi sahib olmaq üçün dəyərli xüsusiyyətdir.

Özünə güvənməyin əksi, həyatınızın problemlərini həll etməyə kömək edəcək hər kəsə güvənməkdir. Bununla belə, maliyyə müstəqilliyi sizdən cari trayektoriyanızı dəyişdirən və sizi daha yaxşı şəxsi maliyyə yoluna çıxaran qərarlar qəbul etməyi və hərəkətlər etməyi tələb edir. Hərəkətlərə cavabdeh olduğunuz halda başqalarına necə etibar edə bilərsiniz? Siz edə bilməzsiniz, ona görə də özünüzə güvənməyi öyrənin.

Məsələn, tutaq ki, siz mənzil xərclərinizi azaltmalısınız, çünki bu, müəyyən yaşa qədər maddi cəhətdən müstəqil olmağa kömək edəcək. Əvvəlcə insanlardan mənzil xərclərini necə azaltdıqlarını soruşmaq daha yaxşıdır? Bənzərsiz zövqlərinizə, üstünlüklərinizə və istəklərinizə uyğun olan mənzil vəziyyətini yalnız siz bildiyiniz halda, onların cavabı sizə necə aid olacaq? Şübhəsiz ki, kənardan kömək istəməzdən əvvəl içəridən başlamaq daha yaxşıdır.

Achani Samon Biaou: İnsanlar özünə inamı inkişaf etdirmək üçün nə edə bilər? Övladlarınıza sadəcə pul idarəçiliyini imitasiya edən video oyunları və ya oyunlar almayın, onları real pulu idarə etməyə təşviq edin.

Onlara maliyyə məsuliyyətini öyrətmək üçün bizneslə məşğul olmaq lazım deyil - ev təsərrüfatlarının büdcəsini idarə etmək başlamaq üçün əla yoldur. Məsələn, siz onlara ev təsərrüfatları üçün büdcə verə bilərsiniz və onlardan xərcləri idarə etmək və təsdiqləməkdə köməklik etmələrini xahiş edə bilərsiniz. Bu, onlara sahiblik hissi verəcək və onlara dəyərli bacarıqlar öyrədəcək. Bundan əlavə, siz onlara ərzaq alış-veriş səfərlərindən qəbz verə bilərsiniz ki, onlar əqli arifmetika ilə məşğul olsunlar və əşyaların dəyərini və bunun ev büdcəsinə necə təsir etdiyini başa düşə bilsinlər. Bu cür real həyatda öyrənmə imkanlarını təmin etməklə siz övladlarınızın özünə inamını inkişaf etdirməyə və daha məsuliyyətli yetkinlər olmağa kömək edə bilərsiniz.

Olumide Ogunsanwo: Vergilərin necə işlədiyini izah edin. Aldığınız bütün əşyaların cəmi 40 dollar olduğu halda niyə 42 dollar ödədiyinizi soruşsalar, onlara deyin ki, 2 dollar satış vergisi üçün hökumətə gedir.

Achani Samon Biaou: Məhz, uşaqlara problem həll etmə bacarıqlarını inkişaf etdirməyə kömək etməyin bir yolu, onlara xərclərin idarə edilməsi ilə bağlı sadə problemləri həll etməkdir. Məsələn, siz onlara "Xərclərimizi optimallaşdırmaq üçün nəyi azaltmalı və ya artırmalıyıq?" kimi suallar verə bilərsiniz. Bu, onlara tənqidi düşünmə bacarıqlarını və məsuliyyət hissini inkişaf etdirməyə kömək edə bilər. Valideynlər uşaqların müəyyən şeylər etmək üçün çox gənc olduğunu söyləyəndə, bunun səbəbi çox vaxt valideynlərin özləri bunu necə düzgün edəcəyini bilmirlər. Bəzi valideynlər "uşaqlar uşaq olsun" deyirlər. Bir şeyi qarışdırmamaq üçün diqqətli olmalıyıq. Mən sizə demirəm ki, uşaqlarınızı uşaq əməyinə yazdırın.

Olumide Ogunsanwo: Ya da hərbi məktəbə göndərin [Gülüş]

Achani Samon Biaou: Uşağınızın böyüməsini ləngitməməlisiniz. İnanıram ki, əgər uşağınız evdə maliyyənizi idarə etmirsə, yəqin ki, həyatdan geri qalır. Mən 7 yaşım olanda atamın işinin mühasibatlığı ilə məşğul olurdum. Siz övladınız 10 yaşına çatmamış ev təsərrüfatının mühasibat uçotunu apara bilərsiniz və əminəm ki, ev təsərrüfatları mühasibat uçotu ilə müqayisədə daha az mürəkkəbdir.

Olumide Ogunsanwo: Bu, özünə inamla çox sıx bağlıdır. Əgər bir yetkin olaraq, bir valideyn olaraq yüksək özünə hörmətiniz varsa və özünüzə güvənirsinizsə, övladınıza daha çox məsuliyyət verəcəksiniz. Özünüzdən şübhələnirsinizsə, özünüzə hörmətiniz aşağıdırsa, uşağınıza məsuliyyət verməyə hazır olmaya bilərsiniz. Buna görə də biz bütün bu anlayışları birləşdirdik - özünə inam, özünə inam və erkən uşaqlıq məsuliyyəti.

Yaşlandıqca öz həyatınız üçün məsuliyyət daşımalısınız. Mənə qəribə gəlir ki, artıq uşaq olmayan və 20-30 yaşlarında ola biləcək bəzi insanlar hələ də uşaq ikən valideynlərinin onlara etdiklərini danışırlar. Bunu dediyim üçün üzr istəyirəm, amma 18 yaşdan yuxarı olanda həyatınız üçün məsuliyyət daşımalısınız.

Mən insanları uşaqlıqda başlarına gələnləri anlamağa, qəbul etməyə, öyrənməyə və davam etdirməyə təşviq edirəm. Məsuliyyətli olmağın və həyatınıza nəzarət etməyin bir hissəsi keçmişi buraxmaq, sizi incidən və ümidlərinizi doğrultmayan insanları bağışlamaqdır.

Bilirəm ki, bunu demək asandır və hər kəsin konkret vəziyyətini bilmirəm. Mən başa düşürəm ki. Əminəm ki, hər kəs bir şeyin içindən keçir, lakin bir yetkin olaraq, keçmişdən ehtiyacınız olanı öyrənməyiniz və davam etməyiniz daha yaxşıdır. Sizi məyus edən hər kəsi bağışlayın və davam edin və öz həyatınız üçün məsuliyyət daşıyın. Bəhanə gətirməyin. Özünüzə inanın, özünüzə güvənin və həyatdan istədiyiniz hər şeyi əldə etməyi səbirsizliklə gözləyin.

Dünənki insanların bu gününüzə təsir etməsinə imkan verməyin. Keçmişinizin xəyallarının indiki reallığınızı təqib etməsinə imkan verməyin. İstədiyiniz kimi həzz almaq üçün hələ qarşınızda bütün həyatınız var. Onlara qarşı saxladığınız kinlər dolayı yolla özünüzə qarşı saxladığınız zəncirlərdir.

Əgər siz hələ də uşaqlığınızdan bəri kin saxlayarsınızsa, özünüzə inanmaq və ya yüksək heysiyyətə sahib olmaq çətindir. Özünü bağışlamaq hamımızın başlaya biləcəyimiz, özümüzü keçmişin məngənəsindən azad edə biləcəyimiz və arzuladığımız gələcəyi yaratmaq üçün özümüzə güc verə biləcəyimiz bir səyahətdir.

Achani Samon Biaou: Mübahisəli səslənən şərhlər verəcəm, lakin belə olmamalıdır. Əgər siz sərvətinizdən uşağınızın müstəqil olmaması üçün istifadə edirsinizsə, ona pis xidmət etmiş olursunuz. Məsələn, əgər siz biznes sinfində uçursunuzsa və uşağınızla birlikdəsinizsə, onu dünyanın qalan hissəsi ilə birlikdə ekonom sinifə qoyun. Uşağın biznes sinfində oturan işi yoxdur. Dövr.

İkincisi, uşağınızla olan təcrübəniz hər zaman dəbdəbəli restoranlara getməyi əhatə edirsə, onları sadə restoranlara da aparmağa çalışın ki, onlar müxtəlif perspektivlərə malik olsunlar.

Olumide Ogunsanwo: McDonald's kimi [Gülüş]

Achani Samon Biaou: Əgər uşağınız dəbdəbəli bir şey almaq üçün sizdən pul istəsə, pulun üçdə birini ona verin. Onlardan üçüncüsünü almaq üçün bir yol tapmalarını xahiş et, geri qayıt və bəlkə qalan üçüncünü də onlara verəsən. Uşağınızı özünə güvənmə yoluna qoyun.

Olumide daha əvvəl dediyi kimi, bəzi insanlar yaşlı, evli və s. olsa da, hələ də valideynlərinin uşaqlıqda onlar üçün etdiklərini danışırlar. Yəqin ki, nəinki münasibətlərinizi pozacaqsınız, həm də böyüməyəcəksiniz. İşlərin öhdəsindən özünüz gəlməyin yollarını tapın. Valideynlərinizin, dostlarınızın və ya ailənizin sizə nə etdiyindən asılı olmayaraq, hər şeyi özünüz həll etməyin yollarını tapmayana qədər böyümədiniz.

Həmçinin, 18 yaşınız olanda və kollecə getməyə hazırlaşdığınız zaman ailənizin yaxınlığındakı kollecə getməyin. Valideynlərinizin sizə asanlıqla çata bilməyəcəyi yerə gedin. Valideynlərinizin pulunu bir kənara qoymağa və onu artırmaq üçün çalışmağa başlayın.

Valideynlərinizdən sizə əşya verməsini istəməyin, onlardan borc istəyin. Özünüzü elə bir vəziyyətə qoyun ki, həyatınızı hərəkətə gətirən şeylər üçün tam məsuliyyəti öz üzərinizə götürməlisiniz.

Olumide Ogunsanwo: Sabit və böyümə zehniyyəti ilə sıx əlaqəli bir konsepsiya var. Sabit zehniyyət mənim bu dünyaya bir sıra bacarıqlar, qabiliyyətlər, biliklər, intellektlə gəlməyim deməkdir və onlar həyatımın qalan hissəsi üçün sabitdirlər.

Böyümə zehniyyəti bunun əksidir. Mən bu dünyaya bir sıra bacarıqlar, biliklər, intellekt, qabiliyyətlər toplusu ilə gəlirəm və onları zamanla inkişaf etdirə və inkişaf etdirə bilərəm. Hər kəsin sabit bir zehniyyətə inanacağı məni şoka saldı, çünki biz hər zaman açıq şəkildə öyrənirik və inkişaf edirik. Siz daim böyüyür, təkmilləşir, öyrənir və yeni şeylər sınayırsınız və insanların bunu mümkün qədər tez təfəkkürlərinə daxil etmələri vacibdir.

İstədiyiniz hər şeyi öyrənə bilərsiniz. Hal-hazırda, 38 yaşım var, astronavt olmağa, bəzi dərslər almağa, dərəcə ala və astronavt olmağa qərar verə bilərdim. Başqaları bunu edirsə, bunun sizin üçün mümkün olmadığına kimsə necə inana bilər? Əlbəttə ki, bunu edə bilərsiniz. Siz qeyri-məhdud potensiala malik bir insansınız və istədiyiniz hər şeyi edə bilərsiniz.

Başqalarının sizdən daha yaxşı, daha ağıllı, daha cəlbedici olduğuna və buna görə də həyatda sizdən daha çox şeyə layiq olduğuna inana bilərsiniz. Yaxşı, bunun doğru olmadığını söyləmək üçün buradayam. Siz ondan qurtula biləcəyiniz bir aşağılıq kompleksi inkişaf etdirdiniz. Hətta buna inanmağınız özünə inamla qayıdır. Buna görə də bu fəsil çox vacibdir.

Özünə hörmət səviyyəniz sizi digər insanlardan daha pis olduğunuza inandırır. Sən deyilsən. İnsan çox güclüdür. Yeni bacarıqları öyrənmək, məlumat əldə etmək, insanlarla tanış olmaq üçün vaxt ayırsanız, öyrənə və hər şeyi edə bilərsiniz. İnkişaf zehniyyəti çox vacibdir və bunu mümkün qədər tez inkişaf etdirməyiniz vacibdir, çünki o, öz üzərində qurulur. Bu kitab belə başladı. 2020-ci ildə bir podcast edə biləcəyimə inandım və Bankole ilə tanış oldum və Afrobility-yə başladıq. Podkast sayəsində Samon və mən bu FIREDOM kitabını yaratdıq.

Achani Samon Biaou: Övladlarınız üsyan edəcək qədər ağıllı olmamışdan əvvəl, onların dostları ilə müsahibə aparın və müsahibədən keçməyənləri uşaqlarınızı görməyin. Mən sizə nümunə müsahibə sualı verəcəyəm, uşağınızın gələcək dostundan riyaziyyatda nə qədər yaxşı olduğunu soruşun. Riyaziyyatda yaxşı olmadıqlarını cavablandırsalar, dərhal uşağınızın bu dostları ilə görüşməsini dayandırın.

Nəzərə alınmalı digər vacib məqam odur ki, bahalı məktəblər mütləq yaxşı məktəblərə bərabər gəlmir. Uşaqlarınızı məktəbə göndərməyə gəlincə, bunun iki əsas səbəbi var: sosiallaşma və öyrənmə üçün. Bir valideyn olaraq, sosiallaşma yolu ilə nə əldə edəcəyinizi diqqətlə düşünməlisiniz. Şagirdlərin əksəriyyətinin "Mən hər şeyi edə bilərəm" kimi müsbət münasibət bəslədiyi məktəb varsa, övladınızı həmin məktəbə yazdırmaq yaxşı fikir ola bilər. Bunun səbəbi, uşaqlar yüksək təsir edici olduqları üçün ətrafdakıların düşüncə tərzini və davranışlarını mənimsəməyə meyllidirlər.

Fransada repetitor işlədiyim müddətdə çoxlu sayda uşaqların "Riyaziyyat çətindir" düşüncəsindən nüfuzlu hazırlıq məktəblərinə qəbul olunduğunu müşahidə etdim. Mən onlara məruz qaldıqları mənfi povestə etiraz etməkdə və perspektivlərini dəyişdirməkdə kömək edə bildim və nəticədə uğurlarına səbəb oldum.

Olumide Ogunsanwo: "Mən X-də yaxşı deyiləm" ifadəsi konstruktiv deyil, çünki bu, özünü məhdudlaşdıran bir inancı təmsil edir. Məsələn, mən heç vaxt deməzdim ki, bir şeydə, məsələn, yemək bişirməkdə yaxşı deyiləm, çünki bilirəm ki, yemək bişirməkdə daha yaxşı olmaq üçün internetə girmək, bəzi reseptlər yükləmək və məşq etmək, təkrarlamaq və daha yaxşı olmaqdır. X-də yaxşı olmadığımı söyləmək, özünü məhdudlaşdıran bir inancdır, çünki özünə inam və özünə dəyər vermə lazım olduğu yerdə deyil. Bilin ki, əgər başqası bir şey edə bilərsə, siz də bunu edə bilərsiniz. Bunu öyrənmək üçün vaxt sərf etdilər. Bu o deməkdir ki, siz də öyrənə bilərsiniz.

Nəticə olaraq, özünə inamı inkişaf etdirmək üçün özünü məhdudlaşdıran inanclardan imtina etmək və böyümə zehniyyətini qəbul etmək çox vacibdir. Bu prosesdə kömək etmək üçün bəzi resurs axtarırsınızsa, özünüzə inamla bağlı bəzi tövsiyə olunan kitabları təqdim edirik:

İlk kitab Gene Simmonsun " Mən, Inc " kitabıdır. [3]Bu heyranediricidi! Amerikaya köçən, Amerika sisteminə uyğunlaşan, ingiliscə danışmağı öyrənən və dünya tarixinin ən böyük rok qruplarından biri olan Kiss-in solisti olan bir immiqrantın hekayəsindən bəhs edir. Heyrətamiz! Mən bu kitabı sevirəm. İndiyə qədər yazılmış ən aşağı qiymətli kitablardan biri.

Ayn Randın iki kitabı, " Fəvvarənin başı [4]" və " Atlas Çiynini çəkdi [5]". Ayn Rand inanılmaz yazıçıdır, çünki onun kitabları insanların xarici şəraitdən asılı olmayaraq özlərinə inandıqları təqdirdə böyük işlər görmək potensialını anlamaqdan bəhs edir.

Nəhayət, Mitch Albom tərəfindən " Morri ilə çərşənbə axşamı [6]". Kitab

3. https://www.amazon.com/Me-Inc-Build-Unleash-Business-ebook/dp/B00I2PG3TW

4. https://www.amazon.com/Fountainhead-Ayn-Rand-ebook/dp/B002OSXDAU

5. https://www.amazon.com/Atlas-Shrugged-Ayn-Rand-ebook/dp/B003V8B5XO

həyatın dərin tərəflərini araşdırır, bizə mərhəmət, sevgi və qəbulun dəyərini öyrədir. Ondan götürdüyüm ən təsirli dərslərdən biri odur ki, ölümlülüyümüzü qəbul etməklə və ölümün hamımızı gözlədiyini etiraf etməklə, biz özümüzə inam, özünü bağışlamaq və özünü sevmək haqqında unikal perspektiv əldə edirik. Bu, həyatın kövrək və məhdud olduğunu xatırladan güclü bir xatırlatma rolunu oynayır və bizi həqiqilik, xeyirxahlıq və minnətdarlıqla yaşamağa çağırır.

Möhtəşəm! Bununla biz bu fəsli bağlayacağıq və hamınızı növbəti bölümdə görəcəyik.

---

6. https://www.amazon.com/Tuesdays-Morrie-Greatest-Lesson-Anniversary/dp/076790592X

3: Universitet hekayələri və Müstəqil Düşüncə və Maraq Prinsipləri

Olumide Ogunsanwo: Bu fəsil Samon və mən yeni ölkələrə köçmək və gənc yetkinlər kimi universitetə başlamaq haqqındadır. Bu, ətraf mühitə yeni gələn hər hansı bir kənar şəxs və ya qeyri-qanuni şəxs üçün aktualdır. Söhbəti səbirsizliklə gözləyirəm, Samonun Avropa universitet sərgüzəştlərini öyrənirəm və Amerika universitetlərində keçirdiyim sərgüzəştləri xatırlayıram.

Achani Samon Biaou: Mən də həmin universitet illərində ən aktual olan prinsipləri araşdırmağı səbirsizliklə gözləyirəm:

Maraq, bütün hisslərinizi açıq saxlamağı, hər şeyi qəbul etməyi və qarşınızda olmayan şeylərlə maraqlanmağı ehtiva edir.

FOMO (Fear Of Missing Out) təhlükəsi səbəbindən dünyada qəbul edərkən öz mühakimələrinizi etməyi tələb edən müstəqil düşüncə.

Olumide Ogunsanwo: Maraqlı olun və özünüz düşünün, bu iki şeydən daha vacib nə ola bilər?

Achani Samon Biaou: Mən özümüzü yeni mühitlərə necə məruz qoya bildiyimizi müzakirə etməkdən və həyatımızda yeganə suveren qərar qəbul edən şəxs olmaq hüququnu özündə saxlamağımdan məmnunam.

3A: Olumide Universiteti hekayəsi

Achani Samon Biaou: Universitet təcrübəniz harada və nə vaxt başlayıb və bitib?

Olumide Ogunsanwo: Mənim kollec təcrübəm 16 yaşımda (2001-ci ildə) başladı və 21 yaşımda (2006-cı ildə) bitdi.

Achani Samon Biaou: Sizin təcrübəniz eyni ölkədə olubmu?

Olumide Ogunsanwo: Mən iki fərqli universitetdə oxumuşam. Mənim ilk universitet təcrübəm 17-21 yaşları arasında Amerikada olub. Lakin ondan əvvəl mən də 16-17 yaş arasında qısa müddət ərzində Nigeriya universitetində oxumuşam. Bu müzakirədə mən hər ikisindən danışacağam. bu təcrübələr.

Mən 2001-ci ildə Nigeriyadakı Laqos Universitetində (UNILAG) başladım. Başlamaq üçün universitet səyahətimə 2001-ci ildə Nigeriyadakı Laqos Universitetində (UNILAG) başladım. Orada olduğum müddətdə təcrübəni necə idarə etməyi öyrənməli oldum.. Universitetə başlamazdan bir neçə ay əvvəl maşın sürməyi öyrəndiyim üçün hər gün məktəbə gedirdim. Ailəmdən yeni tapılan bu müstəqillik azadedici idi və bu, mənə həyatım üzərində daha çox nəzarət və gücə sahib olduğumu hiss etdirdi. Mən indi ailəmdən daha müstəqil idim.

Bir il sonra, 17 yaşımda universitetdə təhsilimi davam etdirmək üçün Amerikanın İllinoys Texnologiya İnstitutuna (İIT) köçdüm. Riyaziyyat, fizika və kimya fənlərini sevdiyim üçün Kimya Mühəndisliyi üzrə ixtisaslaşdım. Yadımdadır, Çikaqoya ilk dəfə enəndə ətraf Laqosla müqayisədə daha gözəl və təmiz görünürdü. Bu, həm də paltaryuyan maşın, kimyəvi təmizləyici, satış avtomatı və restorandan yemək sifarişi ilə bağlı ilk təcrübəm idi.

İndi gəlin təcrübəmin maliyyə tərəfinə diqqət yetirək. Bu, mənim büdcəmi idarə etmək üçün bir fürsət idi. Valideynlərim mənə bir miqdar pul verdilər və Amerikada bunu necə idarə edəcəyimi öyrənməyimi söylədilər.

Achani Samon Biaou: Nigeriyalı valideynlərin bunu etməsi adi haldırmı?

Olumide Ogunsanwo: Başqa valideynlərin nə etdiyini bilmirəm. Bu, 17 yaşlı bir gənc üçün güc verdi, mən hiss etdim ki, son qazanmalı olduğum məhdud miqdarda pul var. Valideynlərim pulum bitsə, nə olacağını bilmirdilər. Əgər mənə əvvəlcədən seçim verilsəydi, yəqin ki, daha çox nəzarət tələb edərdim. Geriyə baxanda başa düşdüm ki, daha çox məsuliyyətə sahib olmaq mənim üçün müsbət təcrübə oldu.

Achani Samon Biaou: [Gülümsəyin] Siz öz P&L-ni idarə etmisiniz (Mənfəət və Zərər hesabatları).

Olumide Ogunsanwo: Əyləncəli idi. İlk dəfə yemək sifariş etdiyimi xatırlayıram. Kung Pao toyuqları mənim ən çox sevdiyim toyuq idi. Özümü daha çox həyatımın məsuliyyətində hiss etdim.

Achani Samon Biaou: Maraqlıdır. Bu, maliyyə müstəqilliyi haqqında düşüncələrinizə necə təsir etdi?

Olumide Ogunsanwo: Mən bu barədə düşünməmişəm. Mən heç vaxt maliyyə müstəqilliyi anlayışını eşitməmişdim. Bu, sadəcə olaraq, pulumu daha uzun müddət davam etdirmək üçün idarə etməkdən ibarət idi. Mən öz axmaqlığımı başa düşürdüm. Məsələn, mən dərsləri buraxıb uğursuz ola bilərdim. Amerika universitetlərində vaxtınızla nə etdiyinizi heç kim maraqlandırmır, ona görə də sistem sizin daha çox muxtariyyətə sahib olmanız üçün qurulub. Vəziyyət aydın idi: mən immiqrant, Çikaqoda yaşayan nigeriyalı idim. Mən bunu düzəltməli və işləməli idim. Mən də etdim - sinfimdə ən yüksək GPA qazandım və səyahətdən həzz aldım. Bu, çox yaxşı keçdi və kollec təcrübəmdən həzz aldım.

Mən həmçinin bəzi əsas şəxsi maliyyə bacarıqları haqqında özümü öyrətdim, ilk növbədə gəlirimi artırmaq əvəzinə xərcləri azaltmağa diqqət yetirdim. Bununla belə, kollec təcrübəmdən ən əhəmiyyətli nəticə özümü idarə etməyi öyrənmək idi.

Achani Samon Biaou: Fərdlər istehlakçılığa daha az diqqət yetirən ölkələrdən Amerikaya köçdükdə, onlar ani bir həyəcan dalğası və daha çox pul xərcləmək istəyi ilə qarşılaşa bilərlər. Həddindən artıq pul xərcləmək istəyini hiss etdinizmi? Əgər belədirsə, bununla necə məşğul oldunuz? Digər tərəfdən, əgər siz vəsvəsəni hiss etmədinizsə, ona tabe olmağa sizə nə mane oldu?

Olumide Ogunsanwo: Beynim pula sahib olmaq üçün simlidir. Xərcləməkdənsə pulun olmasını üstün tuturam. Məsələn, ilk semestrlərimin birində hesablamadan gedirdim və mənə dərslik lazım idi. Lanet dərsliyin qiyməti 175 dollardı. Bunun mənim üçün heç bir mənası yox idi, ona görə də işlənmiş dərslikləri almağı öyrəndim. Mən kəşf etdim ki, istifadə olunmuş dərsliyi məktəb portalı vasitəsilə 100 dollara və ya əvvəllər hesablama kursunu keçmiş digər tələbələrdən birbaşa 80 dollara ala bilərəm.

Mən səmərəliliyi sevirəm. Ola bilsin ki, bu, psixoloji əlaqədir və ya inkişaf etməkdə olan ölkədən gəldiyim üçün. Dəqiq səbəbini bilmirəm. Sadəcə olaraq, pulu şeylərə xərcləməkdənsə, qənaət edib özüm üçün saxlamaq mənim üçün daha məntiqli idi.

Achani Samon Biaou: Sitat edilə bilən bir məqam var. Beynim pulu xərcləmək üçün yox, pula sahib olmaq üçün qurulmuşdu.

Olumide Ogunsanwo: Bəli, mənim bankımda pulun yığıldığını görmək onu xərcləməkdənsə psixoloji cəhətdən daha yaxşı hiss etdim.

Achani Samon Biaou: Tələbə olduğunuz zaman maliyyə müstəqilliyi ilə bağlı başqa təcrübələriniz olubmu?

Olumide Ogunsanwo: Universitetdə iki məqsədim var idi: Bütün A-ları alın və sınmayın. Universitetdə pullarımı idarə etməyə diqqət yetirdim. Mən heç vaxt pulumun tükənməsinə yaxınlaşmamışam və kredit kartı almaq üçün narahat olmamışam.

Xərclərim minimal olduğundan tələbə kimi pula qənaət etməyi nisbətən asan tapdım. Kampusda yaşamaq xərcləri aşağı saxlayırdı və Çikaqo qatar sistemi yaxşı işlədiyi üçün mənə avtomobil lazım deyildi. Münasib qiymətə gözəl, yaraşıqlı paltarları haradan alacağımı öyrəndim və bahalı brendləri almaq məni narahat etmirdi.

Achani Samon Biaou: Sizin maliyyə müstəqilliyinə doğru səyahətinizlə əlaqəli başqa bir şeylə bölüşmək istərdinizmi?

Olumide Ogunsanwo: Bəli, mən düşünmək və qərar qəbul etmək tərzimi göstərmək üçün spirtli içki qəbul etməyi necə dayandırdığımın hekayəsini danışmaq istəyirəm. Hekayədə maliyyə müstəqilliyi üçün vacib olan müstəqil düşüncə elementləri var.

Mən İTİ-də oxuyanda hər kəs kimi spirtli içki qəbul edirdim ki, konkret bir hadisə mənə çox fikir vermədiyimi başa düşdü. Londonda bacılarıma baş çəkərkən, hamımızın içki içdiyi bir ziyafətə getdik. Ancaq birdən başım gicəlləndi və vanna otağına getdim və düşündüm: "Mənim burada nə işim var? Nə baş verir? Özümü bir az qəribə hiss edirəm. Bu məclisdən o qədər də həzz almıram".

Çikaqoya qayıdanda ilk növbədə niyə içdiyimi və bunun həyatıma nə gətirdiyini düşünməyə başladım. Anladım ki, içkinin müsbət və mənfi tərəflərini nəzərə almadan normaya kor-koranə əməl etmişəm. Bir neçə dəqiqə düşündükdən sonra 17 və ya 18 yaşında içməyi dayandırmaq qərarına gəldim. Oturub hər şeyi tənqidi düşünəndə nəyi dəyişə biləcəyin heyrətamizdir.

Bu, məni həmyaşıdlarımdan fərqləndirən bir sıra qərarların birincisidir, çünki o vaxta qədər mən Amerikaya köçmüş digər nigeriyalılardan o qədər də fərqlənmirdim. Bu, yəqin ki, həyatımda verdiyim ən yaxşı qərarlardan biri kimi düşəcək. Gənc yaşda dayanmaqla, içkidən yarana biləcək çoxsaylı tələlərin qarşısını aldım və vəziyyətlərə daha rasional və məntiqli yanaşa bildim.

Bu, mənim içməyi dayandırmağımın hekayəsidir.

Achani Samon Biaou: Bu heyranedicidir. Bunun sizi başqalarından fərqləndirdiyini qeyd etdiniz. Fərqli olmaq bir stimul ola bilər, çünki siz uyğunluq axtarmırsınız. Fərqli olmağın necə hiss etdiyindən danışa bilərsinizmi?

Olumide Ogunsanwo: Bəli, mən başqa bir əlaqəli hekayə danışaraq bu barədə danışa bilərəm. 12-14 yaşlarım arasında bir neçə ay ərzində alnımda böyük şişlik yaradan bir zədə aldım. Uşaq ikən utanırdım, çünki insanlar bunu dərhal hiss etdilər. Ancaq bu təcrübə mənə başqalarının mənim haqqımda nə düşündüyünə daha az əhəmiyyət verməyi və sosial qruplardan ayrı olmaqda rahat olmağı öyrətdi. İTİ-də universitetə başlayandan sonra da davam edən qrup gözləntilərinə uyğun gəlməyə heç vaxt ehtiyac hiss etməmişəm.

Yadımdadır, kiminsə "Olumide tənhadır" dediyini eşitdiyimi və bunu tərif kimi qəbul etdiyimi, baxmayaraq ki, aşağılayıcı şəkildə deyilsə də. Mən güclü gözləntiləri olan heç bir sosial qrupun üzvü deyildim və uşaqlıqda aldığım zədə məni tək qalmağa və özüm üçün düşünməyə alışdırmışdı. Nə etməli və ya etməməli olduğum barədə heç bir qərəzli fikrim yox idi.

İçkini dayandırmaq qərarımla bağlı başqalarının nə düşündüyü məni narahat etmədi. İndi otuzuncu yaşımın sonlarında mən alkoqolsuz/az alkoqollu içkilərə meyl hiss etdim və insanlar məndən niyə içmədiyimi soruşdular. Maraqlıdır ki, onlar tez-tez bunun dini səbəblərə görə baş verdiyini güman edirlər, sanki bu, qrup uyğunluğunun nəticəsidir. Faydaları və xərcləri təhlil edərək 17 yaşımda qərar verdiyimi izah edəndə, qəbul etməkdə çətinlik çəkirlər.

Bəzən həyatda fərqli bir nəticə əldə etmək üçün fərqli düşünməli olursan. Əgər status-kvonu təqib etsəniz, status-kvonun həyatına son qoyacaqsınız.

Achani Samon Biaou: Bu hekayəni paylaşdığınız üçün təşəkkür edirik. Maliyyə müstəqilliyinə nail olmaq, maliyyə cəhətdən müstəqil olmayan dünyanın əksər ölkələrindən fərqli işlər görməyi tələb edir. Fərqli olmaqda rahatlıq yaratmaq sizi FI-yə aparan yolda saxlamaqda əsas amildir.

Olumide Ogunsanwo: Böyümək üçün tez-tez risk etmək lazımdır. Jeff Bezos bunun üçün bir çərçivəyə malikdir: birtərəfli qapılar (geri dönməz qərarlar) və iki tərəfli qapılar (geri dönən qərarlar).

Qərarın geri qaytarıla bilən və ya geri dönməz olduğunu müəyyən etmək üçün onu diqqətlə qiymətləndirmək vacibdir. Bu, nə qədər tez davam edəcəyinizi müəyyən etməyə kömək edəcək. Bəzi qərarlar asanlıqla dəyişdirilə bilməyən birtərəfli qapılardır, məsələn, uşaq sahibi olmaq qərarına gəlsəniz, bu, əbədidir və onunla yaşamaq məcburiyyətindəsiniz. Bir tərəfli qapılarla yavaş və diqqətlə hərəkət edin.

Bununla belə, əksər qərarlar geri qaytarıla bilər. Mənfi riskləri başa düşdükdən və kəmiyyətcə qiymətləndirdikdən sonra insanları cəsarətli olmağa və bu qərarlarla "sadəcə bunu etməyə" təşviq edirəm. Təkrar təcrübələr, uğursuzluqlar və başqalarının nə düşündüyünə əhəmiyyət verməməklə bu qərarlarla daha rahat hərəkət edə bilərsiniz. Lazım gələrsə, bu qərarları sonradan ləğv edə bilərsiniz.

Bundan əlavə, mənim başqa bir universitet hekayəm var.

Achani Samon Biaou: Başqa biri! Əla, eşidək.

Olumide Ogunsanwo: İkinci qərar dinlə bağlı idi. Mən Nigeriyada uşaq ikən xristian olaraq böyümüşəm.

Achani Samon Biaou: Bunu ətraflı izah edə bilərsinizmi? Nigeriyadakı dini mənzərə mürəkkəb və nüanslı ola bilər və hər kəs onun dinamikası ilə tanış olmaya bilər.

Olumide Oqunsanvo: Bəli, icazə verin sizə Nigeriyada din haqqında bəzi tarixi məlumat verim. Nigeriyada dini demoqrafik vəziyyət kifayət qədər balanslaşdırılmışdır, əhalinin təxminən 40-50%-i müsəlman, 40-50%-i isə xristian olduğunu bildirir. Bununla belə, dini mənsubiyyətin bölgüsü vahid deyil və coğrafiyaya görə dəyişir. Məsələn, Nigeriyanın şimalında yaşayırsınızsa, müsəlman olma ehtimalınız daha yüksəkdir (məsələn, Kaduna 90%-dən çox müsəlmandır); əksinə, əgər cənubda yaşayırsınızsa, sizin xristian olma ehtimalınız daha yüksəkdir (məsələn, Laqosun bəzi hissələri xristianların əksəriyyətini təşkil edir). Bundan əlavə, nigeriyalıların kiçik bir hissəsi ənənəvi Afrika dinlərinə etiqad edirlər.

Dinlə bağlı şəxsi təcrübəmə gəlincə, mən dindar olmasa da, xristian olaraq böyümüşəm. Anam dindar idi və bacı-qardaşlarımı və məni həftədə bir dəfə kilsəyə aparırdı, atam isə dindar idi, lakin kilsə ilə maraqlanmırdı və məşğul olmurdu.

Achani Samon Biaou: Orta nigeriyalı xristian sizin kimidir, yoxsa daha çox dindardır?

Olumide Ogunsanwo: Tipik nigeriyalılar dindardırlar, yəni onlar demək olar ki, hər həftə kilsəyə gedirlər, həftədə bir neçə dəfə Müqəddəs Kitabı öyrənməkdə iştirak edirlər və tez-tez başçı kimi kilsə rollarında xidmət edirlər. Bundan əlavə, dini inanclarını müzakirə etmək onların şəxsiyyətinin vacib bir hissəsidir. Nigeriyada böyüyəndə din həyatımın böyük bir hissəsi deyildi, ona görə də bu barədə başqalarına danışmadım.

Buna nə sövq etdiyini xatırlamıram, amma universitetdə dinlə bağlı hər şeyi araşdırmağa və öyrənməyə başladım. Çox araşdırma aparmağa başladım. Mən, YouTube, Vikipediya, Reddit və Ümumdünya Şəbəkəsi idim və biz həqiqəti tapmaq üçün səyahətə çıxdıq.

Nəhayət, başa düşdüm ki, din hər şeydən ibarətdir - bu, bəşəriyyətin başa düşmədiyi şeyləri izah etmək və insanların davranışlarını idarə etmək üçün yaradılmış bir insan ixtirası idi. Hələ qədim zamanlarda insanların yağış, od və günəş kimi təbiət hadisələri haqqında elmi anlayışı yox idi. Bunları izah etmək üçün biz yağış, od və günəş tanrılarını yaratdıq. Bu tanrıların bu təbii elementləri idarə etdiyinə inanılırdı və onları dua və qurban verməklə sakitləşdirmək olar. İnsanlar dünyanın sirlərinə cavab axtarmağa davam etdikcə, din izahat vermək və təhlükəsizlik hissini təmin etmək üçün təkamül etdi. Zaman keçdikcə dini qurumlar insanların inanc və davranışlarına nəzarət edərək güc və nüfuz qazandılar. Bu, onlara öz nüfuzlarının bir hissəsini saxlamağa və cəmiyyətləri öz dəyərlərinə və maraqlarına uyğun formalaşdırmağa imkan verdi.

Mən 19 və ya 20 yaşımda çox tez dinsiz oldum (aka ateist). İnsanların buna belə mənfi reaksiya verməsi maraqlı idi. Qeyri-dinsiz olmağıma reaksiya alkoqoldan daha mənfi idi, yəqin ki, spirtli içki insanların şəxsiyyətinin bir hissəsi olmadığı üçün. Bu reaksiyalar bir daha təsdiq etdi ki, kütlədən ayrı və fərqli olmaq böyük cəsarət tələb edir.

Dinin nə qədər tüklü olduğunu və əsasən necə qurulduğunu kəşf etmək inanılmaz idi. Bu, həyatda çox şey öyrəndiyim anlardan biri idi.

Mən hər şeyi - İncilin, Quranın, xristianlığın tarixini - sənədli filmlərdən tutmuş məqalələrə, bloqlara və kitablara qədər hər şeyi təkrar-təkrar oxuyuram. Kəşf etdiyim ən maraqlı şeylərdən biri o idi ki, Müqəddəs Kitabda nələrin olması lazım olduğuna dair razılığa gəlmək üçün davamlı müzakirələr gedirdi. Müqəddəs Kitab əslində zaman keçdikcə dəyişdi və günümüzə çatmaq üçün fəsillər əlavə edildi və silindi. Məntiqi olmayan və ya saxlamaq üçün çox dəli olan hissələr haqqında davamlı müzakirələr gedirdi. Mən bunu heç vaxt bilmirdim, çünki kilsədə heç kim bunu qeyd etmirdi. Düşünürdüm ki, Müqəddəs Kitab həmişə indiki kimi olub.

Araşdırmaq və "Bu doğrudurmu?" kimi suallar vermək maraqlı idi. Bu niyə doğru deyil? Bu haradan gəldi? Bu insanların hansı stimulları var? Bu, niyə bu qədər uzun çəkdi?"

Xülasə, bu iki qərarın arxasında dayanan qərar çərçivəsi - 17/18-də spirt yoxdur və 19/20-də ateizm - həyatımın qalan hissəsini formalaşdırdı. Bu gün mən hələ də spirtli içki qəbul etmirəm və hələ də ateistəm.

İnsanların çoxunun etdiklərindən çox fərqli şeylər etməyə hazır olmalısınız. Bu, maliyyə cəhətdən müstəqil olmağın əsas xüsusiyyəti kimi görünür.

Achani Samon Biaou: Bu, çox maraqlıdır. Bu barədə bir az daha danışa bilərikmi? Mənim iki əlaqəli düşüncəm var. Birincisi, qeyri-konformizminiz ailəniz və dostlarınızla şəxsi münasibətlərinizə necə təsir etdi?

İkincisi, mən təsəvvür edə bilərəm ki, öz dinini güclü şəkildə eyniləşdirən bir oxucu üçün sizin dedikləriniz onları təxirə sala bilər. Dindar olan insan maliyyə cəhətdən müstəqil ola bilərmi? Kimsə sizin kimi maddi müstəqillik əldə etmək üçün dinlərini tərk etməli olduqlarını götürə bilər.

Olumide Ogunsanwo: Əla suallar. Birinci sual bu idi: Uyğunsuzluğum başqaları ilə münasibətlərimə necə təsir etdi?

Əslində bu, münasibətlərimin 99%-nə təsir etməyib. İnsanların çoxu hələ də dindar olsalar da, əslində intuitiv olaraq bilirlər ki, bunu deməsələr də, real deyil. İnsanların dinlə bağlı rasional, məntiqli müzakirələrə qoşulmaq istəməsi nadir haldır, çünki din faktlara əsaslanmayan emosional və kommunal təcrübədir.

Elm təcrübə, öyrənmə və empirik dəlillərə əsaslanaraq uyğunlaşma yolu ilə həqiqətin üzə çıxarılmasının sistemli prosesidir. Digər tərəfdən, din daha çox emosiyalar və subyektivliklə maraqlanır və dəyişməz ideyalara və durağanlığa diqqət yetirir. Yeni dəlillərə əsaslanaraq uyğunlaşmaya və dəyişməyə açıq olan elmdən fərqli olaraq, din çox vaxt ənənəyə və dəyişməyə məruz qalmaya bilən inanclara əsaslanır.

Dindar insanlarla müzakirələr və ya mübahisələr etmək ümumiyyətlə tövsiyə edilmir. Çünki onların dini inancları çox vaxt icma duyğuları və tərbiyəsi ilə sıx bağlıdır. Onları başqa cür inandırmağa çalışmağın məhsuldar söhbətlə nəticələnəcəyi ehtimalı azdır, çünki onların inancları çox vaxt dərin kök salmışdır. Valideynlərinin və ya yığıncağının səhv olduğunu mübahisə etmək məhsuldar deyil, çünki bu, yalnız münasibətlərdə gərginlik və düşmənçilik yarada bilər. Nə vaxtsa kiminsə bu barədə konkret mübahisə etmək istədiyi bir vəziyyətdə olsam, adətən mövzunu dəyişirəm. Buna görə də, bu, mənim bir çox münasibətlərimə təsir etmədi, çünki mənim şəxsiyyət tipim mübahisəli deyil. Bununla belə, mənim dini sədaqətsizliyim bəzi romantik münasibətlərimə təsir göstərmiş ola bilər, burada tərəfdaş daha dindar olan birinə üstünlük vermiş ola bilər. Halbuki mən heç vaxt belə bir insanla rastlaşmamışam.

Keçək ikinci suala: İnsanlar dini və maddi cəhətdən müstəqil ola bilərlərmi?

Əgər bunu oxuyursansa və təxirə salınırsansa, ilk növbədə,ləngimə. Öyrəndim ki, dünyagörüşünüzə uyğun olmayan şeyləri eşidəndə hirslənmək və əsəbləşmək vaxtı deyil. Bunun əvəzinə, bu, niyə müəyyən bir şəkildə reaksiya verə biləcəyinizi düşünmək və anlamaq üçün bir fürsətdir.

Əgər dindar müsəlman və ya xristiansınızsa, inciməyin. Bunu dinə hücum kimi qəbul etməyin. Digər insanların sizdən fərqli seçimlər etdiyini və onların seçimlərindən nə öyrənə biləcəyinizi düşünün. Öyrənmək dəyişməlisən demək deyil.

Sizdən fərqli insanları qəbul etsəniz, Yer planetində yaxşı vaxt keçirmək daha asandır. Əks halda, yəqin ki, mübahisə və münasibətlərinizi gərginləşdirəcəksiniz. Bu kitabı oxuduqca mənim sizdən fərqli olduğumu anlaya bilərsiniz. Tamamilə yaxşıdır. Mən müxtəlif həyat seçimləri etmişəm, amma bunların sizə təsir etməsinə ehtiyac yoxdur. Əsəbləşmək lazım deyil, kitabı geri qaytarmaq lazım deyil [Gülümsəmək].

Hamımız fərqliyik və qəbul etməyi təcrübədən keçirmək faydalıdır. Əksər dini kitablar qəbul olunmağı təbliğ edir. Mənim perspektivlərim sizə hücum deyil. Etdiyim seçimləri izah edirəm və siz fərqli seçimlər etmisinizsə, yaxşı olar. Bizim insanlıq olaraq bir-birimizlə mübarizə aparmaqdansa, bir-birimizi başa düşmək və qəbul etmək daha vacibdir.

Achani Samon Biaou: Natiq kimi danışır, dindar olmayanlar üçün. Başqalarına qarşı tolerantlıq dünya daha müxtəlifləşdikcə vacibdir. Mən keçmişdə insanların, xüsusən də formal təhsili olmayan insanların fikirlərini qəbul etməməkdə və ya rədd etməkdə günahkar olmuşam. Zaman keçdikcə onlar haqqında maraqlı olmaq üçün baxışımı dəyişdim, mənim necə düşündüyümlə mühakimə etməkdənsə, onların necə düşündüklərini anlamağa çalışdım. Bunun vasitəsilə mən insan vəziyyətini daha yaxşı başa düşə və öz kor nöqtələrimi görə biləcəyəm, nəticədə başqalarından öyrənə bilərəm.

Olumide Ogunsanwo: Böyümə, hər şeyi həmişə etdiyiniz kimi etməkdənsə, həyata yanaşmanın yeni, gözlənilməz yollarını öyrənməkdən daha çox olur. Xristian olaraq böyümək və ateist olmaq haqqında hekayəmi eşidəndə avtomatik olaraq ateistlərin pis, xristianların yaxşı olduğunu söyləyərək reaksiya verməyin. Bunun əvəzinə bu hekayədən nə öyrənə biləcəyinizi düşünün. Hətta iki xristian da fərqli ola bilər. Əhəmiyyətli olan tolerantlıq, qəbul etmə və bir-birinizin qərar vermə prosesindən nə öyrənə biləcəyinizi tapmaqdır. Yəqin ki, bu kitabı almağınızın səbəbi budur. Siz ya maliyyə müstəqilliyi, şəxsi maliyyə, ya da afrikalı immiqrantların hekayələri ilə maraqlanırsınız.

Bizim həyatımız sizinkindən fərqli ola bilər, lakin bu kitabı almağınız o deməkdir ki, siz harada olduğumuza nail olmaq üçün necə qərarlar verdiyimizlə maraqlanırsınız. Maraqlı olmaq və öyrənmək üçün bir fürsət kimi istifadə edin.

Achani Samon Biaou: Müstəqil qərar qəbul etmək və bu qərarlara sahib çıxmaq nümunəsi vacibdir. Qərarlar qəbul etməyi və onlar üçün tam məsuliyyəti öz üzərinə götürməməyi gözləmək olmaz. Məsələn, bir marafon qaçmaq istəyirsinizsə, nəyin səhv ola biləcəyini və bu risklərdən razısınızsa, anlamaq sizin məsuliyyətinizə çevrilir. Bəzən insanlar bir qərar vermək və ya həyatlarında nəyisə dəyişdirmək istədiklərini hiss edirlər. Bununla belə, onlar bu qərarın məsuliyyətini öz üzərlərinə götürməli olduqlarını tam şəkildə qəbul etmirlər, buna görə də pərəstişkarına bok dəyəndə dərhal məsuliyyəti onlarla bölüşmək üçün başqalarını axtarmağa başlayırlar.

Olumide Ogunsanwo: Tam sahiblik və məsuliyyət bu kitabın yaranmasına səbəb oldu. Biz naşirlər, redaktorlar və bir çox başqa insanlarla işləyə bilərdik, lakin Samon və mən kitabı çatdırmaq üçün maksimum məsuliyyət və sahibliyi öz üzərimizə götürməyə qərar verdik. Əslində, Samonu bu qədər sevməsəm, bu kitabı özüm yaradardım. Beləliklə, günahlandıracaq başqa heç kim, heç bir vasitəçi olmayacaq, yalnız mən. İstəyirəm ki, mükafatlarım səylərimlə mütənasib olsun və göstərdiyim səylərin miqdarı ilə nəticə arasında birbaşa xətti bir yol görsün. Universitet hekayəmi bir neçə məqamla bitirəcəm:

Əgər kollec yaşında olan uşaqlarınız varsa, onlara büdcələrini və kredit kartlarını idarə etməyin əsaslarını öyrənməyə imkan verin. Mən əvvəllər pulun idarə edilməsi haqqında danışmışdım, lakin krediti idarə etmək də vacibdir. Geriyə baxanda, kredit balımı artırmaq və kiçik miqdarda krediti necə idarə etməyi başa düşmək üçün əvvəllər kredit kartı açsaydım, daha yaxşı olardı. Bunu kartları tam ödəyərkən, xal qazanarkən və daha yüksək kredit balı olanda öyrənə bilərdim.

Əgər siz kollec tələbəsiysinizsə, əsas dərslərinizdən kənarda öyrənməyə və böyüməyə çalışın. Tələbə olanda fikrimin 99%-i akademiklərə yönəlmişdi. Məzun olduqdan sonra anladım ki, yəqin ki, bir az akademik, bir az idmanla məşğul olmaq, bir az da cəmiyyətə qarışmaq və bir az da şəxsi inkişafla məşğul olmaq daha yaxşıdır. Akademikləriniz daha pis olsa belə, daha balanslı olmaq daha yaxşıdır.

Maraqların geniş çeşidi həyatı daha əyləncəli edir və bu, təkcə tələbələrə və gənclərə deyil, həm də əksər böyüklərə aiddir.

Achani Samon Biaou: Əla! Paylaşdığınız üçün təşəkkür edirik.

3B: Samon Universiteti hekayəsi

Olumide Ogunsanwo: Gedək! Samon, universitetdən hansı maliyyə müstəqilliyi dərslərini öyrəndin?

Achani Samon Biaou: Universitetdə olduğum müddətdə mən iki dəyərli dərs aldım: gəlir və xərclərin optimallaşdırılması. Bu anlayışlar maliyyə müstəqilliyinə nail olmaq üçün mərkəzi əhəmiyyət kəsb edir və biz kitabın sonrasında onlara daha dərindən baxacağıq.

Gəlir cəbhəsində pul qazanmaq üçün məktəbdən kənarda işləmək fikri ilə tanış oldum. Optimallaşdırma üsullarından istifadə edərək, gəlirimi maksimum dərəcədə artırmağa imkan verəcək ən yaxşı iş imkanlarını müəyyən edə bildim.

Xərclər tərəfində mən büdcənin optimallaşdırılması ilə bağlı fikirlər əldə etdim və həyat keyfiyyətimi itirmədən qənaətlə yaşamağın potensial faydalarını kəşf etdim. Bu təcrübələr mənə xərclərimi necə səmərəli idarə etməyi və resurslarımdan maksimum istifadə etməyi öyrətdi.

Olumide Ogunsanwo: Optimallaşdırma, mən də daxil olmaqla, bəzi insanlara sevinc gətirən bir şeydir. Alqı-satqı və ya qərarı optimallaşdırmağın yollarını tapmaq düşüncəsi, məsələn, "Mən daha aşağı qiymətə müqayisə edilə bilən məhsul əldə edə bilərəmmi? Keyfiyyətdə fərq nədir? Daha ucuz variantı seçməklə mən nəyi qurban verirəm? Vaxtım ağılla sərf olunurmu? bu barədə düşünmək üçün? " üzümə təbəssüm gətirir.

Kitabın bu cəhəti hər kəsi ovsunlamasa da, o, Samon və məni həyəcanlandırır. Əgər siz də bu həyəcanı inkişaf etdirə bilsəniz, maliyyə müstəqilliyinizə nail olmaq yolunda irəliləyiş əldə edə bilərsiniz.

Achani Samon Biaou: Universitet illərim böyüyərkən öyrəndiyim bəzi xüsusiyyətləri gücləndirdi, məsələn, müstəqil düşüncə sahibi olmağın və kütləni kor-koranə izləməməyin vacibliyi. Bundan əlavə, mən "qatil zehniyyətinə" sahib olmağın dəyərini öyrəndim - məqsədlərimə çatmaq üçün hər şeyi etmək istəyi. Növbəti hekayələrdə müstəqil düşüncəmi necə gücləndirdiyimi, qatil zehniyyəti inkişaf etdirdiyimi, gəlirləri optimallaşdırdığımı və xərcləri optimallaşdırdığımı paylaşacağam.

Müstəqil düşüncə haqqında danışaq. Universitetə başlayanda mənə yalnız akademiklərə diqqət yetirməyi tövsiyə etdilər. Əvvəlcə razılaşsam da, tezliklə başa düşdüm ki, məktəb mənim üçün nisbətən asandı və mən minimal səylə yaxşı nəticə göstərə bildim. Ənənəvi yolla kor-koranə getmək əvəzinə, daha nə edə biləcəyimi sual altına aldım. Tələbələrin əksəriyyəti minimal fiziki səy tələb edən iş axtarmağa meyllidirlər, lakin mən özümü bu seçimlərlə məhdudlaşdırmadım. Məsələn, mən fermalarda toyuq, hinduşka və qazların kəsim məntəqələrinə gedən yük maşınlarına yüklənməsini nəzərdə tutan mal-qara yükləyicisi işi kəşf etdim. Tək saatlara baxmayaraq (adətən gecə yarısı ilə səhər saat 4:00 arasında), bu iş adi tələbə işlərindən iki dəfə çox maaş alırdı.

Olumide Ogunsanwo: İlk olaraq bu iş haqqında necə eşitdiniz?

Achani Samon Biaou: Heyvandarlıq yükləyicisi işini tapmaqda uğurum qismən mənim ətrafımı skan etmək və anlamaq bacarığımla bağlı idi, lakin mən də bunun bir hissəsini bəxtlə əlaqələndirirəm. Təsadüfən tələbə işi olan bir dostumdan yaxşı və ya daha yaxşı maaş verən başqa imkanlar haqqında məlumatı olub-olmadığını soruşdum və o, saatda 15-20 dollar ödəyən və dərs saatları xaricində olan bir işi qeyd etdi. Bu təklif mənim marağıma səbəb oldu və mən aktiv olaraq digər potensial imkanları axtarmağa başladım.

Mal-qaranın yüklənməsi işi bizdən axşam saat 23 radələrində yola düşməyi və Fransanın qərbində, Brittanidə kiçik bir kənddə yerləşən fermaya bir saatdan çox sürməyimizi tələb etdi. Fermada işləmək mənə Fransanın kənd yerlərində yaşayan insanların həyat tərzlərini müşahidə etmək və anlamaq imkanı verdi ki, bu da bəzi mənalarda Benin fermalarında böyüdükdə gördüklərimə bənzəyirdi.

Olumide Ogunsanwo: Vay.

Achani Samon Biaou: Fransanın şimal-qərbindəki Brest şəhərinə qayıtmazdan əvvəl üç saat ərzində hinduşka və ya toyuqları yük maşınlarına yükləyərdim. Təəccüblüdür ki, mən bu işdən təqaüd pulum və bakalavr təhsilimi bitirərkən valideynlərimin mənə göndərdiyi vəsaitin birləşməsindən daha çox qazana bildim. Bu təcrübə mənə gəliri optimallaşdırmağın vacibliyini öyrətdi.

Olumide Ogunsanwo: Mən sizin hekayənizi çox yüksək qiymətləndirirəm, çünki o, vacib bir dərsi vurğulayır. Bakalavr hekayəmdə dedim ki, kaş ki, akademiklərdən kənarda araşdırmalar edəydim və digər imkanları nəzərdən keçirəydim. İstər 27 yaşında bir işdə olsun, istərsə də 38 yaşlı sahibkar olsun, bu, hər kəs üçün dəyərli bir dərsdir. Qarşınızdakı imkanlardan kənara baxmaq və yeni yollar kəşf etmək vacibdir. Şəxsi inkişafın ümumi prinsipi sizi qorxudan təcrübə və imkanları müntəzəm olaraq tapmaq və cəlb etməkdir. Özünüzü təkrar-təkrar rahatlıq zonanızdan kənara çıxarmaqla, özünüzə meydan oxuya və şəxsi inkişafa kömək edə bilərsiniz. Sərhədlərinizi genişləndirmək və şəxsi böyüməyə təkan vermək şərti ilə, ictimai çıxışdan tutmuş paraşütlə tullanmaya qədər hər şey ola bilər.

Qeyd etmək lazımdır ki, bu imkanlar mütləq karyeranızı əvəz etməli deyil və dərhal gəlir gətirməməlidir. Məsələn, orta amerikalı gündə təxminən üç saat televizora baxır. Seinfeld və Game of Thrones-a ayırmaq üçün bu qədər vaxtınız varsa, ondan yeni imkanları araşdırmaq və özünüzü inkişaf etdirmək üçün istifadə edə bilərsiniz.

Nəhayət, bu fəsil yaşından və həyatın mərhələsindən asılı olmayaraq, özü üçün düşünmək və şəxsi inkişafa sərmayə qoymaq bacarığını inkişaf etdirməkdən ibarətdir.

Achani Samon Biaou: Sizin şərhiniz məni xərclərin optimallaşdırılması mövzusuna aparır. Xərcləri sərmayəyə çevirmək anlayışından yalnız yetkinlik yaşına çatsam da, universitet illərində bilmədən bunu tətbiq etmişdim. Məsələn, minimum ölçü tələbinə cavab verən bir studiya mənzili seçdim, bu da onu çox münasib etdi. Sadəcə ayda 200-250 avro ödəməli oldum.

Olumide Ogunsanwo: Vay.

Achani Samon Biaou: Həmçinin, hökumət tələbələrə mənzil xərclərini ödəmək üçün 150 avro ödəyib. Əsasən, kirayə haqqım mənə demək olar ki, heç bir xərc çəkmədi.

Olumide Ogunsanwo: Təəssüf ki, mənim vəziyyətimdə universitetdə oxuduğum müddətdə kampusda üç il yaşadım. Üçüncü kursda başqaları ilə danışmağa başladım və kampusdan kənarda yaşamağın daha sərfəli olacağını kəşf etdim. Mən heç vaxt bir neçə məhəllə aralıda yaşamaq imkanını düşünməmişdim ki, bu da mənə minlərlə dollar qənaət edə bilərdi. Mən heç vaxt kənara baxmadım.

Achani Samon Biaou: Mən kənara baxmağın vacibliyi haqqında dediyiniz fikirlə tamamilə razıyam. Bəzi dostlarım, eləcə də Benindən olan bəzi tələbələr, valideynlərinin professorlarla əlaqələri sayəsində kampusda mənzil təmin edə bildilər. Bu dəstək sistemi Fransada mövcud idi. Bununla belə, bu dəstək sisteminin olmaması mənə başqa variantları araşdırmağa və insanlarla danışmağa imkan verdi ki, bu da sonda daha yaxşı imkanlar tapmağımla nəticələndi.

Studiya mənzilimi tapdıqdan sonra verməli olduğum növbəti qərar onun üçün nə almaq idi. Birincisi, Fransada olmağımın əsas məqsədinin təhsilimə diqqət yetirmək olduğunu hiss etdiyim üçün heç bir əyləncə növü almamağa qərar verdim.

Olumide Ogunsanwo: Sizin əyləncəniz dərslikləriniz idi [Gülüş].

Achani Samon Biaou: Bəli! [Gülümsəmək] Altı aydan sonra televizor almaq qərarına gəldim. Ancaq onu almağımın səbəbi Fransa xəbərlərini və ya mediasını izləmək deyildi. Bunun əvəzinə ingilis dilini öyrənmək istədim, çünki İngiltərədə işləyərək daha çox pul qazana biləcəyimi eşitmişdim. Həmin müddətdə etdiyim hər bir xərc gələcəyimə sərmayə idi.

Etdiyim xərclərdən biri avtobus bileti almaq idi ki, bu da mənə yük maşını işim üçün gecələr getməyə icazə verdi. Həftədə üç gün saat 23:00-dan səhər 4-5-ə kimi işləyirdim və səhər saatlarında dərslərdə iştirak edirdim. Nəqliyyata qoyulan bu sərmayə mənə iş və təhsilimi effektiv şəkildə balanslaşdırmağa imkan verdi.

Olumide Ogunsanwo: İnanılmaz. Niyə belə düşünə bildin? Başqalarına bu zehniyyəti mənimsəmələri üçün nə tövsiyə edirsiniz?

Achani Samon Biaou: Müstəqil bir düşüncə tərzi ilə başladım. "Hər şey necə olmalıdır" kimi qərəzli fikirlər düşünməklə başlamadım. Bunun əvəzinə insanlardan hər şeyi soruşmaq və mümkün qədər çox məlumat toplamaq üçün bir nöqtə qoydum.

Bundan əlavə, mən yüksək motivasiyalı idim və qarşıma çıxan hər fürsəti maksimum dərəcədə artırmaq üçün səy göstərdim. Daha əvvəl qeyd edildiyi kimi, mən aztəminatlı uşaqlarla oynayaraq böyümüşəm, ona görə də fermada və ya hər hansı bir qara işdə işləməkdən çəkinmirdim.

Mən başa düşdüm ki, intellektual axtarışlar mütləq pul qazanmağın ən yaxşı vasitəsi deyil. Mən qeyri-intellektual cəhdlərdən öyrənə biləcəyim dərslərlə maraqlanırdım. Mal-qara yükləmə işim vasitəsilə fermalarda işləyən ekipajla ünsiyyətdə oldum. Əksəriyyəti 30-50 yaş arasında idi və ailələri dəstək olurdu. O yaşda müəyyən bir məbləğ qazanmağın məhdudiyyətlərini görə bilsəm də, onların hekayələrinin inanılmaz dərəcədə dərin olduğunu gördüm.

Mən də sizin kimi pul qazanmağı və impulsiv xərclərdən qaçmağı üstün tuturam. Bankda ilk 1000 dollarım olanda vəcdə idim və onun böyüməsini seyr etməkdən həzz alırdım. Mən buna inana bilmədim. Mən onun böyüməsini izləməyi sevirdim və nə qədər qənaət edə biləcəyimi görmək mənim üçün bir oyun oldu. Məzun olanda, yəqin ki, həmyaşıdlarımdan daha çox pul yığırdım.

Olumide Ogunsanwo: Mən təəccüblənmirəm. Paltar və televizor kimi köhnəlmiş aktivləri almaqdansa, bank hesabınızın dəyər qazandığını görmək sizi daha xoşbəxt edirsə, maliyyə müstəqilliyi yolundasınız.

Maliyyə müstəqilliyinə nail olmaq zehniyyət dəyişikliyini tələb edir. Maliyyə müstəqilliyinə nail olmağın sizin üçün mümkün olduğuna inanmalısınız.

Gəlin səmimi olaq. Maliyyə cəhətdən müstəqil olmaq üçün lazım olan bütün məlumatlar artıq internetdə və kitablarda mövcuddur, lakin siz bunun mümkün olduğuna həqiqətən inanana qədər və kifayət qədər güclü "niyə"yə sahib olana qədər ona əməl etməyəcəksiniz.

Şəxsi hekayələrimizi bölüşməklə, bizi maliyyə müstəqilliyimizə aparan həyatda əvvəllər etdiyimiz psixoloji düzəlişləri nümayiş etdirməyə ümid edirik. Təcrübələrimizi kopyalamanızı, əksinə, maliyyə məqsədlərinizə çatmaq üçün zehniyyətinizi dəyişdirməyin vacibliyini başa düşməyinizi gözləmirik.

Achani Samon Biaou: Ən yaxşısını sona saxladım. Bakalavr illərimin ən təsirli təcrübəsini bölüşmək istərdim. Bu, Fransada eyni universitetdə oxuyan, bizdən xeyli böyük olan və məhdud fransızca danışan çinli tələbəni əhatə edirdi. Onun dil proqramına yazıldığına və ya artıq fransız dilində təhsil almasına əmin deyildim. Universitetə yeni gələn kimi digər beynəlxalq tələbələrlə əlaqə saxlamağım daha asan oldu. Bir gün çinli tələbə məni yataqxanasına dəvət etdi və mənim üçün yemək bişirdi və biz dostlaşdıq. İkinci və ya üçüncü gəlişimdə onu daha yaxından tanımaq üçün ona suallar verdim və onun yaşıdlarından yaşlı göründüyünü gördüm.

İlk dərs işdə intensivliyin gözəlliyi haqqında idi. O, Fransaya gəlmək üçün necə pul qazandığına dair hekayəsini bölüşdü və bu, məndə xoş təəssürat yaratdı. O, mənə çarpayısını göstərdi, döşəyi qaldırdı və Fransada avronun valyuta olmasına baxmayaraq, hamısı dollarla olan 25.000 dollar pul çıxardı. O, pul qazanmaq üçün demək olar ki, on ilə yaxın fabrikdə işləmişdi və bu söhbət mənə zəhmətin və səylərdə intensivliyin vacibliyini öyrətdi.

İkinci dərs səxavət haqqında idi. Bir gün çinli dostum halımdan soruşdu və mən dedim ki, təqaüd pulunun tezliklə gəlməsini gözləyirəm, lakin o vaxta qədər valideynlərimdən maddi yardım istəməli ola bilərəm. Bu, mənim part-time quş əti yükləmə işimə başlamazdan əvvəl idi. O, tərəddüd etmədən mənə saxladığı puldan 1000 dollar təklif etdi və dedi: "Bunu götür ki, stress keçirməyəsən. Mənə pul qaytarmağa məcbur deyilsən". Əvvəlcə təəccübləndim və imtina etdim, amma o, israrla "necə yaşayacaqsan, götür" dedi. O, mənim sıxıntı içində olduğumu birtəhər başa düşdü, baxmayaraq ki, yox idim və onun səxavəti mənə uzun ömürlü təsir bağışladı.

Xülasə, bu çinli tələbə ilə görüşüm mənə zəhmətin, intensivliyin və alicənablığın dəyərini öyrətdi. 25.000 avro qazanmaq üçün on il zəhmət çəkmiş birinin cəmi iki dəfə görüşdüyü birinə onun minini verməsi mənim üçün ağlasığmazdır.

Olumide Ogunsanwo: Şok!

Achani Samon Biaou: Bunda o qədər dərin bir şey var idi ki, sonradan inkişaf etdirdiyim bir çox xeyriyyəçiliyə və səxavətə ilham verdi. Bu təcrübə mənim üçün güclü idi.

Çinli dostumla görüş mənə çox təsir etdi və kollecə daxil olmaq üçün on il pul yığmaq məcburiyyətində qalmadığım üçün nə qədər şanslı olduğumu başa düşdüm. Bu, mənim əlimdə olan imkanları dəyərləndirməyə vadar etdi və onlardan maksimum yararlanmaq üçün məni ruhlandırdı. Onun zəhmət, qətiyyət və alicənablıq hekayəsi məndə uzunmüddətli təəssürat yaratdı və məqsədlərimə çatmaq üçün özümü daha da gücləndirməyə həvəsləndirdi.

Olumide Ogunsanwo: İnanılmaz. Hər kəsin öz mübarizəsi və çətinlikləri var. Belə hekayələri eşidəndə özümü təvazökar hiss edirəm. Əlimizdəki limondan limonad hazırladıq, amma başlamaq üçün yaxşı limonlarımız var idi. Nə yaşamağınızdan asılı olmayaraq, vəziyyətinizi yaxşılaşdırmağın müxtəlif yolları var. Fərqlilik yarada biləcəyinizə və fərqli şeyləri sınaya bildiyinizə inandığınız müddətcə heç vaxt təslim olmamalısınız.

Bu fəsli bağlamazdan əvvəl əlavə etmək istərdinizmi?

Achani Samon Biaou: Xərcləri ani məmnuniyyətdən çox investisiyaya çevirməyin vacibliyini vurğulamaq üçün başqa bir hekayəm var. Qərbi Fransadakı universitetimdən Parisdəki mühəndislik məktəbinə köçdükdən sonra mən də eyni düşüncə ilə düşdüm: pul qazanmaq üçün burada nə edə bilərəm? Təqaüdüm və atamın maddi dəstəyi var idi, amma çox xərcləmədim. Parisdə orta məktəb şagirdlərinə repetitorluq etməyin mənim kimi bir universitet tələbəsi üçün qazanclı bir iş ola biləcəyini düşündüm və buna görə də tələbələrimin evlərinə piyada getməyə başladım.

Repetitorluğa davam etdikcə anladım ki, daha çox tələbəyə çatmaq üçün maşın sürmək mənim gəlir axınımı artıra bilər, ona görə də avtomobil almağa qərar verdim. Maşını əylənmək üçün deyil, gəlirimi artırmaq üçün almışam. Repetitorluq təqvimimi çox optimallaşdırdım və öz dərslərimdən sonra arxa-arxaya repetitorluq etdim. Maşın həm də şəhərdə ziyafətə getmək istəyəndə dostlarımı gəzdirmək üçün faydalı idi.

Bununla belə, mən də sinif yoldaşlarımla əylənmək və ya repetitorluq edib pul qazanmaq arasında qərar verməli idim. Çərşənbə günü günorta sinif yoldaşlarım bir yerdə pivə içir, əylənirdilər. Ən gənc tələbələrdən biri olsam da, özümü böyüklər kimi hiss etməyə başladım və anladım ki, işləyə və pul qazana bildiyim vaxtlarda vaxtımı boş yerə sərf etmək heç də ağıllı iş deyil. Keçən ilin sonunda mən təxminən 10.000 dollar qənaət etmişdim.

Olumide Ogunsanwo: Mənim hekayəmdəki kontrast aydındır. Mən akademiklərə o qədər diqqət yetirmişdim ki, yüksək qiymətlərimə görə yalnız tələbə müəllimi kimi ilk işimi aldım. Fürsətləri axtararkən daha rahat və daha az aqressiv idim. Yalnız sonradan bir dostum şənbə günləri xidmətçi kimi işləmək haqqında danışanda mən daha çox pul qazana biləcəyimi anladım.

Qutudan kənarda düşünmək akademik imkanlardan daha çox şeyə aiddir. Bu, şəxsi inkişaf və inkişaf üçün dəyərli bir bacarıqdır. Ani həzz axtarmaq əvəzinə gələcəyinizə sərmayə qoymaqla, uzunmüddətli uğur üçün zəmin yarada bilərsiniz.

3C: Müstəqil Düşüncə və Maraq Prinsipləri

Olumide Ogunsanwo: Kitabın hər bir fəslində biz öz həyat hekayələrimizi bölüşürük və sonra bu hekayələrə uyğun olan maliyyə müstəqilliyinin xüsusi prinsiplərinə diqqət yetiririk. Bu fəsil müstəqil düşüncə və maraq prinsipləri haqqındadır.

Özünə güvəndikdən sonra maliyyə müstəqilliyinə nail olmaq üçün müstəqil düşüncə və maraq çox vacibdir. Maneələri dəf etmək və məqsədlərinizə çatmaq üçün siz maraqlı və yaradıcı olmalı, eyni zamanda müstəqil düşünməli və başqalarının təsirinə düşməkdən və ya FOMO-ya (Fear Of Missing Out) uymaqdan çəkinməlisiniz.

Fərqli olmaq və insanların çoxunun bəyənmədiyi bir yola getmək, sizin üçün mənalı olduğunu düşündüyünüz müddətcə yaxşıdır. Müstəqil düşüncə vacibdir, çünki yalnız siz daxili dəyərlərinizi və istəklərinizi həqiqətən dərk edirsiniz. Özünüzü başqalarının fikirlərinə aldatmağa icazə versəniz, həqiqətən istədiyiniz və ehtiyacınız olanı görməzdən gəlmək riskiniz var. FOMO sizi məqsədlərinizə və ya dəyərlərinizə uyğun olmayan bir yola apara bilər. Məsələn, dostunuz ev aldığını deyir və siz ev almağın vaxtının çatdığını düşünürsünüz, çünki həyatınızda ehtiyac duyduğunuz mərhələdəsiniz. Siz öz məqsədlərinizi yaratdınız və onlara nail olmaq üçün hərəkətlər haqqında tənqidi düşünmək vacibdir. İnsanların çoxu sizin məqsədlərinizi bilmir və öz fərqli məqsədləri var, ona görə də onların hərəkətləri əsasən sizin həyatınıza aidiyyatı yoxdur.

Müstəqil düşüncə tərzini tətbiq etmək üçün siz normadan kənara çıxmaq və potensial olaraq qeyri-populyar və bəyənilməyən olmaqdan rahat olmalısınız. Bu, daha az səyahət edilən bir yola getmək demək ola bilər, amma nəticədə bu, dəyərlərinizə uyğun gələn yol olacaq.

Nəhayət, bu, sizin həyatınızdır və hərəkətlərinizin nəticələri ilə qarşılaşmalı olacaqsınız. Sizə məsləhət verən və ya seçimlərinizə təsir edən insanlar işlərin səhv getdiyi zaman nəticələrin öhdəsindən gəlməyinizə kömək etmək üçün orada olmayacaqlar.

Bunu düşünün: Əgər kimsə sizə dörd uşaq sahibi olmağı məsləhət görsə, sizin yerinizə uşaqlara baxarmı? Yox! İstədiyiniz qədər uşaq sahibi olun. Kimsə sizə üç otaqlı ev almağı təklif etsə, ipotekanı ödəyəcək, yoxsa kirayəni? Əlbəttə yox! İstədiyiniz qədər yataq otağı olan bir ev alın və ya ümumiyyətlə almamağa qərar verin. Nəticələri ilə onsuz da məşğul olmalısınız, bəs niyə daxili istəklərinizə, arzularınıza və məqsədlərinizə uyğun müstəqil qərarlar qəbul etməyəsiniz?

Achani Samon Biaou: Mən mübahisəli ola biləcək bir nümunə göstərmək və dini müzakirə etmək istərdim. Dinin çoxsaylı şərhləri var, bəziləri hər şeyin Allah tərəfindən idarə olunduğu üçün insanın heç bir səlahiyyətinin olmadığını iddia edir. Hər kəsin öz inanc sistemini seçmək hüququ olsa da, bəziləri aydın məntiqə üstünlük verir, digərləri isə imanı üstün tutur. Hansı birini seçsəniz, inandığınız şeyin əksinin etibarlı ola biləcəyini başa düşmək çox vacibdir. Bu məlumatlılıq gözlənilməz nəticələrin mümkünlüyünə qarşı açıq qalmağınıza kömək edəcək.

Bununla belə, yalnız bir mümkün nəticənin ola biləcəyi fikrini möhkəm saxlayırsınızsa, deməli probleminiz var. Başqa sözlə desək, sən batmışsan.

Olumide Ogunsanwo: Harri Braunun " Mən azadlığı qeyri-azad dünyada necə tapdım " [1]kitabı azadlıq haqqında oxuduğum ən yaxşı kitablardan biridir. O, azad olmağımıza mane olan müxtəlif tələləri, o cümlədən əminlik tələsini araşdırır. Bu tələ, müəyyən bir nəticəyə 100% əminliklə inandığımızda və qərar qəbul etmə ilə bağlı riskləri və qeyri-müəyyənlikləri qəbul etmədiyimiz zaman yaranır.

Din kimi bəzi düşüncə tərzinin əsas problemi insanların mütləq əminliklə düşünməsinə səbəb olmasıdır. Ehtimal düşüncəsi isə, spirtli içki qəbul etməmək və təhlükəsiz sürətlə avtomobil idarə etməklə avtomobil qəzası riskinin <1% olması nümunəsində göründüyü kimi, ehtimal və risk faktorlarıdır. Qərarın mütləq əminliyinə inanmaq yəqinlik tələsinə düşmək əlamətidir. Həyatda demək olar ki, heç bir şey dəqiq deyil - biz sadəcə olaraq belə düşünürük.

Müstəqil düşünmək o demək deyil ki, siz həmişə haqlı olduğunuza inanırsınız. Bu, öz hərəkətləriniz üçün məsuliyyət daşımaqla yanaşı, digər insanların perspektivlərini başa düşməyə hazır olmaq deməkdir. Bu, nəticələr optimaldan az olsa belə, qərarlarınız üçün məsuliyyəti öz üzərinə götürəcək qədər rahat və cəsarətli olmaqdır.

---

1. https://www.amazon.com/How-Found-Freedom-Unfree-World/dp/0965603679

Achani Samon Biaou: Müstəqil düşüncə təkcə özü haqqında düşünmək azadlığını deyil, həm də insanın səhv edə biləcəyini və qərarlarının nəticələrinə görə məsuliyyət daşımasını ehtiva edir."

35 yaşım tamam olmamışdan əvvəl cəmi 5-6 il kirayə haqqı ödəmişəm, bura iki il biznes məktəbində, üç il bakalavr və magistraturada oxumaq daxildir. Bu müddət ərzində məqsədim xərclərimi minimuma endirmək idi.

Həftə içi işimdən qazandığım ballardan həftə sonlarını otellərdə keçirmək üçün istifadə etdim. Anam məni ev almağa çağırdı. Dostlarım israr edirdilər ki, ipotekam olmadığı üçün həyatdan geri qalmışam. Əgər onların məsləhətlərinə əməl etsəydim, görəsən bu gün harada olardım, çünki onların çoxu hələ də maliyyə müstəqilliyini əldə etmək üçün mübarizə aparır.

Müstəqil düşüncəm mənə hər kəsin mənimlə uyğun gəlməyən bir məqsədə doğru yarışdığını başa düşməyə imkan verdi. Eyni trasda olsaq belə, bəziləri qısa sprintlər, bəziləri isə marafonlarla qaçırdı. Siz marafonda qaçdığınız zaman yaxın məsafədən qaçan biri sizin yanınızda olanda ruhdan düşmək absurddur. Bu, FOMO-nun real həyatda necə işlədiyini əks etdirir. Çalışdığınız yarışı tanımaq və onun prinsiplərinə riayət etmək çox vacibdir. Həmişə başqalarından öyrənə bilərsiniz, lakin onların hərəkətlərini kor-koranə təqlid etmək ağılsızlıqdır".

Olumide Ogunsanwo: Buna görə də mən Rey Dalionu çox sevirəm. O, inandırıcılığın çəkisi haqqında danışır.

Dişimlə bağlı problemim varsa, diş həkiminə qulaq asacağam, amma dietoloqa qulaq asmayacağam. Əksinə, pəhrizimlə bağlı problemim varsa, diş həkiminə deyil, dietoloqa qulaq asacağam.

Hamı sizə məsləhət vermək istəyir, amma hamı nə danışdığını bilmir. Şəxsi maliyyə məsləhətləri axtarıramsa, Samonu dinləyəcəm, çünki o, 30-cu yaşlarında maliyyə cəhətdən müstəqil olub. Hələ də işləyən və maddi vəziyyəti yaxşı olmayan 82 yaşlı bir qocaya qulaq asmazdım.

Buna görə də biz özünə inam və özünə inamdan sonra müstəqil düşüncəni müzakirə edirik. Özünüzə inandığınız, özünüzə güvəndiyiniz və hərəkətə keçmək üçün özünüzə güvəndiyiniz zaman müstəqil düşünmək daha rahat olur.

Achani Samon Biaou: Müstəqil düşüncənin olmadığı halları müəyyən etmək bacarığını inkişaf etdirmək çox vacibdir. Bunun üçün insan özünə sual verməlidir: "Mən müəyyən perspektivə etibar etməliyəmmi?". Məsələn,

CNN müntəzəm olaraq qitədəki hadisələr haqqında əminliklə danışan Afrika mütəxəssislərini təqdim edir. Onların geniş mütaliə etmələrinə baxmayaraq, mən onların fikirlərini yalnız Afrika mədəniyyətində yaşamaq və bu mədəniyyətə tam şəkildə batırmaq təcrübəsinə malik olduqları halda etibarlı hesab edərdim.

Olumide Ogunsanwo: İcazə verin, mənfi cəhətlərə bir az vaxt ayırım. Müstəqil düşünməyin mənfi tərəfləri var, mən onlarla müntəzəm olaraq qarşılaşdığım üçün bilirəm. Bir çox insanlar hərəkətlərinizdən narahat olacaq və ya hətta bəyənməyəcəklər. Məsələn, "sən bir otaqlı mənzildə yaşayırsan? Gəl, niyə ev almırsan?" kimi şeylər deyə bilərlər. və ya "Siz həqiqətən maliyyə cəhətdən müstəqilsiniz? Gəlin, əlbəttə ki, maliyyə cəhətdən müstəqil deyilsiniz. X dollar ödəyən bir işiniz varsa, onu qəbul etməzdinizmi?" İnsanların öz etibarsızlıqlarını və özünə inamsızlıqlarını sizə göstərdiyini başa düşmək üçün sərt dəri inkişaf etdirməlisiniz.

Müstəqil düşüncənin dezavantajı odur ki, fərqli olmaq, tənqid olunmaq və mühakimə olunmaqdan razı olmalısan, amma buna dəyər, çünki ən azı öz şərtlərinə uyğun olaraq həyatı yaşadığına inanırsan. İnsanlar niyə "normal" olmayan şeylər etdiyinizi soruşmurlarsa və sizdən daha "ənənəvi" olmağı, uyğunlaşmağı, hər şeyi həmişə olduğu kimi etməyi tələb etmirlərsə, o zaman bəlkə siz həqiqətən müstəqil düşünən və kütlənin sadəcə bir hissəsi deyil.

Achani Samon Biaou: Müstəqil düşüncənin yorucu ola biləcəyini bilirəm. Biz başa düşürük ki, bəzən narahat olmaq istəmirsiniz.

Olumide Ogunsanwo: Böyük, mühüm həyat qərarları üçün müstəqil düşüncəyə üstünlük verilməlidir. Hansı corab geyinmək kimi əhəmiyyətsiz qərarları araşdırmaq üçün saatlarla vaxt sərf etməyə ehtiyac yoxdur. Bu cür qərarlar üçün standart seçimlər kifayət edə bilər. Ancaq vacib qərarlar üçün öz başına düşünmək və kütləni kor-koranə izləməmək vacibdir. Standart variantları seçərkən insan özünə qarşı dürüst olmalıdır.

Vacib həyati qərarların qəbulu şəxsi dəyərlərinizin, ehtiyaclarınızın və üstünlüklərinizin nəzərə alınmasını tələb edir.

Achani Samon Biaou: İstehlakı prioritetləşdirən cəmiyyətdə müstəqil düşüncə daha da vacib olur. Nümunə üçün bu misalı nəzərdən keçirək:

Yoldaşım və mən mənzilimiz üçün Kaliforniya kral çarpayısı aldıq. Təəssüf ki, biz hazırda yatağın təxminən üçdə birini istifadə edirik. Bu, lazımsız boşluqlar yaratdı və bir-birimizə yaxın olmağımızı çətinləşdirdi.

Niyə biz buna pul xərclədik? Təsəvvür edə bilərəm ki, tək çarpayıda yatan cütlüklər, yəqin ki, daha uzun ömür sürür və daha yaxşı uyğunlaşırlar, çünki onlar yatmazdan əvvəl mübahisələri həll etməyə məcbur olurlar, çünki gedəcək başqa yer yoxdur.

Olumide Ogunsanwo: [Gülüş]

Achani Samon Biaou: Əgər cütlük Kaliforniyada kral ölçülü çarpayıya sahibdirsə, bu, ayrı yataq otaqlarında yatmaq qədər yaxşı ola bilər. Bizim vəziyyətimizdə qollarımı uzada bile, mən ortağıma fiziki toxuna bilmirəm və bu, boyum qısa olduğum üçün deyil. O, hətta gecələr çarpayıdan yıxıla bilərdi və mən bunu səhərə qədər dərk etməzdim.

Olumide Ogunsanwo: [İsterik gülüş]

Achani Samon Biaou: Eynilə, yaxşı baxımlı yollarda sürücülük edən şəxs niyə böyük yolsuzluq avtomobili almağa üstünlük verir? Məqsəd onların statusunu və ya sərvətini göstərməkdirsə, belə bir avtomobilin olması əhəmiyyətli bir amil ola bilər.

Olumide Ogunsanwo: Öyünmə hüququ və öyünmə strategiyaları bu kitabın əhatə dairəsindən kənardadır.

Achani Samon Biaou: Mən şirkətləri yüz milyonlarla dollara satmış bir təsisçi ilə tanış oldum və biz birlikdə içki içdik. O, çox kiçik mini Chevrolet sürdü, mən isə lüks maşın sürdüm, baxmayaraq ki, avtomobillərə xüsusi marağım yoxdur. Bununla belə, onun avtomobilini görəndə, satın almadan əvvəl kifayət qədər uzun və çox düşünmədiyimi başa düşdüm. Yüz milyonlarla dollarım olmadığı üçün özümü bir az axmaq hiss etdim və pulumu daha çox dəyər verdiyim şeylərə xərcləyə bilərdim. Bundan sonra ikinci çarpayı alsam, Kaliforniya kralı almayacağam və başqa bir avtomobil alsam, yalnız zövqü inkişaf etdirdiyim halda lüks avtomobil alacağam.

Olumide Ogunsanwo: Yaxşı! Bu qeydlə əlaqədar maraq prinsipinə keçək.

Achani Samon Biaou: Gəlin marağı cari fəaliyyətlərinizlə dərhal əlaqəli olan şeyləri öyrənmək üçün həvəsli bir istək kimi təyin etməklə başlayaq. Bunu misal göstərmək üçün, qarşısındakı yeməyə məhəl qoymayan və onun əvəzinə yerdəki sarı ləkəyə diqqət yetirən ac uşaq təsəvvür edin. Bu, sizi təəccübləndirə və ya hətta əsəbiləşdirə bilsə də, bu, sadəcə olaraq, uşağın qidalanma üçün bioloji ehtiyacını aradan qaldıra bilən güclü marağın nəticəsidir. Bu, marağın gücünü nümayiş etdirir.

İndi, daha yaxşı karyera arzusunu ifadə edən və sizin məsləhətinizi alan bir yetkin insanı nəzərdən keçirin. Əgər onlardan indiyə qədər atdıqları addımlar və hansı iş növü ilə maraqlandıqlarını soruşsanız və əmin deyilsinizsə, o zaman onlar kifayət qədər maraqlı olmaya bilər. Bu onu göstərir ki, yeni iş tapmaq onlar üçün əsas prioritet olmaya bilər. Əgər kimsə iş tapmaq üçün həqiqətən həvəslidirsə, o, ardıcıl tədbirlər görəcək və məlumat toplamaq üçün araşdırma aparacaq.

Maraqlandığınız zaman ilk addımı atır və ətrafınızdakı hər şeyi araşdırır, dəqiqləşdirə və inkişaf etdirə biləcəyiniz məlumatları toplayırsız. Sizi davam etməyə və dərhal görünəndən kənara baxmağa sövq edən bir enerji var. Maraqlı insanları olmayanlardan fərqləndirən də budur.

Bu vəziyyətə fikir verin və ətrafınızdakı asanlıqla əldə edilə bilən şeylərə maraqsızlıq səviyyəsini nəzərə alın. Bu niyə baş verir? Əgər maraqsızlığınızın səbəblərini müəyyən edə bilsəniz, bu boşluqları aradan qaldırmağın yollarını tapa bilərsiniz.

Olumide Ogunsanwo: İmmiqrantlar və qürbətçilər şanslıdırlar, çünki onlar yeni bir ölkəyə köçmək üçün kifayət qədər marağa malikdirlər, burada vərdiş etdiklərindən fərqli bir cəmiyyətlə qarşılaşırlar. Bu yenilik onların maraqlarını saxlamağı asanlaşdırır. Tarixinizin və keçmişinizin üstünlüklərini tanımaq vacibdir. Bunun əksinə olaraq, Missisipi Universitetində təhsil alan Mississippi ştatından olan bir şəxs bütün həyatı boyu eyni ştatda yaşaması və adi işlərə alışması səbəbindən daha aşağı maraq səviyyəsinə malik ola bilər.

Bu fəsli oxuduqca siz marağın faydalarını açıq-aydın dərk edə bilərsiniz, lakin biz aydınlaşdırmaq istəyirik ki, biz sadəcə aşkar olanı qeyd etmirik. Əvəzində, maliyyə müstəqilliyinizə nail olmaqda sizə kömək etmək üçün həyatınızda təkrarlanan əsasda marağı necə inkişaf etdirə və inkişaf etdirə biləcəyinizi soruşuruq.

Achani Samon Biaou: Gəlin uşaqlarda marağı necə alovlandıracağımızı müzakirə edək. Yaxşı xəbər budur ki, uşaqlar doğulanda hər şey onlar üçün yeni olduğu üçün təbii olaraq maraqlanırlar. Bir valideyn olaraq, onların təbii maraqlarına mane olmamaq, əksinə onu inkişaf etdirmək çox vacibdir. Uşağınızın onunla birlikdə araşdırmasına və iştirak etməsinə icazə verməklə onun maraq duymasını təşviq edin.

Mən o ekstremistlərdən biriyəm ki, özlərinə ciddi zərər vurmadıqca, onlara hər şeylə, hətta "pis" şeylərlə sınaq keçirməyə icazə verin. Məsələn, iti bir şeylə oynayırlarsa, gözlərini kəsmək kimi özlərinə çox zərər verməyəcək qədər oynasınlar. Zərər çəksələr, bu, onlar üçün öyrənmə təcrübəsi ola bilər.

Olumide Ogunsanwo: Maraqınızı artırmaq üçün uşaqlıq təcrübələriniz üzərində maraqla düşünün. Əgər müsbət təcrübələriniz varsa, bu marağı necə qoruyub saxlaya biləcəyinizi düşünün. Əksinə, əgər təcrübələriniz maraq üçün əlverişli deyildisə, siz maraqsızlığın kök səbəbini daha dərindən başa düşməlisiniz.

Fərdlərdə maraq yoxdur, çünki onlar həyəcanlandıran şeylər tapmayıblar. Həyəcan və maraq bir-birindən asılıdır və biri adətən digərinə aparır.

Həyatınız üçün sizi həyəcanlandıran bir vizyon yaradın, çünki bu, marağınızı artıracaq və sizi hədəflərinizə çatmaq üçün lazımi addımları axtarmağa həvəsləndirəcək. Tony Robbins-in sitatını çox sevirəm: "Niyə üçün kifayət qədər güclü olduğunuz zaman, necə çox aydın olur."

Aydın bir məqsədiniz ("niyə") və dəqiq müəyyən edilmiş bir vizyonunuz olduqda, təbii olaraq yeni ideyalar və təcrübələri araşdırmaq üçün daha həvəsli və maraqlı olacaqsınız.

Achani Samon Biaou: Razılaşdım. Maraq çatışmazlığını aradan qaldıra bilməsək də, təcrübəmizə əsaslanaraq təkliflər verə bilərik. Şəxsən mən marağımın azaldığını hiss edəndə görürəm ki, səyahət etmək və ya şəhərimdə yeni yerləri kəşf etmək onu yenidən alovlandırır. Məsələn, məhəllənizdəki bütün restoranları kəşf etməyi qarşıya məqsəd qoymaq, rahatlıq üçün eyni tanış yerləri dəfələrlə ziyarət etməkdən daha stimullaşdırıcı ola bilər. Bəziləri təəccüblənə bilər ki, niyə pozulmamış şeyləri dəyişdirsinlər? Çünki bir şeyi dəyişdirməsən, o zaman SƏN qırılacaqsan.

Olumide Ogunsanwo: Vay, bu ağırdır.

Achani Samon Biaou: Tanış olduğu üçün təkrar-təkrar eyni restorana getmək imkanların əldən çıxmasına səbəb ola bilər. Qonşu restoranın eyni yeməyin təkmilləşdirilmiş versiyasını xeyli aşağı qiymətə satdığını və digər variantları daha tez araşdırmadığınız üçün sizi axmaq hiss etdiyini başa düşəndə peşman ola bilərsiniz.

Sonrakı səyahətdir: Səyahət etməkdən zövq alıram, çünki bu, sizi maraqlanmağa məcbur edir. Məsələn, Amerikadansınızsa və Avropaya səfər edirsinizsə, avro və valyuta məzənnələri ilə maraqlana bilərsiniz və bu, valyuta məzənnələrinin niyə dəyişdiyini araşdırmağa səbəb ola bilər. Səyahət içinizdə marağı alovlandırmaq üçün unikal bir qabiliyyətə malikdir. Ancaq hələ də təbii olaraq maraqlı olmaqda çətinlik çəkirsinizsə, gözlənilməz bir şeylə qarşılaşdığınız zaman "niyə" sualını vermək zehni vərdişini inkişaf etdirə bilərsiniz. Bu maraq özünə güvənmə ideyası ilə əlaqələndirilir. Məsələn, "insanlar niyə puldan istifadə edirlər?" marağınızı araşdırmağa və genişləndirməyə davam etməyə təşviq edəcək.

Maraq səviyyənizi artırmaq üçün başqa bir təklif bir növ "böhran" yaratmaqdır. Bu qəribə yanaşma kimi görünsə də, təsirli ola bilər. Məsələn, bəzən açarlarınızı qəsdən səhv yerləşdirə bilərsiniz ki, bu da sizi ətrafınıza daha çox diqqət yetirməyə məcbur edəcək. Bundan əlavə, cazibədar hesab etdiyiniz insanlarla söhbət etməyə cəhd edin və ürək döyüntünüzün necə reaksiya verdiyini müşahidə edin.

Başqaları ilə maraqlanmaqla, siz çoxlu fikirlər əldə edə bilərsiniz. Məsələn, maraqlandığınız kimsə maraqsız görünürsə, siz onu şəxsən qəbul etməyə meylli ola bilərsiniz. Bununla belə, onları daha yaxşı başa düşməyə çalışaraq, onların davranışlarının sizinlə heç bir əlaqəsi olmadığını, əksinə öz həyatında baş verən bir şeyin olduğunu öyrənə bilərsiniz.

Olumide Ogunsanwo: Maraq həm maliyyə müstəqilliyinə nail olmaqdan əvvəl, həm zamanı, həm də sonra dəyərlidir.

Maliyyə cəhətdən müstəqil olmamışdan əvvəl, maraq həyəcanı alovlandıran və sizi daha yaxşı maliyyə gələcəyə doğru səyahətə başlamağa həvəsləndirə bilən qığılcımdır.

FI səyahəti zamanı maraq motivasiya mənbəyi kimi xidmət edir, hətta maneələrlə və ya kursunuzu tənzimləmək zərurəti ilə qarşılaşdığınız zaman belə yolda qalmağınıza kömək edir.

Maliyyə müstəqilliyinə nail olduqdan sonra marağın faydaları görünməkdə davam edir. Əgər siz yol boyu boulinq, salsa rəqsi və ya səyahət kimi müxtəlif maraqları və fəaliyyətləri araşdırsanız, maliyyə müstəqilliyinizdən sonra əldə edəcəyiniz sərbəstlik və vaxtla bu məşğuliyyətlərə keçmək daha asan olacaq.

Əgər siz maliyyə müstəqilliyi haqqında bir kitabın niyə maraq bölməsini ehtiva etdiyini və sadəcə "çox pul" qazanmaq istədiyinizi soruşan birisinizsə. Bu kitab sizə öz şərtlərinizlə istədiyiniz həyatı yaşamağa kömək etməkdən bəhs edir və bu, mütləq çox pul qazanmaq demək deyil.

Hər halda, sizə yaxşı xəbərim var, maraq daha çox pul qazanmağınıza kömək edir, çünki bu, təkcə şəxsi həyatınızda deyil, həm də işinizdə və karyeranızda kömək edir. Məsələn, iki işçisi olan bir menecer olsaydınız, kimi irəli çəkərdiniz: sadəcə olaraq verilən tapşırıqları yerinə yetirən, yoxsa sual verən və tapşırıqların arxasında duran əsasları anlamağa çalışan?

"Yüksək Effektiv İnsanların Yeddi Vərdişi" kitabında ilk vərdişin proaktiv olması göstərilir. Təşəbbüskar münasibət, müstəqil düşünmə bacarığı və maraqlı düşüncə tərzi sizi hədəflərinizə çatmağa sövq edən zehniyyətin bir-biri ilə əlaqəli komponentləridir.

Kimin uğur qazanma ehtimalı daha çoxdur? Maraqlı, müstəqil və təşəbbüskar olan və ya arxayın olan, izdihamı izləyən və sürüdə itən, dostlarının, ailəsinin və cəmiyyətin onlara dediklərini edən biri. Çox aydındır - cavab vermək məcburiyyətində deyiləm.

Achani Samon Biaou: Maraqsızlıq sizi maliyyə müstəqilliyinə aparan yolda itirəcək. Maraqsız bir şəkildə oraya çata bilsəniz belə, depressiyaya düşmüş təqaüdçü ola bilərsiniz. Olumide-nin qeyd etdiyi kimi, maraq bu səyahətdə sizə kömək edə bilər. Problem həll edən biri kimi görünsəniz, irəli çəkilmə ehtimalınız var. Problemlər var, çünki həll yolları aşkar deyil, ona görə də problemlərin həlli üçün yaradıcı yolların araşdırılmasına açıq olmalısınız.

Olumide Ogunsanwo: Əgər maraqlanırsınızsa, bunun baş vermə ehtimalı daha yüksək olan qutunun xaricində yaradıcı düşünün.

Achani Samon Biaou: Passiv qalmaq risklidir, çünki başqaları maraqlanır və özlərini inkişaf etdirirlər, buna görə də siz sonda geridə qalacaqsınız.

Olumide Ogunsanwo: Müstəqil düşüncə və maraq prinsiplərini inkişaf etdirməyə kömək edən bəzi kitablar haqqında danışaraq bitirəcəyəm.

İlk kitab tövsiyəsi İçiro Kişimi və Fumitake Koqa tərəfindən " Bəyənməmək üçün cəsarət " kitabıdır. [2]Kitab iki yapon müəllifi tərəfindən povest üslubunda yazılmışdır və həyatınızı necə idarə edə biləcəyinizdən və başqalarının fikirlərinin xoşbəxtliyinizə necə təsir edə biləcəyindən bəhs edir.

Nassim Talebin " Antifragile " əsərini [3]tövsiyə edirəm . Bu məşhur kitab, mənfi bir şeyin həqiqətən sizə müsbət təsir göstərə biləcəyi antikövrəklik anlayışını təqdim edir. Güclü bir sistem xarici stresə tab gətirə bilər, lakin

2. http://www.amazon.com/The-Courage-to-Be-Disliked-audiobook/dp/B07BRPW98K

3. https://www.amazon.com/Antifragile-Things-That-Disorder-Incerto/dp/0812979680

antikövrək sistem streslə qarşılaşdıqda yaxşılaşır. Müstəqil təfəkkür, maraq və antikövrək sistem düşüncəsi əl-ələ verir. Antikövrək sistemin dizaynı fərqli düşüncə səviyyəsini tələb edir. Nassim əks-mədəniyyətli mütəfəkkirdir, bu da oxucular üçün faydalıdır.

Achani Samon Biaou: Adam Qrantın " Yenidən düşün " [4]adlı kitabını tövsiyə etmək istərdim . Təsəvvür edin ki, zehniniz bir boruda sıxılmış qaza bənzəyir və o gəlib zehninizi genişləndirir. Bu, təbii qəbul etdiyimiz şeyləri dekonstruksiya etməyə kömək edir. Bu sizə göstərir ki, ətrafımızdakı şeylər mütləq düşündüyümüz kimi deyil.

Olumide Ogunsanwo: Əla. Oxuduğunuz üçün təşəkkür edirik. Növbəti fəsildə görüşənədək.

---

4. http://www.amazon.com/Think-Again-Power-Knowing-What/dp/1984878107

4: Erkən Karyera hekayələri və Ambisiya və Cəsarət Prinsipləri

Olumide Ogunsanwo: Mən korporativ Amerika və Avropadakı ilk rəsmi işlərimizin hekayələrini araşdırmaqdan həyəcanlıyam. İlkin iş yerlərimiz, maaşlarımız və müdirlərimiz bizim və bir çox başqalarının pulun idarə edilməsi haqqında necə düşündüyümüzə əhəmiyyətli dərəcədə təsir göstərir.

Biz həm də ambisiya və cəsarət prinsipləri haqqında danışacağıq. Məqsədlər qoymaq üçün iddialı olun və hətta uğursuzluqlar və ya qorxular qarşısında belə onlara doğru irəliləmək üçün cəsarətli olun.

Bir çox problem və maneələrlə qarşılaşacaqsınız. Şöhrətpərəstlik və cəsarət sizi maliyyə müstəqilliyinə və öz şərtlərinizlə yaşamaq qabiliyyətinə doğru istiqamətləndirəcək.

Achani Samon Biaou: Biz ambisiyalarımızı necə inkişaf etdirdiyimizi və onları həyata keçirmək üçün cəsarət tapdığımızı paylaşacağıq. Bu prinsiplərin bizim ilk karyeralarımıza necə təsir etdiyini və maliyyə müstəqilliyimizə nail olmağımıza kömək etdiyini söyləmək üçün səbirsizlənirik. Gəlin başlayaq!

4A: Olumide'nin Erkən Karyera hekayəsi

Achani Samon Biaou: İlk işiniz nə olub və onu necə əldə etdiniz? Həmçinin, universitetdən işinizə keçdiyiniz zaman maliyyə müstəqilliyi ilə bağlı hər hansı düşüncəniz olubmu?

Olumide Ogunsanwo: Universitetdə Kimya Mühəndisliyi oxumuşam, İqtisadiyyatla ikili diplom almağı da düşündüm, amma nəhayət, bunun əleyhinə qərar verdim. Bakalavr təhsilimin sonuna yaxın dərsləri bir az darıxdırıcı görürdüm, amma ümid edirdim ki, işim daha maraqlı olacaq. 2006-cı ildə 21 yaşımda yüksək GPA ilə məzun oldum, lakin təcrübə keçmədiyim üçün iş tapmaq bir az çətin oldu. Bunun səbəbi, Amerika tələbə iş vizası beynəlxalq tələbələrin öz tələbə vizaları ilə təcrübə keçə bilmələri üçün nəzərdə tutulduğuna görə idi, lakin bir çox şirkətlər yalnız sonradan tam ştatlı iş əldə edəcək tələbələrə təcrübə keçmək istəyirdilər ki, bu da mənim kimi tələbələrin işini çətinləşdirirdi. Nəticədə yayda başqa iş tapmalı oldum.

Mən əyləncəli və asan olan repetitor kimi işləyirdim. Mən də məzunlara zəng edərək məktəb üçün ianə istəmək (yalvarmaq?) Çətin idi. Bir neçə kobud və sərt cavablar aldıq. "Məni tək burax!" "Heç vaxt mənə bu nömrə ilə zəng etmə!" "Bu cəhənnəm kimdir?" "Mənim nömrəmi necə əldə etdin?" Bu təcrübələr əyləncəli deyildi və mənim Kimya Mühəndisliyi dərəcəmlə heç bir əlaqəsi yox idi, amma pul qazanmaq üçün nə etməli idimsə etməli idim. Zəng etmək işi çox vaxt uduzurdu, lakin bu, telefonda pitching və satış etməyi mənə çox rahat etdi.

2006-cı ilin yayında məzuniyyət yaxınlaşanda mən tam ştatlı iş üçün müraciət etməyə başladım və Honeywell UOP-da müsahibə verdim. Müsahibələr yaxşı keçdi və onlar mənə proses dizayn mühəndisi kimi ilk işimi təklif etdilər. Mən 2006-cı ilin sentyabrında Çikaqoya kifayət qədər yaxın olan İndianadakı neft emalı zavodunda işə başladım ki, hər gün bir neçə avtobusla işə gedə bildim. Maaşım 56.000 dollar idi və başlamağım üçün çox həyəcanlandım. Mən istilik dəyişdiriciləri, nasoslar və s. kimi müxtəlif növ neft emalı avadanlığının layihələndirilməsi üçün proqram təminatından istifadə edirdim. Mən də layihələndirdiyim avadanlığın quraşdırılmasına dəstək olmaq üçün sahəyə getməli oldum.

Achani Samon Biaou: Bu Çikaqoda idi?

Olumide Ogunsanwo: Bu iş İndianadakı neft emalı zavodunda idi, lakin Çikaqoya o qədər yaxın idi ki, mən hər gün bir neçə avtobusla işə gedə bilirdim. Mən müvəqqəti immiqrasiya iş vizasında olduğum üçün avtomobil almaq riskini gözə almaq istəmirdim. Bu mənim ilk işim və onu necə əldə etdiyimin hekayəsidir.

Achani Samon Biaou: Vay, Amerikadakı immiqrant tələbələrin çətinlikləri sizin məktəbdən işə keçidinizdə aydın görünür. Şirkətlər, bütün mühacirlərdə olduğu kimi, daha sonra iş icazəsi tələb olunmadan tam iş günü ərzində asanlıqla işə götürülə bilən tələbələrə təcrübə keçməyə üstünlük verirlər.

Olumide Ogunsanwo: Tam olaraq. Hökumət şirkətlərə sizə təcrübə keçməyə icazə versə də. Çox kədərli idi. Departamentimdə ən yüksək GPA-ya malik olmağıma baxmayaraq, dərəcəsimə aid olmayan başqa işlərlə kifayətlənməli oldum. Bir az qəribə idi, amma sən bu şeylərin öhdəsindən gəlirsən. İmmiqrasiya məhz belə qurulub.

Achani Samon Biaou: Əgər amerikalı olsaydınız, viza məhdudiyyətləri haqqında heç vaxt düşünməzdiniz. Bəzi fransız dostlarımın əcnəbi tələbələrin iş icazəsi lazım olduğuna təəccübləndiklərini xatırlayıram. "Bu nədir?" çaşmış halda soruşardılar. [Gülüş].

Olumide Ogunsanwo: [Gülüş]

Achani Samon Biaou: Tam ştatlı işə gəldikdə, iş axtarış strategiyanız var idimi? İş tapmaq çətin olduğu üçün ilk təklifi qəbul etdiniz, yoxsa düzgün işi gözləməkdə daha düşündünüzmü?

Olumide Ogunsanwo: Mənə pul lazım idi. Yayda məzun oldum və işə düzəlməli idim. Karyeramın sonlarına qədər bir çox iş arasından seçim etmək üçün daha çox muxtariyyətə və rıçaqlara sahib oldum. İşəgötürən və işçi arasındakı güc balansını başa düşmək vacibdir. Əgər bunu başa düşmürsənsə, çox güman ki, işəgötürən sənin üzərində bütün səlahiyyətlərə malikdir.

Xülasə: İlk karyeram 21-dən 25-ə qədər idi (2006-cı ildə 21 yaşımda universiteti bitirdim və 2010-cu ildə 25 yaşımda biznes məktəbinə getdim). İlk karyeramın xülasəsi əsasən ürək ağrısı və ağrıdır. Qeyd etdiyim kimi, mən karyerama Honeywell UOP-da proses dizayn mühəndisi kimi başlamışam, o vaxt Honeywell tərəfindən satın alınmaqda idi. Təəssüf ki, birləşmiş şirkət Honeywell UOP daimi iş vizası üçün ərizəmi verə bilmədi və mən üç ay ərzində ilk işimdən azad olundum. Bu, çox ağrılı bir təcrübə idi.

Achani Samon Biaou: Vay.

Olumide Ogunsanwo: Bu hadisə 2007-ci ilin yanvarında, 2006-cı ilin sentyabrında işə başlayandan qısa müddət sonra baş verdi. Mən dərin utanc və utanc hissi hiss etdim. Proqramımdakı ən yüksək GPA-lardan biri ilə bakalavr siniflərimdə bütün ulduzlu tələbə kimi hadisələrin bu dönüşü məni heyrətə saldı. Ölkəni tərk etməli olsam (müvəqqəti vizamda 90 günlük işsizlik limitinə görə) nə baş verəcəyi barədə fikirlər beynimi sıxmağa başladı.

Mənim üçün inanılmaz çətin bir dövr idi. Özümü otağımda tək ağlayır, bundan sonra hansı addımlar atacağımı bilmirdim. Mən bunu heç kimlə müzakirə etməkdə rahat hiss etmirdim, xüsusən də bir neçə ay əvvəl dostlarımın çoxu məni təbrik etmişdi. Gücün dinamikasını dərk etməyə başladığım qaranlıq bir yerə girdim. Həyatın şahmat taxtası kimi olduğunu anladım və mənə piyada olmaq əvəzinə daha çox azadlıq verəcək bir strategiya tapmalıyam.

Bu, şübhəsiz ki, həyatımın ən aşağı nöqtələrindən biri idi. 21 yaşımda hələ də hər şeyi anlamağa çalışırdım və günlərlə göz yaşı tökdüyümü xatırlayıram.

Achani Samon Biaou: Vay. Vəziyyətin öhdəsindən necə gəldiniz və bu sizi necə dəyişdirdi?

Olumide Ogunsanwo: Xoşbəxtlikdən, ixtisar hadisəsindən əvvəl mən avtomobil və ya ev kimi böyük alış-veriş etməmişdim. Universitet günlərimə bənzər təvazökar həyat tərzi sürməyə davam etdim, otaq yoldaşlarımla bir mənzili bölüşdüm. Şükürlər olsun ki, bu, mənim yaşayış xərclərimin az olması demək idi. Nəqliyyat üçün ilk növbədə qatarlara və avtobuslara güvənirdim, bəzən həmkarlarımla maşında gəzirdim.

Avtomobil yoldaşlarımdan biri də İTİ-də oxumuş və Kimya Mühəndisliyi üzrə Magistr dərəcəsi almış fars qadın idi, mən isə yalnız bakalavr dərəcəsini bitirmişdim. Təəccüblüdür ki, eyni vəzifə öhdəliklərinə malik olmasına baxmayaraq, o, 57.000 dollar maaşla məndən cəmi 1000 dollar daha çox qazanırdı. Bu məni iki müşahidəyə apardı.

Birincisi, məlum oldu ki, şirkətlər bakalavr dərəcələri ilə müqayisədə magistr dərəcələrini yüksək qiymətləndirmirlər. Əlavə təhsilinin həyatının iki ilinə və 40.000 dollara başa gəlməsinə baxmayaraq, maaş artımı minimal idi. O, tez-tez avtomobilinin və ipotekanın pulunu ödədikdən sonra az pul qalmasından şikayətlənirdi. Bu, məni şoka saldı, çünki əks təcrübə yaşadım və gəlirimin əhəmiyyətli bir hissəsini saxlaya bildim.

İkincisi, mən başa düşdüm ki, xərcləmə seçimlərimiz həyat trayektoriyalarımıza böyük təsir göstərə bilər. Maaşlarımız oxşar olsa da, çox fərqli nəticələr əldə etdik. Mən dostum Nekheel ilə zirzəmidə bir mənzil paylaşaraq ayda 300-350 dollar cüzi bir kirayə ödədim, fars dostumun isə kirayə haqqımdan çox yüksək olan ipotekası var idi. Mən ictimai nəqliyyat üçün aylıq 75 dollarlıq biletdən istifadə etdiyim halda, o, sığorta, qaz və təmir də daxil olmaqla, avtomobili üçün xərc çəkdi.

Təsəvvür edin ki, bu müddət ərzində ev və maşın almışdım. Mən tələyə düşəcəkdim. 30 illik ipoteka ilə nə edərdim? Maşınla necə davranardım? Əhəmiyyətli itki ilə satmaq? Vəziyyət məni aktivləri satmağa və hətta ölkəni tərk etməyə məcbur edəcəkdi.

O xatirələr hələ də yaddaşımda canlanır. Təcrübə məni sərtləşdirdi və korporasiyalara daha az etibarla baxmağa vadar etdi. Mən bilirdim ki, korporasiyalara etibar edə bilmərəm, çünki onlar mənimlə maraqlanmırlar. Bu, mənim şəxsi maliyyəyə, maliyyə müstəqilliyinə və erkən pensiyaya marağımı artırdı. Bu, mənim maliyyə müstəqilliyinə doğru səyahətimin başlanğıcı oldu.

Achani Samon Biaou: Paylaşdığınız hekayə inanılmaz dərəcədə təsirlidir. Bunun öhdəsindən gəlmək son dərəcə travmatik və çətin olmalı idi.

Olumide Ogunsanwo: Bir çox insan Travma Sonrası Stress Bozukluğu mənasını verən TSSB ilə tanışdır. Bu, veteranlar kimi travmatik təcrübələrdən keçmiş şəxslərə təsir edən, onların travmanı yenidən yaşamasına səbəb olan və gündəlik həyatlarına, o cümlədən münasibətlərinə və işlərinə mənfi təsir göstərən psixi sağlamlıq vəziyyətidir.

Digər tərəfdən, PTG və ya Post-Travmatik Böyümə adlı travmaya daha az tanınan bir reaksiya var. Bu, travma yaşadıqdan sonra baş verə biləcək şəxsi böyümə, inkişaf və dəyişiklik prosesinə aiddir. Bir çox cəhətdən bunun həyatımda PTG anı olduğunu hiss edirəm.

Bu yaxınlara qədər hekayəni ağlamadan danışa bilməzdim, çünki hisslərimlə bağlı parlaq xatirələri geri qaytardı. Ancaq bir dəfə kimsə mənə dedi ki, ağrılı təcrübələriniz haqqında nə qədər çox açsanız, bir o qədər asan olur. Bunun doğru olduğunu təsdiq edə bilərəm.

Achani Samon Biaou: Siz dostunuz Nekheellə kirayə haqqını aşağı saxlamaq üçün zirzəmidə yaşadığınızı qeyd etdiniz. Mən bu misaldan istifadə edərək qənaətcilliyin vacibliyini erkən qeyd etmək istərdim. İnsanlar ilk dəfə maaş almağa başlayanda, yeni tapdıqları birdəfəlik gəlirləri nəzərə alaraq, onlar üçün çoxlu pul xərcləmək istəyini hiss etmək adi haldır. Bununla belə, maliyyə müstəqilliyinə nail olmaq adətən əvvəldən xərclərinizi nəzərə almağı əhatə edir. Nə qədər çox xərcləsəniz, zamanla sərmayə qoymaq və birləşmək üçün bir o qədər az imkanınız olur. Bunun əvəzinə xərclərinizi sərmayələrə çevirin, məsələn, öyrənmə imkanları və ya yeni iş perspektivləri üçün şəbəkə qurmaq.

Gəliriniz artdıqca xərclərinizi avtomatik artırmaq, xüsusən də artan xərcləriniz dəyərlərinizə uyğun gəlmirsə, əks məhsuldar ola bilər.

Olumide Ogunsanwo: Maliyyə müstəqilliyinə nail olmaq üçün bir neçə strategiya var.

Bir strategiya gəlirinizi maksimize etməyə, digəri isə xərclərinizi minimuma endirməyə diqqət yetirməyi əhatə edir. Fərqli fərdlər təbii olaraq şəxsiyyətləri, ifşaları, imkanları, yerləşdikləri yer, bacarıqları, keçmişi və ya təhsilindən asılı olaraq bu və ya digər tərəfə daha çox meyl edirlər.

Bununla belə, hər iki strategiyanı eyni vaxtda həyata keçirmək faydalıdır. Fərdlər daim özlərini inkişaf etdirməklə, yeni bilik və bacarıqlar əldə etməklə gəlirlərini maksimuma çatdırmağa çalışmalıdırlar. Eyni zamanda, öz dəyərlərinə əsaslanaraq şüurlu şəkildə xərcləməklə, onlara sevinc gətirən sahələrə üstünlük verməklə, lazımsız xərcləri azaltmaqla və ya aradan qaldırmaqla xərcləri minimuma endirməlidirlər. Əsas odur ki, gəliri maksimuma çatdırmaq və xərcləri minimuma endirmək arasında tarazlıq tapmaq, xüsusi həyat mərhələniz, şərait və imkanlarınız əsasında bir aspekti qəsdən vurğulamaqdır. Nüans buradadır. Nüans budur.

Məsələn, yeni bir şəhərdə işə yeni başlayan 21 yaşındasınızsa, ilkin olaraq xərcləri minimuma endirməyə diqqət yetirmək daha vacib ola bilər. Yeni yerinizdə mənzil və nəqliyyat məsələsini həll etməlisiniz. Bununla belə, əsas xərc sahələrini optimallaşdırdıqdan sonra diqqətinizi gəlirinizi maksimuma çatdırmağa yönəltmək daha sərfəli ola bilər. Bu, iş təkliflərini, yan təlaşları, sahibkarlıq təcrübələrini və ya yaradıcı layihələri araşdırmağı əhatə edə bilər. Gəlir tərəfində daha böyük imkanlar olduqda, marjinal gəlirlərin azalması səbəbindən xərclərinizi ikiqat azaltmağa dəyməz.

Başqa bir misal, əgər siz artıq qənaətcillik tətbiq edən və büdcəyə əməl edən 38 yaşındasınızsa və dörd övladınız varsa (iki uşaq, iki orta məktəb yeniyetmə və bir kollec tələbəsi). Xərcləri optimallaşdırmaq bu vəziyyətdə bir az daha çətin ola bilər və əlavə gəlir imkanları axtarmağın vaxtı gələ bilər.

Maliyyə müstəqilliyi icması tez-tez xərclərin minimuma endirilməsini vurğulayır, sahibkarlar isə gəlirlərin maksimumlaşdırılmasına diqqət yetirirlər. Məsləhətim odur ki, hər iki strategiyanı izləyin, lakin konkret şərtlərinizə əsasən birini prioritetləşdirmək üçün şüurlu seçim edin.

Achani Samon Biaou: Bu söhbət sitat gətirə bilən məqamlarla doludur. Karyeranızın növbəti mərhələsinə keçin: məzun olduqdan bir neçə ay sonra işə düzəlməyinizi qeyd etdiniz, lakin təəssüf ki, işdən çıxarıldınız. Sonra nə oldu?

Olumide Ogunsanwo: Mən dərhal plan hazırlamağa başladım. Əsas narahatlığım o idi ki, 90 gün ərzində Amerikanı tərk etməli oldum, ona görə də magistr təhsili almaq qərarına gəldim. Bu, mənə iki il davam edən proqram müddəti üçün başqa tələbə vizası verəcəkdi. Mən Kimya Mühəndisliyi kafedrasının dekanına yaxınlaşdım və Honeywell UOP-da vəziyyəti izah etdim. Mən magistraturaya tez bir zamanda başlamaq istəyimi bildirdim və proqram xərclərini qarşılamaq üçün təqaüd istədim. Bütün logistika işlərini işlədikdən sonra 75% təqaüdlə Kimya Mühəndisliyi üzrə magistr proqramına yazıldım. Təhsil aldığım müddətdə yenidən işə müraciət etdim və nəhayət, gecə dərsləri zamanı etdiyim başqa bir işə düzəldim.

Achani Samon Biaou: Bu qədər əhəmiyyətli təqaüd qazanmağı necə bacardınız? Siz ciddi şəkildə danışıqlar apardınızmı?

Olumide Ogunsanwo: Mən ciddi danışıqlar apardım, çünki həqiqətən ehtiyacım olmayan bir dərəcə üçün pul ödəmək ədalətli görünmürdü. Artıq kimya mühəndisliyi üzrə eyni bakalavr dərəcəsi almışam.

Achani Samon Biaou: Xüsusilə ona görə ki, fars həmkarınızdan magistr dərəcəsinin geri qaytarılmasının azalmasından xəbərdar idiniz.

Olumide Ogunsanwo: Mütləq. Magistr dərəcəsinə baxmayaraq, o vaxt mənim bakalavr dərəcəsi aldığım zaman onun maaşı mənimkindən cəmi 1000 dollar/il çox idi. Niyə magistr dərəcəsi üçün 40.000 dollar ödəyim? Bununla belə, qərarı mənim üçün daha məqsədəuyğun edən yeni vəzifənin təxminən 50% təhsil haqqının ödənilməsini təklif etməsi idi. Bu o demək idi ki, mənim proqram xərclərimin böyük hissəsi qarşılanacaq. Bundan əlavə, iş vizası üçün müraciət etmək üçün mənə yeni şirkət lazım idi, çünki yenidən immiqrasiya prosesindən keçmək istəmədim. HR və hüquq qrupu ilə viza müraciəti ilə məşğul olacaqlarını təsdiqlədim.

Tam gün işləmək, sonra isə gecə saatlarla dərslərdə iştirak etmək çətin idi. günlərim dəli idi. Mən doqquzdan beşə qədər işləyirdim, ardınca altıdan səkkiz və ya doqquza qədər birbaşa sinif rejiminə keçərdim. Sonrakı iki il həyatım belə idi.

Achani Samon Biaou: Vay. Beynəlxalq tələbə kimi sizə gecə dərsləri keçməyə icazə verilibmi?

Olumide Ogunsanwo: Bəli, beynəlxalq tələbə kimi mən gecə dərsləri də daxil olmaqla istənilən vaxt dərs almaq rahatlığına malik idim. Mənə tələbə iş vizası ilə də işləməyə icazə verildi.

Achani Samon Biaou: Yeni iş daha yüksək maaşla gəldi?

Olumide Ogunsanwo: Bəli, mənim yeni maaşım illik 58,000 dollar idi, ilk işimdən bir qədər yüksək idi. Bu işimlə maşın almağa qərar verdim. Bu, 17.000 dollara başa gələn işlənmiş BMW 3 seriyası idi. Bu işdə özümü daha təhlükəsiz hiss etdim, çünki onlar mənim iş vizası üçün müraciət etməyə razılaşmışdılar. Maşını çox sevirdim, onun xarici və daxili qara rəngi var idi və hətta "OLUMİDE" yazılan fərdi boşqab lövhələrim də var idi. Maşınla çox əyləndim.

Achani Samon Biaou: Maraqlıdır.

Olumide Ogunsanwo: Maşınla bağlı xoş xatirələrim olsa da, geriyə baxanda bu, maliyyə səyahətimdə etdiyim bir neçə səhvdən biri idi. Bu, mütləq avtomobil alqı-satqı qərarının özü ilə bağlı deyil, fərqli nəqliyyat variantlarını və onlarla əlaqəli ümumi sahiblik dəyərini (TCO) araşdırmaq üçün kifayət qədər vaxt sərf etmədiyim üçün.

İkinci işdə çoxlu müsbət təcrübələrim oldu, amma hekayə yenidən acınacaqlı bir dönüş aldı. ABŞ H1-B iş vizası lotereya sistemi ilə işləyir və təəssüf ki, müraciət etdiyim ilk bir neçə dəfə seçilmədim. Bu, mənə dərhal təsir etmədi, çünki hələ də tələbə iş vizam var idi. Lakin 2008-2009-cu illər gələndə maliyyə böhranı və sonradan tələbin azalması səbəbindən neftin qiyməti aşağı düşdü. Nəticədə, 2009-cu ildə, 24 yaşıma az qalmış ikinci iş yerimdən ixtisar olundum.

Achani Samon Biaou: Vay. Yenidən!

Olumide Ogunsanwo: Bu, tam sürpriz deyildi, çünki komandamın əksəriyyəti 6 ay ərzində buraxılmışdı. Amma yenə də bir az kədərləndim. İşini itirmək həmişə yanır. Ona görə də dedim ki, ilk karyeramın hekayəsi ürək ağrısıdır. 23 yaşımda, 24 yaşıma çatmaq üzrə idim, məni ilk iki işimdən azad etdilər.

Neft və qaz sənayesi dövriyyədə işləyir və neftin qiyməti aşağı düşəndə şirkətlər öz xərclərini azaltmağa çalışırlar. Özümü məyus hiss etdim, çünki bir neçə il əvvəl ilk işimdə baş verənləri hələ də xatırlaya bilirdim.

Ancaq 2006-cı ildəki ilk iş itkisindən fərqli olaraq, mən bu dəfə həm əqli, həm də maddi cəhətdən daha yaxşı vəziyyətdə idim. Mən iki il ərzində cəmi 40.000-50.000 ABŞ dolları (ümumi əmək haqqı qənaət dərəcəsinin 50%-i) qənaət edə bildim, ona görə də maddi cəhətdən rahat idim.

Mən hələ də Nekheel ilə eyni zirzəmidə yaşayırdım. Kirayə haqqım o qədər də qalxmadı. 21-25 yaş arası ayda 300-350 dollar icarə haqqı ödəmişəm.

Xərclərimi effektiv idarə etdiyim üçün nisbi gücə malik bir yerdən planlaşdırıb qərarlar verə bilirdim. Mən sərt təfəkkür inkişaf etdirmişdim və hərəkətə keçməyə hazır idim. Xoşbəxtlikdən ölkəni tərk etməli olmadım, çünki magistr proqramımdan hələ də tələbə vizamım var idi. Ürəyimdə bilirdim ki, Kimya Mühəndisliyi mənim üçün deyil, buna görə də universitetdə iqtisadiyyat üzrə ikili dərəcə almağı düşünürdüm və ilk iki işimə həvəsim yox idi.

Daha çox iş üçün müraciət etməyə davam etmək və gözlənilməz lotereya sistemi ilə məşğul olmaq əvəzinə, dedim və biznes məktəbinə getmək və həyatımı dəyişdirmək qərarına gəldim. Biznes məktəbindən sonra nə etmək istədiyimə tam əmin deyildim, lakin bunun maliyyə, texnologiya və biznesin birləşməsini ehtiva edəcəyini bilirdim. Mən 2009-cu ildə biznes məktəblərinə müraciət etməyə başladım və növbəti fəsildə bu barədə ətraflı məlumat verəcəyəm.

Achani Samon Biaou: Vay. Bu hekayə çox ağrılıdır. Siz yeni məzun idiniz, iyirmi yaşınızın əvvəlində idiniz və buna baxmayaraq artıq çox şey yaşamışdınız.

Olumide Ogunsanwo: Mənə baxacaq heç kimim yox idi. Valideynlərim yox idi. Mən ölkədə 23 yaşına kimi iki dəfə işini itirmiş bir mühacir idim.

Achani Samon Biaou: İnkişaf etməkdə olan ölkələrdə yaşayan insanlar

Amerikada yaşamaq sizə onsuz da daha yaxşı həyat verdiyini söyləyərək hekayənizi rədd edə bilər, lakin həyatlarının nə qədər yaxşı görünməsindən asılı olmayaraq hər kəsin öz problemləri var.

Avropa və ABŞ çox fərqlidir. Fransada kiminsə karyerasının belə erkən mərhələsində iki səbəbə görə iki dəfə buraxıla biləcəyi ssenarini təsəvvür etmək çətindir:

1. Şirkət iflas ərəfəsində olmadıqda onu buraxmaq olduqca çətindir. Şirkətlər gəlirliliyi qorumaq üçün adətən ixtisar etmirlər.

2. Əgər işdən çıxarılırsınızsa, yeni iş tapmaq üçün adətən 90 gündən çox vaxtınız olur. Dəqiq müddəti xatırlamıram, amma daha səxavətli.

Olumide Ogunsanwo: Oh, hətta immiqrantlar üçün də?

Achani Samon Biaou: Bəli, daha səxavətli. Fransada yeganə əngəl adətən iş tapmaqdır. Lotereya sistemi yoxdur və təhsilinizlə eyni səviyyədə işiniz varsa, iş icazəsi alırsınız.

23/24 ikən biznes məktəbi ərizələri üzərində düşünməyə başladığınızı qeyd etdiniz. Əksinə, 29 yaşıma qədər biznes məktəbinə müraciət etməmişəm. Fransada bir çox insanlar MBA dərəcəsini qiymətləndirmirlər. Sizin əhəmiyyətli iş təcrübəniz olmalı və adətən müraciət etmək üçün 30 yaşa yaxın olmalısınız ki, üstünlük təşkil edən bir inam da var. Vaxt qrafikləri və perspektivlər fərqlidir və Avropada işlər daha çox gecikir. Məsələn, Almaniyada bir çox universitet tələbələri təhsillərini belə bitirmirlər və iyirmi yaşlarının ortalarında işləməyə başlayırlar. Korporativ həyat Avropada daha sabit olmağa meyllidir, Amerikada isə daha dəyişkən ola bilər.

İcazə verin, hekayənizi eşitdiyim zaman mənimlə rezonans doğuran əsas emosiyaları ümumiləşdirim: Birincisi, ilk işdən özünüzə qulluq etməli olduğunuz şok və dərk. İkincisi, biznes məktəbi vasitəsilə cavanlaşma və ya yenilənmə yolu ilə həyatınızı fərqli bir şəkildə idarə etmək əzmi.

Maliyyə müstəqilliyi üçün əhəmiyyət kəsb edən ilk illərdə insanlar sizin haqqınızda başqa nə bilməlidirlər?

Olumide Ogunsanwo: Hekayəmin əsas mövzusu mən fədakar bir insanam. Beləliklə, biznes məktəbinə getməyə qərar verəndə hər şeyə getdim. Bu, demək olar ki, tam ştatlı bir iş kimi mənim əsas prioritetim oldu. Səhər yuxudan durub duş qəbul edib dərs oxumaq üçün məktəbə gedirdim. Hələ magistr tələbəsi olduğum üçün kampusda qalırdım və dərslərim axşam idi. GMAT kitablarımı sinif otağına gətirirdim və dərslərim gecə başlayana qədər oxuyurdum. Məqsədiniz olduqda, onu həyata keçirmək üçün bütün yolu keçmək vacibdir.

Mən bütün vaxtımı və enerjimi bir tapşırığa tam şəkildə həsr edə bilən bir insanam. GMAT-da 700-dən yuxarı nəticə əldə etməyi qarşıma məqsəd qoyanda mənə aydın oldu ki, demək olar ki, hər gün dərs oxumalıyam. Bunun qeyri-adi hesab edildiyini başa düşməyimin yeganə səbəbi, yanaşmamı paylaşdığım zaman insanların nə qədər irəli getməyə hazır olduğuma təəccübləndiyi zaman idi.

Məsələn, bu kitabı yekunlaşdırmaq və buraxmaq təxminən 3-5 ay çəkəcək, çünki biz prosesə sadiqik və həvəsliyik. Bəzən, xarici təsdiq axtarmazdan əvvəl sizin üçün vacib olan şeylərə əsaslanaraq öz inamınızı müəyyən etmək daha yaxşıdır. Əvvəlcə xarici təsirlərə güvənsəniz, onlar sizi daxili motivasiyanızı şübhə altına ala bilər.

Başqalarının təsdiqindən asılı olmadan öz daxili inamınızı inkişaf etdirin.

Achani Samon Biaou: Siz mənə girişdə insanların bu kitabdan nəyi götürməsini istədiyimizlə bağlı müzakirə etdiyimiz bir məqamı xatırladırsınız. Dünya insanların izləməsi üçün şablonlar və oyun kitabları yaratmışdır. Təsəvvür etmək çətindir ki, sadəcə olaraq bu oyun kitablarına riayət etmək maliyyə müstəqilliyinə gətirib çıxara bilər. Hekayənizdə siz GMAT-a hazırlaşmaq üçün ən yaxşı intensivliyə dair başqalarının fikirlərini öyrənmədiniz. Onun sizin üçün əhəmiyyətini bilirdiniz, ona görə də maksimum intensivliyi tətbiq etmək qərarına gəldiniz.

Olumide Ogunsanwo: Tam olaraq, enerjili hiss etdiyiniz nöqtəyə qədər təbii ritminizə əməl edin. **Həyat üçün heç bir oyun kitabı, qaydalar kitabı, bələdçi kitabçası və ya şablonu yoxdur. Geriyə yalnız özünüz olmaq və özünüzü hər gün daha yaxşı etməkdir. Qalan hər şey cəfəngiyatdır.** Çox təəssüf hissi ilə 70 olmaq istəmirsiniz. İndi hadisələrin baş vermə vaxtıdır.

Mən iş itkiləri olmasaydı nə baş verərdi, bunun əks faktını bilmirəm. 17 illik proses dizayn təcrübəsi olan bir Mühəndislik icraçısı olmaq üçün bu trayektoriyanı davam etdirəcəyimə şübhəm var. Bu həyat nə qədər dünyəvi olardı?

Hər şey yaxşı oldu, çünki yaşamaq üçün riskə getməyə məcbur oldum. Hər kəs məni risk almağa sövq edən eyni təsirlərə malik olmaya bilər, lakin riskləri qəbul etmək üçün özlərini dürtələyə bilərlər.

Achani Samon Biaou: Bəzi insanlar risk etməklə nə demək istədiyinizi başa düşməyə bilərlər. Qanada varlı ailədən olan 18 yaşlı gəncin riskə getməsi nə deməkdir? Yoxsa onsuz da gözəl, sadə, stresssiz həyatı olan bir amerikalının risk alması üçün? Onsuz da rahat olan insanlar üçün risk etmək nə deməkdir?

Olumide Ogunsanwo: Mən izah etməyə çalışacağam. Birincisi, fərdlər öz həyatlarını düşünməli və nail olmaq istədikləri üçün plan hazırlamalıdırlar. Bu plan əlaqələr, sağlamlıq, sahibkarlıq, karyera, maliyyə, təcrübə və ya diqqət etmək istədikləri hər hansı digər aspektlərlə bağlı məqsədləri əhatə edə bilər.

Çox güman ki, bu kateqoriyaların hər birinə nail olmaq üçün keçə biləcəyiniz bir çox yol var. Məsələn, münasibətlərinizi yaxşılaşdırmaq üçün seçə biləcəyiniz dörd və ya beş yol ola bilər. Bu çoxsaylı yolların hamısı onlarla əlaqəli müxtəlif risk səviyyələrinə malikdir.

Məqsədlərin hər bir kateqoriyasında onlara nail olmaq üçün çox güman ki, bir neçə yol var. Məsələn, münasibətləri yaxşılaşdırmaq üçün dörd və ya beş fərqli yol ola bilər, bunların hər biri müxtəlif səviyyələrdə əlaqəli risklərə malikdir. Bir çox insanlar adətən ən az riskli variant olan müəyyən edilmiş yolu izləyərək mühafizəkar yanaşmanı seçirlər (kütlənin ardınca). Əvvəlki fikrim insanları, xüsusən də potensial mənfi cəhətləri hərtərəfli qiymətləndirdikdə və başa düşdükdə, daha çox hesablanmış riskləri götürməyi düşünməyə təşviq etmək idi. İtirəcək nə var? Bir çox fərdlər, xüsusən də Avropa və ya Amerikada olanlar, əllərində olan təhlükəsizlik şəbəkələri və arxa dayanacaqlar sayəsində daha çox risk götürə bilər.

Qeyd etdiyiniz misallarda, kiminsə maddi cəhətdən yaxşı olduğu yerdə bu, ilk növbədə onların maliyyə perspektivinə aiddir. Həyat yalnız maliyyədən daha çox şeyi əhatə edir. Bu kitab maliyyə müstəqilliyinə yönəlmiş kimi görünsə də, əslində istədiyiniz həyatı yaratmaq və yaşamaq haqqındadır. İstədiyiniz həyatı yaşamaq maliyyədən daha çox şeydir. Həmin şəxsin hələ də başqaları arasında romantik tərəfdaş tapmaq və ya sağlamlıq məqsədləri kimi əlaqələrlə bağlı məqsədləri ola bilər. Beləliklə, onlar hələ də bir kurs təyin edə və daha çox risk almağın yollarını tapa bilərlər, çünki həyatın yalnız maliyyə aspektini həll etdilər.

Achani Samon Biaou: Nə vaxt bir şey kifayət qədər çətin deyilsə, mən başqa məqsədlər axtarıram. Əgər kifayət qədər risk aldığınızı hiss etmirsinizsə, artıq etdiyiniz iş üçün daha aqressiv məqsədlər qoya bilərsiniz.

Bir şey kifayət qədər çətin görünməyəndə yeni məqsədlər axtarıram. Əgər kifayət qədər risk etmədiyinizi hiss edirsinizsə, cari axtarışlarınız daxilində daha iddialı məqsədlər qoya bilərsiniz. Məsələn, Almaniyada işləyərkən müxtəlif ölkələrə, o cümlədən BƏƏ-yə səyahət etmək imkanım oldu. BƏƏ-də bir müddət keçirdikdən sonra işimdən kənarda yeni bir şeyə ehtiyac duydum. O zaman mən Dubayda kompüter alıb Benində satmağa qərar verdim. Bunun mənim işimlə heç bir əlaqəsi yox idi, çünki mən artıq orada pul qazanırdım, amma bunu yeni bir çağırış kimi görürdüm.

Olumide Ogunsanwo: Mütləq və burada daha çox risk götürə biləcəyiniz bəzi həyat sahələri var: münasibətlər, sağlamlıq, şəxsi inkişaf/böyümə/təhsil, sahibkarlıq, şəxsi maliyyə, fiziki mühit və təcrübələr.

Ümumiləşdirsəm, karyeramın ilk illəri ürək ağrısı və ağrı ilə yadda qaldı. 23 yaşına qədər bir çox işi itirmək həyatımda yeni bir kurs qurmalı olduğumu aydınlaşdırdı. Buna görə də həyatımı yenidən qurmaq və biznes məktəbinə müraciət etmək qərarına gəldim.

4B: Samonun erkən karyera hekayəsi

Olumide Ogunsanwo: Samon, universiteti bitirdikdən sonra nə oldu?

Achani Samon Biaou: Universiteti bitirdikdən sonra müxtəlif işlərə müraciət etməyə başladım və mən Böyük Britaniyada iş tapmaqda xüsusilə maraqlı idim. Daha yaxşı bir həyat üçün Fransadan Böyük Britaniyaya "qaçan" insanların hekayələrini eşitmişdim. Orada hər kəsin ingiliscə danışması və işini özünəməxsus şəkildə aparması fərqli bir reallıq kimi görünürdü. CV-ni monster.com kimi saytlara yüklədim və Fransadakı şirkətlərə də müraciət etdim.

Olumide Ogunsanwo: Diqqətiniz ilk növbədə Fransadan kənarda, xüsusən də Böyük Britaniyada beynəlxalq imkanlar tapmaq idi?

Achani Samon Biaou: Bəli, hər şeydən əvvəl mən ingilis dilini istifadə edə biləcəyim bir mühitdə işləmək istəyirdim. Böyük Britaniya təbii seçim kimi görünürdü, lakin mən Skandinaviya, İsveçrə və ya Almaniya kimi digər variantları da nəzərdən keçirdim və nəticədə orada qaldım.

Olumide Ogunsanwo: O vaxt ingilis dilini nə dərəcədə yaxşı bilirdiniz? İndi ingiliscəniz möhtəşəmdir.

Achani Samon Biaou: O vaxt mənim ingilis dili biliklərim orta səviyyədə idi.

Yeri gəlmişkən, ingilis dilini necə öyrəndiyim hekayəsini sizinlə paylaşdığımdan əmin deyiləm. Mən, həqiqətən, bu ilə obsessed idi. Məktəbdə tədris olunan kurikuluma əməl etməmişəm. On yaşım olanda məndə amerikan ingiliscəsini başa düşmək və danışmaq həvəsi güclü idi. Mən kasetlər aldım və hətta dilə dalmaq üçün Kotonudakı Amerika Mədəniyyət Mərkəzinə getdim.

İş axtarışına qayıdaraq, hiss etdim ki, mənim "frankofonluğum" qlobal məruz qalmamı məhdudlaşdırır. Xəbərləri oxumaq istəyəndə həmişə fransızca olurdu. Təsəvvür edin ki, bütün dünyagörüşünüzü ingilis dili olmayan bir dillə məhdudlaşdırırsınız.

Olumide Ogunsanwo: Frankofon Afrikası ilə Anglofon Afrikası arasında aydın fərq var. Nigeriyada böyüyən ingilis dili milli dil idi, bu o demək idi ki, Nigeriyadan kənarda gələcəyi nəzərdən keçirərkən, Böyük Britaniya və ya Amerika tez-tez əsas seçimlər idi, Kanada da bir imkan idi. Dil insanın gələcək imkanlarına və həyatına əhəmiyyətli təsir göstərir.

Əgər siz bu kitabı oxuyan valideynsinizsə və özünüz və/yaxud övladlarınız üçün maliyyə müstəqilliyi ilə maraqlanırsınızsa, onlara çoxlu dillər hədiyyə etmək əla olardı. Məsələn, bacım nigeriyalı olduğu üçün uşaqlarını gənc yaşlarında fransız məktəbinə yazdırmışdı. Uşaqlıqdan fransız dilini mükəmməl bilirlər ki, bu da onlar üçün çoxlu imkanlar açır.

Nigeriya fransızdilli ölkələrlə əhatə olunub, ona görə də biz çoxlu fransız dili dərsləri keçməli olduq, baxmayaraq ki, o vaxtlar qeyri-adekvat müəllimlər və kurrikuluma görə bunu ciddi qəbul etmirdim. Bununla belə, imkanınız varsa, uşaqlarınıza bir neçə dildə erkən hədiyyə vermək faydalı olardı. Bu haqda fikirləriniz necədir?

Achani Samon Biaou: Mənim daha ekstremal baxışım var. Hesab edirəm ki, bacaran hər kəs erkən maddi cəhətdən müstəqil olmalı, övladlarının təhsilinə, əgər uşaq sahibi olmağı seçsələr, onlara iş kimi yanaşmaq imkanı verməlidir. Övladlarım olsa, onların 10 yaşına qədər ən azı dörddilli olmasını arzu edərdim. Bu, qəsdən onların təkcə məktəbdə dili öyrənmədikləri, həm də mədəniyyətə qərq olduqları ölkələrdə yaşamaqdan ibarət olardı. Dil təcrid olunmuş bir anlayış deyil; mədəniyyətlə dərindən bağlıdır. Məsələn, Norveçdə yoruba dilini öyrənən və danışan bir norveçli təsəvvür edin. Onlar tez-tez "Bu gün hava əladır və mən çox xoşbəxtəm" kimi şeylər haqqında danışa bilərlər. Bunda səhv bir şey yoxdur, lakin nigeriyalılar adi söhbətlərdə adətən havanı müzakirə etmirlər. Özünü mədəniyyətə qərq etməklə, sadəcə tərcümədən çox, dil haqqında visseral və demək olar ki, vacib bir anlayış əldə edilir.

Olumide Ogunsanwo: Mən tamamilə razıyam. Həyat təcrübələr üçün nəzərdə tutulub və insanlar öz dillərində insanlarla əlaqə saxlaya bildikdə bu təcrübələri həqiqətən qiymətləndirmək olar. Bu qədər sadədir. İkinci dərəcəli mülahizələr olan peşəkar və maliyyə üstünlüklərini demirəm.

Achani Samon Biaou: Yaxşı, gəlin işə necə büdrədiyimin hekayəsinə qayıdaq. O zaman mənim iş seçimim ilk növbədə maliyyə mülahizələri ilə bağlı deyildi və maaşlara çox da fikir vermirdim. Mənim üçün vacib olan əla iş mühitində olmaq və mənalı bir işin olması idi. Maaş nəzərə alınsa da, rollar arasında maaşlarda ciddi fərqlərin ola biləcəyini bilmirdim. CV-mi

Monster-a yüklədim və ingilis dilində örtük məktubu yazdım. Nəhayət, Fransadakı Accenture-dan ildə təxminən 32.000 avro ödəyən bir təklif aldım.

Gözlənilmədən mənə Almaniyadakı Deutsche Telekom Consulting şirkətindən zəng gəldi. Fransız şirkətləri adətən namizədləri uçurtmur və ya Fransada müsahibələr üçün səyahət xərclərini qarşılamırdı. Bununla belə, Deutsche Telekom Consulting biletin qiyməti ilə maraqlanmadan məni müsahibə üçün Parisdən Bonna apardı.

İlk dəfə idi ki, Almaniyaya səfər edirdim və fürsətdən çox həyəcanlanırdım. Fransadakı əvvəlki müsahibələrimdə səyahət xərcləri ilə bağlı heç bir müzakirə olmadan, sadəcə olaraq görünməyim gözlənilirdi və mənə nahar təklif olunmadı. Fransada müsahibələrdən birində yemək çeki aldığımı xatırlayıram.

Müsahibə davam etdikcə, nəhayət maaşı müzakirə etməyə başladıq və gözləntilərimi soruşdular. Özümü cəsarətlə hiss edərək 38.000 avro istədim ki, bu da Accenture-un təklifindən 25% çox idi. Düşünürdüm ki, buna razı olsalar, varlı olaram. Məni şoka salan və ləzzət alan HR zabiti az qala üzrxahlıqla cavab verdi: "Ah, bilirsiniz, biz sizə 45.000 avro təklif edəcəyik. Burada maaşlar üçün başlanğıc nöqtəsi budur."

Olumide Ogunsanwo: [Gülüş]

Achani Samon Biaou: Mən bir saniyə dondum. Bu, Fransadakı təklifimdən təxminən 50% yüksək idi. Beynimi çoxsaylı suallar bürüdü. "45.000 avro?" "Niyə bu qədər yüksəkdir?" "32.000 avro sərhədin o tayında bərabər inkişaf etmiş Fransada artıq böyük maaş hesab edilərkən bu necə mümkün ola bilər?" "Niyə mənim bundan xəbərim yox idi?" "Mən nə qədər varlı olacağam?" "Bir tutma varmı?"

Dərhal maraqla doldum və əvvəllər Fransadan kənarda fürsətləri araşdırmadığım üçün təəssüfləndim. Almaniyaya köçmək qərarına gəlsəm, eyni səhvə yol verməməkdə qərarlı idim. Rahatlıq zonamdan kənarda başqa coğrafi yerlərdə də imkanlar axtarmağa qərar verdim.

Varlanmaq perspektivi məni həyəcanlandırdı. Fransadakı fransız və frankofon afrikalı dostlarım niyə Almaniyaya köçməyi seçdiyimi soruşduqda ya qısqanclıqla, ya da xəbərsiz idilər. Onlar da soruşdular ki, mən belə bir ölkəyə köçməyimin nəticələrini düşünmüşəmmi?

Mən ciddi şəkildə planlaşdırmasam da, fikirləşdim ki, əgər digər mühacirlər orada inkişaf edə bilsələr, mən də bunu başa düşə bilərəm. Başqa yerləri öyrənmək mənə maraqlı idi. Müsahibəm zamanı heç kimin svastika taxdığını və ya qeyri-adi bir şeylə rastlaşmadım.

Olumide Ogunsanwo: [Gülüş] Qəribə döymələr yoxdur.

Achani Samon Biaou: Almaniyada yaxşı olacağıma inanırdım. Mən bir neçə başqa qaradərili gördüm və böyük bir türk əhalisi ilə qarşılaşdım. Almaniyadakı həyatla maraqlandım, ətrafdan soruşdum. Bəzi insanlar bunu böyük, dinc və ədalətli adlandırdılar. Digərləri irqçiliyi və idarəçilikdə Qara bir insan kimi irəliləmənin çətinliklərini qeyd etdilər. Mən belə nəticəyə gəldim ki, Almaniyada da Fransa və digər Qərb ölkələri kimi həm layiqli insanlar, həm də irqçilik halları var. Oxşar dinamika, ehtimal ki, Nigeriyada müxtəlif etnik qruplar arasında mövcud idi.

Olumide Ogunsanwo: Bizim bakalavr illərimizlə bağlı əvvəlki fəsildə belə görünürdü ki, biz qəsdən idik və imkanlar haqqında daha geniş perspektivimiz var. Niyə iş axtarışınıza eyni mentalitetlə yanaşmadınız? Deyəsən, iş axtarışınız daha az məqsədyönlü idi.

Achani Samon Biaou: Bu sualı verdiyiniz üçün şadam. Bakalavr pilləsində tələbə işi axtardığım müddətdə mən həqiqətən qəsdən və macəraçı idim. Bununla belə, məzun olduqdan sonra iş axtarışına gəldikdə, mən Böyük Britaniya və Almaniyanı nəzərdən keçirsəm də, hələ də həmin ölkələrdə müntəzəm telekommunikasiya vəzifələrinə müraciət edirdim. Fransada Accenture və Alcatel kimi tanış şirkətlərə müraciət etdim.

İngilis dili biliklərimi istifadə etmək istədiyim üçün İngiltərə və Almaniyanı iş axtarışıma daxil etdim. Ancaq o vaxt rəqəmləri tam başa düşmədiyim üçün yalnız maliyyə faydalarını qeyri-müəyyən hesab etdim. Məhz sonradan mən maliyyə müstəqilliyini daha dərindən dərk etdim. Bu səyahətdə mənə kömək edən maraq və rəqabət qabiliyyətinin birləşməsi idi. Hər zaman nə istədiyim barədə dəqiq təsəvvürüm olmasa da, yeni şeyləri sınamağa açıq idim. Bu maraq məni gözlənilməz fürsətlər kəşf etmək vəziyyətinə saldı.

Özünüzü rahatlıq zonanızdan kənara çəkməsəniz və maraqlansanız, mövcud imkanlar haqqında heç vaxt bilməyəcəksiniz. İstədiyim karyera seçimini davam etdirə biləcəyimə həmişə inanmışam. Axı, artıq bunu edənlərin xüsusi üstünlüyü varmı?

Olumide Ogunsanwo: Bəli. "Niyə mən də bunu edə bilmirəm?"

Achani Samon Biaou: Əslində, niyə bunu etmirik və daha yaxşısını edirik?

Almaniyadakı təcrübəmə qayıdaraq, 2006-cı ildə 24 yaşımda Deutsche Telekom Consulting-ə qoşuldum və 45.000 avroluq maaşım məni həyəcanlandırdı. Bununla belə, yolda bir neçə sürprizlə qarşılaşdım. Birincisi, Almaniyada Fransa ilə müqayisədə daha yüksək vergitutma şoku. Təəccüblüdür ki, mən demək olar ki, eyni xalis gəlir və ya bəlkə də bir az daha çox qazandım. İkincisi, yeni işimə cəmi iki və ya üç ay qalmış mənə Cənubi Afrikada üç aylıq beynəlxalq layihə üçün fürsət təklif olundu. Tapşırığı qəbul etmək əmək haqqının artmasına gətirib çıxaracaq və mən Almaniyada ayda 2,000 avro (illik 24,000 avro) olan ilk xalis maaşımdan təxminən 2,500 avroya (illik 30,000 avro) qədər cüzi artım gözləyirdim.

Olumide Ogunsanwo: Bu, çox aşağı xalis maaşdır. €45,000 ümumi maaşdan €24,000 xalis. Bu dəlilikdir.

Achani Samon Biaou: Mən müntəzəm gəlir vergisi, Almaniyanın qərbində şərqin yenidən qurulmasını dəstəkləmək üçün həmrəylik vergisi və isteğe bağlı kilsə vergisi də daxil olmaqla əhəmiyyətli miqdarda vergi ödədim. Qeyri-təcrübəli bir xristian olaraq, kilsə vergisindən imtina etməyi seçdim.

Olumide Ogunsanwo: Sırf rasional baxımdan, hökumətin sizin üçün məbləği müəyyən etməsi əvəzinə, kilsə ilə bağlı olmadığınız və seçdiyiniz faizlə töhfə verdiyinizi bəyan etmək daha yaxşıdır. Deyəsən, bunu edəcəkləri ağılsızlıqdır.

Achani Samon Biaou: 2006-cı ilin oktyabrında Deutsche Telekom Consulting-ə qoşulduqdan üç ay sonra mən Yeni il ərəfəsində beynəlxalq işə başladım və xalis maaşım təxminən üç dəfə artaraq ayda 7000 avroya çatdı. 2007-ci ilin sonuna qədər mən maaşımdan və bonuslarımdan 100.000 avrodan çox pul yığmışdım. Şirkət otellərdə yer təmin etdi, müştərilərin ziyarətləri üçün avtomobillərin icarəsini ödədi və taksi xərclərini ödəməyə icazə verdi. Mən xeyli pula qənaət edə bildim.

Olumide Ogunsanwo: Otellərdə nə qədər qalmısınız? Sonda korporativ mənzilə köçdünüzmü?

Achani Samon Biaou: Mən Cənubi Afrikada, daha sonra Dubayda otellərdə qaldım. Dubayda bir yer icarəyə götürə biləcəyimiz bir müavinətimiz var idi. Bir həmkarım və mən Palm Jumeirah Adası adlanan möhtəşəm bir məhəllədə 3 otaqlı bir yer icarəyə götürdük.

İşlər mənə heç bir məna vermirdi. Cəmi bir neçə ay əvvəl mən inkişaf etmiş bir ölkə olan Fransada tələbə idim. Sonra Almaniyaya köçdüm və Fransanın daha kiçik bir iqtisadiyyata sahib olduğunu başa düşdüm, Almaniya frankofon dünyasında nadir hallarda müzakirə edildiyi üçün bundan xəbərim belə yox idi. Mənim üçün hesablamadı. Almaniyada yanacaq xərclərini tam ödəmiş bir şirkət avtomobili olan Mercedes C-Class ilə başladım. Mən Cənubi Afrikaya və Dubaya səyahət edirdim, insanların Fransada və ya Almaniyada 20 illik karyeralarında qazandıqlarından daha çox pul qazanırdım. Niyə bütün bunlar mənim başıma gəlirdi? Mən inanılmaz dərəcədə xoşbəxt idim, amma bunun necə baş verdiyi ilə maraqlandım.

Olumide Ogunsanwo: 3X maaş artımı beynəlxalq çətinlik müavinətinə görə idi?

Achani Samon Biaou: Bəli, müxtəlif müavinətlər, o cümlədən çətinlik müavinəti var idi. Bundan əlavə, Almaniyadan kənarda işləyən bir işçi olaraq, Almaniyada tam vergiyə cəlb edilmədiyim üçün bir il ərzində altı aydan çox vergiyə qənaət etdim.

Deutsche Telekom-da işlədiyim ilk il ərzində mən çox səyahət etdim, çoxlu yeni insanlarla tanış oldum və ingilis dili bacarıqlarımı təkmilləşdirdim. Mən 23 yaşımda dəbdəbəli otellərdə qalmağa vərdiş etdim. 2022-ci ilin sentyabrına qədər o vaxta qədər istifadə etdiyim bərbad universitet mebellərindən uzaqlaşaraq mebel aldım.

Olumide Ogunsanwo: Hekayənizi oxuyan və bunun sadəcə şans olduğunu düşünənlər ondan hansı prinsipləri götürə bilərlər?

Achani Samon Biaou: Əsas odur ki, öz səyahətinizi başqasının səyahəti ilə müqayisə etməyin və onların uğurlarını şans kimi dəyərləndirməyə çalışmayın. Hər kəsin yolu özünəməxsusdur və bəzi insanlar maliyyə müstəqillik səyahətinə daha sonra başlamış ola bilər. Digərləri isə valideynləri milyarder olduqları üçün maddi cəhətdən müstəqil doğulmuş ola bilərlər.

Olumide Ogunsanwo: [İsterik gülüş]

Achani Samon Biaou: Diqqət edilməli olan prinsiplər maraq və ambisiyadır. Ətrafınızda baş verənləri müşahidə edin və özünüzü yeni imkanlar kəşf etməyə sövq edin.

Başqaları ilə eyni yolu getmək məcburiyyətində deyilsiniz. Maraqlı və rəqabətli qalın, həmişə özünüzü üstələmək üçün çalışın. Mövcud vəziyyətinizdən və mühitinizdən razı qalmaq asandır, lakin mən oxucuları əldə edə biləcəklərini məhdudlaşdırmamağa dəvət edirəm. Bu mənim hekayəmdən əsas çıxışdır.

Olumide Ogunsanwo: Ekstremal insanlar ekstremal nəticələr əldə edirlər. Mən özümü ifrat kimi təsvir etməyə bilərəm, amma aqressiv şəkildə həyatınızda müsbət dəyişiklik etməyə çalışmaqda gözəl bir şey var. Əgər siz artıq olduğunuz yerdən razısınızsa, tədbir görməyə bilərsiniz. Lakin Samonun hekayəsindən göründüyü kimi, onun maraq və həvəsi onu əlindəki imkanlardan maksimum istifadə etməyə vadar etdi. Uğurlarınızla dincəlməyin maliyyə müstəqilliyinə gətirib çıxaracağı ehtimalı azdır.

Hekayənizdən götürdüyüm bir prinsip aktiv şəkildə fürsət axtarmaq, maraqlı olmaq və hesablanmış riskləri götürməyə hazır olmaqdır.

Əgər siz Parisdə fransız dostlarının əhatəsində böyümüş və yalnız Fransada təhsil almış Qafqaz əsilli fransız uşağı olsaydınız, Səudiyyə Ərəbistanına və ya BƏƏ-yə köçməkdən narahat ola bilərsiniz. Təhlükəsizlik və risklər əsas narahatlıqlar olacaqdır. Əksinə, immiqrant olmaq leverage üçün unikal üstünlüklər təklif edir. Başqa yerdən köçdükdən sonra siz tanımadığı mədəniyyətlərə öyrəşmisiniz və yeni şeylər sınamaqda rahatsınız. Məsələn, Samon Fransaya köçməzdən əvvəl Benində kənd təsərrüfatı və şəhər həyatını yaşamış bir immiqrant idi. Bu fon onun Cənubi Afrika və ya BƏƏ-də beynəlxalq layihələri mənimsəməsini asanlaşdırdı, çünki o, daha çevik idi və yeni mühitləri kəşf etməkdən daha az qorxurdu.

Həyatınızda yaşadığınız hər şey sizi kim olduğunuza çevirdi. Keçmişinizi qucaqlayın və ondan daha yaxşı gələcək yaratmaq üçün istifadə edin. Tarixiniz şəxsi üstünlüyünüzdür. Bu, qeyri-bərabərliyi təşviq edən bir dünyada unikallığınızın super gücüdür.

Hər gün məktəbə bir neçə saat piyada getməli olduğunuz bir mühitdə böyümüsünüzsə, bunu bir mənfi cəhət kimi qəbul edə bilərsiniz. Bununla belə, gəzməyin gözəl sağlamlıq faydalarını, introspeksiya üçün əlavə vaxt və insanlarla tanış olmaq və ölkənin müxtəlif yerlərini araşdırmaq imkanını nəzərdən keçirmək daha yaxşı perspektiv olardı. Obyektiv reallıq yoxdur, sadəcə olaraq həyatı subyektiv davam edən şərhimiz var. Bəs niyə özünüzü gücləndirmək üçün həyat hekayənizdə müsbət perspektiv qəbul etməyəsiniz? Bu, öz vəziyyətinizə görə başqalarını şikayət etməkdən və günahlandırmaqdan daha faydalı olacaq.

Achani Samon Biaou: Razılaşdım. Həm də o vaxt mənim üçün pulun özü o qədər də önəmli deyildi. Yadda saxlamaq vacibdir ki, əgər yeganə diqqətiniz pul və ya maddi var-dövlətdirsə, siz heç vaxt məmnunluq hiss etməyəcəksiniz və pulun təmin edə biləcəyi həqiqi dəyərdən həzz almağı qaçıracaqsınız.

Olumide Ogunsanwo: Mən buna bir az dad əlavə edəcəyəm. Şəxsi maliyyə sahəsində bacarıqlı birini təsəvvür edin. İyirmi yaşlarının ortalarında başlasalar belə, maliyyə müstəqilliyinə nail olmaq hələ də 10-15 il çəkə bilər. Orta insan üçün bu, hətta 30-50 il çəkə bilər. O illərdə həyatda sevinc və məmnunluq tapmaq və gülləri qoxulamaq vacibdir.

Buna görə də, şəxsi maliyyə sahəsində yaxşı olmağınızın və ya əsasları anlamağa çalışan adi bir mütəxəssis olmağınızın heç bir əhəmiyyəti yoxdur, maliyyə cəhətdən müstəqil olmaq üçün həyatınızın illəri lazım olacaq! Əgər maliyyə məsələlərinə çox bağlı olsanız, maliyyə azadlığını gözləyərkən həyatınızın onilliklərini əldən verə bilərsiniz. Pul son məqsəd olmamalıdır. Maliyyə müstəqilliyinə gedən yolda SƏYAHƏTDƏN həzz alın, çünki səyahət sizin həyatınızdır.

Achani Samon Biaou: Mən bir çox cəhətdən bunun qurbanı olmuşam. İnsanlar düşünürlər ki, həyatlarından həzz almaq çoxlu pul sərf etmək və ya israf etmək deməkdir. Bu deyil. Öz imkanlarınız daxilində və gələcəyinizi təhlükəyə atmadan məmnunluq tapmaq və yaddaqalan təcrübələr yaratmağın bir çox yolu var.

Olumide Ogunsanwo: Şəxsi maliyyə, maliyyə müstəqilliyinizə, dünyagörüşünə və ya vizyonunuza təsir edən, bölüşmək istədiyiniz başqa hekayə varmı?

Achani Samon Biaou: Mütləq. Paylaşmaq istədiyim ilk sahibkarlıq təşəbbüslərimdən bir hekayəm var. Bu təcrübə mənə çoxlu gəlir axınına sahib olmağın üstünlüklərini anlamağa kömək etdi.

Yadınızdadırsa, atam bir çox bizneslə məşğul olub, ona görə də mən həmişə müxtəlif layihələri və təşəbbüsləri kəşf etməyi təbii hesab etmişəm. 2007-ci ildə, karyeramdan cəmi bir neçə ay sonra, mənim evə götürdüyüm xalis maaşım Almaniyada 2500 avrodan üç dəfə artaraq Cənubi Afrika, Dubay, Malayziya və digər yerlərdə mühacir olaraq ayda 7000 avrodan 9000 avroya qədər artdı. Bundan əlavə, mənim şirkətim yaşayış yeri təmin etdiyi və elektrik və su xərclərini ödədiyi üçün minimum mənzil xərclərim var idi. Bu, mənə mühacirlə bağlı müqaviləmlə bağlı minimal xərclər hesabına

Almaniyada bacardığımdan demək olar ki, yeddi dəfə çox gəlirimin əhəmiyyətli bir hissəsini qənaət etməyə imkan verdi.

Olumide Ogunsanwo: İnanılmaz!

Achani Samon Biaou: Mənim 27 yaşım var idi və 3 ildir ki, DT-də işləyirdim və cansıxıcı hiss etməyə başladım. Mən məktəb tətilləri zamanı Fransada tələbə ikən davam etdirdiyim mikro sahibkarlıq fəaliyyətini genişləndirmək barədə düşündüm. O vaxtlar mən Fransadan Beninə kompüterlər gətirirdim və dostumun köməyi ilə satırdım. Mən BƏƏ-də idim və daha çox kapitalım var idi, ona görə də bunu daha böyük biznesə çevirə biləcəyimi düşündüm. Fransadan noutbuk almaq əvəzinə, onları daha sərfəli olduğu BƏƏ-dən almağa qərar verdik.

Bununla belə, bəzi çətinliklərlə üzləşdik. BƏƏ-də klaviaturalar QWERTY, fransızdilli klaviaturalar isə AZERTY idi. Bundan əlavə, BƏƏ-dəki elektrik kabelləri Benin və Fransadakı kabellərdən fərqlənirdi. Noutbukları satış üçün BƏƏ-dən Beninə daşımadan əvvəl bu məsələlərin həlli yollarını tapmalı olduq.

Nəhayət, noutbukların və şarj kabellərinin alınmasının vahid iqtisadiyyatını anladıq, lakin klaviatura düzümü məsələsində qaldıq. Sonra dostum təklif etdi ki, Benində BƏƏ klaviaturalarında fransız hərflərini çəkək!

Olumide Ogunsanwo: [Gülümsəmək] Məni zarafat edirsən? Bu 100% dəli səslənir.

Achani Samon Biaou: Nəhayət, biz daha praktik həll yolu kimi stikerlər alıb QWERTY klaviaturalarına yerləşdirməyə qərar verdik. Biz 20.000 € (hər biri 10.000 avro) olan bir şirkəti birləşdirərək bir işə başladıq. Mənim rolum BƏƏ-dən noutbuk almaq və onları satmaq üçün Beninə getmək idi. Zamana həssas olan sifarişlər üçün noutbukları gəmi ilə daşıyardıq. Uçuş xərclərini optimallaşdırmaq üçün Kenya Airways ilə Nayrobi vasitəsilə uçardım.

Olumide Ogunsanwo: Aman Allahım. Bu qədər noutbukla səyahət etməyin öhdəsindən necə gəldiniz? Onları yoxladınızmı? Onların məhv olacağından qorxdunuzmu?

Achani Samon Biaou: Əvvəlcə kompüterlərin əksəriyyətini əl yükümdə daşıyırdım və kabelləri yoxlayırdım. Biznes böyüdükcə bəzi noutbukları yoxlamağa başladım, zədələrdən qorunmaq üçün onları paltarla doldurdum.

Biz müxtəlif yerlərdə qiymətləri yaxından izlədik və ən yaxşı qiymətlərdən asılı olaraq Fransa və ya Dubaydan göndəririk. Nəhayət, hətta Çindən almağa başladıq. Biznes inkişaf etdi, illik satışlarda 200.000 dollardan çox gəlir əldə etdi və cəmi bir neçə il ərzində gəlirlərdə təxminən on qat artım yaşadı.

Öyrəndim ki, bir prospektdən pul qazanmağı bacarsanız belə, orada dayanmaq lazım deyil. Siz öyrənməyə və yeni imkanları kəşf etməyə davam edə bilərsiniz.

Rahat vəziyyətdə idim və bunu mütləq pul üçün etməmişəm. Mən bir arbitraj tapdım və onun arxasınca getdim. Mən bunu tək bir kompüterlə deyil, yüzlərlə kompüterlə daha geniş miqyasda etdim.

Bununla belə, biznes nəhayət çətinliklərlə üzləşdi. Benindəki işçilərimiz üçün vergilər vermək və sosial təminat ödəməklə dürüst olmaq "səhvinə" yol verdik. Bir gün vergi orqanları gəlib məlum oldu ki, ərazidəki əksər sahibkarlar öz real satışlarının cəmi 10%-ni bəyan ediblər. Onlar əvvəlki illər üçün düzəlişləri ehtiva edən bir vergi qanun layihəsi verdilər. Biz şoka düşdük, amma gücsüz hiss etdik. Sistemlə mübarizə apara bilmədiyimiz üçün inventarları ləğv etmək və biznesi dayandırmaq qərarına gəldik.

Buna baxmayaraq, bu təcrübə məni sahibkarlıq dünyası ilə tanış etdi. Biz işçiləri işə götürməli, inventarları idarə etməli və biznes xərclərini optimallaşdırmalı olduq. Bu, hətta biznes məktəbinə getməmişdən əvvəl baş vermiş dəyərli öyrənmə təcrübəsi idi.

Achani Samon Biaou: Hekayənin əxlaqı özünüzü narahat hiss etdiyiniz zaman və öyrənmə əyriniz düzləşəndə yeni imkanlar axtarmaqdır. Çox rahat və özündən razı olmayın; həmişə yeni bir şey əlavə etməyə çalışın. Dünya sonsuz imkanlar və imkanlarla doludur. Yeni şeylər öyrənməkdən və yeni bacarıqlar inkişaf etdirməkdən gələn daxili sevinc və məmnunluq var, hətta onlar dərhal maddi qazanc gətirməsə belə.

Olumide Ogunsanwo: Gözəl. Hekayənizi paylaşdığınız üçün təşəkkür edirik.

4C: Şöhrətpərəstlik və Cəsarət Prinsipləri

Olumide Ogunsanwo: İndi şəxsi hekayələrimizi paylaşdıq, gəlin diqqətimizi dəyişdirək və maliyyə müstəqilliyinə səyahəti sürətləndirə biləcək xüsusi prinsiplərə keçək. Bu fəsildə biz üç hissəyə bölünən ambisiya və cəsarət prinsiplərini araşdıracağıq. Əvvəlcə bu prinsipləri müəyyən edəcəyik. İkincisi, onların maliyyə müstəqilliyinə necə töhfə verə biləcəyini müzakirə edəcəyik. Və nəhayət, biz bu prinsiplərin daha da araşdırılması üçün kitab tövsiyələri verəcəyik.

Şöhrətpərəstlikdən başlayaq, bu, qətiyyət və zəhmət tələb edən bir şeyə nail olmaq üçün güclü istəkdir. Ambisiya əvvəllər müzakirə etdiyimiz prinsiplərlə necə əlaqəlidir və o, maliyyə müstəqilliyinə necə dəstək verə bilər?

Əvvəlcə özünə inam və özünə inam haqqında danışdıq. Özünü məhdudlaşdıran inancları aradan qaldıran və hər hansı bir şeyə nail olmaq bacarığınıza inamı gücləndirən bir düşüncə tərzi inkişaf etdirirsiniz. Siz də həyatınız üçün tək məsuliyyət daşıyırsınız. Sonra, marağınız sizi yeni imkanları kəşf etməyə və əldən düşmə qorxusundan azad olaraq müstəqil düşünməyə aparır (FOMO). Həyəcanlanırsınız və həyatın nə ola biləcəyi ilə maraqlanırsınız.

Sonra, maddi cəhətdən müstəqil olmaq da daxil olmaqla, istədiyiniz həyatı yaratmaq üçün yanan bir arzu inkişaf etdirirsiniz. O yanan arzu ambisiyadır. O, təbii olaraq özünə inam, özünə inam, maraq və müstəqil düşüncədən inkişaf edir. Şöhrətpərəstlik xüsusilə aztəminatlılar, kənardan gələnlər, qürbətçilər, köçərilər, azlıqlar və immiqrantlar üçün vacib olur. Kənar bir insan olaraq, yeni mühitinizi anlamaq və imkanları dərk etmək həyati əhəmiyyət kəsb edir. İddialı olmaq sizə yeni həyatı təsəvvür etməyə və ona can atmağa imkan verir.

Achani Samon Biaou: Mən tamamilə razıyam. İlkin olaraq, maliyyə müstəqilliyi üçün lazım olan məbləğ qorxuducu ola bilər. Məsələn, ayda 12.000 dollar qazanırsınızsa və maliyyə müstəqilliyinizə nail olmaq üçün bir milyon dollara ehtiyacınız olduğunu düşünürsünüzsə, bunun qeyri-mümkün olduğunu düşünmək və hətta cəhd etmədən imtina etmək təbiidir.

Şöhrətpərəstlik, istəkli məqsədlər qoymaq və onlara nail olmaq bacarığınıza inanmağa imkan verən ruh halıdır. Şöhrətpərəstlik müstəqil düşüncə ilə sıx bağlıdır və məqsəd qoymaqla gücləndirilir. Həyatınız üçün xəyallarınızı və arzularınızı əhatə edən bir baxış yaratmaq üçün başqalarından fərqli düşünməyi bacarmalısınız.

Bununla belə, məqsədlər olmadan yalnız ambisiya istiqamətsizdir və diqqətsiz səylərə səbəb olur. Eynilə, ambisiya olmadan, yerinə yetirilməmiş potensiala səbəb olan kiçik hədəflər qoyacaqsınız.

Olumide Ogunsanwo: Yaxşı ifadəli. Şöhrətpərəstlik son fəsildən müstəqil düşüncə ilə növbəti fəsildə müzakirə edəcəyimiz məqsəd qoyma arasında körpü rolunu oynayır. Robert Kiyosaki fərdlərə zehniyyətlərini "Mən bunu ödəyə bilmərəm"dən "Mən bunu necə ödəyə bilərəm?"-ə dəyişdirərək, özlərinə meydan oxumağı tövsiyə edir . [1]Bu yanaşma "mən bunu bacarmıram" və ya "mümkün deyil" deməkdən çəkinməklə geniş şəkildə imkanlara və çətinliklərə tətbiq oluna bilər.

Bu kitabı almaqla siz artıq maliyyə müstəqilliyinə nail olmaqda maraqlı olduğunuzu nümayiş etdirdiniz. Ancaq bu, öz-özünə baş verməyəcək. Bu gün hərəkətə keçin, sabah deyil, tezliklə və mütləq "gələcəkdə" deyil. Uğur yolunda özünüzü qurmaq üçün bu gün hərəkətə keçin.

Achani Samon Biaou: Əgər ambisiyanı inkişaf etdirmək istəyirsənsə, burada bəzi kitab tövsiyələri var. Başlamaq üçün, Jim Rohn tərəfindən " Ambition Gücü [2]" əla mənbədir. Bu kitab daha iddialı olmaq üçün içinizdəki güclü qüvvəni oyatmağa çalışır.

Olumide Ogunsanwo: [Gülümsəmək] İnanılmaz olanın nə olduğunu bilirsən, Samon? Mən də eyni kitabı tövsiyə edəcəkdim. İnanılmazdır, çünki indiyə qədər tövsiyələr barədə razılığa gəlməmişik və ya müzakirə etməmişik.

Achani Samon Biaou: Bəli, həqiqətən. Qeyri-adi dərin məzmunlu kitabdır. Müəllif öz əsərində ambisiyanı adi bir hərəkətdən çox, ruh halı kimi yenidən müəyyənləşdirir. O, iddia edir ki, əsl ambisiya keçici bir istək deyil, nizam-intizamlı, həvəsli və demək olar ki, obsesif bir həsrətdir. Mövcud şəraitinizlə kifayətlənmək əvəzinə, daim növbəti əhəmiyyətli nailiyyətinizi

1. https://www.goodreads.com/quotes/645564-i-can-t-afford-it-shut-down-your-brain-it-didn-t

2. https://www.amazon.com/Power-Ambition-Awakening-Powerful-Within-ebook/dp/

B09FNP7GCX

düşündüyünüz bir düşüncə tərzini mənimsəmək vacibdir. Əgər marafonda uğurla qaçırsınızsa, orada dayanmayın; triatlon məqsədi daşıyır.

Olumide Ogunsanwo: Ambisiya prinsipinin gözəlliyi ondan ibarətdir ki, biz tez-tez onu maliyyə müstəqilliyi kontekstində müzakirə etsək də, onun şəxsi inkişafda geniş tətbiqləri var. Ambisiya sizə biznesə başlamaq, tərəfdaş tapmaq və ya qarşınıza qoyduğunuz hər hansı məqsədə nail olmaq üçün güc verə bilər. Maliyyə müstəqilliyinə nail olmaq üçün inkişaf etdirilən zehniyyət, bacarıq və bacarıq daima həyatın digər mühüm sahələrinə, məsələn, münasibətlər, sağlamlıq, sahibkarlıq və s.

Achani Samon Biaou: Necə deyərlər, siz saxladığınız şirkətsiniz. Özünüzü ambisiyasız insanlarla əhatə etmək, təbii olaraq uğur qazanmaq istəyiniz olsa belə, potensial olaraq öz hərəkətinizə mane ola bilər. Əgər hazırda böyük bir dəyişiklik etməyi düşünürsünüzsə, iddialı məqsədlərə nail olmuş və ya onları fəal şəkildə həyata keçirən dostlarla daha çox vaxt keçirmək faydalı ola bilər. Həmfikir və motivasiyalı fərdlərin əhatəsində olmaq sizi ruhlandıra, dəyərli fikirlər təqdim edə və öz ambisiyalarınıza nail olmaq üçün səy göstərərkən dəstək təklif edə bilər.

Olumide Ogunsanwo: "Siz ən çox vaxt keçirdiyiniz beş insanın ortasısınız" deyimini kim təbliğ etdi?

Achani Samon Biaou: Kim?

Olumide Ogunsanwo: [Gülüş] Jim Rohn. Məni də təəccübləndirdi. Bəli, tövsiyə etdiyiniz kitabı yazan eyni Cim Rohn. Sosial dairəniz və ambisiya səviyyəniz bir-birinə bağlıdır.

Əksər prinsiplər bir-biri ilə bağlıdır. Məsələn, biz bir neçə fəsil əvvəl özünə inamı müzakirə etdik. Əgər özünüzə inamınız yüksəkdirsə, o zaman cəsarətli hərəkətlər etmək ehtimalı daha yüksəkdir. İndi biz ambisiyaları araşdırırıq. İddialı olmaq çox vaxt cəsarət tələb edir. Bu anlayışlar kitabda ayrıca təqdim oluna bilər, lakin onlar süni fərqlərdir. Məqsədimiz sizi bu xüsusiyyətləri inkişaf etdirməyə və inkişaf etdirməyə ruhlandırmaq və həyatınızla əlamətdar bir şey əldə etmək qabiliyyətinə inanmaqdır.

Achani Samon Biaou: Mütləq. Boş ambisiya ilə qətiyyətli ambisiyanı fərqləndirmək çox vacibdir, çünki ikincisi icra kimi digər həyati xüsusiyyətlərlə müşayiət olunur. Paxıllıqdan irəli gələn ambisiyalar əsl məqsədlərinizə uyğun gəlməyə bilər.

İşə başlayarkən, həqiqətən əhəmiyyət verdiyiniz bir şeyi seçmək vacibdir, çünki başqasının uğuruna heyran olsanız və onu təkrarlamağa can atsanız belə, ona həqiqi həvəsiniz yoxdursa, lazımi səyləri sərf etmə ehtimalınız az olacaq. . Başqa sözlə, əgər ambisiyanızda həqiqi ehtiras yoxdursa, proses boyu motivasiya və öhdəliyi qorumaq üçün mübarizə apara bilərsiniz.

Olumide Ogunsanwo: Şöhrətpərəstliyə dair bu fəsil bir səbəbə görə müstəqil düşünmə fəslini izləyir. Əvvəlki fəsil üzərində düşünməklə və müstəqil düşüncə tərzini mənimsəməklə, bir fərd olaraq sizinlə həqiqətən rezonans doğuran şeylərə dair iddialı olma ehtimalınız daha yüksəkdir. Özünüzə sadiq qalmaq adətən sizin üçün daha yaxşı işləyəcək yoldur.

Achani Samon Biaou: Əgər sizin üçün vacib olan bir şeyə güclü həvəsiniz varsa, çox güman ki, uğur qazanacaqsınız və qarşıya qoyduğunuz məqsədlərə çatacaqsınız. Əksinə, başqalarına həsəd apardığınız üçün və ya başqalarından tanınmaq istədiyiniz üçün öz ambisiyalarınızın arxasınca qaçırsınızsa, istədiyiniz mövqeyə çata bilərsiniz, lakin özünüzü həqiqətən yerinə yetirmiş hiss etməyə bilərsiniz.

Olumide Ogunsanwo: Şübhəsiz ki, iddialı məqsədləriniz daxildən gəlməli və sizin üçün şəxsi əhəmiyyət kəsb etməlidir. İndi bəzi tövsiyələr vermək istəyirəm. Mən əvvəlcə "Ambisiya Gücü"nü təklif edəcəkdim, lakin siz artıq qeyd etdiyiniz üçün bunu atlayacağam. Bunun əvəzinə mən Tim Ferrissin " Titanların Alətləri "ni tövsiyə edirəm. [3]Kitabda müxtəlif sahələrdən dünya səviyyəli ifaçılar nümayiş etdirilir. Onların hekayələri vasitəsilə oxucular sadəcə öz hərəkətlərini kopyalamaqla deyil, onlardan öyrənərək dəyərli fikirlər əldə edə bilərlər. Siz başa düşməyə başlaya bilərsiniz ki, əgər başqaları böyük nailiyyətlər əldə edibsə, o zaman siz də özünüzə iddialı məqsədlər qoya bilərsiniz. Başqaları arzuladığı həyatı yaşayarkən niyə yaşamaq istəmədiyiniz bir həyatla kifayətlənirsiniz?

Bununla ambisiya prinsipi yekunlaşır. Sonra cəsarətdən danışaq?

Achani Samon Biaou: Bəli , keçək cəsarətə, mənim sevimli mövzularımdan biri. Cəsarət, həyatın bir çox aspektlərində qorxaq toyuğu cəsarətli aslandan ayırır. Əsrlər boyu insanlar tərəfindən bir fəzilət kimi qiymətləndirilmişdir və haqlı olaraq belədir. Cəsarət bizi gözlədiyimizdən kənara çıxaran zehni gücdür, istər yeni bir işə başlamağı, istərsə də qarşılaşa biləcəyimiz çətinliklərin öhdəsindən gəlməyi əhatə edir. Bu, bizə maneələr, təhlükələr və çətinliklərlə üzbəüz dayanmaq üçün güc verir, hətta çətinliklər

3. https://www.amazon.com/Tools-Titans-Billionaires-World-Class-Performers/dp/1328683788

qarşısında belə sarsılmaz möhkəmliklə onların öhdəsindən gəlməyə imkan verir.

Olumide Ogunsanwo: Güclü! Cəsarət, eniş-yoxuş, sapma və uğursuzluqlarla dolu olan maliyyə müstəqilliyinə doğru səyahətdə həlledici rol oynayır. Cəsarət olmadan ruhdan düşmək və təslim olmaq asandır. Bununla belə, cəsarətlə bu çətinliklərin öhdəsindən gələ, motivasiyalı qala və hədəflərinizə doğru irəliləməyə davam edə bilərsiniz. Cəsarət, maliyyə müstəqilliyinə nail olanları bu yolda heç vaxt təqib etməyə cəhd etməyən və ya ondan əl çəkməyənlərdən ayıran müəyyənedici amildir. Bu, mənə Nike-ın qurucusu Phil Knight-ın bir sitatını xatırladır: "Qorxaqlar heç vaxt başlamadılar, zəiflər isə yolda öldü. Bu, bizi tərk edir."

Məqsədimiz sizin üçün mənalı olan həyatı kəşf etmək və buna dəyər olduğuna inandığınız üçün səyahətə çıxmağa hazır olmaqdır. Cəsarət sizi bu yolda əzmkar olmağa vadar edən şeydir.

Achani Samon Biaou: Hamımız qorxu yaşayırıq, lakin cəsarət bu duyğuları qəbul etmək, onların bizə nə qədər dərindən təsir etdiyini başa düşmək və onlara rəğmən davam etmək bacarığıdır.

Olumide Ogunsanwo: Qorxu vacib işlərin görülməsinin demək olar ki, qaçılmaz hissəsidir. Qorxu, zəiflik, qeyri-müəyyənliyi qəbul edin və nə olursa olsun irəliləməyə davam edin.

Achani Samon Biaou: Qəbul etmək vacibdir ki, cəsarətli insan təhlükəni görməyən biri deyil, onu görən və onun gətirə biləcəyi qorxunu qəbul edən birisidir. Bununla belə, onların qorxularına baxmayaraq, problemlə üzləşmək üçün onlara güc verən daxili güc var. Cəsarətli olmaq üçün qeyri-adi bir fərd olmaq lazım deyil; sadəcə olaraq emosiyalarınızı idarə etməyi öyrənməli və problemlə üzləşərkən riskləri qəbul etməlisiniz. Unutmayın ki, yeganə əsl uğursuzluq heç cəhd etməməkdir və qorxularınızla üz-üzə gəlib hərəkətə keçməklə, nəyə qadir olduğunuzla özünüzü təəccübləndirə bilərsiniz. Mən bu çağırışı qəbul edirəm. Mən itirə bilərəm, amma buna baxmayaraq davam edəcəyəm və həll edəcəyəm.

Məsələyə aydınlıq gətirmək üçün bir lətifəni bölüşüm: Bir komandir və əsgərləri bir adanı fəth etməyə hazırlaşırdılar. Onlar qayıqlarına minib sahilə çatdılar, lakin əsgərlər həm həyəcan, həm də qeyri-müəyyənliklə dolu idi. Bundan sonra komandir qoşunları daha da içəriyə apardı və mövqelərini saxlamaq üçün onları orada qoydu. O, ən cəsarətli əsgərlərlə sahilə qayıtdı və geri çəkilmə ehtimalını aradan qaldıraraq onların qayıqlarını yandırdı. Bu, bütün əsgərləri sarsılmaz əzmlə döyüşməyə məcbur etdi. Komandir başa düşürdü ki, əsgərlərinin döyüşməkdən başqa çarəsi olmadığını bilsələr, onların cəsarəti artacaq.

Olumide Ogunsanwo: Biz geri qayıtmayacağıq. İrəli gedəcəyik, ya da öləcəyik! Gülməli.

Achani Samon Biaou: Qoşunlar onların yanan qayıqlarının şahidi olduqda, əsgərlər zehni bir dəyişiklik yaşadılar. Onlar hələ də qorxurdular, lakin aydınlıqdan irəli gələn qətiyyətə sahib idilər. Döyüş və ya öl. Cəsarət mütləq qorxunun olmaması demək deyil, əksinə bunun doğru yol olduğuna özünü inandırmaq və qətiyyətlə irəliləmək bacarığıdır.

Olumide Ogunsanwo: Samon, indi MJ DeMarkonun FTE (Fuck This Event) adlı " Yazılmamış " [4]kitabından bir konsepsiya təqdim etmək üçün mükəmməl vaxtdır . Bu, fərd elə bir nöqtəyə çatdıqda baş verir ki, onlar dibə vurduqlarını və təcili olaraq həyatını dəyişdirməli və fərqli bir istiqamətə getməli olduqlarını başa düşdülər.

24 yaşıma kimi bir neçə işi itirdim. Dərhal anladım ki, şirkətlər mənim ən yaxşı maraqlarımı əsas tutmurlar. Həyatımda başqa bir şey etməli olduğumu bilirdim. İnsanların çoxunun özlərinə verməli olduğu sual budur: FTE-nin baş verməsini gözləmək istəyirsinizmi? Şirkətinizin sizi buraxmasını gözləmək istəyirsiniz? Dibinə çatana qədər gözləmək lazımdırmı, yoxsa İNDİ travmatik FTE hadisəsi olmadan məqsədlərinizə çatmaq üçün fəal addımlar ata bilərsinizmi?

FTE-lər qaçılmaz olaraq baş verir. İşlədiyiniz şirkət sizin ailəniz deyil, onlar sizə nə deyirlərsə desinlər. Onların ürəyində sizin ən yaxşı maraqlarınız yoxdur. Əllərinə düşən hər şansı sındıracaqlar. Sizdən ancaq öz əməyiniz üçün istifadə edirlər.

Achani Samon Biaou: Şirkətlərin bəzən şirkətdəki hər kəsin ortaq bir missiyada olduğunu iddia etmələrinə baxmayaraq, hər bir fərdin öz şəxsi missiyası olduğunu və nəticədə öz karyerası və rifahı üçün məsuliyyət daşıdığını xatırlamaq vacibdir. Həmkarlar ortaq şərtlər sayəsində dost ola bilsələr də, şərait dəyişdikdə hər kəs öz yolu ilə getməli olacaq.

Olumide Ogunsanwo: Məqsədlərinizə doğru səyahətə çıxmaq üçün

4. https://www.amazon.com/UNSCRIPTED-Life-Liberty-Pursuit-Entrepreneurship/dp/0984358161

cəsarət lazımdır. Bununla belə, əgər sizdə çatışmazlıq varsa, FTE nəhayət sizi hər halda bir şey etməyə məcbur edəcək. Gəlin hesablanmış risk almağın əhəmiyyətini də müzakirə edək. Cəsarət və rahatlıq zonanızda qalmaq bir araya sığmır. Status-kvonun ardınca getmək maliyyə müstəqilliyinə gətirib çıxarmayacaq və rahatlıq zonanız çox güman ki, sizi status-kvonda ilişib saxlayacaq. Cəsarət panzehirdir.

Achani Samon Biaou: Sözləriniz mənə fransız şerini xatırladır, deyir ki: **"A vaincre sans risk, on triomphe sans gloire" (Əgər təhlükə olmadan qalib gəlsəniz, şöhrətsiz də qalib gəlirsiniz)** . Rahatlıq zonanızda olduğunuz zaman, əslində heç bir problemin olmadığı bir oyunda qalib gəlirsiniz.

Olumide Ogunsanwo: Bu, deyilənlərə bənzəyir: " Axmaq oyunlar oyna və axmaq mükafatlar qazan. " Rahatlıq zonanızda qalmaq bir qədər axmaq oyun oynamaq kimidir. Təhlükəsiz rutininizi və əvvəlcədən müəyyən edilmiş yolunuzu rahat şəkildə izləyirsiniz və özünüzü illik 3% artımın məqbul olduğuna və həyatınızın ümumiyyətlə "yaxşı" olduğuna inandırırsınız. Bəs heyrətamiz yaşaya bildiyiniz halda niyə yaxşı bir həyatla kifayətlənirsiniz?

40 yaşına qədər maliyyə müstəqilliyinə nail olmağı və 48-ə çatmağı planlaşdırsanız belə, bu, mövcud status-kvodan daha yaxşıdır. Status-kvo sizi 75-ə qədər işləməyə davam etdirə bilərdi. Söhbət təkcə rəqəmlərlə bağlı deyil; bu, gələcək haqqında həyəcanlanmağa və bu gələcəyi yaratmaq üçün kifayət qədər cəsarətli və iddialı olmağa sövq etməkdir.

Hesablanmış riskləri götürmək maliyyə müstəqilliyi üçün vacibdir. Samon daha əvvəl qorxunun oynadığı roldan bəhs etdi. Yeni imkanları araşdırmaqdan və özünüzü ortaya qoymaqdan qorxa bilərsiniz, lakin işiniz belə risklər daşıyır. Siz bu riskləri dəqiq qiymətləndirmisinizmi? Şirkətiniz artıq xidmətlərinizə ehtiyac duymadıqlarına qərar verdikdə nə baş verir? Sırf rasional baxımdan risklərinizi hedcinq etmək və ayıq qalmaq mənasızdır. Mövcud vəziyyətinizlə bağlı riskləri düzgün qiymətləndirməklə, daha çox hesablanmış risklər götürməyə təşviq oluna bilərsiniz.

Achani Samon Biaou: Həqiqətən də müdrik sözlər. Cəsarət maliyyə müstəqilliyinə gedən yolu necə dəstəkləyir? Cəsarəti sizi maliyyə müstəqilliyi nərdivanına yüksəldən və yüksəlməyə davam edən yanacaq kimi düşünün.

Olumide Ogunsanwo: FTE və ya xarici şərtlərin sizi cəsarətli olmağa məcbur etməsini gözləməyin. Əgər həyatının sonrakı dövrlərinə qədər FTE lüksünə sahib deyilsənsə nə etməli? Şəxsi maliyyənizə ciddi yanaşmalı olduğunuzu və təqaüdə çıxmağınıza cəmi on il qaldığını başa düşərək, altmışıncı yaşlarınızda tapa bilərsiniz. Bu zaman əvvəllər tədbir görmədiyiniz üçün peşman ola bilərsiniz. İndi başla! Bir az yaşlı olsanız belə, başlamaq üçün heç vaxt gec deyil. Sən heç kimlə yarışda deyilsən.

Risklərin çoxunu başa düşəndə cəsarətli olmaq daha asandır. Cəsarətli insan kor-koranə döyüşə girən biri deyil; bu, riskləri diqqətlə qiymətləndirən və faydaların xərclərdən daha çox olduğuna inandıqları üçün hələ də irəliləməyi seçən birisidir. Ancaq faydaların xərclərdən üstün olub-olmadığını müəyyən etmək üçün gözlərinizi açmalı, vizual olaraq təsəvvür etməli və vəziyyətinizdəki mübadilələri dərk etməlisiniz.

Achani Samon Biaou: Olumide bu FTE hadisəsini həyatınızda necə yaratmaq barədə sual qaldırdı. Əgər övladlarınızda cəsarət, özünə inam və özünə inam inkişaf etdirmək istəyirsinizsə, onlara sizdən və həyatlarının rahatlığından uzaq vaxt keçirmələri üçün imkanlar vermək faydalıdır. Bayaq qeyd etdiyim yanan gəmi ilə bağlı lətifəni xatırlayırsınız? Təsəvvür edin ki, sizdən kömək istəmədən uşağınızı harasa buraxırsınız. Onlar öz başlarına necə sağ qalacaqlarını başa düşməlidirlər.

Bəzi insanlar bunu dəhşətli bir fikir hesab edə bilər, çünki uşaq ömür boyu travma ala bilər. Ancaq burada bir şey var: onları real dünyadan qorumaqla, əslində onlara həyatlarının ən böyük travmasına səbəb olursunuz. Siz onları dünyanı həqiqətən olduğu kimi yaşamaqdan məhrum edirsiniz, yalançı müsbət təcrübə yaradırsınız. Uşaqlara müəyyən səviyyədə müstəqillik yaşamağa və çətinliklərlə üzləşməyə icazə verməklə, siz onlara inkişaf üçün dəyərli imkanlar təqdim edə bilərsiniz.

Olumide Ogunsanwo: Bəli, hamısı risklərin qiymətləndirilməsinə qayıdır. Onlara kifayət qədər müstəqillik, özünü təmin etmə və özünə inam verməmək riskini lazımınca qiymətləndirmək daha böyük risk daşıyır. Onları bu alətlərlə təchiz etməməklə, siz onları gələcək uğur üçün hazırlamaya bilərsiniz. Bu, təəssüf doğurur.

Achani Samon Biaou: Bunu nəzərə alın - uşaqlarınızı həddən artıq qoruduğunuzda və onların çətinliklərlə üzləşməsinin qarşısını aldığınızda, əslində onları uzun müddətdə uğursuzluğa hazırlamış olursunuz. Onların çətinliklərlə üzləşməsinə və hər şeyi özləri həll etmələrinə imkan vermək vacibdir.

Məsələn, uşaqlarınızın iş bazarına girdiyi, lakin məşğulluğu təmin etmək üçün mübarizə apardığı bir ssenari təsəvvür edin. Əgər siz öz şirkətinizdə onlar üçün bir iş yaratmağa qərar versəniz, istəmədən onların uzunmüddətli uğurlarına mane olursunuz. Bununla siz onların əsas bacarıqları inkişaf etdirmək və özünü təmin etmək üçün lazım olan dəyərli təcrübə qazanmaq qabiliyyətinə mane olursunuz. Üstəlik, onları xilas etmək üçün artıq orada olmadıqda nə baş verir? Müvəqqəti uğursuzluqlarla qarşılaşsa belə, onların çətinliklərlə üzləşmələrinə və müstəqilliklərini inkişaf etdirmələrinə imkan vermək çox vacibdir. Sərvətinizi miras alsalar belə, müstəqil olmağı öyrənmədikləri üçün onu israf etmək ehtimalı daha yüksəkdir.

Yetkin bir insan olaraq cəsarət, müdirinizlə danışmaq və özünüzü müdafiə etmək deməkdir. Məsələn, əminliklə deyə bilərsiniz: "Hey, mən bunlara nail oldum və mən yüksəlməyə layiq olduğuma inanıram". Siz həmçinin nəzərdə tuta bilərsiniz ki, əgər işlər yolunda getməsə, başqa imkanları araşdıracaqsınız. Özünüzü müdafiə etmək və mövcud mövqeyinizdən kənarda iş imkanlarını araşdırmaq üçün cəsarətə sahib olmaq vacibdir, xüsusən də az maaş aldığınıza, lazımınca qiymətləndirilmədiyinizə və ya lazımınca istifadə edilmədiyinizə inanırsınızsa.

Olumide Ogunsanwo: Və ya bəlkə də üçünü eyni anda yaşayırsınız! [Gülüş]

Achani Samon Biaou: İş müsahibəsində sizə emosional təzyiq göstərməyə çalışan bir müsahibəçi ilə qarşılaşa bilərsiniz. Onların inanclarına meydan oxumaq və özünüz üçün ayağa qalxmaq üçün cəsarətli olun. "Bağışlayın, amma burada riyazi olaraq gördüyümdən belə görünür ki, haqlıyam. İnancınızın arxasında dayanan səbəbləri izah edə bilərsinizmi?"

Olumide Ogunsanwo: Kiçik, gündəlik hərəkətlər vasitəsilə ambisiyaları inkişaf etdirməklə, maliyyə müstəqilliyinə nail olmaq kimi daha böyük məqsədlərə nail olmaq qabiliyyətinizi gücləndirirsiniz.

Achani Samon Biaou: Mən Stiv Maqnusun " Çətin işlər gör "[5]kitabını tövsiyə etmək istərdim . O, qorxunun öhdəsindən gəlməyi araşdırır və çətinliklərlə üzləşmə vasitəsi kimi idmanda və digər sahələrdə sərtliyin dəyərini vurğulayır. Yüksək performanslı idmançılar üçün alim və məşqçi olan Magnus, yüksək performansa nail olmaq üçün həm ağıl, həm də bədənlə işləməyin vacibliyini vurğulayır. Maqnus bir neçə sütun vasitəsilə daxili

5. https://www.amazon.com/Hard-Things-Resilience-Surprising-Toughness/dp/006309861X

gücün qurulmasına diqqət yetirməyi təklif edir, o cümlədən:

- Vəziyyəti olduğu kimi qəbul edərək reallığı qəbul etmək və istənilən fasadı atmaq.
- Vücudunuzu dinləyin və onun stresə və çətinliklərə necə cavab verdiyindən xəbərdar olun.
- Qorxu və uçuş vəziyyətlərinə impulsiv reaksiya verməkdənsə, bədəninizə cavab verin.
- Düşüncəli hərəkət etmək üçün yer yaratmaq və möhkəmlik və möhkəmlik inkişaf etdirmək.

Olumide Ogunsanwo: Reaksiya avtomatikdir, lakin cavab qəsdəndir. Bu, maliyyə müstəqilliyinin mikrokosmosudur: avtomatik status-kvo həyat və qəsdən həyata.

Achani Samon Biaou: Stiv Maqnusun müzakirə etdiyi son sütun narahatlığı aşmaqdır. Media və reklam çox vaxt son məqsəd kimi rahatlığı və dəbdəbəni təbliğ edir, lakin bu düşüncə tərzi şəxsi inkişafa mane ola bilər. Məsələn, bir uşaq riyaziyyatda uğursuz olduqda, valideynlər onlara hələ də əla olduqlarını söyləməkdən çəkinməlidirlər.

Olumide Ogunsanwo: (Gülüş) Yaxud bəzən valideynlər müəllimi günahlandırırlar.

Achani Samon Biaou: Narahatlığı aşmaq vacibdir, çünki onsuz həyatda mənalı heç nə əldə edə bilməyəcəksiniz. Bəzən tapşırığın öhdəsindən gələ bilməyəcəyik, amma öhdəsindən gəlmək üçün cəsarətimiz olmalıdır.

Olumide Ogunsanwo: Mənim iki kitab tövsiyəm var. Birincisi, Nike-ın qurucusu Phil Naytın " Ayaqqabılı it " əsəridir. [6]Bu kitab onun Nike-a necə başladığı və üzləşdiyi manеələr, o cümlədən maliyyə çətinlikləri, hüquqi mübahisələr və şiddətli rəqabət haqqında heyrətamiz bir hesabat təqdim edir. Biz hamımız onun Nike səyahəti boyu göstərdiyi cəsarət və əzmkarlıqdan öyrənə bilərik. Sahibkarlıq maliyyə müstəqilliyinə aparan ən yaxşı yollardan biridir və bu kitab biznes qurmaq üçün makiyajsız bir görünüş təqdim edir.

6. https://www.amazon.com/Shoe-Dog-Phil-Knight-audiobook/dp/B01CRJA470

Jim Rohn tərəfindən " Həyatınızı dəyişdirən gün "dür. [7]Kitabda həyatlarında dəyişiklik ehtiyacını dərk etdikləri mühüm məqama çatmış şəxslərdən nümunələr verilir. Onlar dibə vururlar və başa düşürlər ki, irəliyə doğru hərəkət edən şeylərə fərqli yanaşmalıdırlar. Hər iki işi itirdiyim zaman 21 və 23 yaşlarımda bununla qarşılaşdım və bu kitab oxşar FTE-lərlə və böhran anları ilə üzləşən insanların müxtəlif nümunələrini təqdim edir.

Bu kitabı yazmaqda məqsədimiz sizi mövcud vəziyyətinizdən kənarda düşünməyə və həqiqətən arzuladığınız həyata doğru hərəkət etməyə ruhlandırmaqdır. Sizə sual verməkistəyirik: “Mənim yaşamaq istədiyim həyat həqiqətən belədirmi?” və dəyişiklik edin. Biz başa düşürük ki, bəzən bu cür təfəkkürə səbəb olmaq üçün ağrılı bir hadisə lazımdır, lakin ümid edirik ki, kitabımız həyatınızda müsbət dəyişiklik üçün katalizator rolunu oynaya bilər. Rahatlıqdan kənara çıxın və sizi həqiqətən həyəcanlandıran həyata doğru irəliləyin. Bununla bu fəsli bağlaya bilərik, növbəti bölümdə görüşənədək.

7. https://www.amazon.com/That-Turns-Your-Life-Around/dp/B01M7VOBM8

5: Biznes Məktəbinin hekayələri və Məqsədlərin qoyulması və Şəxsi İnkişaf Prinsipləri

Olumide Ogunsanwo: Biznes məktəbində keçirdiyim vaxtla bağlı xoş xatirələrim var və hekayələri bölüşməkdən və insan kapitalının genişləndirilməsinin maliyyə müstəqilliyinə necə yol açacağını müzakirə etməkdən məmnunam.

Achani Samon Biaou: Bu fəsildə biz əhəmiyyətli şəxsi inkişaf üçün katalizator rolunu oynayan və həyatımız üçün yeni bir kurs təyin edən biznes məktəbi illərimizdəki təcrübələrimizi araşdıracağıq.

Olumide Ogunsanwo: Bundan əlavə, biz məqsəd qoyma və şəxsi inkişaf prinsiplərini müzakirə edəcəyik. İddialı məqsədlər qoyun və bu məqsədlərə çatmaq üçün özünüzü inkişaf etdirin. Möhtəşəm. Gedək!

5A: Olumidenin Biznes Məktəbinin hekayəsi

Achani Samon Biaou: Olumide, əvvəlki fəsildə, uğursuz iş itkiləri və biznes məktəbini davam etdirərək həyatınızı yenidən qurmaq qərarınız da daxil olmaqla, erkən karyeranızı müzakirə etdik. Bu səyahətin necə keçdiyini bölüşə bilərsinizmi?

Olumide Ogunsanwo: Mütləq. Biznes məktəbini davam etdirmək motivasiyamın kökündə həyatıma daha çox nəzarət etmək və özümü daha yüksək potensial trayektoriyaya salmaq istəyi dayanırdı. İcazə verin, o zaman necə hiss etdiyimi izah etmək üçün bir şəkil çəkim. Özünüzü hər biri sizə müxtəlif istiqamətlər və fikirlər verən 10 nəfərin olduğu bir avtomobildə təsəvvür edin. Bəziləri diqqətinizi yüngülcə yayındırır, bəziləri isə baxışınıza mane olur və hətta sizi itələyir və təpikləyir. Çoxlu xarici təsirlər olduqda həyatınızı idarə etmək və idarə etmək çətinləşir. Bu şəxslər həyatınızdakı müxtəlif təzyiqləri təmsil edir, məsələn, müdirlər, həmkarlar və ya təsir göstərən hər kəs. Sürücü ola bilsəniz də, avtomobil maksimum beş nəfər, hətta idman avtomobili vəziyyətində hətta iki nəfər üçün nəzərdə tutulmuşdur. Bu bənzətmədə son məqsəd avtomobili sakit, hər iki əlin sükanda idarə etməsi və diqqətinizi yayındıran amillərin azaldılmasıdır ki, bu da sizə həyatınıza nəzarəti bərpa etməyə imkan verir.

Mən daha çox agentlik axtardım və inanırdım ki, biznes məktəbi mənə yeni şeylər öyrənməyə, insanlarla əlaqə saxlamağa və daha yaxşı maaşlı bir iş tapmağa imkan verən sıfırlama təmin edəcək. Biznes məktəbi səyahətim necə keçdi:

Kontekst: 2009-cu il idi və mənim 24 yaşım var idi. Əvvəlki fəsildə qeyd etdiyim kimi, əvvəlki işimdə baş verən xoşagəlməz hadisələrə görə özümü çətin vəziyyətdə tapdım. Amerikada qalmağın bir yolu kimi gecələr magistratura təhsilimi davam etdirdim.

Məktəb seçimi: 17 yaşıma qədər Nigeriyada, sonra isə Amerikada yaşadıqdan sonra Avropada yaşayaraq fərqli bir şey yaşamaq istədim. Mən əvvəllər bir neçə dəfə Avropada olmuşam, heç orada yaşamamışam. Avropa biznes məktəbində oxumaq fürsəti həyəcanlı görünürdü və atam yetmişinci illərdə universitetdə oxuduğundan mənim Oksfordla da sentimental əlaqəm var idi. Mən ilk növbədə LBS, Oxford, Cambridge və INSEAD kimi yüksək reytinqli Avropa məktəblərinə diqqət yetirdim, bir neçə Amerika məktəbi ehtiyat nüsxə kimi.

Tədbirlər: Mən bütün lazımi kitabları və kursları əldə edərək GMAT hazırlıqlarına qərq oldum. Günlərim oyanmaq, duş qəbul etmək və bütün günü GMAT-a hazırlaşmaq üçün İTİ-yə getməkdən başlayaraq, gecələr dərsləri izləməklə strukturlaşdı. Bu monoton və darıxdırıcı görünə bilər, amma bu prosesdən həzz aldım, çünki həyatımı dəyişdirdiyimi bilirdim. Mən GMAT-da yaxşı çıxış etdim və MBA ərizəsinin bütün digər aspektlərini, o cümlədən tövsiyə məktubları və esseləri tamamladım.

Nəticə: 11 dekabr 2009-cu ildə Oksforddan "Oxford MBA Proqramı 2010/11" adlı qeyri-müəyyən mövzu ilə məktub aldığımı yaxşı xatırlayıram. E-poçtu açanda qəbul təklifini gördüm. Emosiyadan boğulmuşdum və sevinc göz yaşlarımdan az qala ağlayacaqdım. Otağımın ətrafında rəqs etdim (çünki rəqs əvvəlki fəsildə qeyd edildiyi kimi mənim maraqlarımdan biridir). Bu, şanlı və həyatı dəyişdirən bir an idi! Bilirdim ki, həyatım heç vaxt əvvəlki kimi olmayacaq.

Biznes məktəbinə müraciət səyahətim əsasən solo cəhd idi. Müraciət etmək planlarım barədə valideynlərimə məlumat verməmişəm, qrup araşdırması ilə məşğul olmamışam və ya ərizə esselərimi rəy üçün heç kimlə paylaşmamışam. Mən də hansı biznes məktəblərinə müraciət edəcəyim barədə məsləhət istəmədim. Bu, əlbəttə ki, tamamilə tək deyildi, mənə keçmiş həmkarlarımdan və professorlarımdan tövsiyə məktubları lazım idi (biznes məktəbi tövsiyə məktublarımı yazan hər kəsə səslənirəm). Bu gün bu yanaşmanı heç kimə tövsiyə etməzdim. Mən bunu ona görə etdim ki, mən bu prosesdən keçmiş və ya o zaman MBA dərəcəsi almış birini tanımırdım, çünki yaşıdlarımın çoxu 20 yaşlarında və karyeralarına başlamışdılar.

İllər sonra bu təcrübə üzərində düşünərək, Avropa məktəblərini seçməyimin Avropada yaşamaq istəyimlə, yoxsa Amerika sistemindən narazılığımdan irəli gəldiyini düşündüm. Mən hələ də iş itkiləri ilə bağlı hadisələrdən əziyyət çəkirdim və hiss edirdim ki, Amerika sistemi məni ruhdan salıb. Buna görə də, mənim Avropaya köçmək qərarım Avropaya xüsusi bir cazibə yox, qismən Amerikadan qaçmaq ola bilər.

Achani Samon Biaou: Burada açmaq üçün çox şey var. Biznes məktəbini davam etdirmək qərarınızı yenidən nəzərdən keçirək. Siz Amerika sistemi tərəfindən ruhdan düşdüyünüzü, Avropada yaşamaq arzusunu və atanızın almamaterası olan Oksfordla emosional əlaqəni qeyd etdiniz. Bununla belə, siz maliyyə müstəqilliyini hərəkətverici amil kimi açıq şəkildə qeyd etmədiniz. Həmin dövrdə maliyyə müstəqilliyi ilə bağlı fikirlərini açıqlaya bilərsinizmi?

Olumide Ogunsanwo: Uşaqlığımdan şəxsi maliyyə ilə maraqlanmışam. Bu, ilk işimi əldə etdikdən sonra davam etdi, burada qənaətlərimi proqnozlaşdırmaq üçün elektron cədvəllər hazırlamağa başladım və 2006-2010-cu illər arasında şəxsi maliyyə bloqlarına daxil oldum. Yavaş-yavaş zəngin ol [1](JD Roth), Erkən Təqaüdçü Ekstremal [2](Jacob Lund Fisker) və kimi çoxsaylı bloqları oxudum. Mənim Pul Bloqum (Jonathan Ping) [3]. Mən indi fəaliyyətsiz olan digər vebsaytları da oxudum, məsələn thesimpledollar.com, allfinancialmatters.com, netbanker.com, bargaineering.com və s. FIRE (Maliyyə Müstəqilliyi və Erkən Təqaüd) hərəkatı o dövrdə nisbətən kiçik idi və bu terminin özü geniş şəkildə tanınmırdı. Nəticə etibarilə, mən bu bloqları açıq şəkildə FIRE ilə əlaqəli mənbələrdən daha çox şəxsi maliyyə resursları kimi qəbul etdim.

Achani Samon Biaou: O zaman sizi şəxsi maliyyə bloqlarına cəlb edən nədir?

Olumide Ogunsanwo: Biznes məktəbinə qədər şəxsi maliyyə haqqında oxumaqdan və pulla daha səmərəli olmağın yollarını kəşf etməkdən həzz alırdım. Biznes məktəbinə müraciət prosesinə başlayanda əsas məqsədlərim daha çox diqqəti ən yüksək gəlirlə mümkün olan ən yaxşı işi əldə etməyə yönəltdi. Maliyyə müstəqilliyi mənim fikrimdə açıq şəkildə deyildi; Mən qazanc potensialımı maksimum dərəcədə artırmaqla daha çox maraqlanırdım.

Achani Samon Biaou: Beləliklə, izləyicilərimiz üçün aydınlaşdırmaq üçün, başqa bir magistr proqramını davam etdirərkən işinizi itirib biznes məktəbinə müraciət etməyə başladığınızda, əsas motivasiyanız nəzarəti bərpa

1. http://getrichslowly.org
2. http://earlyretirementextreme.com
3. https://www.mymoneyblog.com/

etmək və həyatınızı yenidən formalaşdırmaq idi. Şəxsi maliyyəyə marağınız olsa da, biznes məktəbinə daxil olarkən maliyyə müstəqilliyinə nail olmaq sizin üçün konkret məqsəd deyildi.

Olumide Ogunsanwo: Düzdür. Maliyyə müstəqilliyi o vaxt mənim fəal şəkildə izlədiyim və hətta tam başa düşdüyüm bir şey deyildi. Əgər 2009-cu ildə məndən bu barədə soruşsaydınız, mən anlayışı qavramazdım. Mən zəngin olmağın nə demək olduğunu bildiyimə baxmayaraq, maliyyə müstəqilliyi ideyası o vaxtlar geniş müzakirə olunmurdu və ya geniş yayılmırdı.

Achani Samon Biaou: Biznes məktəbi təcrübəniz necə keçdi?

Olumide Ogunsanwo: Çox gözəl idi! Biznes məktəbində oxuduğum müddətdə iki maliyyə müstəqilliyi dərsi öyrəndim.

Birincisi, qazanc potensialınızı artırmaq üçün insan kapitalınızı artırmaq vacibdir. Mütləq biznes məktəbinə getmək və ya magistr dərəcəsi almaq lazım deyil, lakin şəxsi inkişafa diqqət yetirmək və gəlirinizi artırmaq üçün biliklərinizi genişləndirmək çox vacibdir.

İkinci dərs üfüqlərinizi genişləndirmək üçün özünüzü yeni insanlar və yeni perspektivlərlə tanış etməyin əhəmiyyətidir. Bu iki dərs bir-birinə bağlıdır, çünki dünyagörüşünüzü genişləndirmək şəxsi inkişaf imkanlarınızı artırır, bu da öz növbəsində gəlir potensialınızı artırır. İnsan kapitalınızı müxtəlif vasitələrlə (məsələn, YouTube, Coursera və s.-dən istifadə edə bilərsiniz) artırmaq mümkün olsa da, insanlarla görüşmək və yeni təcrübələr əldə etmək dünyagörüşünüzü və gəlir imkanlarınızı genişləndirmək üçün səmərəli üsuldur. Bunlar bu hekayədən maliyyə müstəqilliyi ilə maraqlanan insanlar üçün iki əsas dərsdir. Bunlar mənim hekayəmdən maliyyə müstəqilliyi ilə maraqlananlar üçün iki əsas yoldur. Biznes məktəbində oxumasanız belə, bu prinsiplər müxtəlif yollarla tətbiq oluna bilər.

Achani Samon Biaou: Yaxşı dedi.

Olumide Ogunsanwo: İndi gəlin Oksford və MIT-dəki təcrübələrimlə bağlı bəzi xüsusi təfərrüatlara nəzər salaq.

Bakalavr və magistr təhsilləri arasında əhəmiyyətli fərq olan əksər magistr tələbələrindən fərqli olaraq, mən Oksfordda bakalavr təhsilimi bitirdikdən cəmi dörd il sonra, cəmi 25 yaşım olanda başladım. Bu, demək olar ki, mənim bakalavr təcrübəmin bir uzantısı kimi hiss etdim, çünki çox gənc idim.

Oksfordda mən şüurlu şəkildə qərar verdim ki, bir bakalavr olaraq buraxdığım səhvləri təkrarlamadım və burada yalnız akademiklərə diqqət yetirdim. Əvəzində mən daha hərtərəfli olmağı və biznes məktəbinin təklif etdiyi bütün imkanlardan tam istifadə etməyi hədəflədim. Nəticədə müxtəlif tələbə hökumətlərində, klublarında və qruplarında fəal iştirak etdim.

Hər biri 80 tələbədən ibarət MBA proqramımızın üç bölməsindən biri olan C bölməsi üzrə MBA Sinif Nümayəndəsi seçildim. Bundan əlavə, Afrika Qrupunun həm-prezidenti və Marketinq/Xarici Əlaqələr üzrə Vitse-Prezident vəzifələrində çalışmışam. İTİ-də oxuduğum bakalavr günlərimlə müqayisədə mən çoxsaylı fəaliyyətlərdə çox iştirak edirdim və həmişə məşğul olurdum. Mən şirniyyat mağazasında uşaq kimi idim, bu, heyrətamiz bir təcrübə idi və mən onu sevdim!

Mühəndislik təcrübəsindən gəldiyim üçün maliyyə, iqtisadiyyat və marketinq kimi biznes anlayışlarına məhdud şəkildə məruz qaldım. Mən Oksfordda vaxtımdan maksimum yararlanmağa qərarlı idim, o dərəcədə ki, eyni dərslərə gündə bir neçə dəfə qatılacaqdım (çünki mühazirələr müxtəlif vaxtlarda MBA-nın digər iki bölməsinə ayrıca tədris olunurdu). Mən bunu mümkün qədər çox bilik mənimsəmək üçün bir fürsət kimi gördüm. Bir anda makroiqtisadiyyat professorum hətta niyə eyni dərsi dəfələrlə aldığımı soruşdu. Mən izah etdim ki, planlaşdırmadakı fərqlərdən yararlanmaq və mövcud olan hər bir biliyi mənimsəmək istəyirəm. Bundan əlavə, Executive MBA (EMBA) tələbələrinin yay ərzində daha çox dərs almaq imkanının olduğunu gördüm, ona görə də bir neçə EMBA dərsini yoxladım. Oksfordda öyrənmək, böyümək və insanlarla əlaqə qurmaq mənim üçün həyəcanverici bir təcrübə idi.

Orada keçirdiyim vaxtlarla bağlı saysız-hesabsız xoş xatirələrim var. Tez bir nümunə, fərqli Oksford biznes məktəbi proqramlarının - MBA, MFE (Maliyyə Magistri), EMBA və İcraçı Təhsil proqramlarının bir-birindən bir qədər təcrid olunduğunu başa düşdüm. Bütün bu proqramlardan olan tələbələrin bir araya gələ biləcəyi bir tədbir təşkil etmək təşəbbüsü ilə çıxış etdim. Bu bar gecəsi idi və biz əla vaxt keçirdik!

Mən Oksfordda sadəcə tələbə deyildim; Mən MBA ekosistemində dərin kök salmışam, aktiv şəkildə iştirak edirdim və transformativ təcrübələrdən keçən müxtəlif insanlar şəbəkəsi ilə əlaqə saxlayırdım.

Oksford tələbələri proqramlarından asılı olmayaraq kolleclərdə yaşayırlar. MBA proqramına erkən müraciət etdiyim üçün, seçmək üçün çoxlu kollec seçimlərim var idi. Əsas diqqətim sərfəli seçim tapmaq idi, ona görə də digər amillərə çox əhəmiyyət vermədim. Nəhayət, Worcester Kollecini seçdim, çünki büdcəyə uyğun olan xüsusi bir otaq növü var idi. Bu, evin yuxarı hissəsindəki balaca çardaq idi, uzananda az qala hər iki tərəfə toxuna bilirdim. Şkaf yox idi, buna görə də dərs başlamazdan əvvəl Arqosdan ayaq üstü şkaf aldım. Kiçik məkana baxmayaraq, Worcester gözəl bir göl və ördəkləri olan inanılmaz bir kollec oldu. Milad tətili zamanı mən hətta MBA tələbə yoldaşlarım üçün Worcester turları təşkil etdim. Mən Worcester'i tamamilə sevirdim.

Achani Samon Biaou: Açmaq üçün çox şey var. MİT şəkilə necə və nə vaxt gəldi?

Olumide Ogunsanwo: Mən Oksfordda oxuyarkən ilk planım məzun olmaq və dərhal işə başlamaq idi. Bununla belə, 2010-cu ilin dördüncü rübü ərzində tələbə hökuməti şurası vasitəsilə tanış olduğum Maykl Sunla söhbət etdim. O, mənə Oksfordda proqramımızı bitirdikdən sonra davam etdirilə bilən MIT MSMS (MS in Management Studies) bir illik proqramı haqqında danışdı. Əksər hallarda qeyri-ABŞ MBA proqramları bir il davam edir, Amerika biznes məktəblərində isə adətən iki illik proqramlar olur. Beynəlxalq MBA tələbələrinə xidmət göstərmək üçün MIT bu proqramı onlara MIT-də əlavə bir il biznes təhsili təklif etmək üçün hazırlamışdır. Bu fikir məni maraqlandırdı, amma Oksfordu bitirib Avropada iş tapacağımı düşündüyüm üçün tam əmin deyildim.

Şübhələrimə baxmayaraq, itirəcək çox şeyim olmadığı üçün hər halda müraciət etmək qərarına gəldim və hər zaman sonradan qərar verə bilərdim. Bundan əlavə, Oksfordda cəmi üç ay olduğum üçün hələ heç bir iş təklifi almamışdım (2010-cu ilin sentyabrında Oksforda qoşuldum və 2010-cu ilin dekabrında MİT-ə müraciət etdim).

Achani Samon Biaou: Biznes məktəbində iştirak etmək üçün əsas motivasiyanız həyatınızın trayektoriyasını dəyişdirəcək və sizə daha çox nəzarət verəcək bir iş tapmaq idi. MİT buna necə uyğunlaşdı, xüsusən də Amerika təhsil sistemindən məyus olduğunuzu nəzərə alsaq?

Olumide Ogunsanwo: Bu yaxşı sualdır. MİT-ə daxil olmaq qərarımda bir neçə amil rol oynadı.

Birincisi, keçmiş mühəndis kimi mən təbii olaraq MİT-ə cəlb

olunmuşdum, lakin bu mövzuda çox həyəcanlanmaq istəmədim. Müraciət etdim və yalnız təklif aldığım halda vəziyyəti dəyərləndirmək qərarına gəldim. Düşünürəm ki, reallaşa bilməyəcək variantları fərz etmək və ya arzulamaqdansa, zehni enerjini əslində malik olduğunuz variantları dəyərləndirməyə sərf etmək daha yaxşıdır.

İkincisi, MİT-ə getmək mənim iş axtarışım üçün hedcinq rolunu oynadı. Oksforddakı kimi bir illik MBA proqramlarında olan tələbələr bəzən iş tapmaqda çətinliklərlə üzləşirlər, çünki Amerikanın iki illik proqramları ilə müqayisədə vaxtlarının yarısına malikdirlər. Üstəlik, MBA dərəcələri ABŞ-dan kənarda o qədər də yüksək qiymətləndirilmir və bir illik MBA tələbələrinin adətən yay təcrübəsi keçmək imkanı yoxdur. Oksforddan sonra MİT-də iştirak etməklə mən bu problemləri yüngülləşdirə bilərdim, baxmayaraq ki, bu, əlavə bir il işsiz qalmaq demək olardı.

Üçüncüsü, MİT-dən təqaüd aldım, bu da əhəmiyyətli bir fərq yaratdı. Bu maliyyə dəstəyi olmasaydı, təklifi qəbul edib-etməyəcəyimə əmin deyiləm. Yeni ölkədə başqa dostlar şəbəkəsi qurmaq və iki heyrətamiz universitetin bir hissəsi olmaq fürsəti məni çox sevindirdi.

Bu gün geriyə baxdıqda, 2023-cü ildə, on iki il sonra, MIT-də iştirak etmək indiyə qədər verdiyim ən yaxşı qərarlardan biri idi. Çox gözəl insanlarla tanış oldum və ikinci məzunlar biznes şəbəkəsi qurdum. Oksfordda bizim qlobal tələbə icmamız var idi, insanların 90%-dən çoxu Britaniyadan olmayan beynəlxalq tələbələrdir. Bunun əksinə olaraq, MİT-də daha çox Amerika diqqət mərkəzində idi, biznes məktəbi tələbələrinin 40%-dən azı beynəlxalq qeyri-ABŞ fərdləri idi. Oxford Saïd Business School (SBS) Oksfordda tam inteqrasiya olunmuşdu və tək maşının bir hissəsi idi, MIT Sloan isə MIT-dən açıq şəkildə ayrı idi və əsasən müstəqil idi. Oksford akademik saflığı vurğuladı, MİT isə təhsilə daha bütöv yanaşdı. Məsələn, Oksfordda dərsdə iştirak mənim ümumi qiymətlərimə təsir etmədi, lakin bir çox MIT Sloan dərslərində bu, qiymətlərimin əhəmiyyətli bir hissəsini (30-50%) təşkil edirdi. MİT-də xərclər Oksforddakı Worcester Kolleci ilə (275 funt sterlinq və ya 440 dollar) müqayisədə təhsil haqqı, kitablar və MIT Tang Hall-da mənzil kirayəm (800 dollar) daxil olmaqla daha yüksək idi.

Həm Oksfordda, həm də MIT-də iştirak etməkdən imtiyazlıyam, onlar inanılmaz təcrübələr idi! Əvvəllər Oksfordda keçirdiyim vaxtın həyatımın ən yaxşı ili olduğunu deyirdim, indi deyirəm ki, indi yaşadığım hər il həyatımın ən yaxşı ilidir.

Təəssüf ki, Amerika biznes məktəbləri ilə bağlı xərclər son dövrlərdə iki illik proqramlar üçün 150.000 dollardan 250.000 dollara qədər artıb. Çox güman ki, bu yüksək qiymət etiketi əksər insanlar üçün əsaslandırıla bilməz. Mən biznes məktəbinə getdim, çünki bu, həyatımı dəyişəcəkdi, amma indi düşünürəm ki, bu, bir az dələduzluqdur və əksər insanlar üçün buna dəyməz. Mən insanların çoxuna biznes məktəbinə getməyi məsləhət görməzdim ,əgər onların aydın bir səbəbi yoxdursa və investisiyanın qaytarılması məntiqlidir.

Achani Samon Biaou: Maraqlıdır. Biznes məktəbində oxuyanda mən də təcrübədən maksimum yararlanmaq istəyirdim. Artıq MBA üçün pul ödədiyim üçün təhsildə magistr təhsili almağa qərar verdim və heç bir əlavə xərc yox idi. Hekayənizə qayıdaraq, "həyatınızı dəyişdirmək" istədiyinizi qeyd etdiniz. Oksford və MIT-də olduğunuz müddətdə düşüncə tərziniz haqqında daha çox məlumat verə bilərsinizmi?

Olumide Ogunsanwo: Biznes məktəbinə başlayanda iki əsas məqsədim var idi: mümkün olan ən yaxşı işi əldə etmək və dərslərimdən bacardığım qədər çox şey öyrənmək. Şəbəkə qurmaq və insanlarla görüşmək ilk vaxtlar radarımda belə deyildi.

Əslində, gecə saatlarında bir bara getmək və ya Oksfordda qarşıdan gələn testlər üçün təhsil almaq arasında seçim etməli olsaydım, vaxtın 80%-ni oxumağı seçərdim. Geriyə baxanda başa düşürəm ki, bu, ən yaxşı yanaşma olmaya bilərdi, amma sonda yaxşı nəticə verdi. Bu qədər heyrətamiz insanlarla görüşməyimin səbəbi, çox sosial olmağa başlamağım və Oksfordda partiyalarda və tədbirlərdə iştirak etməyim (sonda daha çox oxumaq üçün geri çəkilməmişdən əvvəl) idi. Bundan əlavə, mənim tələbə hökumətində fəal iştirakım sosiallaşmaq və daha çox insanla tanış olmaq üçün yaxşı bir yol idi.

MIT Oksforddan fərqli idi, çünki qruplarda daha az iştirak etməyi seçdim, çünki artıq Oksfordda çox şey etmişdim. MIT-də mən daha çox iş tapmağa və yalnız MIT Sloan 2012 Afrika Konfransının təşkilinə kömək etmək kimi mənim üçün mənalı olan qruplara qoşulmağa diqqət yetirdim.

Achani Samon Biaou: Şəbəkə qurmaq istəyinizə nə səbəb oldu? Bu düşünülmüş strategiya idi?

Olumide Ogunsanwo: Şəbəkə planı yox idi. Mən sadəcə ətrafımda baş verən hər şeyin bir hissəsi olmaq istəyirdim. Buna görə də Oksfordda çoxlu qruplara qoşuldum və müxtəlif fəaliyyətlərdə iştirak etdim. Demək olar ki, dəli idi. Mən bunu "şəbəkə" üçün etmədim, çünki Oksford kimi xüsusi bir yerdə hərtərəfli təcrübəyə sahib olmaq və vaxtımdan maksimum yararlanmaq istədim. Bu mənə özünə sadiq olmağın vacibliyi haqqında bir hekayəni xatırladır.

Proqramım magistr dərəcəsi olduğu üçün MIT-də tezis yazmalı oldum. İlkin strategiyam mənə iş tapmağa kömək edəcək bir mövzu seçmək idi. Neft emalı zavodunda kimya mühəndisi olduğumu nəzərə alaraq, enerji sektorunda iş tapmağın "daha asan" yolunun neft-qaz sektoruna diqqət yetirməyi düşünürdüm. Bu mövzuda tezisimi yazmağa başladım, lakin tezis məni bezdirdi və özümü həftələrlə boş boş ekrana baxdığımda tapdım. Axırda dedim ki, "bunu vidala!" və kursu dəyişmək və məni həqiqətən maraqlandıran bir şey haqqında yazmaq qərarına gəldim: smartfon əməliyyat sistemləri. Fərq dərhal və aydın idi və dissertasiyama sərf etdiyim hər an sevincli oldu. Mən həvəslə yeni sahələri araşdırdım və mobil ekosistem haqqında daha çox öyrəndim. Əgər maraqlanırsınızsa, mənim dissertasiyamı burada [4]oxuya bilərsiniz .

Enerji sektoru ilə bağlı tezis yazmaqla vaxtımı itirməməliydim. Tezis yəqin ki, onsuz da pis olardı. Mən dərindən bilirdim ki, neft və qaz sektorunu sevmirəm. Texnologiyanı və smartfonları sevirəm, amma bir iş üçün optimallaşdırmağa çalışırdım.

Unikal, qeyri-adi, rəngarəng mənliyinizi qəbul etməyin və əsas cəmiyyətin zərif, bej, orta yolun orta normalarına uyğunlaşma istəyinə müqavimət göstərməyin üstünlüklərini vurğulamaq üçün bu hekayəni indi paylaşıram. Kitabın əvvəlində dedim: **Özünüz olun və hər gün özünüzü daha yaxşı edin** . Mən indi müşahidə etdiyimiz prinsipləri daxil etməklə bu bəyanatı gücləndirmək istəyirəm: **Özünüzə inanın, orijinal mənliyiniz olun, iddialı dəyərlərə əsaslanan məqsədlər qoyun və məqsədlərinizə çatmaq üçün hər gün özünüzü inkişaf etdirin.**

Unikal dəyərlərinizə, məqsədlərinizə və maraqlarınıza uyğun hərəkətlər etməlisiniz. Həyat ondan həzz almamaq üçün çox qısadır.

Achani Samon Biaou: Sonda qaldırdığınız nüansı çox yüksək qiymətləndirirəm. Bəzi oxucular özləri olmaq və yeni təcrübələrə açıq olmaq arasında hiss edə bilərlər. Aydınlaşdırmanız dəyərlidir, çünki siz yeni şeylərə açıq olmağı məsləhət görmürsünüz, əksinə sizə sevinc gətirən şeylər etməyin

4. https://dspace.mit.edu/handle/1721.1/72854?show=full

vacibliyini vurğulayırsız. Burada həqiqətən inkişaf edə və ən yüksək performans və nəticələr əldə edə bilərsiniz.

Olumide Ogunsanwo: Mütləq, bu kitabın mahiyyəti budur. Daha əvvəl qeyd etmişdik ki, FIREDOM təkcə maliyyə ilə bağlı deyil, həqiqətən arzuladığınız həyatı yaşamaq deməkdir. İstədiyiniz şeyi edə bilmirsinizsə, o həyatı necə yaşaya bilərsiniz? Buna görə də maliyyə müstəqilliyi çox qiymətlidir. Ömrünüzün qalan hissəsini davam etdirmək üçün kifayət qədər pulunuz olduğu bir nöqtəyə çatdığınız zaman, istədiyinizi etmək üçün daha çox imkanınız olur. Maddi müstəqillik olmadan, zehni enerjinizi və vaxtınızı pul qazanmağa və başqalarının sizə dediklərini etməyə sərf edəcəksiniz.

Həyatımın bu fəslindən FI ilə bağlı ən vacib dərs, dünyanın necə işlədiyini daha çox başa düşmək və qazanc potensialınızı artırmaq üçün insan kapitalınızı artırmaqdır. Özünüzü yeni insanlar və fikirlərlə tanış edin. Sərgüzəşt olun və yeni şeyləri sınamaq üçün rahatlıq zonanızdan kənara çıxın. Mən asanlıqla Çikaqoda qalmağı və Çikaqo Booth Universitetində və ya Şimal-Qərb Kelloqda biznes məktəbində oxumağı seçə bilərdim. Bəs bunun əyləncəsi və macərası haradadır? Oksforda getmək, subfuscımı (Oxford imtahan kostyumu) geyinmək və gözəl İmtahan Məktəbləri binasında imtahanlarımı yazmaq daha maraqlı idi.

Mən Londonda işə düzələ bilərdim, lakin MİT-ə qoşulmaq və tamamilə yeni mühitlə tanış olmaq daha həyəcanlı idi. MIT-ə başlayanda heç Oksfordu da bitirməmişdim. Matriks üçün MIT-ə uçdum, məzun olmaq üçün Oksforda qayıtdım və sonra dərslərə başlamaq üçün yenidən MİT-ə uçdum. Şanlı idi. Dünyəvi işlərlə kifayətlənmədim, macəranı seçdim.

Mən macəraçı olmalı və həyatımı dəyişmək üçün müxtəlif şeyləri sınamalı idim. Bununla belə, macəra ilə tanış olmaq üçün bütün həyatınızı dəyişmək ehtiyacını hiss etmək lazım deyil. Artıq sabit bir işiniz və ya uğurlu işiniz olsa belə, rahatlıq zonanızdan kənar imkanları araşdıraraq özünüzü inkişaf etdirə və macəra seçə bilərsiniz.

Achani Samon Biaou: Belə maraqlı hekayəni paylaşdığınız üçün təşəkkür edirik. Nə siz, nə də mən MBA təhsilini yalnız maliyyə müstəqilliyinə nail olmaq məqsədi ilə davam etdirməmişik. Mükəmməl olmaq, şəxsi inkişaf etmək və yeni imkanları araşdırmaq üçün daxili həvəsimiz var idi. Həyatınızın axarını dəyişmək istəyirdiniz. Çikaqoda qalmaq və işlərin yaxşılaşacağına ümid edərək davamlı olaraq iş üçün müraciət etmək əvəzinə, rahatlıq zonanızdan çıxmaq və olduqca dramatik bir şey etmək üçün cəsarətli qərar verdiniz.

Olumide Ogunsanwo: ABŞ-ı tərk etmək əhəmiyyətli risk idi, çünki mənim yaşıl kartım və ya ABŞ pasportum yox idi. Amma mən bu riski götürməyə hazır idim, çünki həyatımı dəyişmək istəyirdim. Bəzən risk almağa hazır olmalısan.

Achani Samon Biaou: Deyəsən, qətiyyət hekayəniz boyu ümumi mövzudur. Sizdə o motivasiya və atəş var idi və heç vaxt təslim olmadınız. İş perspektivləri nəticə vermədikdə belə, siz Oksforda daxil oldunuz və yalnız akademiklərə diqqət yetirməkdən kənara çıxmaqda qərarlı idiniz. Bəzi insanların dəyişmək arzusu ola bilər, lakin onlar lazımi səyləri göstərməyə hazır olmaya bilərlər. Başqasının yoxlama siyahısına əməl etmək sizin öz məqsədlərinizə uyğun olmaya bilər və belə olsa belə, onu həyata keçirmək üçün şəxsi enerji tələb olunur.

Olumide Ogunsanwo: Bu ilkin qığılcım və motivasiya özünüzü irəli aparmaq üçün çox vacibdir. Yadımdadır, məndən uzun illər əvvəl niyə belə qərarlı olduğumu soruşan bir tarix var. Mən heyrətə gəldim, çünki düşünürdüm ki, hamı bunu istəyir. Mən inanılmaz şeylər etmək istəyirəm. Mən fərq etmək istəyirəm. Özümə sadiq olduğum yerdə fəxr etdiyim bir həyat yaşamaq istəyirəm.

Samon, tamamilə haqlısan. Özünüzü təkmilləşdirmək və həyatınızla mənalı bir şey etmək üçün bu daxili atəşə, motivasiyaya sahib olmaq vacibdir. İçinizdəki bu qığılcımı tapın və ondan məqsədlərinizə və ehtiraslarınıza doğru hərəkət etmək üçün istifadə edin. Doyumsuz bir həyatla kifayətlənməyin; istədiyiniz həyatı təsəvvür edin və onu yaratmaq üçün lazım olanı edin. Növbəti fəsildə görüşənədək!

5B: Samon Biznes Məktəbinin hekayəsi

Olumide Ogunsanwo: Samon, mən sizin biznes məktəbi səyahətiniz haqqında danışmaqdan məmnunam. Əvvəldən başlayaq. Sizi ilk növbədə biznes məktəbini davam etdirməyə qərar verən nə oldu?

Achani Samon Biaou: Mən Almaniyada Deutsche Telekom Consulting-də işləyərkən və konsaltinq layihələri üçün müxtəlif ölkələrə səyahət edərkən ilk dəfə biznes məktəbi haqqında düşünməyə başladım. Gördüyüm texniki işin ümid etdiyim qədər dəyərli olmadığını başa düşdüm. Mənim rolum, ölkələrin yeni mobil operatorları əlavə etdiyi bir dövrdə yeni telekommunikasiya operatorları üçün biznes işlərinin qurulması və radio şəbəkələrinin layihələndirilməsi ilə bağlı idi.

Texniki işim mürəkkəb olsa da, vacib qərarların qəbul edildiyi otaqlarda olmadığımı başa düşdüm. Mənim işim onları dəstəkləmək olduğu halda, bu imtiyazı olan "idarəetmə məsləhətçiləri" idi. Qərarların verildiyi masada oturmaq istədim.

Olumide Ogunsanwo: Anladım. Siz texniki komandanın bir hissəsi idiniz, lakin hiss etdiniz ki, biznes komandası daha maraqlı iş görüb.

Achani Samon Biaou: Tam olaraq. Cənubi Afrika, Liviya və BƏƏ kimi ölkələrdə layihələrim zamanı MBA təhsili almaq qərarıma təsir edən iki dinamikanı müşahidə etdim. Birincisi, Deutsche Telekom komandalarının tərkibində "Texniki Məsləhətçilər" və "Kommersiya Məsləhətçiləri" var idi. Mən “Texniki Məsləhətçilər” qrupuna aid idim, proqram təminatının təhlili və maliyyə proqnozları üzərində işləyən “Kommersiya Məsləhətçiləri”nə məlumatların verilməsi üçün cavabdeh idim. “Kommersiya Məsləhətçiləri” tez-tez CEO-dan bir və ya iki səviyyə aşağı olan müştəri tərəfi liderlərlə əlaqə saxlayırdılar.

İkincisi, bəzən eyni müştərilər üçün işləyən BCG və McKinsey kimi şirkətlərin "idarəetmə məsləhətçiləri" ilə tez-tez qarşılaşırdıq. BCG və McKinsey-dən olan bu idarəetmə məsləhətçiləri ilk növbədə müştəri şirkətimizin baş direktoru ilə əlaqə saxlayacaq və Deutsche Telekom "Kommersiya Məsləhətçiləri" tərəfindən təqdim olunan işi nəzərdən keçirəcək və əsas qərarlar üzrə məsləhət verəcəklər.

Bir növ, qərar qəbul etmə prosesindən ikiqat uzaqlaşdığımı hiss etdim və işimin daha böyük şəkildə real təsiri ilə maraqlandım. BCG/McKinsey komandaları və ya hətta Deutsche Telekom "Kommersiya Məsləhətçiləri" tərəfindən istifadə edilən biznes terminologiyası mənə tanış deyildi. Mən öz töhfələrimin həqiqətən dəyərli olmadığını hiss etməyə bilməzdim.

Bu, məni karyeramda irəliləmək üçün əlavə təhsilə ehtiyacım olub-olmadığını soruşmağa vadar etdi. Düşündüm ki, biznes və maliyyə anlayışları haqqında daha çox bilik əldə etməliyəmmi? Mən sadəcə kitab oxumalıyam? 2010-cu ildə mən MBA konsepsiyasını və onun bacarıqlarımı artırmaq və yeni peşəkar imkanlar açmaq üçün potensialını kəşf etdim. Bir neçə ay sonra proqrama müraciət etməyi ciddi şəkildə düşündüm. İnanırdım ki, texniki təcrübəmi möhkəm biznes anlayışı ilə tamamlamaq mənə müştəriləri daha yaxşı dəstəkləməyə və daha əhəmiyyətli təsir göstərməyə imkan verəcək.

Olumide Ogunsanwo: Samon, gəlin, hekayənizdən qısaca söhbət edək və şəxsi inkişaf haqqında danışaq. Biznes məktəbi bizim üçün dəyərli idi, lakin əksər insanlar üçün doğru yol olmaya bilər. Bəzi insanlar şəxsi inkişaf üçün alternativ yollar seçə bilər.

Biz insanların YouTube, Udemy, edX, Coursera, Tik Tok və bir çox digər MOOC (kütləvi açıq onlayn kurslar) və vebsaytlar kimi platformalardan öyrənə biləcəyi bir dövrdəyik. Bir gənc öz bacarıq və biliklərini artırmaq üçün pulsuz kurslar almaq, onlayn kurslar üçün ödəniş etmək və ya rəsmi dərəcə proqramına yazılmaq arasında necə qərar verməlidir? Mövcud olan bu qədər müxtəlif öyrənmə variantları ilə onlar necə bir-birini əvəz edə və ehtiyaclarına ən uyğun olanı müəyyən edə bilərlər?

Achani Samon Biaou: Bir gəncə məsləhətim o olardı ki, bir məqsəd qoyub sonra bu məqsədə çatmaq üçün lazım olan bacarıqları və şəbəkələri müəyyən etsinlər. İndi sualınız haqqında danışaq. Mənim vəziyyətimdə mən təsir göstərmək və müştərilərə məsləhət xidmətləri göstərmək istədim, ona görə də başa düşdüm ki, idarəetmə konsaltinqinin açıq yoludur. Mən öyrəndim ki, idarəetmə konsaltinq şirkətlərinin əksəriyyəti MBA dərəcəsi tələb edir. Bu düşüncə prosesi hər kəsin vəziyyətindən asılı olaraq dəyişməlidir. Məsələn, əgər kimsə artıq Oksfordda bakalavr dərəcəsinə malikdirsə, o, məzun şəbəkələrindən MBA təhsili almadan işə düzəlmək üçün istifadə edə və əvəzinə Udemy kimi platformalar vasitəsilə bacarıq əldə edə bilər.

Bacarıqların inkişafı birdəfəlik bilik əldə etmək deyil, davamlı təcrübədir. Bacarıqları inkişaf etdirməyin və özünüzü təkmilləşdirməyin müxtəlif yolları var:

Birincisi, üstün olmaq istədiyiniz sahədə ixtisaslaşmış şirkətdə işləyərək praktiki təcrübə qazanın. Əgər balans hesabatlarına yiyələnmək istəyirsinizsə, balans hesabatları ilə məşğul olan şirkətdə işləyin.

İkincisi, MBA və ya kohort əsaslı kurs kimi bir dərəcə proqramına yazılmağı düşünün, burada müəllimlər və həmyaşıdlarla əlaqə saxlaya və onların təcrübələrindən öyrənə bilərsiniz.

Nəhayət, siz müstəqil, qeyri-interaktiv kurslar seçə və ya mövcud olan digər öyrənmə resurslarından istifadə edə bilərsiniz.

Olumide Ogunsanwo: Şəxsi inkişaf hər bir fərd üçün unikal səyahətdir və öyrənmə və özünü təkmilləşdirmənin hansı formasının sizin xüsusi şəraitinizə ən uyğun olduğunu müəyyən etmək vacibdir. Unutmayın ki, inkişafınız üçün məsuliyyət daşıyırsınız, şirkətiniz, müdiriniz deyil və mütləq müəllimləriniz və ya təlimatçılarınız deyil. Şirkətiniz sizinlə maraqlanmır və onların təqdim etdiyi hər hansı öyrənmə materialı həyat məqsədlərinizə çatmağınıza və azad həyat sürməyinizə kömək etmək üçün deyil, daha yaxşı işçi olmağa kömək edəcək.

Beləliklə, siz iddialı məqsədlər qoymalısınız (qarşıdan gələn fəsil, 5C, məqsədləri necə effektiv şəkildə təyin etmək barədə daha ətraflı məlumat verəcəkdir) və bu məqsədlərə nail olmaq üçün şəxsi inkişaf planı yaratmalısınız. Bu plan özünü təkmilləşdirmə vərdişi formalaşdırmaqla gündəlik hərəkətləri əhatə edəcək. Xoşbəxtlikdən, müxtəlif öyrənmə variantları arasında seçim etmək məcburiyyətində deyilsiniz, çünki onlar bir-birini istisna etmir. Siz eyni vaxtda birdən çox seçimə vaxt ayıra bilərsiniz, məsələn, edX-də kurslar keçərkən və ya magistr proqramını davam etdirərkən və Coursera ilə öyrənmənizi tamamlayarkən YouTube videolarına baxmaq.

Yaxşı xəbər odur ki, bir çox öyrənmə variantları daha sərfəli olur və əslində bir çox kurslar pulsuzdur. Bununla belə, MBA kimi universitet dərəcələri baha ola bilər, ona görə də alternativləri və onları həyata keçirməzdən əvvəl investisiyanın qaytarılmasını nəzərə almaq vacibdir.

Pis xəbər odur ki, siz yeni bacarıqlar öyrənmək və insan potensialınızı inkişaf etdirmək üçün həyəcanlanmalı və həvəslənməlisiniz. MOOCs üçün tamamlama dərəcəsi ümumiyyətlə aşağıdır, 5%-dən 15%-ə qədərdir. Buna görə də biz qarşıya iddialı məqsədlər qoymağı və sizi həyəcanlandıran gələcək həyata baxış yaratmağı vurğuladıq. Potensial gələcəyiniz üçün həqiqətən həyəcanlandığınız zaman, gündəlik olaraq şəxsi inkişafa daha çox sadiq qalacaqsınız.

Hər halda, bununla, Samon, qayıdaq hekayənizə.

Achani Samon Biaou: Mən tədqiqat aparmağa və GMAT-a hazırlaşmağa başladım və bir neçə Amerika məktəbinə müraciət etdim. Mühəndislik reputasiyasına görə ən yaxşı seçimlərimdən biri olan MİT-dən rədd məktubu aldım. Bu, ağır zərbə idi. Bununla belə, mən Stenforddan qəbul məktubu aldım, bu, hər iki məktəbin güclü mühəndislik proqramlarına malik olduğu üçün təsdiq kimi hiss olunurdu.

Biznes məktəbinə müraciət etmək təcrübəmdən iki əsas nəticə bunlar idi:

Birincisi, mən maraqlandım və başqalarının nə etdiklərinə diqqət yetirdim. Deutsche Telekom-dakı "kommersiya məsləhətçiləri" və BCG və McKinsey-dən olan idarəetmə məsləhətçiləri ilə maraqlanmağım MBA proqramlarına marağımı artırdı. Mən tez-tez McKinsey və ya BCG-nin müştərilərə sadəcə təhlillərini və slaydlarını müşahidə etmək üçün təqdim etdiyi idarəetmə görüşlərində iştirak etməyə çalışırdım. Bilmədiklərimi bilmədiklərimi öyrənməyə can atırdım. Məktəbdəki dostlarımın çoxunda eyni səviyyədə maraq yox idi.

İkincisi, hər zaman ən yaxşısına can atmaq və hər şeyə nail ola biləcəyinizə əmin olmaq vacibdir. Mən heç vaxt McKinsey və ya BCG məsləhətçilərinin daha yüksək səviyyədə olduğunu görməmişəm və ya onların karyeralarının mənim üçün əlçatmaz olduğuna inanmamışam. Bu, sadəcə olaraq, onların gördükləri işdən həyəcanlanmağımla bağlı idi. Mənə maraqlı gəlsəydi, o şirkətlərə qoşulmağın bir yolunu tapardim. Özünə inam vacibdir.

Olumide Ogunsanwo: Minnətdarlıq etmək və sahib olduqlarına görə şükür etmək vacibdir, lakin bu o demək deyil ki, sən özündən razı ol. Vəziyyətinizi yaxşılaşdırmaq üçün imkanlar axtarmağa davam etməlisiniz. Samon, hekayəniz bunu yaxşı göstərir. Deutsche Telekom-da əla işiniz var idi, dünyanı gəzdiniz və yaxşı gəlir əldə etdiniz. Təcrübə üçün minnətdar idiniz, lakin hələ də böyümək və təkmilləşmək arzusu var idi. Minnətdarlığı fürsət kəşfi ilə balanslaşdırmaq çox vacibdir. Fürsətləri kəşf etmədən minnətdarlıq bildirmək durğunluğa, minnətsiz fürsətləri araşdırmaq isə narazılığa və şikayətlərə səbəb olur.

Achani Samon Biaou: Mən tamamilə razıyam. Məndə "azaldılmış zehniyyət" dediyim şey var idi. Mən heç vaxt zəif olmadığım bir mövqedə rahat olmamışam. Mən daim çətinliklər axtarırdım və özümü daha yüksəklərə qalxmağa və hədlərimi aşmağa məcbur etdim. Biznes məktəbində səyahətim zamanı bir neçə vacib şey öyrəndim:

Yeni bir işə başlayarkən hədəflərin qoyulması vacibdir. Hədəflərinizi müəyyənləşdirməkdə çətinlik çəkirsinizsə, diqqətinizi həqiqətən sizi maraqlandıran mövzuları öyrənməyə və ya kəşf etməyə yönəldin. Mənim üçün məqsədim qərarların qəbuluna təsir etmək idi və o zaman pul mənim üçün əsas prioritet deyildi. Deutsche Telekom-da yaxşı qazanmağıma baxmayaraq, biliklərimi yüksəltməli olduğumu bilirdim. Bununla belə, başa düşdüm ki, bu məqsəd kifayət qədər genişdir. Geriyə nəzər saldıqda insanların biznes məktəbinə üç əsas səbəbə görə getdiyini kəşf etdim: akademiklər, karyera yüksəlişi və şəbəkə imkanları.

Olumide Ogunsanwo: Bəli, biznes məktəbinə başladıqdan sonra MBA səyahətinə strateji bir yanaşmanın olduğunu başa düşdün. Diqqətinizi akademiklərə, işi təmin etməyə və ya şəbəkə qurmağa yönəldə bilərsiniz. Bu, mənə bu kitabı yazarkən sizinlə müzakirə etdiyimiz uyğunlaşma məqsədinin qoyulması konsepsiyasını xatırladır.

Achani Samon Biaou: Bəli, adaptiv məqsəd təyini haqqında danışaq. Başladığınız şeylə oxşar təcrübədən keçmiş başqalarından məsləhət alarkən, onların o zamankı kontekstini və məqsədlərini başa düşmək çox vacibdir. BCG üçün Qərb və ya Yaxın Şərq ofisi arasında seçim etmək barədə məsləhət istəyərkən, mən həmişə insanın seçim edərkən nəyi optimallaşdırdığını anlamağa çalışdım.

Olumide Ogunsanwo: Məsləhətlərin səbəbini başa düşmədən və onu unikal vəziyyətinizə uyğunlaşdırmadan məsləhət almayın. Onların konkret vəziyyətləri sizin üçün uyğun olmaya bilər.

Achani Samon Biaou: Bəli, insanlarla biznes məktəbindən hansı məqsədlərə çatdıqlarını başa düşmək üçün danışdım. Onların biznes məktəbindəki hərəkətlərinin biznes məktəbdən sonrakı planlarına necə uyğun gəldiyini anlamaq istədim.

Olumide Ogunsanwo: Günün sonunda xatırlamaq çox vacibdir ki, bu, sizin həyatınızdır və xüsusi məqsədlərinizə və dəyərlərinizə uyğun qərarlar qəbul etməli olan sizsiniz. Lakin siz bu qərarları tam konteksti hərtərəfli başa düşərək qəbul etməlisiniz.

Məsələn, yemək seçərkən, sadəcə birinci restorana gedib təsadüfi bir yemək seçməzdiniz. Siz müxtəlif restoranlardan menyuları araşdırar, maraqlarınızı nəzərə alır və seçimlərinizə uyğun yemək seçərdiniz. Bu yanaşma məhdud məlumat əsasında daha az optimal seçimlə kifayətlənmək əvəzinə, bütün mövcud variantları nəzərə alaraq məlumatlı qərar qəbul etməyinizi təmin edir.

Achani Samon Biaou: MBA proqramına başlayanda Stenforddakı müxtəlif imkanları necə prioritetləşdirəcəyimə əmin deyildim. Belə bir problemi olmayan sinif yoldaşlarımdan məsləhət aldım. Mən onların Stenforda getmə məqsədləri və indiyə qədər etdikləri seçimlər barədə soruşmaqla başladım. Müzakirələrimizdən aşağıdakı fikirləri əldə etdim:

Birincisi, professorlar və professor-müəllim heyəti ilə əlaqələr qurmaq məsləhətdir. Bu əlaqələrdən nə çıxa biləcəyinə əmin deyilsinizsə belə, ofis saatlarında iştirak edərək və ya qəhvə görüşləri təşkil etməklə onlarla əlaqə qurmaq müdrikdir.

İkincisi, müxtəlif karyera yollarını araşdırmaq üçün fürsətlərdən istifadə etmək faydalıdır. Mən kəşf etdim ki, həmyaşıdlarımdan bəziləri MBA təhsili ilə yanaşı vençur kapitalı (VC) firmalarında təcrübə keçiblər. Bununla maraqlandım və VC təcrübəsinə müraciət etdim və qəbul olundum. Baxmayaraq ki, mənim ilkin diqqətim idarəçilik üzrə konsaltinq işi əldə etmək olsa da, başqa sahələri kəşf etməyə açıq qaldım.

Olumide Ogunsanwo: Maraqlı olduğunuz üçün belə fürsət əldə etdiniz. Maliyyə müstəqilliyinə nail olmaq üçün marağın vacibliyindən əvvəllər danışmışıq. Dərhal diqqət mərkəzində olmayan şeyləri araşdırmağın nə qədər vacib olduğunu bir daha vurğulamaq istəyirəm. Maraqlı olmaq üçün bir strategiya maraqlı şeylərlə məşğul olan bir çox insanla ünsiyyət qurmaqdır.

Achani Samon Biaou: Bəzi insanlar nə istədiklərini dəqiq bilirlər, lakin əmin deyilsinizsə, bildiyiniz və bilmədiklərinizlə bağlı təvazökar olmaq vacibdir. MBA təhsilimi başa vurduqdan sonra məqsədim idarəetmə konsaltinqi sahəsinə daxil olmaq idi, lakin mən qərar qəbuletmə rollarında olmaq kimi son məqsədimə çatmağa kömək edəcək digər imkanlara açıq qaldım.

Məsələn, VC təcrübəm zamanı mən Venture Capital sənayesi ilə tanış oldum. Mən öyrəndim ki, startaplarda arzuolunan mövqeləri təmin etmək çox vaxt VC tərəfdaşı kimi işləməyi və sonra uğurlu portfel firmalarından birinə keçidi əhatə edir. Bu ifşa olmasaydı, bu yoldan xəbərim olmazdı. Nəhayət, konsaltinq, böyük texnologiya və VC-dən təkliflər olsa da, mənim kursumu dəyişmədi. Ancaq bu bilik sayəsində təklifləri düzgün ölçüb-biçə bildim.

Olumide Ogunsanwo: Bu, Stenforda müraciət etməyi düşünməkdən, həqiqətən müraciət etməyə, qəbul olunmağa və orada vaxtınızı ən yaxşı şəkildə keçirmək üçün strategiya qurmağa necə keçdiyinizin tam hekayəsidir. İndi, həyatınızın bu fəslinin yekunu ilə bağlı bizə məlumat verə bilərsinizmi? Stenforddakı vaxtınızı nəhayət necə başa vurdunuz? Biznes məktəbi təcrübənizin sonrakı hissəsində nə baş verdi və sizi BCG konsaltinq təklifini seçməyə nə vadar etdi?

Achani Samon Biaou: İcazə verin, biznes məktəbinin başlanğıcı ilə bağlı daha bir qısa hekayəni paylaşım. İnvestisiyamın dəyərini artırmaq üçün Təhsil sahəsində ortaq təhsil almaq qərarına gəldim. Stanfordda təhsil haqqı bütün bakalavr təhsilim üçün ödədiyim ümumi təhsil haqqından təxminən 200 dəfə yüksək idi. Mən yalnız Stanfordda 100.000 dollardan çox təhsil haqqı ödədim, halbuki Fransada təhsil haqqım orta hesabla bir neçə yüz avronu keçmədi.

Olumide Ogunsanwo: Aman Allahım!

Achani Samon Biaou: Mən Stanfordda vaxtımdan maksimum yararlanmaq istəyirdim, ona görə də birgə dərəcə almaq variantı ilə bağlı e-məktub alanda, gələcək planlarımı nəzərə alaraq, bunu təhsil dərəcəsi almaq üçün mükəmməl bir fürsət kimi gördüm. məktəblər tikmək. Sinif yoldaşlarımdan bəziləri çox şey götürməməyi və MBA təcrübəmi pozmağı məsləhət gördülər, lakin mən hörmətlə izah etdim ki, məqsədim sadəcə təcrübədən həzz almaq deyil, gələcək üçün seçimlərimi genişləndirməkdir.

İndi biznes məktəbi səyahətimin son hissəsinə keçirəm. Stenfordda iki güclü kurs keçdim. Onlardan biri "Şəxslərarası Dinamikalar" adlanırdı, burada başqalarının bizi necə qəbul etdiyinə dair fikir əldə etmək üçün kiçik qruplarda məxfi müzakirələr apardıq. Digər kurs işçilərin işdən çıxarılması, yeni işçilərin işə götürülməsi və mənfi rəy bildirmək kimi bacarıqları öyrətmək üçün simulyasiyalardan istifadə edən "Böyüyən müəssisələrin idarə edilməsi" idi.

Maraqlıdır ki, bu iki kurs, hətta maliyyə dərslərindən daha çox öyrənmə baxımından ən dəyərli oldu. Bu, mənə maliyyə və sərt bacarıqları tək başıma öyrənə biləcəyimi başa düşdüm, lakin bu iki kursdan əldə etdiyim yumşaq bacarıqlar qiymətsiz idi.

Bu təcrübədən öyrəndiyim dərs odur ki, yeni mühitə girərkən aydın məqsədlərin olması və bu məqsədlərə uyğun hərəkətlər etmək çox vacibdir. Məqsədlərinizi bölüşən başqalarını axtarın və kor nöqtələrdən qaçmaq üçün onların təcrübələrindən öyrənin.

Olumide Ogunsanwo: Hekayəniz həqiqətən optimallaşdırma sevginizi göstərir. Siz Stanford Biznes Məktəbində yeni bir vəziyyətə düşdünüz və dərhal oradan ən yaxşı şəkildə yararlanmaq üçün vaxtınızı necə optimallaşdıracağınızı anlamağa başladınız.

Maliyyə müstəqilliyinə nail olmaq üçün həyatınızı optimallaşdırmağa diqqət yetirmək vacibdir. Ancaq bu, yalnız sizi həyəcanlandıran məqsədlər qoyduqdan və bu məqsədlərə çatmaq üçün nəyin dəyişdirilməli və ya optimallaşdırılması lazım olduğunu anlamaq üçün hərəkətə keçdikdən sonra baş verə bilər. "Yüksək Effektiv İnsanların Yeddi Vərdişi" adlı möcüzəli kitabın ilk vərdişi proaktiv olmaqdır - bu, optimallaşdırmaya yaxın bir xüsusiyyətdir. Alternativ həyatı olduğu kimi qəbul etməkdir ki, bu da maliyyə müstəqilliyinə nail olmağı çətinləşdirə bilər.

Achani Samon Biaou: Təəssüf ki, cəmiyyət bizi tez-tez qərar qəbul etməkdən çəkinməyə təşviq edir, bu da özündən razılığa gətirib çıxarır. Məsələn, Amazon tərəfindən istifadə edilən alqoritmlər keçmiş seçimlərimizə əsaslanaraq kitabları və restoranları tövsiyə edir. Bu zehniyyət məqsədlərimizə çatmaq üçün tələb olunan ağır işi yerinə yetirməyimizi çətinləşdirir, çünki biz qərarlar qəbul etmək üçün getdikcə başqalarından asılı oluruq.

Ancaq bu zehniyyəti mənimsəməklə, maraq hissimizi itirmək və xoşbəxtliyimiz üçün başqalarından asılı olmaq riskini daşıyırıq. Nəhayət, öz qərarlarımızı vermək və öz həyatlarımız üçün məsuliyyət daşımaq bizdən asılıdır.

Olumide Ogunsanwo: Həyatınız üçün nəyin ən yaxşı olduğunu bilirsiniz, çünki siz öz fikirlərini sizə təlqin edən hər kəsdən daha yaxşı başa düşürsünüz. Daim xarici təsdiq və dəstək axtarırsınızsa, olmaq istədiyiniz yerdən daha da uzaqlaşa bilərsiniz.

Hekayənizdə çox gözəl prinsiplər var. Biz məqsəd qoymağı müzakirə etdik və mən şəxsi inkişafı da əlavə edərdim, çünki hamı biznes məktəbinə getmək və ya əlavə dərəcələr əldə etmək istəmir. Bu fəsil biznes məktəbi haqqındadır, lakin son nəticədə həyat məqsədlərinizə çatmaq üçün insan kapitalınızı, bacarıqlarınızı və şəbəkənizi artırmaqdan ibarətdir.

Achani Samon Biaou: Stenforddakı bəzi dostlarım startaplara qoşulmaq istəyirdi, mən isə idarəetmə konsaltinqi, VC və ya Google və Microsoft kimi böyük texnoloji rollarla maraqlanırdım. Maraqlıdır ki, aydın bir istiqamət hissi olduğunu düşündüyüm şəxslərin çoxu böyük korporasiyalarda vəzifə tutmurlar. Bunun əvəzinə onlar öz startaplarını qurmağı və ya ilkin mərhələdəki şirkətlərə qoşulmağı hədəflədilər.

O zaman mən "üç yüz" anlayışını öyrəndim. Üç yüzlük, qısa müddətdə daha çox pul qazanmaq şansı əldə etmək üçün hansı başlanğıca qoşulacağınızı seçməkdə sizə kömək edən bir qaydadır. Qayda, illik gəliri hər il 100% və ya daha çox artan, 100 milyon dollar gəlir əldə etmək yolunda olan və 100-dən az işçisi olan startapları hədəfləməkdir. Əgər belə bir şirkətə idarəetmə səviyyəsində və ya daha yüksək səviyyədə ağlabatan kapitalla qoşulsanız, şirkət alınarsa və ya ictimaiyyətə çıxarılarsa, 5-7 il ərzində potensial olaraq milyonlarla dəyərində kapitala sahib ola bilərsiniz. Biznes məktəbi sinif yoldaşlarımın çoxu bu prinsipi tətbiq etməyə və bu cür startaplarda fəal şəkildə işə cəlb etməyə diqqət yetirdilər.

Olumide Ogunsanwo: Həyat əvvəlcədən müəyyən edilmiş bir yolla getmir. O, deterministik deyil, ehtimalla inkişaf edir. Üç yüzlük təsvirinizdən, böyük bir texnoloji şirkətə qoşulmaqla müqayisədə potensial olaraq daha yüksək mükafatlara malik daha yüksək riskli strategiyadır.

Achani Samon Biaou: Mən üç yüzlük haqqında öyrənmədim, çünki maliyyə məqsədlərini və onlara necə nail ola biləcəklərini başa düşmək üçün kifayət qədər insanlarla danışmamışam. Mən bu sualları vermədim, çünki perspektivim məhdud idi. Maraqlı olduğunuz zaman açıq-aydın olmayan məlumatları toplamaq yollarını tapa bilərsiniz, lakin bu, bir az düşünməyi tələb edir.

Olumide Ogunsanwo: Əslində, bu kitab maraqlanan və maliyyə müstəqilliyinə doğru səyahətinə başlamaq və ya sürətləndirmək istəyən hər kəs üçündür. Samon və mən afrikalı immiqrantlarıq, ona görə də düşünürəm ki, oxucuların çoxu immiqrantlar, azlıqlar, əcnəbilər və ya kənar vətəndaşlar ola bilər, baxmayaraq ki, prinsiplər hər kəsə aiddir. Kənar insanlar olaraq biz marağı inkişaf etdirməkdən çox faydalana bilərik, çünki ekosistemin digər üzvləri artıq yaxşı əlaqədədir və bir-biri ilə tanışdırlar. Çətin ola biləcək oyunun necə oynandığını öyrənmək bizim əlimizdədir. Bununla belə, maraqlanaraq və suallar verməklə ekosistemi və onun işini daha dərindən başa düşə bilərik ki, bu da nəticədə uğur qazanmağımıza kömək edəcək.

Achani Samon Biaou: Biznes məktəbində oxuduğum son aylarda nəyi daha yaxşı edə biləcəyimi düşünməyə çox vaxt sərf etdim və istirahət etmək və dostluqlar qurmaq üçün vaxt ayırdım.

Olumide Ogunsanwo: Samon, sənin iki məqsədin var idi: idarəetmə məsləhətçisi olmaq kimi qısa və orta müddətli məqsəd və uzunmüddətli təhsil hədəfi məktəblərin tikintisi.

Achani Samon Biaou: Bəli, əvvəlcə məqsədim yalnız idarəetmə məsləhətçisi olmaq idi. Amma mən ərizə essemi yazarkən həyatımın istəkləri haqqında düşünməyə başladım ki, bu da məni məktəb tikmək və təhsilə müsbət təsir göstərmək kimi ikinci hədəfi inkişaf etdirməyə vadar etdi. Bu reallaşma məni təhsildə ikinci magistr dərəcəsi almağa ruhlandırdı və inanıram ki, bu, məni hədəflərimə çatmaq üçün lazımi bacarıqlarla təchiz edəcək.

Bununla belə, biznes məktəbi səyahətimin sonuna yaxınlaşdıqca prioritetlərim dəyişməyə başladı. Mən başa düşdüm ki, həqiqətən arzuladığım şey başqalarına məsləhət verməkdənsə, təsirli qərarlar verə biləcəyim bir mövqedə olmaqdır. Məsləhətçiliyin nə üçün təsir göstərməyin yeganə yolu olduğunu soruşaraq, dəyişiklik yaratmaq üçün öz bacarıqlarımı inkişaf etdirməyin zəruriliyini başa düşdüm. Beləliklə, konsultasiyanı təhsildə dəyişiklik etmək üçün lazımi bacarıqları əldə edə biləcəyim bir təlim meydançası kimi görürdüm. MBA təhsilimin sonunda Stanford brendinə sahib olmaq mənim üçün CV-yə BCG brendini əlavə etməkdən daha vacib oldu.

Mən artıq xarici yoxlamaya ehtiyac hiss etmirdim. Olduğum yerdən razı qaldım və qarşıma çıxan fürsətlərə görə minnətdar idim. Bu səyahət mənə təsirə üstünlük verməyi və dünyada mənalı fərq yaratmağa diqqət etməyi öyrətdi.

Olumide Ogunsanwo: Samon, doğrulama haqqında dediklərinizi araşdıra bilərikmi? Mənə elə gəlir ki, hazırda terapiya seansı keçiririk. Markanın təsdiqi dedikdə nəyi nəzərdə tutursunuz?

Achani Samon Biaou: Bəzən nəyəsə nail olanlarla bacarmayanlar arasındakı fərq təkcə biliklərinin olmamasında deyil, həm də özünə inamsızlıqlarında olur. Dostlarımın çoxu yalnız məndən sonra Stenforda daxil ola biləcəklərinə inanırdılar. Ondan əvvəl inamları yox idi.

Universitet markaları müəyyən bir güvən səviyyəsini təmin edir. Bununla belə, mən bunun düzgün etimad növü olduğunu düşünmürəm, çünki o, xarici yoxlamaya əsaslanır. Etibarın son forması öz daxilində tam və kifayət qədər olduğunu bilməkdən irəli gəlir. Böyüdükcə və hədəflərinizə doğru çalışdıqca, heç kimin sizdən daha yaxşı olmadığını anlayırsınız və olmaq istədiyiniz hər şeyə çevrilə bilərsiniz.

Olumide Ogunsanwo: Bu parlaq idi. Bu kitabı oxuduqca və profillərimizi araşdırarkən Samonun Stanford və BCG keçmişi və ya Oksford və MIT-də təhsilim kimi xarici markerlərimiz sizi qorxuya bilər. Ancaq yadda saxlamaq vacibdir ki, özünə inam və özünə dəyər xarici təsdiqdən deyil, daxildən qaynaqlanır.

Bu kitab maliyyə müstəqilliyinə nail olmaqdan bəhs edir, lakin daha əvvəl qeyd etdiyimiz kimi, o, həm də şəxsi inkişafdan bəhs edir. Şəxsi inkişaf introspeksiya və güclü düşüncə tərzini inkişaf etdirməklə başlayır. Özünə inam və özünə dəyər mücərrəd səslənə bilər, lakin onlar şəxsi inkişaf üçün vacibdir. Özünüzə inanmadan, özünüzü kəşf edərkən və qarşıya hədəflər qoyarkən çox güman ki, maneələrlə qarşılaşacaqsınız. Səyahətə başlamaq üçün özünüzə inamınız olmalıdır. Yardım və dəstək axtarmaq vacib olsa da, özünüzü inkişaf etdirməyiniz üçün sahiblik etməli və məqsədlərinizə çatmaq qabiliyyətinə inanmalısınız.

Achani Samon Biaou: Biznes məktəbi təcrübəmdən öyrəndiyim ən dəyərli dərs əvvəlcə xarici yoxlama yolu ilə, sonra isə daxili yoxlama yolu ilə inam qazanmaq oldu. Yetkinləşdikcə hamını bərabər görməyə başladım. Bu təfəkkür mənə maliyyə müstəqilliyinə nail olmaq və Afrikada məktəblər tikmək kimi uzunmüddətli məqsədlər qoymağa imkan verdi. Ancaq bu məqsədlərə çatmaq üçün başqalarına güvənmək istəmədim. Yaratdığım inam mənə öz karyera yolumu təyin etmək üçün kifayət qədər vacib olduğumu başa düşdü. Uşaqlıqda yaşadığım azadlıq hissini geri qaytardı, mənə istədiyim hər şeyin arxasınca getmək bacarığı verdi.

Olumide Ogunsanwo: Bu, Samonun biznes məktəbi səyahəti ilə əldə etdiyi nəticədir. Bununla belə, qeyd etmək vacibdir ki, bu nəticəyə çatmaq üçün biznes məktəbində iştirak etmək və ya magistr dərəcəsi almaq vacib deyil. Əsas odur ki, öz dəyərinizi dərk edin, bir insan olaraq potensialınızı tanıyın və bundan həyatda məqsəd və arzularınıza çatmaq üçün istifadə edin. Növbəti fəsildə görüşənədək!

5C: Məqsədlərin müəyyən edilməsi və şəxsi inkişaf prinsipləri

Olumide Ogunsanwo: Gəlin sürətləri dəyişdirək və maliyyə müstəqilliyinə səyahəti sürətləndirə biləcək xüsusi prinsipləri müzakirə edək. Məqsəd qoyma və şəxsi inkişaf prinsiplərini üç bölmədə müzakirə edəcəyik. Əvvəlcə bu prinsipləri müəyyən edəcəyik. İkincisi, biz onların maliyyə müstəqilliyinə gedən yolu necə sürətləndirə biləcəyini araşdıracağıq. Üçüncüsü, bu prinsipləri inkişaf etdirmək və tətbiq etmək haqqında daha çox öyrənə biləcəyiniz bəzi kitabları tövsiyə edəcəyik.

Məqsəd təyin etməklə başlayaq. Məqsəd müəyyən etmək, nail olmaq istədiyiniz bir şeyi müəyyən etmək və istəklərinizi təzahür etdirmək üçün strateji yol xəritəsi yaratmaq prosesidir. Özünə inam, özünə güvənmə, maraq, müstəqil düşünmə, ambisiya və cəsarət kimi prinsipləri müzakirə etdik. Fərd dibə çatdıqda və dərhal dəyişiklik ehtiyacını dərk etdikdə FTE konsepsiyasına da toxunduq. İndi zehniyyətinizi və cəsarətinizi geniş vizyon yaratmaq, konkret iddialı məqsədlər qoymaq və bu məqsədlərə nail olmaq üçün gündəlik tədbirlər görmək vaxtıdır.

Vizyon, gələcəyinizin necə görünməsini istədiyinizin aydın və cəlbedici zehni görüntüsüdür. Bu arzulanan gələcək vəziyyət sizi hədəflərinizə çatmaq üçün hərəkətə keçməyə ruhlandırır və həvəsləndirir. Vizyon yaratmaq üçün özünüzə arzuladığınız həyatla bağlı suallar verməlisiniz. Misal üçün:

Siz hansı həyat tərzini istəyirsiniz? Bir tərəfdaşda hansı keyfiyyətləri axtarırsınız? Harada yaşamaq istəyirsən? Hansı cəmiyyətin üzvü olmaq istərdiniz? Nə üzərində işləmək istəyirsən? Kiminlə işləmək istəyirsən? Hansı növ təcrübə və sərgüzəştləri davam etdirmək istəyirsiniz? Hansı öyrənmə və şəxsi inkişaf imkanlarını axtarırsınız?

Gələcək görmə istədiyiniz şeyin böyük şəklidir. Sonra, bu vizyona çatmaq üçün uzunmüddətli hədəflər yaratmalısınız. Gəlin uzunmüddətli hədəflərinizin maliyyə hissəsinə dərindən dalmağa vaxt ayıraq. Bu uzunmüddətli hədəflərə maliyyə müstəqilliyiniz (FI) hədəf dəyəriniz və hədəfə çatmaq üçün lazım olan vaxt qrafiki daxildir. Bu hədəfi və qrafiki onlayn pensiya kalkulyatorlarından (məsələn, Gücləndirici Fərdi İdarə Paneli (əvvəllər personalcapital.com kimi tanınır)) istifadə edərək təxmin edə bilərsiniz. Məsələn, hədəfiniz 20 il ərzində 2 milyon dollar toplamaq ola bilər. Unutmayın ki, bu nümunə ixtiyaridir, FI hədəfiniz və qrafikiniz cari xərcləmə vərdişlərinizdən və gələcək pensiya xərclərinizi yer, vergilər, ailənin ölçüsü, mənzil seçimləri, mülklər, tibbi xərclər və s. kimi sahələrdə görmə qabiliyyətinizə uyğunlaşdırmaq bacarığınızdan asılıdır. LeanFIRE (Lean Financial Independence / Early Retire) hərəkatının üzvləri, məsələn, 300 min dollardan 600 min dollara qədər aşağı FI hədəflərinə malikdirlər.

Pensiya kalkulyatorları FI hədəfinizi müəyyən etmək üçün hərtərəfli və dəqiq yanaşma təklif edir. Bununla belə, təxmini hesablama axtarırsınızsa, daha sadə üsul kimi 3%-4% əsas qaydadan (və müvafiq 25X-33X çoxlu) istifadə edə bilərsiniz. Pensiya kalkulyatorları daha çox dəqiqlik təmin etsə də, 3%-4% əsas qayda FI hədəfinizin ilkin qiymətləndirilməsini əldə etməyin tez və rahat yolunu təklif edir.

3%-4% əsas qaydası pensiya investisiya portfelindən təhlükəsiz geri çəkilmə dərəcəsi (SWR) üzrə təlimat verir. Pulun tükənməsi riskini minimuma endirmək üçün pensiya zamanı hər il nə qədər vəsaitin çəkilə biləcəyini təxmin edir. Bu qaydaya görə, pensiyaya çıxdığınız ilk ildə siz portfelinizin dəyərinin 3-4%-ni geri ala bilərsiniz. Məsələn, 1 milyon dollarlıq portfellə bu, 30-40 min dollar təşkil edəcək. Hər növbəti ildə siz inflyasiyanı nəzərə almaq üçün geri çəkilmə məbləğinizi tənzimləyirsiniz. İkinci ildə siz əvvəlki ilin məbləğini üstəgəl inflyasiyaya uyğunlaşdırılmış hissəni geri götürəcəksiniz və bu, pul çəkmələrinizin artan qiymətlərlə ayaqlaşmasını təmin edəcək. 4% qaydası hamıya məlum olsa da, mən şəxsən mən onu 3-4% əsas qayda kimi qeyd etməyi üstün tuturam, çünki o, ciddi qaydadan daha çox təlimat rolunu oynayır. Həmçinin, o, ilkin olaraq 30 illik pensiyalar üçün nəzərdə tutulmuşdu, ona görə də erkən yaşda maliyyə müstəqilliyinə nail olanlar və 40-60 il ərzində daha uzun təqaüdə çıxmış şəxslər üçün 3% geri çəkilmə dərəcəsini nəzərə almaq kimi daha ehtiyatlı yanaşma məsləhət görülə bilər. 3,5%-ə qədər.

25X-33X çoxluğu 3%-4% geri çəkilmə dərəcələrindən əldə edilir və FI üçün lazım olan hədəf investisiya portfelinin ölçüsünü qiymətləndirmək üçün istifadə olunur. Bu, daha sonra portfeldən illik 3% -dən 4% -ə qədər çıxarılmasını fərz edən FI üçün lazım olan məbləği göstərən, geri götürmə dərəcələrinin tərsini təmsil edir. Çoxluğu hesablamaq üçün 1-in 3%-ə bölünməsi (1/3% = 33X) olan 3% baş barmaq qaydasının tərsini götürürük və 4% baş barmaq qaydası üçün 1-in 4%-ə bölünməsidir (1/4% = 25X).

3%-4% əsas qaydanın üstün cəhəti onun istifadəsi asanlığıdır. Məsələn, aşağıdakı cədvəl pensiya xərclərinin müxtəlif səviyyələrini əhatə etmək üçün lazım olan müxtəlif FI hədəflərini nümayiş etdirir.

Təqaüd gözlənilən xərclər		**Maliyyə Müstəqilliyi İnvestisiya Portfeli hədəfi (ömür boyu davam etmək üçün $ lazımdır)**	
Aylıq ($/ay)	İllik ($/il)	25X çoxsaylı istifadə edərək aşağı təxmin (4% əsas qayda)	33X çoxsaylı istifadə edərək yüksək təxmin (3% əsas qayda)
1700 dollar	20 min dollar	$0.5M	$0.7M
3300 dollar	40 min dollar	$1.0M	$1.3M
6700 dollar	80 min dollar	$2.0M	$2.7M
10 000 dollar	120 min dollar	$3.0M	$4.0M
13 300 dollar	160 min dollar	$4.0M	$5.3M
16 700 dollar	200 min dollar	$5.0M	$6,7 mln

Bununla belə, 3%-4% əsas qaydadan istifadə etməyin mənfi cəhətləri var. Birincisi, o, xüsusi olaraq ən azı 50% səhmləri (səhmləri) olan investisiya portfelləri üçün nəzərdə tutulmuşdur və birjada investisiya edilməyən daşınmaz əmlak, pul vəsaitləri və ya xalis dəyərinizdəki digər aktiv siniflərinə tətbiq edilməməlidir. İkincisi, bu, uşaq kollecində təhsil haqqı kimi müvəqqəti olaraq daha yüksək xərclərə malik ola biləcəyiniz gələcək illəri nəzərə almır.

Ümumiləşdirsək, vizyonun yaradılması və uzunmüddətli məqsədlərin müəyyən edilməsi maliyyə müstəqilliyinə gedən yolda mühüm addımlardır. İstər təqaüd kalkulyatorlarından, istərsə də 3%-4% əsas qaydadan istifadə etməyinizdən asılı olmayaraq, bu üsullar sizə hədəfinizi təxmin etməyə, planlaşdırmanızı istiqamətləndirməyə və Fİ-yə doğru səyahət edərkən sizə parlaq şimal ulduzu bəxş etməyə kömək edə bilər.

Sonra, FI hədəfinizə və vaxt qrafikinizə çatmağınıza kömək edəcək daha qısamüddətli hədəflər yaratmalısınız. Məsələn, hər il müəyyən bir məbləğdə investisiya etməyi hədəfləyə bilərsiniz, məsələn, birinci ildə 50 min dollar və ikinci ildə 60 min dollar. Maliyyə kalkulyatorları hədəfinizə çatmaq üçün lazım olan investisiyaların məbləğinə lazım olan illik məbləğləri hesablamağa kömək edə bilər.

onlara nail olmaqda sizə kömək edəcək **gündəlik fəaliyyətlərə** bölmək vacibdir .

Vizyonunuzun, uzunmüddətli və qısamüddətli hədəflərinizin yaradılması və gündəlik hərəkətlərin həyata keçirilməsi ilə bağlı bütün bu proses hədəf təyini dedikdə nəzərdə tutduğumuz şeydir. Hədəflərin düzgün növünü təyin etmək üçün ambisiya lazımdır və səyahət boyu çətinliklərin öhdəsindən gəlmək üçün cəsarət lazımdır.

Achani Samon Biaou: Məqsəd qoymağı şəkər kimi düşünün - bu, bizə tələskənlik və emosional məmnunluq verir. Çətin tapşırıqları öhdəsinə götürəndə və ya rutinimizdən kənara çıxanda ardıcıl motivasiyalı qalmaq çətin ola bilər. Məsələn, Useyn Boltu götürək. Əgər o, hər gün sırf bunun üçün qaçsa, motivasiyasını qorumaq üçün mübarizə apara bilər. Ancaq Olimpiadaya altı ay qaldığını və onun məqsədinin qızıl qazanmaq olduğunu bildiyindən, bu məqsəd onun daxilində bir alov alovlandırır və onu məşq edir.

Uzunmüddətli və qısamüddətli hədəfləri ayırd etmək vacibdir. Bir çox insanlar, o cümlədən mən, gündəlik hərəkətlər və ya daha qısamüddətli hədəflər olmadan yalnız uzunmüddətli hədəflərə diqqət yetirmək səhvinə yol verdilər. Ancaq bu, çox vaxt onlara nail olmaqda uğursuzluğa səbəb olur.

Olumide Ogunsanwo: Siz məqsədləri və hərəkətləri birləşdirməlisiniz. Biri olmadan digərinə sahib ola bilməzsən. Məqsədlər olmadan, sürətlə heç bir yerə getmirsiniz. Gündəlik hərəkətlər olmadan hədəfləriniz reallaşmayacaq, çünki ardıcıl kompleks tədbirlər görmürsünüz və tərəqqinizi izləmirsiniz. İşləri izlədikdə və ölçəndə daha yaxşı çıxış edirik.

Achani Samon Biaou: Tam olaraq. Uzunmüddətli hədəf qoyduqdan sonra onu hər gün ata biləcəyiniz əldə edilə bilən addımlara bölmək lazımdır. Bu yanaşmanın iki faydası var. Birincisi, siz başa düşəcəksiniz ki, tələb olunan gündəlik hərəkətlər ümumi görmə ilə müqayisədə adətən daha kiçik və daha az ağırdır. İkincisi, tərəqqinizi və səylərinizi ölçmək üçün bir yola sahib olmaq çox vacibdir.

bəzi təcrübələri bölüşmək istərdim. Məsələn, mənim altı xaç övladım var və mən onların valideynlərini uzun müddət ziyarət edəndə onlardan biri ilə gündəlik məşq edirəm. Günə özümüzə hədəflər qoyaraq başlayırıq. O mənim məqsədlərimi soruşur, mən də onun haqqında. Gecələr əldə etdiyimiz irəliləyişləri, məqsədlərimizə çatmağımıza nəyin kömək etdiyini və qarşılaşdığımız maneələri müzakirə edirik.

Məqsəd qoyma təcrübəsi aramızda əyləncəli bir rituala çevrildi və mənim xaç övladımla daha sıx əlaqə qurmağa kömək etdi. Məqsədlərini soruşan təkcə mən deyildim; o da mənimkini tanımaqda maraqlı idi. Bəzən o, mənə qarşıya qoyduğum məqsədlərə doğru getməyimi oyuncaq şəkildə xatırladır və o da məni məsuliyyətə cəlb etməkdən həzz alır. Mən gedəndən sonra o, atasından məşqi davam etdirməsini xahiş etdi.

Olumide Ogunsanwo: Sizcə, məqsəd qoymadan maliyyə cəhətdən müstəqil olmaq mümkündürmü?

Achani Samon Biaou: Yəqin ki, yox.

Olumide Ogunsanwo: Məqsədlər olmadan maliyyə cəhətdən müstəqil olmaq inanılmaz dərəcədə çətin olardı. Bir şəkildə çox pul qazansanız belə, hamısını asanlıqla itirə bilərsiniz. FI olmaq və FI qalmaq fərqli bacarıq dəstləridir.

Achani Samon Biaou: Əgər şanslısınızsa, bu sərvəti qoruya bilərsiniz. Məktəbi dəqiq bir istiqamət göstərmədən bitirib startapla məşğul olan dostlarım var. Onlar fəal şəkildə iş axtarışında deyildilər və startapda iştirak etmək imkanı onlara başqasının zəhməti sayəsində gəlib. Başlanğıc nəhayət uğur qazandı və birdən bütün iştirakçılara pul axmağa başladı. Dostlarımdan birinə maddi cəhətdən savadlı bir həyat yoldaşı ilə evlənmək şanslı oldu. Bununla belə, bu ssenarinin nadir olduğunu qeyd etmək vacibdir. Saysız-hesabsız başqaları sərvəti tez bir zamanda əldə etdilər, ancaq onu eyni sürətlə itirdilər.

Olumide Ogunsanwo: Çox güman ki, kənar ssenarilərə deyil, median (real) ssenarilərə diqqət yetirmək daha yaxşıdır. Maliyyə müstəqilliyi sizdən müxtəlif mikro tədbirlər görməyi, güzəştləri başa düşməyi, riskləri idarə etməyi və FOMO-nun qurbanı olmamağı tələb edir. Və hətta zəhmət çəkmədən gözlənilməz bir gəlirlə qarşılaşsanız belə, bu pul çox güman ki, uzun sürməyəcək, çünki siz onu idarə etmək və qiymətləndirmək bacarıqlarını inkişaf etdirməmisiniz. Jim Rohn dediyi kimi, məqsəd təkcə pul üçün deyil, prosesdə çevrildiyiniz insan üçün varlanmaq olmalıdır.

Achani Samon Biaou: Bəzi insanlar iddia edə bilər ki, əgər siz çoxlu pul qazanırsınızsa, konkret hədəflər qoymadan maliyyə cəhətdən müstəqil olmaq daha asandır. Fərqli olmağınızı xahiş edirəm. Problem ondadır ki, nizam-intizam olmadıqda, gəliriniz artdıqca, xərcləriniz də artır. Yaxşı bir məqsəd qoyan olmadan, maliyyə müstəqilliyinə nail olma ehtimalınız çox azdır.

Hər gün ardıcıl olaraq hərəkətə keçmək inanılmaz dərəcədə güclü ola bilər. Mandarin dilini öyrənməyə qərar verəndə bunu yaşadım. Mən hər gün dildə bir yeni ifadə öyrənməyi qarşıma məqsəd qoydum və bunu bilməmişdən əvvəl kifayət qədər çox şey deyə bildim. Liftdə çinli ilə nə vaxt rastlaşsam, söhbətə başlayırdım və tez-tez yeni dostlar tapırdım. Vərdişlərin gücü budur - onlar gözlənilməz nəticələrə səbəb ola bilər. Gündəlik hərəkətlərin məcmu təsiri ustalığa gətirib çıxara bilər ki, bu da daha sonra ilkin məqsədinizdən kənara çıxmağa imkan verir.

Olumide Ogunsanwo: Maliyyə müstəqilliyinə doğru irəliləyişinizi izləməkdən yaranan həyəcanı qiymətləndirə bilməzsiniz. Nə qədər irəliləyiş əldə etdiyimi görəndə özümü çox enerjili hiss etdim. Ola bilsin ki, mən bir az dəliyəm, amma əslində gündəlik olaraq FI hədəfimə çatmaq üçün xalis dəyərimin necə artdığını izləyirdim.

Achani Samon Biaou: [Gülümsəmək] Əla. Sadəcə izlədiyinizi təsəvvür etmək üzümə təbəssüm gətirir.

Olumide Ogunsanwo: Özümü inanılmaz hiss etdim.

Achani Samon Biaou: Bəzən insanlar düşünür ki, maliyyə müstəqilliyi üçün hədəflər qoymaq, bədbəxt bir həyat sürmək deməkdir. Onlar bunu oxuyub sizin əziyyət çəkdiyinizi düşünə bilərlər. Amma sizə deyim ki, Olumide heç də kədərli deyil. O, əslində optimallaşdırmaya aşiqdir.

Olumide Ogunsanwo: Mütləq! Proses boyu çox əyləndim və qətiyyən bədbəxt deyildim. Bu, 6C-ci Fəsildə daha ətraflı danışacağımız dəyərlərinizə əsaslanaraq xərclərinizi optimallaşdırmaq və idarə etməkdən ibarətdir.

Achani Samon Biaou: Bunu eşitmək əladır! İndi mən maraqlandım ki, maliyyə müstəqilliyi ilə maraqlanan oxucularımız üçün bir neçə məsləhət, təcrübə, kitab tövsiyələri və ya hər hansı digər məsləhətləri bölüşə bilərsinizmi?

Olumide Ogunsanwo: Bəli, iki kitab tövsiyəm var.

Birincisi, Jeff Olson tərəfindən " The Slight Edge ". [1]Kitab heyrətamiz və gözəldir. Həyatdakı bütün məqsədlərinizi gündəlik hərəkətlərə çevirməkdən bəhs edir. Məqsədləriniz maliyyə məqsədləri, sağlamlıq məqsədləri, əlaqələr məqsədləri, icma məqsədləri, karyera məqsədləri ola bilər. Bu, həyatımı dəyişdirən kitablardan biri idi, çünki əvvəllər məqsəd qoyurdum, amma ardıcıl gündəlik hərəkətlərin vacibliyini heç vaxt başa düşmədim. Hər gün bir şey etmək, həqiqətən də düşüncə tərzinizi dəyişdirir və irəliləyiş əldə etməyə kömək edir. Məsələn, Samon və mən bu kitab üzərində təxminən iki ay yarımdır işləyirik və mən hər gün onun üzərində işləməyə əminəm. Bu, hər gün bir az şey etməklə əldə edə biləcəyim irəliləyişlərin miqdarında böyük fərq yaradır.

Hər gün hərəkət edərək vərdişlər qurmaq açıq görünür, amma kitabı oxuyana qədər bunu heç vaxt etməmişəm. Mən əslində Gen Y Finance Guy Blog-un [2]çox güclü tövsiyəsi sayəsində rastlaşdım .

Ceyms Klirin " Atom vərdişləri " kitabıdır. [3]Bu, "The Slight Edge" filminə bənzəyir və gündəlik hərəkətlər etməyin, məqsədləri daha kiçik addımlara ayırmağın və onları avtomatik vərdişlərə çevirməyin vacibliyini vurğulayır. Sizə bir misal deyim: Mən demək olar ki, hər gün idman zalına gedirəm və bu barədə heç düşünmürəm. Bu, dişlərimi fırçalamaq kimi gündəlik iş rejimimin sadəcə bir hissəsidir. Bu, bir vərdiş halına gəldi ki, aktiv şəkildə qərar verməli deyiləm. Bu, həmişəlik cədvəlimin bir hissəsidir. Mən insanları bu kitabları oxumağa və onları olmaq istədikləri yerə çatdırmaq üçün gündəlik təcrübələr haqqında düşünməyə təşviq edirəm.

Achani Samon Biaou: Məqsəd qoymağın vacib cəhətlərindən biri dönmə qabiliyyətidir. Bəzən, cari yolunuz sizi istədiyiniz nəticələrə aparmadıqda və ya şərait dəyişdikdə, karyeranızda, məqsədlərinizdə və ya həyat istiqamətinizdə əhəmiyyətli dəyişiklik etməli ola bilərsiniz. Məqsədlərinizlə uyğunlaşmaq üçün istiqaməti dəyişdirən bu hərəkət dönmə adlanır.

Olumide Ogunsanwo: Dönmə hədəflərinizə çatmaq üçün istiqamətinizi dəyişməyə açıq olmaq deməkdir. Bu, böyük dəyişiklik və ya kiçik düzəliş ola bilər; dəyişikliyin ölçüsünün əhəmiyyəti yoxdur.

1. http://www.amazon.com/Slight-Edge-Jeff-Olson/dp/1935944312
2. https://www.genyfinanceguy.com/
3. https://jamesclear.com/atomic-habits

Əhəmiyyətli olan, dəyişikliyin nə vaxt lazım olduğunu başa düşəcək qədər çevik olmaq və bu dəyişikliyi etməkdə rahat olmaqdır. Çeviklik maliyyə müstəqilliyinə doğru səyahətinizdə mühüm vasitədir. Əgər siz çox sərt və dəyişikliyə davamlısınızsa, maliyyə müstəqilliyinə nail olmaq çətin olacaq, çünki gələcəyin necə inkişaf edəcəyini proqnozlaşdıra bilməzsiniz.

Achani Samon Biaou: Gəlin maliyyə müstəqilliyi səyahətinizə dönmənin praktiki təsirini müzakirə edək. Biznes məktəbinə gedən bir çox insan karyerasını dəyişir. Onlar hətta peşəkar şəxsiyyətlərini dəyişə bilərlər. Məsələn, mən biznes məktəbinə getməzdən əvvəl telekommunikasiya mühəndisi idim, lakin orada işlədiyim müddətdə idarəetmə konsaltinqi sahəsinə daxil oldum. Bu dəyişiklik mənim həyatımda bir dönüş oldu. Əsas odur ki, hədəflər təyin edin və bu məqsədlərə çatmaq üçün həll yollarını tapmaq istiqamətində fəal şəkildə çalışın.

Olumide Ogunsanwo: Planları formalaşdırmağa başlayanda, yaratdığınız planların dəyişmə ehtimalının olduğunu başa düşmək vacibdir. Burda fırlanma hərəkətə gəlir. Siz qeyri-müəyyənlik və dəyişikliklə rahat olmalısınız, çünki həyat daim inkişaf edir. İşlər dəyişdikcə, axınla getmək üçün kifayət qədər uyğunlaşa bilməlisiniz, çünki yüksək səviyyəli görmə qabiliyyətiniz eyni qala bilər, lakin gündəlik plan dəyişə bilər. Carl Richards (baxiongap.com saytından) dedi: "Plana bağlı olmayın, planlaşdırma prosesinə sadiq olun." Jeff Bezos "Fəaliyyət üçün qərəz inkişaf etdirin" ifadəsini populyarlaşdırdı. Brian Tracy, heyrətamiz fərdi inkişaf müəllifi: "Uğur uğursuzluğun uzaq tərəfindədir."

Bu fikirləri bir araya gətirmək dəyişikliklərə açıq olmaqla hərəkətə keçmək və işlər plana uyğun getməyəndə ruhdan düşməmək deməkdir. İrəliləməyə davam edin, fərqli yanaşmaları sınayın, lazım olduqda döndərin və uzunmüddətli vizyonunuzu və məqsədlərinizi həmişə diqqətdə saxlayın. Bu, hələ də böyük şəklə fokuslanaraq strategiyalarınızı tənzimləmək və dəyişdirməkdən ibarətdir.

Achani Samon Biaou: Bu, maarifləndiricidir. Tövsiyələrə gəlincə, məqsəd qoyma ilə bağlı bir neçə kitab var ki, onların güclü olduğunu düşünürəm. Bu kitablar karyera dəyişikliyi kontekstində idi, amma düşünürəm ki, onlar sağlamlıq, fitnes, sevgi və münasibətlər kimi həyatın digər aspektlərində tətbiq oluna bilər. Bir kitab Adam Marklın " Pivot " [4]adlanır . Adam Marklın kitabı karyerasını dəyişən və risklər və uğursuzluqlarla bağlı narahatlıqlarla mübarizə apararkən öz potensiallarına çatmaq istəyən şəxslər üçün yol xəritəsi təqdim edir. Bu kitab karyera keçidlərində naviqasiya edən və risklər və uğursuzluqlarla bağlı narahatlıqları aradan qaldıraraq tam potensialına çatmağa çalışan şəxslər üçün praktiki bələdçi kimi xidmət edir. O, özünü əks etdirməyi asanlaşdırmaq və oxuculara onların tərəqqisinə mane ola biləcək maneələri müəyyən etmək və aradan qaldırmaqda kömək etmək üçün bir sıra addım-addım məşqlər və göstərişlər təqdim edir. Aydın bir baxış qurmaqla, maneələri üstələməklə və məqsədlərinə doğru qətiyyətli addımlar atmaqla, fərdlər öz potensiallarına çatmaq üçün yol aça bilərlər.

Olumide Ogunsanwo: Samon, əgər FIREDOM oxucusu vizyon yaratmaq konsepsiyasını çox mücərrəd hesab edirsə və onun faydalılığına şübhə edirsə? Görmə parametrlərinin çox "yumşaq" və praktiki olmadığını düşünən birinə nə deyərdiniz?

Achani Samon Biaou: Vizyon faydalıdır, çünki arzu etdiyiniz şey üçün başlanğıc nöqtəsi təmin edir.

Olumide Ogunsanwo: Bu, alovlu bir arzuya sahib olmaq və həyatınızı idarə etmək haqqındadır. Başqa heç kim bunu sizin üçün təyin edə bilməz.

Achani Samon Biaou: Əgər kimsə görmə qabiliyyətinin çox qeyri-müəyyən və ya zərif olduğunu hiss edirsə, bu, hələ düzgün görmə olmaya bilər. Sizinlə rezonans doğurana və sizi həyəcanlandırana qədər görmə qabiliyyətinizi dəqiqləşdirmək və aydınlaşdırmaq vacibdir.

Olumide Ogunsanwo: Məqsədlər çox vaxt düz xətt deyil. Bu, sizin üçün nəyin ən yaxşı olduğunu başa düşdüyünüz dolaşıq bir səyahətdir. Yadda saxlayın ki, Samon Deutsche Telekom-u işə saldıqda təyinat yeri üçün tam dəqiqləşdirilmiş plana malik deyildi. O, idarəetmə konsaltinqində fürsəti dərk etdi və onu həyata keçirmək üçün bir addım atdı.

Achani Samon Biaou: Praktik bir misal göstərmək üçün deyək ki, siz 30 yaşınızda 35 yaşa qədər maliyyə müstəqilliyinə nail olmaq məqsədini qoymusunuz. Hal-hazırda hüquqşünas kimi işləyirsiniz və bu sahəni bəyəndiyinizə və yaxşı qazanc əldə etsəniz də, bu, mütləq deyil. sənin ehtirasın. Bir gün dostunuz sizə səhiyyə sənayesində tibbi cihaz proqramı üçün maraqlı bir fikir təqdim edir. Əvvəlcə bu fürsətin hüquqşünas kimi bacarıqlarınıza uyğun olub olmadığına əmin deyilsiniz. Bununla belə, siz

4. https://www.amazon.com/Pivot-Science-Reinventing-Your-Career/dp/1476779473

ideya və onun potensialı haqqında daha çox öyrəndikcə, bu imkandan həyəcanlanırsınız. Fürsətdən istifadə etməyə və hüquqdan səhiyyə sənayesinə qədər karyera qurmağa qərar verdiniz. Bu dəyişiklik karyera yolunuzda əhəmiyyətli bir dəyişikliyi təmsil edir.

Olumide Ogunsanwo: Bu dönüşü götürmək sizin üçün həqiqətən vacib olanı başa düşmək üçün cəsarət və ambisiya tələb edir.

Achani Samon Biaou: Ən pis ssenaridə belə, əgər yeni imkan işə düşməsəydi, siz bunu iki il ərzində öyrənərdiniz. Riski azaltmaq üçün, bir vəkil kimi qazandığınızın 80%-ni təşkil edən başlanğıc ilə əmək haqqını müzakirə edə bilərsiniz. Siz həmçinin xərclərinizi elə tənzimləyə bilərsiniz ki, əgər işlər yaxşı getsə, potensial olaraq milyonlarla arta biləcək kapital qurarkən eyni məbləğə qənaət edəsiniz.

Olumide Ogunsanwo: Əgər kimsə bu fəsli dinləyirsə və əvvəlcə görmə və məqsəd qoyma anlayışlarını çox mücərrəd və ya qeyri-praktik hesab edirsə, mən onları maraq prinsipini xatırlamağa çağırıram. Bunu niyə vurğuladığımızı anlamaq üçün kifayət qədər maraqlı olun. Samon və mən 30-cu illərdə maliyyə müstəqilliyinə nail olduq və buna görə də bunun vacib olduğuna inanırıq. Hər hansı bir şübhəni kənara qoyun və məqsəd qoymağa hazır olun. Bunu sınamağın heç bir zərəri yoxdur. Bir şey üçün bir vizyon qurun və nə baş verdiyini görmək üçün gündəlik məqsədlər qoyun.

Mən eksperimentləri sevirəm, ona görə də bunu təcrübə kimi nəzərdən keçirməyinizi tövsiyə edirəm. Nə itirməlisən? Razı olmadığınız fikirlərlə qarşılaşdığınız zaman onlara maraqla yanaşın və onların sizin üçün işlədiyini görmək üçün təcrübə aparın. Məlumatlı mənbələrdən məlumatı avtomatik olaraq təkzib etməyin, çünki o, sizin eqosunuza və ya qərəzli təsəvvürlərə meydan oxuyur.

Achani Samon Biaou: Bu hərəkətlərin mürəkkəb təbiətini tanıyın. Əgər uşaqlıqda təcrübələr sınamaq vərdişiniz varsa, böyüklər kimi sınaqlara davam etmək ehtimalınız daha yüksəkdir. Əgər uşaqlığınızda məktəbi dəyişmək və ya yeni hobbilərlə məşğul olmaq kimi dönmələrlə qarşılaşmısınızsa, böyüklər kimi dönmələr etməkdə daha rahat olacaqsınız.

Valideynlərə vurğulamaq istəyirəm ki, dəyişikliyə düşmən kimi deyil, çətin təcrübələr vasitəsilə övladlarınızda dözümlülük yetişdirmək imkanı kimi baxmaq lazımdır. Bir çox valideynlər hesab edir ki, övladları üçün sabit bir mühit təmin etmək ən yaxşısıdır və məsələn, başqa ölkəyə köçmək onları çaşdıracaq və diqqətdən yayındıracaq.

Lakin bu, optimal perspektiv olmaya bilər. Valideyn kimi sizin vəzifəniz övladlarınızı onlara meydan oxuyan təcrübələrə məruz qoyaraq möhkəmliyə hazırlamaqdır. Bu təcrübələr uşaqlarınızda özünə inam, özünə inam, cəsarət və maraq yaradır. Uşaqlar yeni mühitlərlə qarşılaşdıqda, gələcək vəziyyətlərdə onlara fayda verə biləcək mübarizə strategiyaları inkişaf etdirirlər. Məsələn, əgər ailə iş itkisi və viza problemlərinə görə yeni ölkəyə köçməli olarsa, artıq belə dəyişiklikləri yaşamış uşaq yeni mühitə uyğunlaşmaq üçün daha yaxşı təchiz olunacaq. Uşaqları dəyişikliklərdən qorumaq onları həyatda qarşılaşacaqları qaçılmaz dəyişikliklərə lazımi səviyyədə hazırlamaya bilər. Dəyişiklik uşağınızın inkişafında müsbət qüvvə ola bilər. Bu, onlara yeni yollarla öyrənməyə və böyüməyə kömək edə bilər.

Olumide Ogunsanwo: Mən bunu sevirəm. Çox gözəldir. Buna görə təşəkkür edirəm, Samon.

Achani Samon Biaou: 26 yaşım olanda bir mentor mənə qeyri-intuitiv, lakin faydalı karyera hədəfləri təyin etmək üçün məsləhətlər verdi. Deutsche Telekom-da yenicə işə başlamışdım və mentorum məndən soruşdu: "Növbəti hansı şirkətə qoşulursan?"

Bu sual məni heyrətə saldı, çünki yenicə başlamışdım və növbəti addım haqqında düşünmək üçün çox tez olduğuna inanırdım. Deməyə davam etdi: "Növbəti hərəkətinizi hazırlamağa başlamalı olduğunuz ən son şey, hazırkı şirkətinizə təklif aldığınız gündür." Mentorumun daha geniş fikri məqsəd qoymağın vacibliyi ilə bağlı idi. O hesab edirdi ki, potensial növbəti addımlar haqqında aydın təsəvvürə malik olmaq cari iş üçün şəxsi karyera məqsədləri və təşəbbüslərini müəyyənləşdirməyə kömək edəcək. O vaxt mən təcrübəsiz idim və onun məsləhətlərini necə tətbiq edəcəyimi tam dərk etmirdim. Lakin o vaxtdan bəri mən bunu gənc komandalar üçün məşqçiliyimin bir hissəsinə çevirdim və ən azı üç şəxs bunu uğurla tətbiq etdi.

Məsələn, mentelerimdən biri qida texnologiyası startapına qoşuldu və mən onu növbəti iki-üç il və ondan sonrakı hədəflərini aydınlaşdırmağa təşviq etdim. O, Avropada və ya ABŞ-da daha yetkin bir şirkətdə COO olmağa can atırdı. Məsləhətimə əməl edərək, o, işə başlayandan cəmi bir ay ərzində qida texnologiyası startapını necə idarə etmək barədə aqressiv şəkildə kitablar dərc etməyə başladı. O, konfranslarda iştirak etdi, COO-lar və təsisçilər ilə əlaqə qurdu və daxili olaraq Əməliyyatlar Rəhbəri vəzifəsinin dəyişdirilməsini müdafiə etdi. İki il sonra, irəli getməyə hazır olanda, o, sadəcə olaraq zəng etdi və bir həftə ərzində ona iki iş təklifi gəldi.

Olumide Ogunsanwo: Əla. Gəlin şəxsi inkişafa keçək. Bu bölmədə şəxsi inkişafın maliyyə müstəqilliyini necə sürətləndirə biləcəyini müzakirə edəcəyik və bəzi tövsiyələr verəcəyik. Şəxsi inkişaf, həyatda daha çox məmnunluq, xoşbəxtlik və müvəffəqiyyət əldə etmək üçün özünü fiziki və əqli cəhətdən təkmilləşdirmə prosesinə aiddir. Bu, təkcə şəxsi maliyyəyə deyil, həm də sağlamlıq, karyera, biznes və digər həyat məqsədlərinə aiddir. Bu kitab əsasən maliyyə müstəqilliyinə və şəxsi maliyyəyə diqqət yetirsə də, şəxsi inkişafın hədəflərinizi potensial olaraq necə sürətləndirə biləcəyini başa düşmək vacibdir. Özünü təkmilləşdirmə prosesi təməldir və həyatın bütün sahələrinə şamil edilir. Bu fəslin əvvəlki hissəsində biz məqsəd qoymağı müzakirə etdik. Məqsədlərinizi təyin etdikdən sonra təbii növbəti addım onlara nail olmaq üçün özünüzü təkmilləşdirmək üzərində işləməkdir. Bu qüsursuz keçiddir.

Achani Samon Biaou: Şəxsi inkişafla bağlı müzakirəmizə başlamaq üçün gəlin düşünülmüş təcrübə anlayışını araşdıraq. Qəsdən təcrübə bir bacarıq və ya bacarığı öyrənməyə və təkmilləşdirməyə yönəlmiş bir yanaşmadır. Bu, mürəkkəb tapşırıqların daha kiçik komponentlərə bölünməsini, təkmilləşdirmə tələb edən sahələrin müəyyənləşdirilməsini və həmin sahələrin həlli üçün məqsədyönlü təlim üsullarının tətbiqini nəzərdə tutur. Qəsdən təcrübə üç əsas komponentdən ibarətdir.

Birincisi, özünüzü görkəmli performans nümunələri ilə tanış etmək çox vacibdir. Müstəsna performansla qarşılaşmaq beyninizi həssaslaşdırır və sizə can atacağınız və ya səy göstərəcəyiniz bir şey verir. Sonra, öz performansınızı qiymətləndirmək üçün geribildirim mexanizminə ehtiyacınız var. Adətən, mükəmməlliyə nail olmuş və ya onu tanıyan biri, çatışmazlıq göstərə biləcəyiniz konkret sahələri müəyyənləşdirərək dəyərli rəy verə bilər. Nəhayət, düşünülmüş təcrübə ilə məşğul olarkən, öz qərəzlərinizdən xəbərdar olmaq və xüsusi təkmilləşdirmə məqsədlərini təyin etmək vacibdir. Təcrübə edin, performansınızı müşahidə edin və təcrübəni mənimsəyənə qədər üzərində işləməyə davam edin.

Dəyərlərə əsaslanan xərcləmələrdə daha yaxşı olmaq üçün qəsdən təcrübə də tətbiq oluna bilər (bu, öz unikal dəyərlərinizə əsaslanaraq xərclərin yenidən uyğunlaşdırılmasıdır və biz 6C fəslini daha dərindən

Olumide Ogunsanwo: Ona görə də bu prinsipləri konkret ardıcıllıqla nəzərdən keçirmək vacibdir. Özünə inam, müstəqil düşüncə, cəsarət və ambisiya olmadan məqsəd qoymaq və lazımi gündəlik hərəkətləri etmək çətin ola bilər. Vizyonunuz dəyərlərinizə və arzularınıza uyğun gəlmirsə, o, davamlı olmaya bilər.

Achani Samon Biaou: Məqsəd təyin etmək bizə problemi effektiv şəkildə həll etməyə kömək edir. Sizə bir misal deyim. Tez-tez səyahət edən bir idarəetmə məsləhətçisi olaraq, müxtəlif kredit kartları və loyallıq proqramları üzrə bal topladım. Bununla belə, bir aviaşirkətdə ömürlük Platinum üzvü olmaq üçün konkret məqsəd qoyana qədər buna nail olmaq üçün tələb olunan konkret gündəlik addımları başa düşdüm. Ayda neçə uçuş etməli olduğumu hesabladım və bu statusa çatmaq üçün nə qədər vaxt lazım olduğunu təxmin etdim. Oradan təlim əvəzinə müsahibələr keçirmək kimi səyahətimi maksimuma çatdıran layihələr və fəaliyyətləri prioritetləşdirərək strategiya hazırladım. Daha uzun məsafəli uçuşlar üçün ABŞ kimi xüsusi bölgələri də hədəf aldım. Bu çətin görünən məqsədi kiçik idarə oluna bilən hərəkətlərə bölməklə mən beş il ərzində ömürlük Platin statusuna nail oldum.

Olumide Ogunsanwo: Vizyonunuzu, uzunmüddətli və qısamüddətli hədəflərinizi və gündəlik hərəkətlərinizi yaratdıqdan sonra hər ay qənaət etməli olduğunuz pulun miqdarı sizi hədsiz hiss edə bilər. Bu qorxu və narahatlığa səbəb olarsa, o zaman ambisiyanızı və cəsarətinizi yenidən qiymətləndirməlisiniz. Siz bu keyfiyyətlərə həqiqətən yiyələnmisiniz və onları fəal şəkildə tətbiq edirsiniz? Əgər belədirsə, heç bir problem olmamalıdır, çünki həyatda nə istədiyinizə dair dəqiq bir təsəvvürünüz var və buna nail olmaq üçün lazım olan cəsarətinizi inkişaf etdirə bilərsiniz.

Diqqət yetirilməsi lazım olan başqa bir məqam heç bir planın mükəmməl olmadığıdır. Kifayət qədər yaxşı bir başlanğıc planı sizə lazım olan hər şeydir. Plan yaradın, icra edin, nəzərdən keçirin, düzəldin və təkrarlayın. Mükəmməl planı gözləməyin, çünki o, mövcud deyil. Ən əsası başlamaqdır. Siz həmişə sonradan düzəlişlər edə bilərsiniz. Bu, həddindən artıq dəqiqlik deyil, həyəcan və icra haqqındadır. Elm və mühəndislik sahəsində təcrübəsi olan biri kimi mən dəqiqliyə qarşı qərəzliliyi başa düşürəm, lakin bu halda həyəcan, təcil, icra və çeviklik daha çox önəmlidir.

Achani Samon Biaou: Uşaqlara məqsəd qoymağa kömək edə biləcək daha yaxşı iş perspektivləri üçün yeni bacarıqlar əldə etmək üçün Coursera, edX və ya Udemy kimi öyrənmə platformalarından istifadə etmək demək ola bilər.

Şəxsi inkişaf müxtəlif məqsədlərə xidmət edir, məsələn, qazanma potensialını artırmaq, dəyərlərə əsaslanan xərcləmə vərdişlərini təkmilləşdirmək və ya əlaqələri inkişaf etdirmək və icmalar qurmaq üçün sosial bacarıqları artırmaq. Bundan əlavə, fərdi inkişafın sizi daha sevimli edə biləcəyini və şəxsi və peşəkar məqsədlərə çatmaqda əvəzolunmaz ola biləcək şəbəkənizi genişləndirməyə kömək edə biləcəyini qəbul etmək vacibdir.

Achani Samon Biaou: Şəbəkənizi ümumi qiymətləndirmənizin bir hissəsi kimi nəzərdən keçirin. Növbəti iki il ərzində Google-da 500 nəfərlə əlaqə qurmağı hədəf seçə bilərsiniz. Hər həftə beş yeni insanla tanış olmaq kimi kiçik məqsədlərə bölün. Özünüzdən nə qədər əlaqə qurduğunuzu və hər hansı bir əlaqənin yox olub olmadığını soruşaraq tərəqqinizi davamlı olaraq qiymətləndirin. Əvvəlki qarşılıqlı əlaqələrdə nəyin yaxşı getmədiyini düşünün və bu bilikləri gələcəkdə daha yaxşı əlaqələr üçün təməl kimi istifadə edin. Təkrarlamağa və yanaşmanızı təkmilləşdirməyə davam edin.

Olumide Ogunsanwo: Biz maraq və ambisiyanın əhəmiyyətini mühüm prinsiplər kimi vurğuladıq. Onlar özündənrazılıqla və insanın həyatda tam potensialına çatdığı anlayışı ilə mübarizə aparır. Maraq olmadan, daha çox araşdırmaq və öyrənmək üçün heç bir həvəs yoxdur və ambisiya olmadan, hədəflər qoymaq və onlara doğru səy göstərmək üçün motivasiya yoxdur.

Bəzi insanlar, universiteti bitirmək kimi müəyyən mərhələlərə çatdıqdan sonra özlərini təkmilləşdirməyə davam etmələrinə ehtiyac olmadığına inana bilərlər. Bununla belə, şəxsi inkişaf insanın bütün həyatı boyu davam edən davamlı bir prosesdir. Həyatın müxtəlif sahələrində böyümə və təkmilləşmə üçün həmişə yer var. "Mən universiteti bitirmişəm. Niyə özümü təkmilləşdirməyə diqqət etməliyəm?" onda nöqtəni qaçırırsınız. Şəxsi inkişaf təkcə təhsil və ya dərəcə almaqdan ibarət deyil. Bu, hədəflərinizə çatmaq üçün insan potensialınızı və potensialınızı gücləndirməyi əhatə edir. Bu kitabda biznes məktəbi haqqında fəsil olsa da, şəxsi inkişaf müxtəlif formalarda ola bilər və sizə növbəti səviyyəyə çatmağınıza imkan yarada bilər.

Derek Sivers bir dəfə dedi: "Əgər daha çox məlumat cavab olsaydı, biz hamımız altı qarın əzələsi olan milyarder olardıq." Şəxsi inkişaf yeni məlumatlar əldə etməkdən kənara çıxır; bu, zamanla həmin biliklərin daxililəşdirilməsini və ardıcıl surətdə tətbiqini nəzərdə tutur. Həqiqi şəxsi inkişafın baş verməsi üçün siz onu gündəlik həyatınıza inteqrasiya etməli və onu rutininizin adi bir hissəsinə çevirməlisiniz.

Siz maliyyə müstəqilliyi ilə maraqlandığınız üçün bu kitabı oxuyursunuz. Və təxmin edin nə? Siz artıq şəxsi inkişaf səyahətində ilk addımı atmısınız! Bu kitab maliyyə müstəqilliyi haqqındadır, lakin bu, bundan daha çox şeydir. Bu, həyatınızın hər sahəsində şəxsi inkişafı əhatə etməkdən ibarətdir. Şəxsi inkişaf super güc kimidir. Bu, daim səviyyənizi yüksəltmək və hər gün özünüzü daha yaxşı bir versiyaya çevirmək üçün bitməyən axtarışdır. Davamlı olaraq özünüzü təkmilləşdirdikcə və dəyərlərinizə və ehtiraslarınıza uyğun gələn məqsədlərə doğru fəal şəkildə çalışdıqca məmnunluq hissi və artan özünə dəyər hiss edəcəksiniz.

Mən bu konsepsiyaya aşiqəm. Mənim üçün vacib olan sahələrdə şəxsi inkişafa hər gün bir saat ayırıram. Mən bunu maliyyə müstəqilliyi əldə etməmişdən əvvəl də tətbiq etmişəm və bunu həyatımın sonuna qədər də davam etdirəcəyəm.

Achani Samon Biaou: Olumidenin paylaşdıqları ilə dərin rezonans doğurur. Mən bunu həyatımda necə tətbiq edirəm. Mən başa düşdüm ki, xoşbəxtliyim nailiyyət hissini hiss etməkdən asılıdır, bədbəxtlik isə durğunluqdan və ya ilişib qalmaqdan qaynaqlanır. Maliyyə müstəqilliyi əldə etdikdən sonra yeni dillər öyrənməklə vaxtaşırı özümü sınamaq qərarına gəldim.

İş rejimim sadədir: mən oyanıram, pulsuz dil öyrənmə proqramımı işə salıram və günümə onunla başlayıram. Bir vahidi tamamlamaq üçün təxminən 15 dəqiqə vaxt ayırıram. Mənim şəxsi problemim digər öhdəliklərimdən asılı olaraq 50 yaşıma çatana qədər hər il bir və ya iki yeni dil əlavə etməkdir. Bu, şəxsi inkişafın nümunəsi kimi xidmət edir. Mən dillərə həvəsliyəm, ona görə də yeni dilləri öyrənmək həyəcanı məni motivasiya edir.

Olumide Ogunsanwo: Çoxsaylı onlayn öyrənmə platformalarının pulsuz kurslar təklif etdiyi (məsələn, YouTube) və ya pulsuz komponentlərə (Coursera və Udemy kimi) malik olduğu bu dövrdə yaşadığıma görə çox minnətdaram. Pul və mövcudluq artıq maneə deyil; indi əsl problem öyrənmək istəyimizdədir. Bu istək həyəcandan qaynaqlanır, buna görə də biz həyatınız üçün bir vizyon yaratmaq və onu həyəcanlandırmaq üçün vacib addımı vurğulayırıq.

1960-1970-ci illərdəki insanlar bugünkü imkanlarımız üçün öldürərdilər. Sizə lazım olan tək şey vaxt ayırmaq, həyəcan oyatmaq və hərəkətə keçməkdir. Samonun indicə paylaşdığı inanılmaz hekayəni nəzərdən keçirin. O, birdən çox dil öyrənmək üçün Duolingo-dan pulsuz istifadə edir. Nə bəhanəniz var?

Achani Samon Biaou: Bəli. Səyahət etdiyim zaman filmləri orijinal dillərində təqdim edən aviaşirkətlərə üstünlük verirəm ki, bu da mənə dil bacarıqlarımı tətbiq etməyə imkan verir. İndiki vaxtda mən çox vaxt Emirates ilə uçmağı seçirəm, hətta bu daha uzun marşrut demək olsa belə, çünki onlar müxtəlif "etnik" filmlər seçimini təklif edirlər. Məsələn, mənim Kaliforniyadan BƏƏ-yə səyahətim təxminən 14 saat çəkir, sonra isə son təyinatımdan asılı olaraq daha 6 saat və ya daha çox vaxtım var. Tez-tez səyahət etdiyim üçün uçuş vaxtımdan filmlərə baxaraq və dil biliklərimi məşq etməklə istifadə edirəm. Bu, altyazılı filmə baxmaq, hissələri geri çəkmək və onlara yenidən baxmaqdan ibarətdir. Mən bəzən bir filmə dörd saata qədər vaxt sərf edirəm, çünki ucadan cümlələr söyləmək üçün tez-tez fasilə verirəm. Uçuş çox sıx olmayanda isə hətta fasilə verib ucadan cümlələr danışıram.

Olumide Ogunsanwo: İnanılmaz! Mən hər kəsi şöhrətpərəstliyi qəbul etməyə, aydın bir baxış təyin etməyə, həyatları üçün hədəflər qoymağa və şəxsi inkişafın heç vaxt bitməyən səyahətinə çıxmağa çağırıram. Bütün həyatınızı dəyişdirmək gücünə malikdir. Şəxsi inkişaf düşüncə tərzini inkişaf etdirən bəzi tövsiyələr:

Birincisi: Jim Rohn tərəfindən " Bir İllik Uğur Planı [5]". Bu proqram zehni əsəndir və həyatınızı dəyişə bilər. Bu, məşqlərlə dolu bir illik fərdi inkişaf səyahətidir. Təəssüf ki, orijinal versiya artıq mövcud deyil, lakin siz yenilənmiş versiyanı sınaqdan keçirə bilərsiniz [6], baxmayaraq ki, orijinalı hazırladığım üçün keyfiyyətinə zəmanət verə bilmərəm.

Harri Browne tərəfindən " Azad olmayan bir dünyada azadlığı necə tapdım ". [7]Kitab FIREDOM-da araşdırılan maliyyə müstəqilliyi və azadlıq mövzuları ilə sıx uyğunlaşan azadlıq anlayışını araşdırır. Braun bizi geridə qoyan maneələri müəyyən etmək və aradan qaldırmaq üçün lazım olan zehni çərçivəni araşdırır, hərəkətə keçmək və həqiqi azadlığa necə nail olmaq

5. https://www.amazon.com/Rohn-Year-Success-Plan-Workbook/dp/B003OYMDKY

6. https://store.jimrohn.com/the-new-jim-rohn-one-year-success-plan.html

7. http://www.amazon.com/How-Found-Freedom-Unfree-World/dp/0965603679

barədə fikirlər təqdim edir. Mən onu üç dəfə oxudum və hər oxuduqca daha çox sevirəm.

Achani Samon Biaou: Bu tövsiyələri paylaşdığınız üçün təşəkkür edirik. Şəxsi inkişaf səyahətinizə başlaya biləcək bir hack təklif etmək istərdim. Mən başqalarını ruhdan salmağa güclü nifrət edirəm və bu xüsusiyyət mənim həyatımda mühüm rol oynayır. Özümə məqsəd qoyduğum zaman məni sadiq qalmağa məcbur edən təcililik və ya böhran hissi yaradıram. Effektiv strategiyalardan biri, məqsədimə çata bilməsəm, məni məsuliyyətə cəlb edəcəyini və məndə utanc hissi yaratacağını bildiyim birinə müraciət etməkdir. Məsələn, mən ərəb dilini öyrənmək qərarına gələndə Körfəz regionunun yüksək səviyyəli rəhbərlərinə bu işi öz üzərimə götürdüyümü və ərəb dilində müntəzəm yenilikləri paylaşmaq niyyətində olduğumu bildirdim. Bunun mənə qoyduğu təzyiq çox böyükdür, lakin bu, davam etmək üçün güclü motivasiya rolunu oynayır. Şəxsiyyətinizə və sizinlə ən yaxşı rezonans doğuran şeylərə əsaslanaraq öz hackinizi hazırlaya bilərsiniz.

Olumide Ogunsanwo: Bəli, "ictimai öhdəlik" və ya "məsuliyyət tərəfdaşı" strategiyası məqsədlərinizə çatmaqda motivasiyanızı və əzmkarlığınızı gücləndirə bilər. Niyyətlərinizi açıq şəkildə bəyan etməklə və ya etibarlı hesabat tərəfdaşının dəstəyini cəlb etməklə siz güclü dəstək şəbəkəsi yaradırsınız.

İllər boyu mən ruhlandırıcı sitatlar toplusunu topladım. Bu fəsli sona çatdırdıqca, sizin də içinizdə bir qığılcım alovlandıracaqlarına ümid edərək, onları məhəbbətlə burada topladım. Mən düzgün atributlar verməyə çalışdım, baxmayaraq ki, bəzi sitatların yanlış aid edildiyi hallar ola bilər. Ümid edirəm ki, onları dəyərli tapacaqsınız. Növbəti fəsildə görüşənədək!

" *Daha çox şeyə sahib olmaq üçün daha çox olmalısınız* " (Cim Rohn)

" *Həyatını istədiyin kimi keçirə bilərsən, ancaq bir dəfə keçirə bilərsən* " (Lillian Dickson)

" *Kifayət qədər başqa insanlara kömək etsəniz, istədiyiniz hər şeyə sahib ola bilərsiniz. istədiklərini əldə edin* " (Ziq Ziqlar)

" *Daha asan olmasını istəməyin, daha yaxşı olmasını arzulayın* " (Cim Rohn)

" *Mən qurban deyiləm, mən sağ qalanam* " (Elizabeth Edwards)

" *Müvəffəqiyyət arxasınca getdiyiniz bir şey deyil. Uğur, çevrildiyiniz insan tərəfindən cəlb etdiyiniz bir şeydir* " (Cim Rohn)

" *Sonunu düşünərək başlayın* " (Steve Covey)

" *Möhtəşəm olmağı unutmayın* " (John Green)

" *Çempion kimi düşünün* " (Zig Ziglar)

" *Problemlər həll olunur* " (David Deutsch "Sonsuzluğun başlanğıcı"ndan)

" *Qazanmaq sadədir. Hər gün oyan və başqalarının çəkindiyi şeyləri et* " (Jim Rohn)

" *Bu gün ayaq basdığınız barmaqlara diqqət edin, çünki onlar sabah öpəcəyiniz eşşəklə əlaqəli ola bilər* " (Naməlum)

" *Uğur uğursuzluğun uzaq tərəfindədir* " (Brian Tracy)

" *Fəaliyyət üçün qərəz inkişaf etdirin* " (Ceff Bezos)

" *Yaxşı planın ən böyük düşməni mükəmməl bir plan xəyalıdır* " (Karl fon Klauzevitz)

" *Otantiklik vasitəsilə rəqabətdən qaçın* " (Naval Ravikant)

" *Üzr istəmədən qəribə mənliyiniz olun* " (Chris Sacca)

" *Faktlar dəyişəndə mən fikrimi dəyişirəm. Siz nə edirsiniz, ser?* " (Con Meynard Keyns)

" *Uzun zaman gələcək kimi hiss olunur, ailəm. O hiyləgər planı düşündüyüm gündən. xəyal etdim, onu qovmağa çalışdım.Amma heç yerə getmirdim,qaçan adam.Bilirdim ki,bəlkə nə vaxtsa başa düşəcəm.Bir on qramı yüz qrama dəyişməyə çalış.Hər kəs heç kimin vecinə almadığı uşaqdır.Sadəcə saxlamalısan. səni eşidənə qədər qışqırırlar* " (Tinie Tempah)

" *Xərclərə nəzarət etmək daha çox şey etmək çətin olduğu kimi, eqoya nəzarət etmək də bir o qədər çətindir, siz daha uğurlu olursunuz* " (Sam Dogen, aka Maliyyə Samurai)

" *Yanacaqınızı yoxlayın, getmək istədiyinizə gətirib çıxardı* " (Ayn Rand kitabından Con Qalt personajı "Atlas Çiynini çəkdi")

" *Məncə, həyatda öz dəyərlərimi və gözləntilərimi başqa insanlara təqdim etmək düzgün deyil* " (Wayne Dyer)

" *Qorxaqlar heç vaxt başlamadılar və zəiflər yol boyu öldü. Bu bizi tərk edir* " (Phil Knight)

" *Dünən bütün şikayətlər üçün son tarix idi* " (Bryan Tracy)

" *Özünə intizam, istədiyinizi, istədiyiniz zaman, istədiyinizi edirsiniz* " (Bryan Tracy)

" *Uğura aparan lift sıradan çıxıb, lakin pilləkənlər həmişə açıqdır* " (Ziq

Ziqlar)

" *Plana bağlı olmayın, planlaşdırma prosesinə sadiq olun* " (Carl Richards)

" *Qətiyyətli olmaq özünə söz verməkdir ki, heç vaxt sənə pul verməyəcəksən* " (Jim Rohn)

" *Oxumağa olan həqiqi məhəbbət, yetişdirildikdə, fövqəl gücdür. Öyrənmə vasitələri çoxdur – öyrənmək istəyi azdır* " (Naval Ravikant)

" *Özünüzə sərt davransanız, həyat sizin üçün asan olacaq, amma özünüz üçün asan olmaqda israr edirsinizsə, həyat sizə çətin olacaq* " (Zig Ziglar)

" *Xoşbəxtlik problemləri həll etməkdir. Problemləri həll etmək yeni problemlərin yaranmasına səbəb olur* " (Mark Manson)

" *Siz kişilərə nümunə məktəbində öyrətməlisiniz, çünki onlar başqa heç bir şey öyrənməyəcəklər* " (Albert Schweitzer)

" *Mən qırıntıları yox, tort üçün gəlmişəm* " (Katie Stanton)

" *Problemin mən olduğumu başa düşmək və qəbul etmək mənə həll yolu olmağa imkan verir* " (Naməlum)

" *Adidə çox rəqabət var, lakin qeyri-adi olanda azdır* " (Robin Sharma)

" *İpinizin ucuna gələndə, ona bir düyün bağlayın və asın* " (Naməlum)

" *Zəngin olmaq sxemləri yoxdur, sadəcə insanlar sizdən varlanır* " (Naval Ravikant)

" *İşlərin bu təsadüfi aparılması mənə xoş gəlmədi.* " (John D Rokfeller)

" *Nə qədər çox öyrənsən, bir o qədər az qorxursan. Akademik təhsil mənasında deyil, həyatı praktik dərk etməklə "öyrənin". Dünyanın necə işlədiyini nə qədər çox bilsən, ondan bir o qədər az qorxacaqsan. cəhalətdən başqa qorxacaq bir şey olmadığını görəcək* ." (Julian Barnes)

"Gəncliyin üstünlüklərindən onlara sahib olduğunuz zaman istifadə edin, yaşınızın üstünlüklərindən isə onlara sahib olduqda istifadə edin. Gəncliyin üstünlükləri enerji, vaxt, nikbinlik və azadlıqdır. Yaşın üstünlükləri bilik, səmərəlilik, pul və gücdür. Zəhmətlə ikincinin bir qismini gənc olanda əldə edə, bəzilərini isə qocalanda saxlaya bilərsiniz". (Paul Graham)

" *Hesab edən tənqidçi deyil, güclü adamın necə büdrədiyini və ya əməl sahibinin onları daha yaxşı edə biləcəyi yeri göstərən adam deyil. Etibar əslində arenada olan, üzü ləkələnmiş adama məxsusdur. toz, tər və qanla cəsarətlə mübarizə aparan; səhv edən, təkrar-təkrar qısa olan, çünki səhvsiz və qüsursuz səy yoxdur* "(Teodor Ruzvelt)

6: Gecikmiş karyera hekayələri və Gəlirlərin Maksimallaşdırılması Prinsipləri və Dəyərlərə əsaslanan xərcləmələr

Olumide Ogunsanwo: Biznes məktəbi təcrübəmizdən sonra sərgüzəştli səyahətə girdiyimiz bu maraqlı fəsildə xoş gəlmisiniz. Maliyyə müstəqilliyimiz üçün karyeramızda keçdiyimiz yolları açarkən bizə qoşulun.

Achani Samon Biaou: Biz qiymətli vaxtımızı və pulumuzu o arzulanan biznes məktəbi dərəcələrini əldə etməyə sərf etdik. İndi peşəkar dünyaya yenidən daxil olmaq və maliyyə müstəqilliyimizə doğru irəliləyişimizi gücləndirmək vaxtı idi.

Olumide Ogunsanwo: Biz həmçinin iki kulminasiya prinsipini açıqlayacağıq: gəliri maksimuma çatdırmaq, mümkün qədər çox pul qazanmaq və dəyərlərə əsaslanan xərcləmə, hər bir əziyyətlə qazanılmış dolları dəyərlərinizə və baxışlarınıza uyğunlaşdırmaq üçün xərcləmək. Bu prinsiplər çox vacibdir, çünki onlar demək olar ki, maliyyə müstəqilliyinə nail olmaq üçün səylərinizin kulminasiya nöqtəsini təmsil edirlər.

6A: Olumide'nin Son Karyera hekayəsi

Achani Samon Biaou: Olumide, gəlin biznes məktəbinizin sonuna və yeni karyeranızın başlanğıcına qayıdaq. Hansı peşəni seçdiniz və maliyyə müstəqilliyiniz bu qərara necə təsir etdi?

Olumide Ogunsanwo: Son fəsildən xatırladığınız kimi, mən 2010-2012-ci illərdə Oksford və MİT-də biznes məktəbi üçün iştirak etmişəm. Ondan əvvəl mən mühəndis işləyirdim və əvvəllər idarəetmə konsaltinqini eşitməmişdim. Dostlarımın çoxu da mühəndis idi və mənim bildiyim dünya bu idi. Amma sonra McKinsey, Bain və BCG kimi şirkətlərlə menecment konsaltinqi adlanan bu sahəni kəşf etdim. Onlar dəbdəbəli kostyumlar geyinir və şirkətlərə məsləhətlər verirdilər və bu, mənə maraqlı gəlirdi.

Nigeriyada uşaqlığımda anam bizə kompüter aldı və mən Amerikaya köçməzdən əvvəl interneti araşdırmağa başladım. Bu erkən məruz qalma texnoloji şirkətlərə marağımı artırdı. Biznes məktəbi zamanı mən ya idarəetmə konsaltinqi, ya da texnologiya sahəsində karyera qurmağa qərar verdim, lakin texnoloji sənayeyə daha çox meylim var idi.

Biznes məktəbindən əvvəl mən illik 50.000 ilə 60.000 ABŞ dolları arasında maaş alırdım və biznes məktəbindən sonra MIT Sloan tələbələrinin əvvəlki orta maaşlarına əsaslanaraq 110.000 ilə 130.000 dollar arasında olacağı gözlənilir. Bu, mahiyyətcə gəlirimi ikiqat artırmaq şansı idi. MIT-də işə müraciət prosesindən keçdim və böyük texnologiya şirkətlərindən təkliflər aldım, bu da məni həyəcanlandırdı. Lakin sonra McKinsey Lagos mənə yaxınlaşdı. San-Fransisko, Boston və ya Nyu-Yorkda McKinsey-ə diqqət yetirdiyim üçün əvvəlcə düşündüyüm bir şey deyildi. Bununla belə, onlarla danışmağa başlayanda mənə maraqlı gəldi. Nigeriya siyasi vəziyyət, inflyasiya və valyuta məzənnəsi əsasən nəzarət altında olduğu üçün dönüş nöqtəsini yaşayırdı.

2002-ci ildə Nigeriyanı tərk edən və indi 2012-ci ildə olduğum üçün geri qayıtmağın istədiyim olub olmadığına əmin deyildim. Bununla belə, McKinsey Lagos-un cəlbedici təklifi, digər yerlərlə müqayisə edilə bilən maaş və aşağı vergilər və mənzil xərcləri, yaxşılaşan makro şəraitlə birlikdə, məni texnoloji təkliflərdən imtina etmək və Nigeriyaya qayıtmaq qərarına gəlməyə məcbur etdi.

O vaxt mən maliyyə müstəqilliyi anlayışını tam dərk etməmişdim. Amma tez başa düşdüm ki, idarəetmə konsaltinqi pul qazanmaq və qənaət etmək üçün sərfəli roldur. Bu, mənim üçün sadə bir düstur idi: performansımla əlaqəli bonuslar və promosyonlar qazanmaq və mümkün qədər qənaət etmək üçün işimi yaxşı yerinə yetirin. İdarəetmə konsaltinqində pula qənaət etmək üçün geniş imkanlar var. Məsələn, dostlarımdan birinin tarlada işlədiyi iki il ərzində mənzili yox idi. Mənə gəlincə, ayda 700-800 dollara ucuz mənzil kirayə verdim. Mən də tez-tez səyahət edirdim, istifadə etməyi öyrəndiyim xallar toplayırdım.

McKinsey-in verdiyi faydaları maksimum dərəcədə artırmağı öyrəndim. Şirkətinizin hansı maliyyə və qeyri-faydalı faydaları təklif etdiyini başa düşmək çox vacibdir.

Achani Samon Biaou: Siz texnoloji təklifləri rədd etmək və Laqosda idarəetmə konsaltinqini davam etdirmək qərarına gəldiniz. Ağlınızdan nə keçirdi? Siz bunu qısa müddətli dolama yol hesab edirdinizmi?

Olumide Ogunsanwo: O zaman mən uzunmüddətli hədəfləri necə təyin edəcəyimi və izləyəcəyimi bilmirdim və yer və ya karyera ilə bağlı heç bir xüsusi planım yox idi. Mən McKinsey fürsətindən maksimum yararlanmağa və hadisələrin necə cərəyan etdiyinə əsaslanaraq qərarlar qəbul etməyə fokuslanmışdım. McKinsey-də işlədiyim müddətdə xərclərimi minimuma endirməklə yanaşı, ən yüksək performans qiymətləndirmələrinə nail olmaq məqsədi ilə daha çox qısamüddətli idim. Bu zehniyyət mənim maliyyə müstəqilliyi anlayışımdan irəli gəlmirdi, o vaxtlar bunu tam şəkildə mənimsəməmişəm. Əvəzində bu, 2009-cu ildən bəri üç ildən artıqdır ki, işsiz olmağımdan irəli gəlirdi. Nəticədə, səmərəlilik və optimallaşdırma mənim üçün çox vacib idi.

Laqosdakı təcrübəm fantastik idi, çünki xərclərimi minimuma endirmək əvəzinə, əsas dəyərlərimə uyğunlaşdırmaq və mümkün olan ən aşağı qiymətə maksimum həzz almaq üçün optimallaşdırdım. Dəyərlərə əsaslanan xərclər kimi tanınan bu prinsip 6C fəslində daha ətraflı araşdırılacaqdır. Unutmayın ki, məqsəd maliyyə müstəqilliyinə gedən yolda xərclərinizi təsadüfi şəkildə azaltmaq deyil; bu, xərclərinizi ruhunuz üçün həqiqətən vacib olan şeylərlə uyğunlaşdırmaqdır. Ayrı-seçkilik etmədən xərclərin azaldılması, çox güman ki, bədbəxtliyə və əvvəlki xərcləmə modellərinizə potensial geri dönməyə səbəb olacaq.

Achani Samon Biaou: Mən burada bəzi əsas fikirləri görürəm. İcazə verin, ümumiləşdirməyə çalışım və siz mənə düzgün başa düşdüyümü deyə bilərsiniz. Müstəqil düşüncə və dəyərlərə əsaslanan xərcləmə mühüm amillər kimi səslənir. Əgər izdihamı izləməyə meylli birisinizsə, sonda həyatınıza həqiqətən dəyər verməyən şeylərə pul xərcləyə bilərsiniz.

Məsələn, içki içməkdən zövq almasanız belə, dörd saatlıq bir barda dostlarınıza qoşulmağa razı ola bilərsiniz.

Olumide Ogunsanwo: Mütləq. Və bu təkcə pulla bağlı deyil. Dəyərlərə əsaslanan xərclər maliyyə qərarlarından kənara çıxır; vaxtınızı necə sərf etməyi seçdiyinizə də aiddir. Hər anın bir fürsət dəyəri var və məsələn, barda saatlarla vaxt keçirmək, digər mənalı fəaliyyətlərlə məşğul olmaq potensialını qurban vermək deməkdir. Qeyri-maddi təbiətinə görə vaxt xərcləri tez-tez nəzərdən qaçırılsa da, yaşlandıqca onun əhəmiyyəti getdikcə daha aydın görünür. Həyatda ən dəyərli şeylərdən bəzilərini ölçmək çətindir.

Achani Samon Biaou: Deyəsən, öz şərtlərinizlə həyatı yaşamaq üçün səyahət özünüzü dərk etmək və hərəkətlərinizi həqiqi dəyərlərinizə uyğunlaşdırmaqdan ibarətdir. Məsələn, əgər əvvəllər əylənməkdən həzz alırdınızsa, onunla nə qədər tez-tez məşğul olduğunuz və bunun sizə gətirdiyi əsl həzz barədə düşünməlisiniz. Əgər ziyafət sizin üçün böyük əhəmiyyət kəsb edirsə, ona diqqət yetirin və bundan həqiqətən həzz almaq üçün həyatınızdan nələri silməli olduğunuzu anlayın. Xərclərinizin əsaslılığa əsaslanaraq prioritetləşdirilməsi bir çox şeydən sizə ən çox sevinc gətirən bir şeyi müəyyən etmək və resurslarınızı buna həsr etmək deməkdir.

Olumide Ogunsanwo: İcazə verin praktiki bir nümunə verim. Qarşılaşdığımız müxtəlif xərclər arasında mənzil, yemək və nəqliyyat ən əhəmiyyətlidir. Effektiv seçim etmək üçün sizin üçün həqiqətən nəyin vacib olduğunu düşünün. Siz dəbdəbəli və geniş iqamətgahlarda sevinc tapan birisiniz, yoxsa ehtiyaclarınızı və arzularınızı qarşılamaq üçün daha kiçik, daha sərfəli mənzil kifayət edərmi? Yüksək səviyyəli mebellərin cazibəsi həqiqətən əhəmiyyət kəsb edirmi, yoxsa xoşbəxtliyinizə zərər vermədən daha çox büdcəyə uyğun alternativləri qəbul edə bilərsinizmi? Əla bir yerdə yaşamaq əsas prioritet deyilsə, daha əlverişli ərazidə məskunlaşma imkanlarını araşdırın. Unutmayın ki, seçimlərinizi diqqətlə nəzərdən keçirməyiniz və maliyyə məqsədlərinizə uyğun olan güzəştlərə açıq və çevik qalmaq vacibdir.

Eyni prinsip nəqliyyata da aiddir. Lüks bir avtomobilə sahib olmaq sizin üçün mübahisəsizdirsə, o zaman bütün qəlbinizlə onun arxasınca gedin. Bununla belə, əgər o, prioritetlər siyahısında birinci yerdə deyilsə, etibarlı istifadə olunan Honda kimi daha sərfəli alternativləri nəzərdən keçirin. Həmişə yadda saxlayın ki, siz hər dəfə daha bahalı variantı seçdiyiniz zaman bu, çox vaxt onu ödəmək üçün daha uzun işləməyə çevrilir. Məsələn, şüurlu şəkildə yeni Tesla üzərində işlənmiş Hondaya üstünlük verərək, siz özünüzü 45 yaşında deyil, 35 yaşında maliyyə müstəqilliyinə nail ola bilərsiniz və işinizin tələblərindən əlavə 10 il azadlığın dadını çıxara bilərsiniz.

İndi gəlir tərəfi haqqında danışaq. İş imkanlarını qiymətləndirərkən təkcə maaşı deyil, həm də xoşbəxtliyinizi və məmnuniyyətinizi nəzərə alın. Daha az maaş alan bir işin yerinə yetirmə ehtimalının daha yüksək olduğuna inanırsınızsa, bu istiqamətdə getməyiniz yaxşıdır. Bununla belə, istədiyiniz maliyyə məqsədlərinə çatmaq üçün daha uzun müddət işləmək imkanına hazır olun. Unutmayın ki, sizi məmnuniyyətlə təmin edən şey zamanla inkişaf edə bilər və daha az maaşlı bir işə başlamaq qərarınız həmişə istədiyiniz nəticəni verməyə bilər. Həyat tərəddüdlərlə doludur və siz xoşbəxtliyi üstün tutacağınıza, yoxsa qısa və uzunmüddətli gəliri maksimuma yüksəltməyə qərar verməlisiniz, buna uyğun olaraq lazımi güzəştləri edin. Bu qərarları sizin yerinizə verə bilmərik; onlar sizin dəyərlərinizə və istəklərinizə əsaslanaraq dərin şəxsi düşüncə tələb edirlər.

Məsələn, ehtirasınız musiqiçi kimi karyera qurmaqdan ibarətdirsə, bu, həyatının sonrakı mərhələsinə, bəlkə də 85 yaşına qədər işləməyi tələb edə bilər. Ancaq bu, sizə hədsiz sevinc və məmnunluq gətirirsə, daha uzun səyahət ola bilər. sizin üçün buna dəyər. Əksinə, əgər siz güclü analitik bacarıqlarınız varsa və özünüzü konsaltinq firmasında çalışırsınızsa, lakin musiqi sizin həvəsinizdirsə, özünüzü daim bədbəxt və yerinə yetirilməmiş hiss edə bilərsiniz.

Achani Samon Biaou: Musiqiçi olmaq istəyən, lakin qərarın geri dönməz olmasından narahat olan birinə nə məsləhət görərdiniz?

Olumide Ogunsanwo: Xoşbəxtlikdən, bir çox qərarlar geri qaytarıla bilər. Bununla belə, qərarı dəyişdirsəniz belə, ilkin qərara sərf etdiyiniz vaxtla bağlı hələ də fürsət xərcləri var. Bu vaxt keçib, ona görə də onu buraxmalı və qərar qəbul etmə qabiliyyətinizə təsir etməsinə imkan verməməlisiniz. Batmış xərc səhvinin qurbanı olmayın. İnsanlara dediyim odur ki, qərarlar qəbul edərkən cəsarətli olun və əvvəllər verdiyiniz bütün qərarları unutun.

Mən insana öz düşüncə tərzi üzərində işləməyi, özünə inam, özünə güvənmə, maraq və müstəqil düşüncə üzərində işləməyi məsləhət görərdim. Daha sonra, daha yüksək gəlirli, lakin daha az yerinə yetirilən karyera ilə müqayisədə daha az gəlirli, lakin yüksək dərəcədə məmnuniyyət verici bir karyera seçməkdə sövdələşmələri nəzərə alan iddialı uzun və qısamüddətli hədəflər yaradın. Mən də onları qutudan kənarda düşünməyə təşviq edərdim. Məsələn, asudə vaxtlarında musiqi ilə məşğul olarkən və ya gəlir ehtiyaclarını ödəmək üçün birdən çox işlə məşğul olarkən yüksək maaşlı karyera qurmağın yolları ola bilər. Maraq və problem həll etmək sizin tərəfinizdədirsə, imkanlar sonsuzdur.

Özümüzə qarşı həddindən artıq tənqidi yanaşmaq və keçmişdə hər şeyin necə fərqli ola biləcəyi üzərində dayanmaq əvəzinə, özünü bağışlamağı məşq edin və diqqətinizi indiki məqama yönəldin. Bunun əvəzinə pozitivliyə, nikbinliyə diqqət yetirməyə, sıfıra əsaslanan düşünməyə, keçmişdən öyrənməyə, lakin keçmişdə dayanmamağa və irəliləməyə inanıram.

Achani Samon Biaou: McKinsey-də sıfır əsaslı düşüncə tərzini nə vaxt tətbiq etdiyinizi misal çəkə bilərsinizmi?

Olumide Ogunsanwo: McKinsey-dən ayrılmağın kəsişməsinə yaxınlaşarkən, firmaya iki il sərmayə qoyduqdan sonra potensial yüksəliş üçün qalmaq istəyim yarandı. Bununla belə, mən bu düşüncə xəttinin yaratdığı tələni tanıdım və sıfır əsaslı düşüncə anlayışını qəbul etdim. Mən bir addım geri çəkildim və məqsədlərimi və ehtiraslarımı yenidən qiymətləndirdim. Mən həmişə texnologiyaya həvəsim olub və hətta dissertasiyamı smartfon əməliyyat sistemləri haqqında yazmışam. Bundan əlavə, mən McKinsey-dən əvvəl texnologiya şirkətlərinin bir neçə təklifini rədd etdim və orada olarkən texnoloji layihələrlə məşğul olurdum. Nəhayət, sıfıra əsaslanan düşüncənin açarı təzədən başlamaq və keçmiş hərəkətlər və ya xarici təzyiqlər deyil, əsas dəyərlər və ehtiraslarınız tərəfindən idarə olunmaqdır.

Daha çox həyat planlaşdırmağa və texnologiyada işləməyin nə demək olduğunu araşdırmağa başladım. Mən hiss etdim ki, texnologiya olmaq üçün yerdir. Oxford və MIT alum saytları vasitəsilə texnoloji sektordakı insanlarla əlaqə saxladım və söhbətlər apardım. Nəhayət, Google-dan təklif aldım və 2014-cü ildə texnologiya nəhənginə qoşulmaq üçün yenidən Nigeriya ilə vidalaşdım.

Achani Samon Biaou: Gəlin Google-dakı təcrübənizə nəzər salaq. Orada işləməyə başlayanda nə düşünürdünüz və maliyyə müstəqilliyinə nail olmaq üçün hansı məqsədləriniz var idi?

Olumide Ogunsanwo: Məhz o zaman maliyyə müstəqilliyi reallaşdı! Gəlin qrafiki düz təyin edək: 2014-cü ildir, mənim 29 yaşım var və oktyabrda başlamaq üçün Google-dan təklif aldım. Google-un işə başlama tarixinə qədər McKinsey-də qalmaq əvəzinə, 2014-cü ilin avqustunda ayrılmaq qərarına gəldim və bu, əla qərar oldu. Bu, mənə avqust və sentyabr aylarında həyatımı araşdırmaq və planlaşdırmaq azadlığı verdi. Həyatım haqqında düşünmək və texnologiya sənayesinə necə keçə biləcəyimi və Amerikaya qayıda biləcəyimi anlamaq üçün vaxt tapdım. Məhz bu dövrdə mən maliyyə müstəqilliyi (FI) hərəkatını yenidən kəşf etdim.

Karyeramın əvvəlində xərclərin optimallaşdırılmasını öyrənmək üçün bəzi şəxsi maliyyə bloqlarını oxumuşdum. Ancaq ikinci dəfə maliyyə müstəqilliyi ilə üzləşəndə aşiq oldum. Mən özümü bir çox əla resurslara qərq etdim, xüsusən: Fond seriyası (JL Collins) [1], Mad Fientist [2], Get Rich Slowly (JD Roth) [3], Mr. Money Mustache [4], Living a FI [5]və albəttə Reddit maliyyə müstəqillik qrupu [6]. Ən təsirli mənbə JL Collins tərəfindən yazılmış Stok seriyası idi. Maliyyə müstəqilliyinə nail olmağın nə qədər sadə olduğuna gözlərimi açdı. İki ay ərzində gündə beş-altı saat sərf edərək, portfelin qurulması, risklərin idarə edilməsi, investisiya strategiyaları, təhlükəsiz geri çəkilmə dərəcələri və vergi hesabları, 401Ks, IRAs, və HSA-lar. Mən bunu edə biləcəyimi bilirdim. Beynimin genişləndiyini hiss etdim. Özümü güclü hiss etdim. Şanlı idi.

Rəsmi olaraq Google-a başlamazdan əvvəl də dəqiq bir fəaliyyət planım

1. https://jlcollinsnh.com/stock-series/
2. https://www.madfientist.com/
3. https://www.getrichslowly.org/the-get-rich-slowly-philosophy/
4. https://www.mrmoneymustache.com/
5. https://livingafi.com
6. https://www.reddit.com/r/financialindependence/

var idi. Mən əmanət məqsədi qoymuşam: ümumi gəlirimin 50%-ni və ya vergidən sonrakı maaşımın 90%-ni qənaət edirəm. Yolda qalmaq üçün tərəqqimə nəzarət etmək üçün büdcə yaratdım. Mən həmçinin geniş əsaslı indeks fondlarına yönəlmiş bir investisiya strategiyası hazırladım. Google-a qoşulan kimi canavar kimi icra etməyə başladım.

Orientasiya zamanı ilk suallarımdan biri Google-un 401k uyğunluğunu necə artırmaqla bağlı idi. Fasilitator izah etdi ki, artıq oktyabr ayı olduğundan, işçilərin çoxu cəmi bir neçə ay ərzində maksimum uyğunluğu əldə etmək üçün lazım olan 17,500 dollara qənaət etməkdə çətinlik çəkəcək. gülümsədim. O, mənim necə bir insan olduğumu başa düşmürdü. Mən çoxları kimi deyildim.

Maliyyə müstəqilliyinə nail olmaq mənim üçün ən vacib şeylərdən birinə çevrildi və mən buna aludə oldum. Maliyyə müstəqilliyinə nail olduğum 2014-cü ildən 2020-ci ilə qədər bu, saat mexanizmi kimi idi: İcra et, öyrən, təcrübə et, tənzimlə, sonra daha çox icra et. Mən strateji olaraq otaq yoldaşları ilə yaşayaraq xərcləri optimallaşdırmaq üçün ən yaxşı mənzilləri tapdım. İşə yaxın yaşadığım üçün maşın almaqdan bezmirdim; Bunun əvəzinə avtobusa və ya velosipedimə güvənirdim və yalnız həftə sonları lazım olduqda avtomobil icarəyə götürürdüm. Səyahət xərclərimi subsidiyalaşdırmaq üçün ballardan istifadə etmək üzrə ekspert oldum. Demək olar ki, bütün yeməklərim Google-da həzz alırdı, bu da bahalı yemək vərdişinə ehtiyacı aradan qaldırırdı. İdman zalı üzvlüyünü atladım və Google-da idman zalı imkanlarından istifadə etdim. Mən bir neçə dəfə vəzifəyə yüksəldim. Mən xoşbəxt idim və çox əylənirdim. **Gündəlik tədbirlər görmək və xalis sərvətimi izləmək planımın vacib hissələri idi** . Mən karyeram boyu ardıcıl olaraq əmanət hədəflərimə çatdım və 2020-ci ildə 35 yaşında maliyyə cəhətdən müstəqil oldum.

Maliyyə müstəqilliyim səyahətimdə dönüş nöqtəsi 2014-cü ilin o gözəl avqust və sentyabr ayları oldu ki, mən maliyyə müstəqilliyinə aşiq oldum, gələcəyim üçün həqiqətən həyəcanlandım və oraya çatmaq üçün aydın məqsədlər qoydum. Maliyyə müstəqilliyi gələcək arzularınıza daha tez çatmaq qabiliyyətini açan açardır, çünki bu arzular çox vaxt əlaqəli xərclərlə gəlir. Xoşbəxtlikdən, mən artıq bir sənayedə idim - texnologiyada idim ki, performansa əsaslanan əhəmiyyətli səhm qrantları və promosyonlar üçün geniş imkanlar təmin etdi.

İnsanlar tez-tez mənə "pensiya üçün lazım olan məbləği necə hesablaya bilərəm?" kimi şəxsi maliyyə sualları ilə müraciət edirlər. və ya "Məqsədlərimə çatmaq üçün nə qədər qənaət etməliyəm?" və ya "Ən yaxşı investisiya hansıdır?" Bu sualların cavabları internetdə asanlıqla tapıla bilər. Maliyyə müstəqilliyinə nail olmaq üçün lazım olan bütün məlumatlar artıq oradadır. Şəxsi maliyyə ilə bağlı minlərlə, bəlkə də milyonlarla kitab, bloq, kurs, podkast, video və məqalələr var. Artıq pensiya üçün nə qədər ehtiyacınız olduğunu təxmin etmək, pula necə qənaət etmək, hədəflərinizə çatmaq üçün edə biləcəyiniz müxtəlif investisiya növləri və s. haqqında çoxlu məlumat mövcuddur.

Bununla belə, insanların bu məlumatı tapmaqda çətinlik çəkmələrinin səbəbi, onların öz maliyyə səyahətləri ilə bağlı hələ kifayət qədər həyəcan və motivasiyanın formalaşmamasıdır . Buna görə də, fərdlərin özlərinə verməli olduqları sual, gələcək həyatları ilə bağlı bu dərin marağı və həvəsi necə alovlandırmaq və maliyyənin onların unikal baxışlarını dəstəkləmək üçün katalizator rolunu oynaya bilməsidir. Həqiqətən bir şey üçün həyəcanlandığınız zaman pərdə qalxır və birdən məlumat hər yerdə görünür. Ehtiyacınız olan resurslar diqqət mərkəzində olur və siz maliyyə müstəqilliyinizə doğru yol göstərə biləcək müdriklik və fikirlərə daha çox həssas olursunuz. Bu həyəcanı inkişaf etdirmək şəxsi səyahətdir. Bu, ideal gələcəyinizi təsəvvür etmək, mənalı məqsədlər qoymaq, maliyyə qərarlarınızda məqsəd tapmaq və ya maliyyə uğuru əldə etmiş başqalarından ilham almağı əhatə edə bilər.

Maliyyə səyahətinizdə sizi həqiqətən nəyin həyəcanlandırdığını araşdırmaq üçün vaxt ayırın. Maliyyə müstəqilliyinin həyatınıza gətirə biləcəyi imkanları və onun təklif edə biləcəyi azadlığı təsəvvür edin. Söhbətlərə qoşulun, icmalara qoşulun və artıq bu yola qədəm qoyanların hekayələrinə və təcrübələrinə qərq olun. Ehtirasınızı və motivasiyanızı bəsləməklə siz maliyyə müstəqilliyinizə can atan güclü bir qüvvə yaradacaqsınız. Unutmayın, axtardığınız məlumat artıq oradadır və onu qəbul etməyinizi gözləyir. Həyəcanınızı və motivasiyanızı inkişaf etdirməklə siz unikal maliyyə uğur hekayənizi yaratmaq üçün lazım olan çoxlu bilik və resursları açırsınız. Mövcud məlumatların zənginliyini tədqiq edərkən və maliyyə müstəqilliyinin gələcəyinə doğru transformativ səyahətinizə başlayanda həvəsinizin sizə rəhbərlik etməsinə icazə verin.

Həqiqət budur: maliyyə müstəqilliyinə nail olmağın heç bir sirri yoxdur. Bu kitabı bir sirr ümidi ilə almısınızsa, sürpriz edin! Biri yoxdur. Kitabı qaytarmayın [Gülümsəyin]. Bunun əvəzinə, maraqlı gələcək həyatı təsəvvür etməyə başlayın və orada olan məlumatları axtarmağa başlayın. Öyrənmə əyrisi heç vaxt bitməzdir. Mən hələ də bütün bu illər ərzində şəxsi maliyyəyə aşiqəm. Cəmi bir neçə saat əvvəl müraciət etməyi planlaşdırdığım kredit kartını araşdırmağa saat yarım vaxt sərf etdim. Təsəvvür edin ki, 2014-cü ildə bu həyəcana bütün bu illər ərzində tab gətirmək üçün nə qədər həyəcanlı idim.

Bütün bu kitabın mahiyyəti budur. Biz qısa yollar, gümüş güllələr, gizli souslar, sehrli düsturlar, sehrli lobya, qızıl açarlar və ya super xüsusi sehrli investisiya strategiyaları təklif etmirik. Bütün bunlar boş şeylərdir. Sizi etməyə təşviq etdiyimiz şey arzuladığınız həyatı təsəvvür etmək və sizi oraya çatdıracaq gündəlik planı həyata keçirmək üçün cəsarət toplamaqdır.

Achani Samon Biaou: Vay. Super sitat anlar. Səyahətinizi bizimlə bölüşdüyünüz üçün çox sağ olun. Bizi o həyəcanı ilk dəfə hiss etdiyiniz o ana qaytara bilərsinizmi? Sizi bu qədər həyəcanlandıran nə idi?

Olumide Ogunsanwo: Həyatda daha işləməyə ehtiyac duymadığım bir nöqtəyə çata biləcəyimi anlayanda həyəcanlandım. Ömrümün sonuna qədər məni dolandırmaq üçün kifayət qədər maliyyə resurslarım olardı. Bu fikir içimdə güclü bir qığılcım alovlandırdı. Bu, əvvəllər heç vaxt belə aydınlıq və sadəliklə düşünmədiyim bir vəhy idi. Mən bunu əlçatmaz bir arzu kimi görməkdənsə, onu real və əldə edilə bilən bir məqsəd kimi təsəvvür etməyə başladım. Mən heç vaxt maliyyə cəhətdən müstəqil olan və ya erkən təqaüdə çıxan heç kəsə rast gəlməmişəm. Mən heç vaxt işini tərk edərək özünü rahat hiss edən insanla rastlaşmamışam. Heç vaxt. Konsepsiya mənə tamamilə yad idi.

Keçmiş təcrübələrim üzərində düşünərək anladım ki, mən şəxsi inkişaf dövrlərindən keçdim, dünyagörüşümü genişləndirdim və ictimai normalara meydan oxudum. Məsələn, mən müstəqil düşüncə səyahətinə çıxdım və ateizmi kəşf etdim, məndə kök salmış dini inancları şübhə altına aldım və bütün dini şeylərin uydurma olduğunu kəşf etdim. Eynilə, mən seçimlərimi yenidən qiymətləndirərək və onları dəyərlərimlə uyğunlaşdıraraq vegetarian olmaq üçün şüurlu bir qərar verdim. Bu keçmiş dəyişikliklər və onların gətirdiyi əhəmiyyətli dəyişikliklər məndə həyəcan hissi və həqiqətən araşdıracağıq). Nümunəvi dəyərlərə əsaslanan xərclərin nəyə bənzədiyini anlamaqla başlayın və müvafiq nümunələrlə tanış olun. Məsələn, mən Dubayda ayda 800 dollara yaşamağa müvəffəq oldum, Olumide isə otaq yoldaşları olmaqla və işə yaxın yaşamaqla Kaliforniya kirayəsini optimallaşdırdı. Bu, həqiqi dəyərlərə əsaslanan xərclərin fokuslanmış xarakterini nümayiş etdirir.

Öz həyatınızı düşünün və yaxşılaşdırmaq üçün bir cəhətə üstünlük verin. Başqalarını kopyalamaqdansa, özünüz üçün fərdi strategiya yaradın. Məsələn, dəyərlərə əsaslanan xərclər nəqliyyat xərclərini sıfıra endirmək deməkdirsə, qarşıya məqsəd qoyun və pulsuz avtobus xidmətindən istifadə etmək kimi strategiya hazırlayın. Müəyyən bir vaxtda oyanmaq və avtobus səyahətinizə çıxdığınız üçün ilk gün çətin ola bilər. Avtovağzala gedərkən və avtobusa minərkən özünüzü müşahidə edin. Baş verənləri və yaşadığınız hissləri qeyd edin. Hansı müsbət hissləri qəbul edəcəyinizi və hansı mənfi hissləri aradan qaldıracağınızı müəyyənləşdirin. Növbəti gün təkrarlamaq və düzəlişlər etmək üçün bir məqsəd qoyun. İterasiya və düşünmə yolu ilə siz dəyərlərə əsaslanan xərcləmə təcrübənizi davamlı olaraq təkmilləşdirə bilərsiniz.

Olumide Ogunsanwo: Bu dəyərli fikri paylaşdığınız üçün təşəkkür edirəm, Samon. Şəxsi inkişaf və xərclər haqqında misal verdiyiniz üçün, mən də özümü təkmilləşdirməyin gəliri necə artıra biləcəyinə dair bir misal verim. Tutaq ki, 35 yaşınız var və sıfırdan başlayaraq 3 milyon dollarlıq hədəf xalis sərvətlə 50 yaşına qədər maliyyə müstəqilliyinə nail olmağı hədəfləyirsiniz.

Əgər siz bu uzunmüddətli məqsəd üçün həqiqətən həyəcanlısınızsa, növbəti addıma keçə bilərsiniz: qısamüddətli dərhal hədəflər təyin etmək. Tutaq ki, siz 3-cü ilə qədər ildə 100.000 dollar qənaət etməlisiniz, lakin siz hazırda cəmi 3.000 dollar qənaət edirsiniz. Aydındır ki, hazırkı vəziyyətinizlə istədiyiniz nəticə arasında uçurum var. Bu boşluğu aradan qaldırmaq üçün maliyyə vəziyyətinizi yaxşılaşdırmaq üçün gündəlik, aylıq və müntəzəm olaraq edə biləcəyiniz xüsusi tədbirləri müəyyənləşdirməlisiniz.

Bu mərhələdə şəxsi inkişaf mühüm əhəmiyyət kəsb edir, çünki siz bacarıqlarınızı artırmaq, biznesinizi genişləndirmək və ya daha yüksək əmək haqqı qazanmaq yollarını formalaşdırmağa başlayırsınız. Şəxsi inkişaf strategiyaları biznes sahiblərinin əməkdaşlıq edə və fikir mübadiləsi apara biləcəyi bir sahibkar qrupunun yaradılmasını əhatə edə bilər. Bu, həmçinin arzuladığım şeyə nail olmaq imkanına inam aşıladı. Həyəcanlanmaq mənim üçün çox asan idi və maliyyə müstəqilliyinə can atmaq mənim ömürlük müstəqil düşüncə və şəxsi inkişaf səyahətimin təbii davamı oldu.

Achani Samon Biaou: Təsəvvür edə bilərəm ki, bir çox insan özünü ilişib hiss edir. Onlar maliyyə müstəqilliyi ideyası ilə rezonans doğurur və bununla bağlı həyəcanı yaşamaq istəyirlər, lakin necə davam edəcəklərini və ya hansı tədbirləri görəcəklərini bilmirlər.

Olumide Ogunsanwo: Yaxşı, mən 5C fəslinin əvvəlində məqsəd qoyma ilə bağlı bir çox təfərrüata girdim, lakin gəlin burada yenidən başqa bir nümunəyə dalaq. Bu hissə xüsusi olaraq ətraflı məlumatı qiymətləndirənlər üçündür. Budur, izləyə biləcəyiniz bəzi addımlar:

Addım 1 (görmənin yaradılması): Gələcək həyatınızı təsəvvür etməklə başlayın. Təsəvvür edin ki, bir neçə il ərzində həyatınızın necə görünməsini istəyirsiniz. Bir nümunə yaradaq. Tutaq ki, siz vaxtınızı Paris və London arasında bərabər bölüşdürmək istəyirsiniz, üç uşaqla gözəl üç otaqlı evdə yaşayırsınız. Hal-hazırda 40 yaşınız var və 55 yaşa qədər bu həyat tərzinə nail olmağı hədəfləyirsiniz.

Addım 2 (FI hədəfinin hesablanması): İnternetə gedin və bu təfərrüatları pensiya kalkulyatoruna daxil edin. Pensiya kalkulyatoru istədiyiniz pensiya yaşınız (55), cari xərcləriniz (bu bazanı qiymətləndirmək üçün cari xərclərinizi izləməlisiniz) və gələcək xərcləriniz (gələcək baxışınızın hissələrinin dəyərini araşdıraraq təxmin edə bilərsiniz) haqqında soruşacaq. məsələn, Londonda üç otaqlı mənzilin qiymətini tapmaq üçün axtarış edə bilərsiniz €750,000). Tutaq ki, pensiya kalkulyatoru 15 il ərzində 2,8 milyon avroya ehtiyacınız olacağını göstərir. Bu, FI hədəfiniz və tarixiniz olur. Alternativ olaraq, gələcək xərcləriniz əsasında FI hədəfinizi üçbucaqlaşdırmaq üçün 5C fəslində müzakirə olunan 3%-4% əsas qaydadan (25X-33X çox) istifadə edə bilərsiniz.

Addım 3 (Məqsəd təyini): FI hədəfinizə və tarixinizə çatmaq üçün xüsusi məqsədlər yaradın. FI hədəfinə çatmaq üçün gəlir və qənaət planı hazırlayın. Əgər 15 il ərzində 2,8 milyon avroya nail olmağın demək olar ki, qeyri-mümkün olacağını düşünürsünüzsə, plan yaratmazdan əvvəl hədəf nömrənizi və tarixinizi dəyişə bilərsiniz. Hədəf tarixinizi və nömrənizi dəyişdirmək aşağıdakı kimi dəyişənlərin tənzimlənməsini əhatə edə bilər:

1) Vaxt qrafikinin dəyişdirilməsi (bəlkə 15 ildən 30 ilə qədər uzadılması).

2) Tercih etdiyiniz yerin dəyişdirilməsi (Parisdən kənarda daha ucuz şəhər nəzərə alınmaqla) 3) Yaşayış planlarınızı tənzimləmək (üç otaqlı ev əvəzinə daha kiçik bir otaqlı mənzili seçmək).

Addım 4 (Gündəlik fəaliyyətlər və icra): Qısamüddətli planlar qurun və uzunmüddətli maliyyə müstəqilliyi məqsədlərinizə çatmaq üçün gündəlik tədbirlər həyata keçirin. Bu, uzunmüddətli hədəflərinizi hər il üçün daha kiçik, əldə edilə bilən addımlara bölmək deməkdir. Məsələn, birinci ildə 84.000 avro qazanmalı və bu gəlirin 50%-ni qənaət etməlisiniz. Bunun üçün 84.000 avro ödəyən iş tapmaq (və ya biznes qurmaq) və gəlirinizin 50%-nə qənaət etmək üçün xərcləri azaltmaq yollarını müəyyənləşdirmək lazımdır.

Çeviklik əsasdır. Parisdə yaşamaq və ya üç otaqlı evə ehtiyac duymaq kimi planınızın xüsusi aspektlərinə bağlanmaq, fərqli həyat tərzi seçmək çevikliyiniz olduğundan daha çox onilliklər işləməyinizə səbəb ola bilər.

Achani Samon Biaou: Mən sizin təqdim etdiyiniz nümunəni sevirəm və icazə verin, ondan bəzi prinsiplər çıxarmağa çalışım. Birinci prinsip odur ki, həyəcan mənalı bir vizyon qurmaqla başlayır. Həyəcan içəridən gəlməlidir və sizi güclü şəkildə motivasiya etməlidir. Baxışınız həqiqətən daxili dəyərlərinizə və arzularınıza uyğundursa, zamanın sınağına tab gətirəcəkdir. Bununla belə, əgər siz sadəcə olaraq başqasını təqlid etmək və ya trendi izləmək üçün bir vizyon və məqsədlər qoyursanız, həmin şəxs və ya tendensiya sönəndə və ya həqiqətən məqsədə çatdığınız zaman özünüzü yerinə yetirilməmiş hiss edə bilərsiniz.

Özünü dərk etmək ilk addımdır. Təcrübənizdən eşitdiyim ikinci şey çevikliyin vacibliyidir ki, mən bunu əsasçılıq kimi qələmə vermək istərdim. Xülasə etmək üçün: daxildən bir vizyon axtarmaqla başlayın; ikincisi, maliyyənizi planlaşdırmaq üçün essentializmi qəbul edin; üçüncüsü, icra intizamını qorumaq. Aydın məqsədləriniz olduqda, ən sürətli qaçışçı olmaq üçün Usain Bolt məşqi kimi olur. Bunun sehri yoxdur. FOMO-ya tab gətirməyin (Fear of missing Out), çünki sizdə həqiqətən ehtiraslı olduğunuz daha böyük bir şey var.

Olumide Ogunsanwo: Hara getdiyinizi bildiyiniz zaman FOMO-ya sahib olmanız üçün heç bir səbəb yoxdur. Tutaq ki, üç otaq yoldaşınız var və kirayə pulunuz 2000 dollardır. İndi sən dostunun evinə get. Gözəl yerdir, amma onun kirayəsi 6000 dollardır. Dostunuzun 86 yaşında pensiya planı ola bilər, bəs məqsədiniz 46 yaşında təqaüdə çıxmaq olarkən niyə eyni bahalı mənzildə yaşamaq istəyirsiniz?

Dostunuzla eyni genetika, dəyərlər, keçmiş və məqsədlərə sahib deyilsinizsə, niyə onun qərarlarını kopyalayırsınız? Onun qərarları mütləq sizin deyil, onun məqsədləri üçün məna kəsb edir. Dostunuza 46 yaşında təqaüdə çıxmaq istədiyinizi söyləsəniz, hətta onu təqlid etdiyinizə təəccüblənərdi.

Biznes məktəbindən sonrakı karyera bölməsini yekunlaşdırmaq üçün icazə verin sualı cavablandırım: "Maliyyə müstəqilliyim buna dəyər idimi?" Nəinki buna dəyərdi, həm də həyatımda etdiyim ən yaxşı şeylərdən biridir. İş arasında keçirdiyim iki aylıq fasiləyə görə çox minnətdaram. Bu, mənə gələcəyim haqqında xəyal qurmağa və bu xəyalı reallığa çevirmək üçün bir plan yaratmağa imkan verdi. Google-da işləmək inanılmaz təcrübə idi. Mən əhəmiyyətli layihələr üzərində işlədiyim və daim yeni şeylər öyrəndiyim Google Bizops-un bir hissəsi idim.

Əgər siz maliyyə müstəqilliyi əldə etməyi düşünürsünüzsə, lakin evinizi ixtisar etmək və ya avtomobilinizi satmaq kimi həyatda böyük dəyişikliklər etməkdən narahatsınızsa, icazə verin sizi əmin edim ki, bu, sonda buna dəyər. Maliyyə müstəqilliyinə nail olmaq sizə maliyyə stressi yükü olmadan öz şərtlərinizlə yaşamaq azadlığı və çeviklik verir. Hazırkı işinizi sevsəniz belə, daha çox seçimə sahib olmaq və maliyyə öhdəlikləri ilə tələyə düşməmək daha yaxşıdır. Meneceriniz, komandanız, mədəniyyətiniz və maaşınız kimi işinizi sevdirən amillər hər an dəyişə bilər. Bu gün sevdiyiniz iş və ya biznes sabah sizin ən böyük kədər mənbəyiniz ola bilər. Mümkün qədər tez maliyyə cəhətdən müstəqil olmaq üçün plan yaradaraq, mərcinizi hedcinq etməklə özünüzü qoruyun.

Siz sadəcə pul üçün işləməli olduğunuz və müdirinizin və ya menecerinizin sizi bəyənib-bəyənmədiyini daim vurğuladığınız bir vəziyyətdə olmaq istəmirsiniz. Maliyyə müstəqilliyi ilə bağlı risklər olsa da, işiniz və cari trayektoriya ilə bağlı risklər də var. Nəhayət, seçim etmək sizin ixtiyarınızdadır.

İndi icazə verin, bütün bu müxtəlif parçaları bir yerə yığım. Mənim öz şərtlərimlə müstəqillik və azadlıq həyatı təsəvvürüm var idi. Mən bu vizyona uyğun konkret məqsədlər yaratdım. Məqsədlərdən biri maliyyə cəhətdən müstəqil olmaq və müxtəlif şəhərlərdə yaşamaq, səyahət etmək, istədiyiniz kimi pul xərcləmək və şəxsi layihələrlə məşğul olmaq kimi rahat həyat tərzindən həzz almaq idi. Bu məqsədlərə həmçinin mənzil, uşaqlar, təhsil və digər əlaqəli xərclər kimi xərclər üçün təxminlər daxildir. Bu o qədər vacibdir ki, məqsədlərimə çatmaq üçün istifadə etdiyim bəzi yüksək səviyyəli strategiya və taktikaları müzakirə edəcəyəm.

ESI Pul [7]və Maliyyə Mentorunun [8](Todd Tresidder) çərçivələrini birləşdirərək hazırladığım ESIPL (Earning, Saving, Lnvesting, Protecting və Legacy) adlı strategiya hazırladım .

Qazanc : Mənim qazanc strategiyam sadə idi - İşimdən promosyonlar, bonuslar və səhm qrantları əldə etmək üçün yaxşı çıxış edərək mümkün qədər çox pul qazanın. Mən həmçinin daşınmaz əmlak və sahibkarlıq kimi digər qeyri-iş gəlir gətirən variantlarla bağlı bəzi araşdırmalar apardım, nəticədə əsas gəlir mənbəyim kimi işimə diqqət yetirməyə qərar verdim. Bu qərar, mənim işimdən aldığım illik maaşımın artıq bir neçə yüz minlərlə dollara çatması və digər alternativlərlə müqayisədə onu daha gəlirli varianta çevirməsi ilə əsaslandırılmışdı (biz 6C fəslində gəlirin maksimumlaşdırılması strategiyalarını daha dərindən araşdıracağıq).

Tələb : Əvvəldə qeyd etdiyim kimi, mən ümumi əmək haqqımın 50%-ni və ya vergidən sonrakı maaşımın 90%-ni qənaət etməyi hədəfləmişəm.

Achani Samon Biaou: Bu, olduqca aqressiv bir hədəf idi.

Olumide Ogunsanwo: Bəli, bu, aqressiv idi, lakin mütləq həyata keçirilə bilərdi. Məqsədimə və gələcəyimin parlaq vizyonuna lazerlə fokuslanmışdım. Nəyə nail olmaq istədiyimi dəqiq bilirdim və xəyal etdiyim gələcəyə çatmaq üçün güclü bir motivasiya hiss etdim. Mən dəyərlərə əsaslanan xərcləmə prinsipini qəbul etdim, xərclərimi mənə həqiqətən sevinc və məmnunluq gətirən şeylərlə diqqətlə uyğunlaşdırdım. Əmanətlərimə ən çox mənzil xərcləri təsir etdi. Otaq yoldaşlarım olduğu üçün bütün karyeram üçün kirayə haqqım ayda 1000-1500 dollar idi. İşə getmək üçün Google avtobusuna mindiyim və yeməklərimin çoxunu kampusda yediyim üçün nəqliyyat xərclərim və yemək xərclərim minimal idi. Özümü əsirgəmədən əla vaxt keçirdim. Mühacir olduğum üçün insanların qənaətcilliyə üstünlük verməyə adət etdiyi inkişaf etməkdə olan ölkədə böyüməyin üstünlüyünə sahib idim. Bu fon mənim üçün daha az xərcləmə düşüncəsini mənimsəməyi asanlaşdırdı, eyni zamanda hələ də doyurucu bir həyatdan zövq aldı.

7. https://esimoney.com/

8. https://www.financialmentor.com/

Achani Samon Biaou: Bu fikirləri paylaşdığınız üçün təşəkkür edirik. Mən bir neçə şeyi daha dərindən öyrənmək istərdim. Siz gəlir və xərc strategiyalarınızı qeyd etdiniz. Gəlir tərəfində siz yalnız işinizə diqqət yetirdiniz ki, bu da texnologiya sahəsində yüksək maaşlı işinizi və sahəyə olan həvəsinizi nəzərə alaraq məna kəsb edirdi. Bununla belə, başqaları üçün gəlirin diversifikasiyası daha uyğun yanaşma ola bilər.

Olumide Ogunsanwo: Texnologiyada yüksək maaşım və sahəyə olan sevgimlə, mənim əsas gəlir mənbəyim kimi işimi prioritetləşdirməyim məntiqli idi. Mən texnologiyanı sevirəm. Mən texnoloji şirkətləri araşdırdığım və gecələr və həftə sonları bu barədə oxuduğum podkast (Afrobility) yaratdım. Ancaq maaşım 48.000 dollar olsaydı, pul qazanmağın başqa yollarını araşdırardım. Bir işə diqqət yetirmək bəziləri üçün məntiqli ola bilər, lakin bu, hər kəsə uyğun strategiya deyil. Seçiminiz yaşınız, bilik bazanız, şəbəkəniz, imkanlarınız, məqsədləriniz, maaşınız, irəli çəkilmə potensialınız, muxtariyyət ehtiyacınız və digər müvafiq amillərdən asılı olmalıdır.

Achani Samon Biaou: Xərc tərəfində siz dəyərlərə əsaslanan xərcləri necə həyata keçirdiyinizi qeyd etdiniz. Bir az ləzzət vermək üçün istifadə etdiyiniz bəzi hiylələr haqqında danışa bilərsinizmi?

Olumide Ogunsanwo: Əlbəttə. Buna həsr olunmuş bütöv bir 6C fəslimiz olacaq, amma indi hekayəmin kontekstində bu barədə bir az danışa bilərəm. Əksər insanlar üçün ən böyük xərclər vergilər, mənzil və nəqliyyatla bağlıdır. Təəssüf ki, karyeramın çox hissəsini ofisdə olduğum üçün vergilərimi optimallaşdıra bilmədim. Bu, əsasən düzəldildi. Bir çox insanlar vergilərinin yalnız iş vəziyyətləri ilə müəyyən edildiyini düşünürlər, lakin bu həmişə belə deyil. Təcrübəmə görə, karyeramın çox hissəsi üçün təxminən 40% vergi ödəmək mənim ümumi əmanət nisbətimi 50% -dən yuxarı qaldırmağı çətinləşdirdi.

İkinci məqam mənzildir. Mənim əmək haqqım aralığında və ya yaşımda olan bir çoxları San-Fransiskoda kirayə və ya ipoteka üçün ayda 3000-6000 dollar xərcləyirdilər. Mən bunu etməyə razı deyildim. 27 yaşımda biznes məktəbini bitirdiyim vaxtdan 35 yaşımda maliyyə cəhətdən müstəqil olana qədər aylıq kirayə haqqımı 1000-1500 dollar arasında saxlamışam. Mənim 1000-1500 dollarlıq kirayə xərclərimi 3000-6000 dollar xərcləyən biri ilə müqayisə etsəniz, bu aylıq boşluq təxminən 2000 dollardır. 8 il ərzində birləşən 4500 dollara qədər əhəmiyyətli fərq yaradır. Təkcə bu, mənim 30-cu illərimlə 50-ci illərim arasında maliyyə müstəqilliyinə nail olmaq arasında müəyyənedici amil ola bilər. Otuzlu yaşlarımın əvvəllərində otaq yoldaşlarım var idi, bu, hamıya xoş gəlməyə bilər, amma bu mübadilə məni çox sevindirdi, çünki bu, maliyyə vəziyyətimi sürətləndirdi və mənə bu gün sahib olduğum azadlıq həyatı verdi.

Nəqliyyata gəlincə, işdən 15 dəqiqəlik məsafədə mənzildə yaşadığım üçün maşına ehtiyacım yox idi. Mən ya Google avtobusuna mindim, ya da piyada getdim, nəticədə nəqliyyat xərcləri demək olar ki, sıfır oldu. Ən çox həftə sonlarını maşın icarəyə götürəcəyim San-Fransiskoda keçirməyə başlayanda xərclər bir qədər artdı. Hətta o zaman Google avtomobillərin kirayəsi üçün əla endirimlər təklif edirdi və mən adətən kirayə maşınlar üçün gündə 10-30 dollar ödəyirdim.

Bütün xərcləmə seçimlərim dəyərlərimə uyğun idi.

Achani Samon Biaou: Siz hekayənizdə vacib bir məqama toxundunuz. İş seçimlərini nəzərdən keçirərkən, hər şeyə təcrid olunmuş şəkildə baxmamaq çox vacibdir. İşin faydalarının maliyyə müstəqillik strategiyanıza uyğun olub olmadığını yoxlayın.

Olumide Ogunsanwo: Bütün bunlar sistem əsaslı düşüncə ilə bağlıdır. Hər şey bir-birinə bağlıdır. Əslində, mənzil və nəqliyyat xərclərinin bir-biri ilə sıx bağlı olduğunu bildiyim üçün işə yaxın olmaq istədiyim üçün mənzilimi seçdim. Eynilə, vergilər yerdən təsirlənir və uzaqdan iş bu baxımdan daha çox çeviklik təmin edir. Hər şeyə bütünlüklə bir sistem kimi baxın.

Achani Samon Biaou: Bunu paylaşdığınız üçün təşəkkür edirik. Dediklərinizdən əldə etdiyim iki anlayışı vurğulamaq istəyirəm: sistem düşüncəsi və dəyərlərə əsaslanan planlaşdırma.

Sistem düşüncəsi: İş axtararkən təkcə maaşı deyil, həm də işin xərcləri azaltmağınıza necə kömək edə biləcəyini nəzərə alın. Məsələn, əgər siz startapda işləməyi düşünürsünüzsə, şirkətin trayektoriyasına əsasən daha çox kapital və ya nağd pul almağa üstünlük verdiyinizi düşünün. Əlavə olaraq, uzaqdan işləmək bacarığı kimi pulsuz yeməklərdən başqa dəyərlərinizə uyğun gələn üstünlüklərə baxın. Bu mülahizələr pulsuz yemək kimi səthi faydalardan daha çox əhəmiyyət kəsb edir.

Olumide Ogunsanwo: Uzaqdan işləmək, tez-tez həddən artıq qiymətləndirilən pulsuz yeməkdən daha dəyərlidir. Öz yeməkləriniz üçün pul ödəməli olsaydınız, gündə iki dəfə yemək üçün təxminən 15 dollar xərcləmiş olarsınız və gündə 30 dollar xərcləmiş olarsınız. İldə 200 iş günü ilə bu, 6000 ABŞ dolları deməkdir. Yeməklərinizi bişirsəydiniz, daha da ucuz olardı. Şirkətlərin iş günlərində təklif etdiyi pulsuz yeməyin dəyəri ildə təxminən 6000 dollardır. Uzaqdan işləmək, daha aşağı vergilər və təkcə kirayə haqqı hesabına asanlıqla on minlərlə dollara qənaət edə bilər. Gündə 3-5 yemək sifariş edən və ya hər yemək üçün 50-70 ABŞ dolları arasında həddən artıq yüksək qiymətlər ödəməyincə, pulsuz yeməyi əhəmiyyətli bir üstünlük kimi əsaslandırmaq çətindir.

Achani Samon Biaou: Sistem təfəkkürü nöqteyi-nəzərindən, təkcə işin nə qədər maaş verdiyinə deyil, həm də onun təmin etdiyi faydalara diqqət yetirmək vacibdir. Eyni şəkildə, əsas ehtiyaclarınızdan kənar xərcləri nəzərdən keçirərkən, onlar potensial olaraq indi daha çox pul qazana və ya gələcəkdə qazanc potensialınızı artıra biləcək investisiyalar olmalıdır.

Olumide Ogunsanwo: Mən hər il 5-15 beynəlxalq səfər edirdim. Səyahət zamanı bu qədər pula necə qənaət etdiyimi düşünə bilərsiniz. Xərclərimin dəyərini maksimum dərəcədə artırmağa imkan verən kredit kartı sistemləri və tez-tez səyahət nöqtələri haqqında öyrəndim. **Xərclərinizi izləməyin** vacibliyini də müzakirə etməliyik . Xərclərinizi diqqətlə izlədiyiniz zaman daha az xərcləyəcəksiniz, çünki rəqəmləri görmək düşüncə tərzinizdə dəyişikliyə səbəb ola bilər. Məsələn, qəhvə xərcləmələrinizi izləyirsinizsə və keçən ay Starbucks-da 485 dollar xərclədiyinizi başa düşsəniz, bu, həqiqətən qəhvədən bu qədər həzz aldığınızı şübhə altına ala bilər. İndi ESIPL çərçivəsinə qayıdaq:

edirəm **:** Mən investisiya variantlarını araşdırdım və şəxsi vəziyyətimlə uyğun gələn birja investisiya strategiyası üzərində qərar verdim. Gəlin, zəhmətlə qazandığınız pulunuzu artırmaq üçün məlumatlı qərarlar qəbul etməyə imkan verən əsas investisiya variantlarını nəzərdən keçirək:

1) Səhmlər (səhmlər): Şirkətlərdə mülkiyyəti təmsil edən ictimai səhmlərə investisiya edin. Səhmlərə investisiya qoyuluşu əhəmiyyətli gəlirlər üçün potensial təklif edir, lakin şirkətə xas, makroiqtisadi, sistemli, siyasi, tənzimləmə və dividend riskləri də daxil olmaqla müxtəlif risklərlə müşayiət olunur.

2) İstiqrazlar (sabit gəlir): Kapital artırmaq üçün hökumətlər və korporasiyalar tərəfindən verilən kreditlər olan istiqrazlara investisiya edin.

İstiqrazlar sabit gəlir və kapitalın qorunmasını təmin etməklə yanaşı, faiz dərəcələrinin dəyişməsi, alıcılıq qabiliyyətini aşındıran inflyasiya, likvidlik problemləri və kredit riski kimi müxtəlif risklərə də məruz qalır.

3) **Daşınmaz əmlak:** Yaşayış evləri, kommersiya binaları və ya torpaq kimi fiziki əmlaka sərmayə qoyun, icarə gəlirləri və ya kapitalın bahalaşması yolu ilə gəlir əldə etmək ümidi ilə. Bununla belə, daşınmaz əmlak investisiyaları bazar dəyişkənliyi, qeyri-likvidlik və əmlakın idarə edilməsi xərcləri kimi risklərlə gəlir.

4) **Nağd pul (likvid aktivlər):** Vəsaitlərinizə faiz qazanmaq üçün təhlükəsiz və aşağı riskli seçim təmin edən əmanət hesabları, depozit sertifikatları (CD) daxil olmaqla yüksək likvidli aktivlərə investisiya qoyun. Faiz dərəcələri dəyişir və mərkəzi bank siyasəti, bazar tələbi/təklifi, inflyasiya, bank rəqabəti və hesab növündən təsirlənir. Bəzi digər investisiya variantları ilə müqayisədə daha aşağı gəlir təklif edə bilsə də, sizə likvidlik və təhlükəsizlik təmin edir.

5) **Private Equity (PE):** İnvestorların ya bütöv bir şirkəti və ya şirkətdəki payı əldə etmək üçün öz kapitallarını birləşdirdikləri PE fonduna sərmayə qoyun. PE sərmayələri mürəkkəb və qeyri-likvid ola bilər, buna görə də adətən potensial uzunmüddətli gəlirlər üçün daha yüksək riskə malik yüksək xalis dəyərli şəxslər üçün uyğundur.

6) **Müəssisə kapitalı (VC):** VC firmaları tərəfindən idarə olunan birləşdirilmiş fondlar vasitəsilə erkən mərhələdə, yüksək inkişaf edən şirkətlərə investisiya qoyun. Əhəmiyyətli gəlir potensialı ilə yüksək risklidir, eyni zamanda qeyri-likvidlik, yüksək ödənişlər və bütün investisiyanı itirmək ehtimalı ilə xarakterizə olunur.

7) **Mələk sərmayəsi:** İlkin mərhələdə özəl bizneslərə birbaşa investisiya qoyun. Mələk sərmayəsi investisiyanın çox riskli formasıdır, eyni zamanda çox yüksək gəlir potensialına malikdir. Hərtərəfli araşdırma və lazımi araşdırmanın aparılması çox vacibdir, çünki fərdlər öz kapitallarını peşəkar VC fond menecerləri vasitəsilə deyil, birbaşa investisiya edirlər.

8) **Kriptovalyutalar:** Təhlükəsizlik üçün kriptoqrafiyadan istifadə edən mərkəzləşdirilməmiş rəqəmsal aktivlər olan kriptovalyutalara investisiya qoyun. Bitcoin və Ethereum kimi kriptovalyutalara investisiya qoymaq əhəmiyyətli dəyişkənlik və risk daşıyır. Kriptovalyutalar nisbətən yeni və sürətlə inkişaf edən aktiv sinfidir, buna görə də tənzimləyici inkişaflar

haqqında məlumatlı olmaq faydalıdır.

9) Əmtəə: Neft, qızıl və buğda kimi xammala sərmayə qoyun. Əmtəə qiymətləri vəhşi şəkildə dəyişə bilər, ona görə də onlar yüksək riskli investisiya hesab olunur.

10) Xarici valyuta (FX): Valyutaları al və sat. Bu, çox riskli bir investisiya ola bilər, həm də yüksək gəlir gətirmə potensialına malikdir.

11) Kolleksiya əşyaları: Nadir sikkələrdən tutmuş təsviri sənətə qədər kolleksiya əşyaları alın və satın. Tədqiqatınızı etməyə və dəyərini qiymətləndirə biləcək əşyaları almağa hazırsınızsa, onlar yaxşı bir investisiya ola bilər.

12) Peer-to-Peer (P2P) krediti: P2P platforması vasitəsilə fiziki şəxslərə və ya müəssisələrə borc verin. Ənənəvi bank hesablarından daha yüksək faiz dərəcələri təklif edə bilər, eyni zamanda artan risklə gəlir.

Aktivləri davamlı və strateji olaraq alqı-satqı ilə bu seçimlər üzrə aktiv şəkildə investisiya edə bilərsiniz. Alternativ olaraq, bazarı məğlub etməyə çalışmaq üçün tez-tez ticarət etməkdənsə, uzun müddətə investisiya almaq və saxlamaqla passiv investisiya edə bilərsiniz. Passiv investorlar, adətən, müəyyən bir bazarı izləmək və şaxələnmiş qiymətli kağızlar portfelini yaratmaq üçün bir çox investorun pullarını birləşdirən indeks fondları və ya Birjada Alınan Fondlar (ETF) kimi qarşılıqlı fondlara investisiya qoyurlar.

Əsasən (4) variantına sərmayə qoymaq inflyasiya ilə müqayisədə aşağı gəlirlər səbəbindən ağlabatan müddət ərzində maliyyə müstəqilliyinə nail olmaq üçün əhəmiyyətli gəlirlər təqdim etməyə bilər. Seçimlər (5), (6) və (7) adətən qeyri-likviddir və yüksək xalis dəyəri olan ($1M+) şəxslər üçün əlçatandır, halbuki (8), (9), (10), (11) variantları yüksək hesab olunur. spekulyativdir və investisiyadan çox qumara bənzəyir. Variant (12) uzun bazar dövrlərində nisbətən sübuta yetirilməmişdir.

Buna görə də, hesab edirəm ki, (1), (2) və (3) əksəriyyət üçün ən uyğun əlçatan sərvət yaratma variantlarıdır, baxmayaraq ki, bu baxış mənim öz qərəzliyimi əks etdirə bilər. Xüsusilə, səhm və ya istiqraz indeksi fondlarına və ETF-lərə investisiya qoymaq ideal başlanğıc nöqtəsi ola bilər. Bu seçimlər şaxələndirmə, sərfəli qiymət və aşağı ilkin investisiyalar təklif edərək, tədricən inam yaratmağı asanlaşdırır.

Pulunuzu yatırmaq üçün heç bir düzgün yol yoxdur, ancaq sizin üçün fərdi ehtiyaclarınıza və məqsədlərinizə uyğun bir yol var. Maliyyə məqsədlərinizə, risklərə dözümlülüyünüzə, vaxt üfüqünə, vergi təsirlərinə və diversifikasiya strategiyalarınıza əsaslanaraq uyğun investisiya variantlarını qiymətləndirərək və seçərək sizə uyğun olan yolu tapın. Sən bunu edə bilərsən! Maliyyə müstəqilliyinə nail olmaq üçün lazım olan bütün məlumatlar artıq mövcuddur, sizə lazım olan tək şey gələcəyiniz üçün həyəcanlanmaq və axtarışa başlamaqdır.

Qoruyucu : Maliyyə tərəqqimi qorumaq üçün həyat sığortası, sağlamlıq sığortası, əlillik sığortası, çətir sığortası və kirayə avtomobil sığortası da daxil olmaqla bir çox sığorta növüm var idi. Mən heç bir gözlənilməz hadisənin illərlə çəkdiyim zəhməti ləğv etməsini istəmirdim, ona görə də müxtəlif qoruyucu mexanizmlərin tədqiqinə və tətbiqinə vaxt sərf etdim. Maliyyə müstəqilliyinə doğru 80% olmaqdan və kənar bir hadisədə hamısını itirməkdən daha pis bir şey yoxdur.

Ehtiyatlılıq : Mən maliyyə müstəqilliyinə yaxınlaşdıqca, əmlak planlaşdırılmasının vacib aspektini araşdırdım. Mən bütün zəruri əmlak planlaşdırma sənədlərini, o cümlədən etibar, vəsiyyətnamə, maliyyə etibarnamə və qabaqcıl tibbi direktivi (ümumiyyətlə Yaşayan Vəsiyyətnamə, Tibbi Etibarnamə və ya Səhiyyə Proksi kimi tanınır) araşdırdım və hazırladım. Bu sənədlər Amerika qanunvericilik bazasına xas olsa da, mənim vəfat etdiyim halda aktivlərimi qorumaq və dəqiq müəyyən edilmiş planı təmin etmək üçün plan kimi xidmət edir. Qeyd etmək vacibdir ki, əmlak planlaşdırma tələbləri yurisdiksiyanızdan asılı olaraq dəyişə bilər, buna görə də yerinizə xas olan müvafiq məlumat və sənədləri axtarmaq vacibdir.

Mən də fərqi necə yarada biləcəyimi və başqalarına kömək edə biləcəyimi düşünməyə başladım. Bu, məni maliyyə müstəqilliyi ilə bağlı yeni konsaltinq yoluna qədəm qoymağa vadar etdi, burada fərdlərə şəxsi maliyyə səyahətlərində rəhbərlik və dəstək verirəm. Mən başqalarını gücləndirməyə və maliyyə müstəqilliyinin mürəkkəbliklərini inamla və aydınlıqla idarə etmələrinə kömək etməyə çalışıram.

Xülasə etmək üçün: Maliyyə cəhətdən müstəqil olmaq üçün lazım olan bütün məlumatlar artıq mövcuddur. Maddi cəhətdən müstəqil olmağın heç bir sirri yoxdur. Sənə bunu deyən insanlar səni aldadırlar. Qısa yol və ya gümüş güllə axtarmadım. Artıq işləmək məcburiyyətində qalmayacağım bir nöqtəyə gələ biləcəyimi anlayanda həyəcanlandım. Mən uzunmüddətli məqsədlərlə aydın bir vizyon yaratdım və vərdişlər təkrarlanan dövrə daxil olana qədər ardıcıl olaraq ESIPL strategiyasına əməl etdim. Bu, 2020-ci ildə 35 yaşında maliyyə müstəqilliyimə nail olmağıma səbəb oldu. Oxuculara pis xidmət etməmək üçün maliyyə müstəqilliyimlə bağlı hədəf nömrəmi qəsdən buraxdım. Mənim nömrəmin sizin üçün heç bir əhəmiyyəti yoxdur, çünki sizin öz maliyyə müstəqillik nömrəniz unikal, fərqli və fərdi şərtlərinizə və arzularınıza uyğunlaşdırılacaq. Bu, müəyyən etmək və təqib etmək öhdəliyini götürməli olduğun bir kəşfdir. Həqiqətən vacib olan, məqsədlərinizi maliyyə müstəqilliyinə dair öz vizyonunuzla uyğunlaşdırmaqdır.

Achani Samon Biaou: Vay, bizə deyirsiniz ki, maliyyə müstəqilliyi bir şeyə çevrilmək deyil, özünüzlə və dəyərlərinizlə daha uyğun yaşamaqdır.

Olumide Ogunsanwo: Tam olaraq. Azad olduğunuz və cəmiyyət normalarına bağlı olmayan mənalı bir həyat sürmək. Bu həyat tərzinə nail olmağın maddi dəyəri var.

Achani Samon Biaou: Zəngin olmaq və maliyyə cəhətdən müstəqil olmaq arasında nə fərq var?

Olumide Ogunsanwo: Bu sadə sualdır, lakin onun bəzi nüansları var. Varlı olmaq obyektiv meyarları olmayan subyektiv anlayışdır. Bu, daha çox başqaları və ya keçmişinizlə müqayisələrə əsaslanan psixoloji hissdir. 50 milyon dollarlıq xalis sərvəti olan bəzi şəxslər özlərini zəngin hesab etməyə bilər, 20 milyon dolları olan bəziləri isə özlərini zəngin hesab edə bilər. Zəngin olmaq əsasən müqayisəli anlayışdır və ciddi şəkildə müəyyən edilmədikdə (məsələn, xalis sərvətə görə ilk 1% və ya qazanca görə ilk 5% olmaq) faydalılığı yoxdur.

Digər tərəfdən, maliyyə müstəqilliyi çox daha praktik və faydalı bir anlayışdır, çünki onun sərt tərifi var. Cari maliyyə aktivləriniz həyatınızın qalan hissəsini təmin etmək üçün kifayət qədər təmin edirmi? İstədiyiniz budur. N. Maliyyə müstəqilliyinin üstündə, izləyə və ölçə biləcəyiniz əlavə təbəqələr var. Məsələn, bir təhlükəsizlik buferi əlavə edərək və daha yüksək rəqəmi, məsələn, ilkin hədəfinizdən 20% -dən 50% daha yüksək səviyyəyə çatdırmaqla maliyyə müstəqilliyi hədəfinizi artıra bilərsiniz.

Maddi müstəqilliyi hədəfləmək sizin şərtlərinizə uyğun həyat yaşamaq üçün daxili səyahətdir, zəngin olmaq isə daha çox xaricə yönəlib, müqayisə, FOMO və potensial bədbəxtliyə səbəb olur.

Achani Samon Biaou: Həqiqətən sizinlə rezonans doğuran bir məqsədiniz olduqda, bu məqsədə çatmaq üçün etdiyiniz hər şey məqsədyönlü və yerinə yetirilən hiss olunur. Bu, bir yük və ya diqqəti yayındırmaq kimi hiss etmir, çünki bu, sizin üçün çox vacib olan bir şeydir.

Olumide Ogunsanwo: Kristal kimi aydın görmə və məqsədə bağlanmaq maliyyə müstəqilliyinə gedən yolda vacibdir. Məqsədləri necə təyin edəcəyinizi və ya ideal həyatınızı necə təsəvvür edəcəyinizi bilmirsinizsə, sizə rəhbərlik etmək üçün müxtəlif çərçivələr mövcuddur. Uşaqlıqda ehtirasınızı həqiqətən alovlandıran şeylər haqqında dərindən düşünmək üçün bir an ayırın, ən dərin istəklərinizi araşdırın və məhdudiyyətsiz vaxtınız olsaydı və uğursuzluq qorxusu sizi dayandırmasaydı, ortaya çıxacaq imkanları araşdırın. Bu introspektiv məşqlər öz unikal yolunuzun qrafikini tərtib etmək üçün kompas rolunu oynayacaq. Unutmayın ki, bu sizin həyatınızdır və siz onu dizayn etmək gücünüz var. Daha çox ideya üçün onlayn resursları araşdırmaqdan çəkinməyin və əgər varsa, tərəfdaşınızı planlaşdırma prosesinə cəlb edin. Planlar daş üzərində qurulmur və zamanla inkişaf edə bilər. Evinizin ölçüsü kimi ilkin fərziyyələrinizin tənzimlənməsinə ehtiyac olduğunu kəşf edə bilərsiniz. Nə Samon, nə də mən sizin üçün cəlbedici və həyəcanverici bir görüntü yarada bilmərik. Bu, yalnız sizin başlaya biləcəyiniz şəxsi səyahətdir.

Maliyyə müstəqilliyi 0 və ya 1-in ikili vəziyyəti deyil, həyatınızı daha çox idarə etməyə imkan verən və sizi xəyallarınıza yaxınlaşdıran bir spektrdir. Özünüzü maliyyə hədəflərinizdən uzaq görsəniz belə, motivasiyalı qalmaq və vizyonunuza doğru səyahətdən həzz almaq çox vacibdir. Unutmayın ki, xoşbəxtliyin FI-ə çatana qədər təxirə salınmasına ehtiyac yoxdur, çünki mənalı məqsədlər qoymaq və onlara doğru irəliləyiş indiki anda yerinə yetirilmə gətirə bilər. Məqsədlərinizə çatmaq üçün lazım ola biləcək vaxtın uzunluğuna qərar vermək əvəzinə, ora çatma prosesini əhatə etməyə və ləzzət almağa diqqət edin. İndikini qucaqlayın və irəliyə doğru atdığınız hər addımda sevinc tapın. Növbəti fəsildə görüşənədək!

6B: Samonun Son Karyera hekayəsi

Olumide Ogunsanwo: Samon, biznes məktəbindən sonrakı karyeranız və bunun maliyyə müstəqilliyinə dair perspektivinizi necə formalaşdırdığını eşitmək məni çox həyəcanlandırır.

Achani Samon Biaou: Biznes məktəbində iştirak etmək üçün əsas motivasiyam ən yüksək səviyyədə qərarların qəbul edilməsinə əhəmiyyətli təsir göstərən şirkətlərə qoşulmaq idi. Bununla belə, bir çox sinif yoldaşlarımın mövcud şirkətlərdə işləməkdən daha çox şeylər yaratmaq və qurmaq üçün daha böyük ambisiyaları olduğunu aşkar etdim. Bu fərq mənim inamımı artırdı və düşüncəmi hər şeyə nail ola biləcəyimə inanmağa yönləndirdi. Menecment konsaltinqini dəyərli bacarıqlar əldə etmək üçün bir addım kimi görməyə başladım, lakin mənim əsas məqsədim öz şirkətimi qurmaqla mənalı bir şey yaratmaq oldu.

Olumide Ogunsanwo: Biznes məktəbindən sonra nəhayət korporativ həyatı tərk edəcəyiniz daha geniş maliyyə müstəqilliyi planınız var idi?

Achani Samon Biaou: Mənim iki məqsədim var idi. Birincisi, biznes məktəbində öyrəndiyim bacarıqları sürətlə inkişaf edən bir şirkətdə tətbiq etmək istədim. İnanırdım ki, konsaltinq mənə çoxsaylı layihələr üzərində işləməyə və bu məqsədə çatmağa imkan verəcək.

İkincisi, mən dünyanı gəzərkən yüksək əmək haqqı qazandığım illərdən əldə etdiyim maliyyə təhlükəsizlik şəbəkəsinə tez bir zamanda əlavə etmək istədim. Mən yüz minlərlə dollara sahib olmaq üçün iki il ərzində gəlirimi əhəmiyyətli dərəcədə artırmağı hədəflədim. Planım o maliyyə yastığından məktəb tikmək məqsədimi həyata keçirmək üçün istifadə etmək idi.

Olumide Ogunsanwo: BCG-də məsləhətləşdikdən sonra iki il ərzində maliyyə müstəqilliyinə nail olmağı gözləyirdinizmi, yoxsa daha sonra işə qayıtmazdan əvvəl karyera fasiləsi/istirahət etmək və müxtəlif imkanları araşdırmaq üçün kifayət qədər maliyyə sabitliyinə nail olmağı gözləyirdinizmi?

Achani Samon Biaou: Əvvəlcə maliyyə müstəqilliyinə nail olacağımı düşünürdüm. FI hədəfim olaraq 500.000 dollar dəyərində xalis sərvəti hədəfləyən sadəlövh maliyyə modelim var idi. Plan bu məbləğə investisiya qoymaq və Afrikada kiçik bir ölkədə məktəblər tikərkən özümü təmin etmək və bakalavr kimi yaşamaq üçün kifayət qədər gəlir (təxminən 5%/il) qazanmaq idi. Bununla belə, qocalmaq, evlənmək və ya uşaq sahibi olmaq kimi potensial həyat dəyişikliklərini nəzərə almadım. Vergilərdən sonra aylıq gəlir hədəfimi 1500 və ya 2000 ABŞ dolları civarında hesabladım və bunun arzuladığım həyat tərzim üçün kifayət olacağını düşündüm. BCG-də iki il işləməyi, bir neçə yüz min dollar qazanmağı və 500.000 dollar dəyərində bir sərvətə çatmağı planlaşdırırdım.

Olumide Ogunsanwo: Yaxşı, sonra nə oldu?

Achani Samon Biaou: BCG-də işə başladıqdan sonra yaşayış dəyəri və üstünlük verilən şəhərlərə dair perspektivlərim inkişaf etdi və bu, daha yüksək maliyyə müstəqilliyi hədəfinə gətirib çıxardı. Dubayda xərclərimi 1000 dollardan aşağı saxlaya biləcəyimi və qənaətdə əhəmiyyətli artımlara səbəb ola biləcəyimi kəşf etdim. Bu gözlənilməz vəziyyət və artan qənaət əmsalı mənə maliyyə müstəqilliyi məqsədimi gələcəkdə yaşamaq istədiyim şəhərlərdə gözlənilən yaşayış xərcləri ilə uyğunlaşdırmağa imkan verdi.

Düzgün düşüncə tərzinə sahib olmaq çox vacib idi. Xərclərimə rasionallaşdırmaq və pula qənaət etmək düşüncəsi ilə yanaşdım, baxmayaraq ki, hələ dəqiq üsuldan xəbərim yox idi. Həftə ərzində səyahət edib otel balları qazandıqca anladım ki, mənzil kirayə verməyə belə ehtiyacım yoxdur. Bundan əlavə, Dubayda qısaldılmış vaxtım daha az lazımsız xərclər və əyləncələrlə nəticələndi, çünki mən diqqətimi maliyyə məqsədlərimə yönəltmişdim. Unikal vəziyyətinizi qiymətləndirin və lazımsız xərcləri amansızcasına kəsərkən zəruri xərcləri prioritetləşdirin. Müəyyən edilmiş bir düstura kor-koranə riayət etmək və ya mənim xüsusi yanaşmamı təkrarlamağa çalışmaq əvəzinə, əsas öz istəkləriniz və dəyərlərinizə uyğun gələn fərdiləşdirilmiş planı inkişaf etdirməkdir.

Olumide Ogunsanwo: Bu, dəyərlərə əsaslanan xərcləmə prinsipi ilə mükəmməl uyğunlaşır. Biz qəti şəkildə inanırıq ki, maliyyə müstəqilliyi bütün rahatlığınızı qurban vermək və ya hər bir xərcləri azaltmaq deyil. Xərclərinizi şüurlu şəkildə dəyərlər və istəklərinizlə uyğunlaşdırmaqdır. Axınla getməyin. Avtomatik pilotda olmayın. Cəmiyyət normalarına ağılsızcasına riayət etmək və ya qənaətcil həyat tərzinə kor-koranə riayət etmək əvəzinə, sizi əsl mənliyiniz və unikal məqsədlərinizlə səsləşən bir həyat yaşamağa təşviq edirik. Bu, sizin üçün həqiqətən əhəmiyyət kəsb edən sahələrdə xərclərin artırılmasını, digərlərində isə nəzərəçarpacaq şəkildə azalmaları ehtiva edə bilər.

Maliyyə müstəqilliyiniz xoşbəxtliyiniz və rifahınız bahasına əldə edilməməli olduğunu başa düşmək çox vacibdir. Həyatınızdakı sevinci aradan qaldıran kəskin və qeyri-davamlı bir yanaşma ilə sizi sıxışdırmaq istəmirik. Sizi bədbəxt edəcək bir planı qəbul etmək əks nəticə verir. Əgər bədbəxtsinizsə, bütün planı ləğv edəcəksiniz. Heç bir planın olmamasından daha pis olan yeganə şey, davamlı olmayan bir planın olmasıdır.

Xərclərinizi nəzərdən keçirməklə və düzəlişlərin edilə biləcəyi sahələri müəyyənləşdirməklə başlayın. Xərclərinizi optimallaşdırmaq və dəyərlərinizə və uzunmüddətli maliyyə məqsədlərinizə uyğun seçimlər etmək üçün imkanlar axtarın. Bu davamlı bir prosesdir, buna görə də irəliləyişinizi izləyin və yol boyu mərhələləri qeyd edin. Səylərinizin müsbət təsirinin şahidi olduqca, maliyyə səyahətinizlə bağlı özünüzü getdikcə daha həvəsli və həvəsli tapacaqsınız. İrəli atılan hər addımda sürəti qorumaq və yolunuza sadiq qalmaq daha asan olur.

Achani Samon Biaou: Olumide və mən üçün bu, dəyərlərlə başlayır. Dəyərlərimiz qərarlarımızı istiqamətləndirir və bizim üçün ən vacib olana uyğun gələn yeni taktikaları araşdırmaq üçün bizə həvəs verir. Məsələn, mən səyahət etməyi və başqa mədəniyyətləri öyrənməyi yüksək qiymətləndirirəm. BCG-də işlədiyim müddətdə səyahətə orta məsləhətçidən daha çox pul xərclədim, lakin xərclərin çoxu firma və iş səyahətindən qazandığım xallar tərəfindən qarşılandı. Ayda cəmi 400 dollar ödəməli oldum. Bir mənzil üçün tam kirayə ödəmək əvəzinə səyahətə pul xərcləməyi üstün tutmağı seçdim. Bu, mənə demək olar ki, hər həftə yeni istiqamətlər kəşf etməyə və özümü müxtəlif mədəniyyətlərə qərq etməyə imkan verdi.

Son karyera hekayəmə qayıt. BCG-də səyahətimdən təxminən yeddi ay sonra, ucuz bir Afrika ölkəsində və ya Taylandda təqaüdə çıxmaq üçün maliyyə müstəqilliyim üçün ilk sadəlövh planımla bir neçə şeyi başa düşdüm. Birincisi, mənim sıx iş qrafikimə görə xərclərə qənaətin aktiv şəkildə mikro idarə edilməsi çətin olacaqdı. İkincisi, BCG-də daha uzun müddət qalsam və idarəetmə səviyyəsinə çatsam, daha yüksək gəlir əldə etmək potensialını gördüm. Bu dərk məni yanaşmamı düzəltməyə vadar etdi. Menecer olmamışdan əvvəl maliyyə müstəqilliyini hədəfləmək əvəzinə, məktəb layihəm üçün vəsait axtararkən daha çox sabitlik təmin edə və etibarlılığımı artıra biləcək iki illik idarəetmə təcrübəsi qazanmağın faydalarını dərk etdim. Dəqiq deyə bilmərəm ki, bu qərarlar səmərələşdirmə olub, yoxsa sistemin təsiri olub, amma məlum oldu ki, yeni plan daha çox məna kəsb edir.

Bununla belə, həyatın hamımıza gözlənilməz çətinliklər atmaq yolu var. Bir sıra tibbi testlərdən sonra heç bir ağrılı simptom yaşamasam da, araknoid kistanın geri dönməz zədələnməsinin qarşısını almaq üçün böyük beyin əməliyyatına ehtiyacım olduğu barədə şok xəbər aldım. Əməliyyata ehtiyac birdən-birə və təcili olaraq yarandı, əməliyyat mənim həyatımı bir gecədə bitirə biləcək xas risklər daşıyırdı.

Olumide Ogunsanwo: [Şok oldu] Sizə təcili beyin əməliyyatı lazım idi. Heyrət! Vay.

Achani Samon Biaou: Mənə dedilər ki, bir anda kist hərəkət edərək aşağı beynin - beynin tənəffüsü və ürəyi idarə edən hissəsinə itələ bilər. Bu, qorxulu bir vəziyyət idi və əməliyyatdan dərhal əvvəl ölüm ehtimalı da daxil olmaqla, riskləri qəbul edən sənədləri imzalamalı olduğum zaman reallıq məni vurdu. Palatadakı digər xəstələrin əhatəsində olanda belə, hər biri öz döyüşləri ilə mübarizə aparanda belə, bütün təcrübə sürreal hiss olunurdu.

Həmin an özümü inanılmaz dərəcədə kiçik hiss etdim. Bu, ölüm ehtimalı ilə qarşılaşdığınız zaman necə hiss etdiyinə bir nəzər salmaq kimi idi. Siçovul yarışında əldə etdiyim nailiyyətlərin heç biri o əməliyyat masasında heç bir əhəmiyyət kəsb etmirdi. Əksər göstəricilərə görə mən uğurlu bir gənc idim. Mən dünyanı gəzmişdim, dünyanın ən yaxşı biznes məktəblərindən birinə getmişdim və yüksək idarəetmə konsaltinq firmalarından birində işləyirdim. Mən siçovul yarışında "qalib gəlirdim", amma əməliyyat masasında bunların heç birinin əhəmiyyəti yox idi. Sevdiklərim üçün darıxırdım və iş və ya müştərilər haqqında düşünmürdüm. Bu təcrübə mənim maliyyə müstəqilliyinə hazırlığımda dönüş nöqtəsi oldu. Mən izah etmək çətin olan bir şəkildə qərarlı oldum. Əgər əməliyyatdan keçsəm, həyatımı həddindən artıq diqqətlə və öz şərtlərimlə yaşamağa qərar verdim. Mən təqib etdiyim şeylərə - Stanford, BCG və s. İndi bütün bunlar məndə idi, amma bir anda əlimdən alına bilərdi. Bir neçə saatdan sonra ölə bilərdim. Elə bunun kimi.

Olumide Ogunsanwo: [Hələ şokda] O vaxt neçə yaşınız var idi?

Achani Samon Biaou: Otuz yaşımın əvvəllərində idim.

Olumide Ogunsanwo: Otuzlu yaşlarınızın əvvəllərində beyin əməliyyatı. Bu, həqiqətən travmatik və göz açan bir təcrübədir. Yadımdadır, əməliyyat masasında olanda insanların heç bir şey olmadığını dediyinizi xatırlayıram. Özünüzü əməliyyat masasında başqa bir heyvan kimi hiss etdiniz və həyatınız hər an alına bilər. Dəli!

Achani Samon Biaou: Bu, şübhəsiz ki, mənə qarşı tərəfdə fərqli bir insan olmaq lazım olduğunu başa düşdü. Sağlamlıq qorxusu "Sizin üçün ən çox nə vacibdir və niyə?" Sualına daha dərin məna gətirdi - Stenford MBA proqramı ərizəsində verilən sual. Şükürlər olsun ki, əməliyyat yaxşı keçdi, heç bir ağırlaşma və ya izləmə tələb olunmadı. Beş aylıq səyahət məzuniyyətindən qayıdanda bir neçə cəhətdən dəyişmiş insan kimi qayıtdım.

Birincisi, işimə gətirə biləcəyim intensivliyin səviyyəsini dərk etdim və əmin oldum ki, bunu ən çox zövq aldığım işlərə qəsdən və düşünərək tətbiq etməliyəm. Günlərlə səhər saat 2 və ya 3-ə qədər işləməklə problemim yox idi və s.

İkincisi, mən başa düşdüm ki, həyatımda azadlığa malik olmağın heç bir müzakirəsi yoxdur. Lakin konsaltinq işi həmişə istədiyim sərbəstliyi təmin etmirdi. Yalnız necə işlədiyimə nəzarət edə bildiyim müddətcə konsaltinqdə qalmaq qərarına gəldim.

Üçüncüsü, mən maliyyə planlaşdırmasına çox diqqət yetirdim. Maliyyə azadlığına qənaət etməyi və investisiya etməyi hədəflədiyim üçün Excel cədvəlləri mənim bələdçim oldu. Mən puldan narahat olmadan səyahət etmək və mədəni kəşflərlə məşğul olmaq üçün özümə vaxt vermək istədim. Mən də maaşdan asılı olmadan təhsil sistemlərinin təkmilləşdirilməsinə töhfə vermək istəyirdim.

Olumide Ogunsanwo: 5 aylıq məzuniyyətinizdə nə baş verdi?

Achani Samon Biaou: Üç mühüm hadisə baş verdi. Birincisi, dostlarım və ailəmlə yenidən əlaqə qurdum, bu da mənə hədsiz sevinc gətirdi. BCG-də işlədiyim müddətdə nadir hallarda maraqlandığım insanları görmək və onlarla ünsiyyət qurmaq şansım olub. Bu münasibətləri yenidən canlandırmaq mənə cəmiyyətin vacibliyini xatırlatdı və mən yenidən özümün "yaxşı şənlik" hissəsi ilə yenidən əlaqə saxladığım üçün şadam.

İkincisi, mən tərəfdaşım və dostlarımla Kubaya getdim. Fərqli mədəniyyətləri araşdırmaq və yeni istiqamətlər yaşamaq məni canlandırır. Bu, mənim üfüqlərimi genişləndirmək və dünyanı dərindən öyrənmək üçün bir yoldur. Kubada olarkən mən müxtəlif həyat tərzlərinə məruz qaldım, yoxsul sayıla biləcək şəraitdə yaşamasına baxmayaraq məmnun görünən insanları müşahidə etdim. Onların həyat tərzini vərdiş etdiyim həyat tərzi ilə müqayisə etmək mənim üçün mühüm təcrübə idi.

Nəhayət, mən faydalı proqramlarla idarə olunmayan yeni bir öyrənmə növü kəşf etdim. Mən təsadüfən rast gəldiyim kitabları oxumaqla məşğul oldum, sırf şəxsi inkişaf naminə musiqi aləti çalmaq və ya yeni dil öyrənmək kimi maraqların arxasınca getdim.

Olumide Ogunsanwo: Bu təcrübələr maliyyə müstəqilliyi planlarınızı necə formalaşdırdı? Əvvəlcə təxminən iki ildən sonra BCG-dən ayrılmaq niyyətində idiniz, lakin sonra əməliyyatla bağlı insident baş verdi.

Achani Samon Biaou: Mənim maliyyə müstəqilliyinə yanaşmam xüsusi bir şəkildə dəyişdi. İrəli planlaşdırmaq əvəzinə, geriyə doğru planlaşdırmağa başladım. Mən Excel cədvəlimə "BCG-də son gün" funksiyasını daxil etdim, bu da mənə geriyə işləməyə və hər il nə qədər bonus və icarədən əldə etdiyim əlavə gəliri təyin etməyimə imkan verdi.

BCG-dən nə qazana biləcəyimi və BCG-yə nə töhfə verə biləcəyimi başa düşdüyüm mənə aydın oldu. Anladım ki, BCG-dən sonra məni həyəcanlı bir həyat gözləyir, burada diqqətimi həqiqətən həzz aldığım şeylərə, məsələn, geniş səyahətlərə və ehtiraslı olduğum problemlərin həllinə yönəldə bilərəm. Bu, mənim əvvəlki təfəkkürümlə ziddiyyət təşkil edirdi, burada naharda olarkən növbəti rəhbər komitə haqqında düşünürdüm, komanda üzvünə rəy verirdim və ya öz gələcək qiymətləndirməmə hazırlaşırdım. Hətta öz varlığımı emal etmək üçün məhdud vaxtım var idi.

Olumide Ogunsanwo: Mən McKinsey-də keçirdiyim bu hisslə bağlı ola bilərəm. Əvvəllər müştəri işi və slaydlarda dəyişiklik etməyi xəyal edirdim. McKinsey-dən ayrıldıqdan sonra bu PowerPoint kabusları sona çatdı [Gülüş].

Achani Samon Biaou: Bunu yaşamaq mənə nə qədər verə biləcəyimi anlamağa kömək etdi. İndi həmişə ağlımdadır. BCG-dən əvvəl mən ilk növbədə sistemdən nə ala biləcəyimə diqqət yetirmişdim. Həqiqətən nə qədər verə biləcəyimi tam dərk etmirdim. Stanfordda işlədiyim müddətdə özünə inam qazandım və altı ay ərzində MBA namizədi kimi daha çox bazara çıxmağa başladım. BCG-yə qoşulduğum vaxtda idarəetmə konsaltinqinin mənim üçün eyni əhəmiyyəti yox idi. Gözümü daha böyük şəxsi məqsədlərə qoymuşdum: maliyyə müstəqilliyinə nail olmaq. Əməliyyatla mən öz şərtlərimlə dünyaya töhfə vermək istədiyim şeylərə daha çox diqqət yetirdim. BCG-də bir çox müştərilərim səhər saat 9-dan axşam 5-ə qədər işləyirdilər və onların şirkətləri hələ də inkişaf edirdi. İşimə gətirdiyim intensivliyi və həvəsi həqiqətən əhəmiyyət verdiyim sahələrə tətbiq etsəm nəyə nail ola biləcəyimi düşündürdü.

Hər halda, əsas hekayəyə qayıdaq, maliyyə modeli o mənada dəyişdi ki, indi mənim neçə il çəkəcəyini hesablamaqdansa, BCG-ni müəyyən bir müddətə tərk etmək üçün nə qədər pul qazanmalı olduğumu müəyyən edən bir izləyicim var. müəyyən gəlir səviyyəsinə çatmaq.

Olumide Ogunsanwo: Maliyyə müstəqilliyi ikili təyinat deyil, isteğe bağlılıq spektridir. Oraya yolun yalnız 20%-ni keçsəniz belə, daha çox seçiminiz olduğu üçün hələ də faydalar və həzz ala bilərsiniz. Səyahətinizi qiymətləndirmək və əldə etdiyiniz irəliləyişlərə görə minnətdar olmaq çox vacibdir. Niyə? Çünki maliyyə müstəqilliyinə səyahət həyatınızın səyahətidir. Bayramı qeyd etmək üçün sona qədər gözləməyin, yol boyu qazandığınız kiçik qələbələrə görə minnətdar olun və onlardan irəliləmək üçün motivasiya olaraq istifadə edin.

İrəlilədikcə daha çox seçim əldə edirsiniz ki, bu da maraqlı işlərin ardınca getmək və işəgötürənlər, müştərilər və müştərilərlə qarşılıqlı münasibətlərinizə daha çox nəzarət etmək şansınızı artırır. Bu məqamı vurğulamaq istəyirəm, çünki mən tez-tez maliyyə müstəqilliyi yolunda bədbəxt olan insanları görürəm. Niyə bədbəxt olardın? Siz bədbəxtsiniz, çünki xoşbəxt olmaq üçün az qala icazə gözləyirsiniz, amma icazə gözləmək lazım deyil. Düzgün şərait yaratsanız, xoşbəxtlik hər tərəfinizdədir. Mən sadəcə olaraq həmin fəlsəfi məqamı əlavə etmək istədim.

Achani Samon Biaou: Gözəl dedi. Mən maliyyə müstəqilliyini idman zalına getməyə bənzədirəm. Əgər siz idman salonuna "Aman Allahım, bu ağrılı olacaq" düşüncəsi ilə yaxınlaşsanız, sadəcə böyük bir parti üçün arıqlamaq istədiyinizə görə, prosesdən həqiqətən həzz almaq çətin olacaq. Və bir neçə kilo arıqladıqdan sonra özünüzü köhnə həyat tərzinizə qayıda bilərsiniz. Maliyyə müstəqilliyi dəyərlərinizdə köklənməlidir; əks halda işləməyəcək. Özünüzü dərindən kəşf etməli və sizə həqiqətən nəyin sevinc gətirdiyini anlamaq lazımdır. Bununla bağlı güzəştə getməyin. Məqsədinizi və ya ehtirasınızı tapdıqdan sonra ətrafınızdakı hər şeyi nizamlayın və diqqətinizi yayındıran bütün amilləri, xüsusən də hər kəsin etdiyi üçün etdiyiniz hərəkətləri aradan qaldırın.

BCG-də insanların bahalı TUMI çantaları alması və üzərində öz baş hərflərinin həkk olunması ənənəsi var idi. Şəxsən mənim çantalara marağım yox idi və o dəb trendini izləməyə ehtiyac duymadım.

Olumide Ogunsanwo: Tamaşaçılar üçün TUMI çantaları adi çantalardan xeyli bahadır. Adi bir çantanın qiyməti 100 dollardan aşağı ola bilər, TUMI çantaları isə qiymətdən üç, dörd və ya daha çox dəfə ola bilər.

Achani Samon Biaou: Məsləhətçilərin əksəriyyəti həftə sonları dincəlmək və dincəlmək istəyirdi, lakin mən pulumu səyahətə və təcrübələrə xərcləməyi seçdim. Büdcəmin bir hissəsini, ilk səviyyəli TUMI çantasının qiymətinə bərabər, məni həqiqətən xoşbəxt edən şeylərə ayırdım. Xoşbəxtliyin təməlini qurduğunuzda və həyatınızı ona uyğun yaşadığınız zaman xoşbəxtliyinizdə ümumi artımı görəcəksiniz. Üstəlik, həyatınızı bu şəkildə təşkil etdikcə, maliyyə vəziyyətiniz təbii olaraq öz yerinə düşəcək.

Olumide Ogunsanwo: Tam olaraq. Zaman keçdikcə bu vərdişləri saxlamaq daha asan olur, çünki onlar bir-birini gücləndirirlər. Bir az fərqli olmağa hazır olmağı tələb edir. Əgər siz TUMI çantasını sırf hər kəsdə var deyə alsanız, o zaman 30 yaşınızda maliyyə müstəqilliyinə nail olma ehtimalınız azdır. Çantanın qiymətinə görə deyil, izdihamı izlədiyiniz və qəsdən dəyərlərə əsaslanan qərarlar vermədiyiniz üçün. Hamı kimi olmaq yaxşıdır, amma böyük nəticələr gözləmək olmaz.

Achani Samon Biaou: Əsas hekayəyə qayıdaraq, mənim maliyyə planlaşdırma Excel cədvəlim qismən BCG-də işlədiyim müddətdə inkişaf etdirdiyim modelləşdirmə bacarıqları sayəsində daha təkmilləşdi.

Olumide Ogunsanwo: [Gülüş] Bu, çox gülməlidir. Siz BCG-də daha yaxşı modellər yaratmağı öyrəndiniz və sonra BCG-dən çıxış strategiyanızı planlaşdırmaq üçün bu bacarıqlardan istifadə etdiniz.

Achani Samon Biaou: Xərclərimə dəyişiklikləri daxil edərək, cari və ya gələn ayda irəli çəkilmə ehtimallarını əlavə edərək, ssenari planlaşdıraraq və sadəcə olaraq çılpaqlıq edərək, modelimi həftəlik əsasda yeniləyərdim. Bəzən, hətta mənim xərcləmə sxemlərimdən (yaxud onların olmamasından) və gələcək bonuslarımın trayektoriyasından əldə etdiyim fikirləri təqdim edərək, özümə kiçik təqdimatlar edərdim.

Olumide Ogunsanwo: [Gülüş]

Achani Samon Biaou: Mənim aydın Şimal Ulduzum var idi və həmişə ətrafımı optimallaşdırmağın yollarını axtarırdım. Sizə hava yolu statusu ilə bağlı bir misal verim. Maliyyə müstəqilliyimdən sonrakı həyatımda səyahət etməkdən həzz aldığım üçün bəzi səyahət üstünlüklərini qorumaq istədim. İş üçün istifadə edə bildiyim bütün aviaşirkətlər arasında yalnız biri ömürlük status mükafatı təklif etdi. Dubaydakı məsləhətçilərin əksəriyyəti əlverişli vaxta görə layihələr üçün Əmirlikləri Səudiyyə Ərəbistanına uçurdular – onlar həftə sonunu Dubayda keçirə və işin ilk günündə tezdən uça bilərdilər. Lakin maliyyə müstəqilliyi əldə etdikdən sonra tez-tez uçacağımı bildiyim Air France-ın da daxil olduğu bir ittifaqın bir hissəsi olduğu üçün Səudiyyə Ərəbistanı Hava Yollarına uçmağı seçdim. Air France-da ömürlük Platin statusu üzərində işləmək mənim üçün Emirates-də uçmağın rahatlığından daha dəyərli idi. Mən MBA məzunlarından müsahibə almaq üçün Dubaydan Bostona səyahət edərdim və məqsədli şəkildə Parisdə dayanacaqla daha uzun marşrut seçərdim, Emirates ilə fasiləsiz uçuş yerinə Air France ilə uçardım. Emirates-də xal qazanmağın vecinə almadım; Mənim prioritetim Air France ilə ömürlük Platinum statusuna nail olmaq idi. Səyahət etməkdən, şəhəri tədqiq etməkdən və Parisdə ailə və dostlarımla vaxt keçirməkdən həqiqətən həzz aldığım üçün daha uzun səfər müddətini və ya dayanmağı əngəl kimi görmədim.

Olumide Ogunsanwo: Samon, hekayənizi dinləyən və Maliyyə Müstəqilliyinin çox iş tələb etdiyini söyləyən oxucuya nə deyərdiniz? Onlar öz təfəkkürləri üzərində işləmək və ya vizyonlar və məqsədlər yaratmaq üçün vaxt və enerjilərinin olmadığını deyirlər. Onlar maliyyə müstəqilliyinə daha asan və daha sürətli bir yol istəyirlər, xüsusən də maliyyə inkişafı üçün məhdud imkanları olan kiçik bir şəhərdə aşağı maaşlı bir iş varsa. Onlar kəskin dəyişikliklər etmədən mövcud həyat tərzində mümkün qədər tez maliyyə müstəqilliyinə necə nail ola bilərlər?

Achani Samon Biaou: [Gülümsəyin] Bunlar əslində iki sualdır. Birinci sual budur ki, "Mən maliyyə müstəqilliyi mövzusunda tənbəl olmaq istəyirəm. Mənə maliyyə müstəqilliyinə mümkün qədər tez çatmaq üçün nə edəcəyimi dəqiq deyin". İkinci sual, aşağı və ya orta maaşlı bir işdə işləyərkən və maliyyə inkişafı üçün məhdud imkanları olan bir ərazidə yaşayarkən FI istəmək probleminə aiddir.

Birincisi, iş görmədən onlara maliyyə müstəqilliyi üçün addım-addım bələdçi verməmizi istəyən şəxs üçün intuisiyam mənə deyir ki, onların bu düşüncə ilə maliyyə müstəqilliyinə nail olmaq ehtimalı çox azdır.

Olumide Ogunsanwo: [Gülüş]

Achani Samon Biaou: Və həqiqətən ümid edirəm ki, maliyyə müstəqilliyinə nail olsalar belə, bundan həqiqətən həzz almaya bilərlər. Maliyyə müstəqilliyi məqsəd tapmaq və bu məqsədə çatmaq üçün maliyyə azadlığından istifadə etməkdir. Maddi müstəqilliyin mahiyyəti davamlı xoşbəxtlikdir. Açıq deyim ki, maliyyə müstəqilliyi mütləq sərvətlə bağlı deyil. Maliyyə cəhətdən müstəqil insanlar mütləq varlı deyillər. Bu, maliyyə narahatlığını zəiflətmədən sizin üçün həqiqətən vacib olan şeylərə diqqət yetirməyə imkan verən minimum maliyyə təhlükəsizliyi səviyyəsinə çatmaqdan ibarətdir. Maliyyə azadlığı sadəcə olaraq sizə imkan verən bir vasitədir və daim puldan narahat olmadan sizi həyata keçirən şeyə diqqət yetirmək azadlığı verir.

Olumide Ogunsanwo: İnsanlar özlərini kəşf etmək səyahətinə çıxmalıdırlar. Bu səyahət onlardan zəhmət tələb edir. Samon və mən atdığımız addımları sizə qaşıqla verə bilmərik, çünki bizim üçün faydalı olan sizin unikal vəziyyətinizə aid olmaya bilər. Kitabın əvvəlində sizə başqasının həyatını köçürməməyi və bunun əvəzinə öz həyatını yaşamağa təşviq etməyi tövsiyə etmişdik. Buraya həyatımızı kopyalamamaq da daxildir.

Öz həyatınızı yaxşılaşdırmaq üçün məsuliyyət götürməli və hərəkətə keçməlisiniz. Sadəcə kitab almaq kifayət deyil. Samonla mənim dediklərimizdən asılı olmayaraq, zehni dəyişikliyə məruz qalmağa və həyatınızda müsbət dəyişikliklər etmək üçün özünü kəşf səyahətinə çıxmağa hazır olmalısınız. Siz öz həyatınıza cavabdehsiniz və daha yaxşı gələcək yaratmaq üçün lazımi dəyişiklikləri etmək sizə bağlıdır. Özünə inam və özünə güvənmə prinsiplərini xatırlayın. Öz həyat vəziyyətinizə xas olan təfərrüatları müəyyənləşdirməlisiniz.

Achani Samon Biaou: Düzünü desəm, sizinlə bu qədər birbaşa ola bilməyimizin səbəblərindən biri də həqiqi həyat sürməyin hər ikimiz üçün vacib olmasıdır. Biz maliyyə müstəqilliyinə nail olmuşuq, ona görə də kitab satmaqdan həqiqətimizi söyləməkdən narahat deyilik.

Olumide Ogunsanwo: Düzdür. Bu kitab bir nüsxə və ya yüz nüsxə satılsa, mənə əhəmiyyət vermir, çünki mən artıq maliyyə cəhətdən müstəqiləm. Mən sizinlə səmimi ola bilərəm. Mən səni boşboğaz etməyə məcbur deyiləm.

Achani Samon Biaou: Biz FI-ya doğru dəyişən səyahətimizi bölüşürük, çünki biz FI həyat tərzini ürəkdən qəbul etmişik və arzumuz sizin içinizdə bir imkan qığılcımı alovlandırmaqdır. Biz yalnız doğrulama deyil, həm də yoldaşlıq və təşviq təklif edərək bələdçiniz olmaq istəyirik. Əgər siz nə vaxtsa bunun şahidi olmadığınız üçün maliyyə müstəqilliyinizə nail olmaqda tərəddüd hiss etmisinizsə, kitabımız bu şübhələri aradan qaldırmaq üçün buradadır. Hekayələrimiz və fikirlərimiz vasitəsilə biz sizi ruhlandıraraq, "Əgər onlar bunu bacarırsa, mən də edə bilərəm!"

Olumide Ogunsanwo: Oradakı bütün mühacirlərə, qürbətçilərə, kənardan gələnlərə və zəifləmiş şəxslərə: Əgər mən maddi cəhətdən müstəqil olmuşamsa, siz də bunu edə bilərsiniz.

Achani Samon Biaou: Onda siz öz səyahətinizə çıxmalısınız. Düşünmək və sorğulamaqla başlayır. Uşaqlığınıza baxın və sizi müəyyən edən əsas məqamları müəyyənləşdirin. Maraqlarınızı araşdırın və müxtəlif şeylərlə sınaqdan keçirin. Kəşf etdiyinizə əsaslanaraq bir sıra prinsiplər hazırlayın. Bu prinsipləri əldə etmək üçün keçmişə və ya hekayələrə baxın və sonra dəyərlərinizə uyğunluq tapana qədər sınaqdan keçirməyə və təkrar etməyə hazır olun.

Olumide Ogunsanwo: İstədiyiniz həyat haqqında təsəvvür yaradın, ora çatmaq üçün hədəflər qoyun və hər gün hərəkətə başlayın. Maliyyə müstəqilliyinə nail olana qədər təkrarlayın və təkrarlayın. Başqa heç kim sizin üçün bu prosesi edə bilməz, çünki bu sizin həyatınızdır və siz buna cavabdehsiniz.

Səyahətə başladıqda və sürət qazandıqca irəliləməyə davam etmək daha asan olur. Siz başlamalı və təcilinizi qorumaq üçün düzgün tetikleyicilərə sahib olmalısınız. Zamanla hədəfinizə doğru kiçik addımlar atmaq vərdişiniz formalaşacaq. Siz irəlilədikcə və müəyyən bir nöqtəyə çatdıqca, gündəlik həyatınızla birləşdiyi üçün səyahət etdiyinizi unuda bilərsiniz. Artıq səyahətlə həyatınız arasında aydın fərq yoxdur. Məqsədinizə doğru irəliləyərkən sadəcə həyatınızı yaşayırsınız. Ancaq bu səyahətə başlamaq üçün əlavə səy göstərməyə və irəliyə doğru ilk addımı atmağa hazır olmalısınız.

Mən kollecdə oxuyanda aktivləşdirmə enerjisi haqqında öyrəndik. Kimyəvi reaksiyanın baş verməsi üçün müəyyən miqdarda enerjinin öhdəsindən gəlmək lazımdır. Başlamaq üçün sizi kifayət qədər aktivləşdirmə enerjisi ilə itələmək üçün bir şeyə ehtiyacınız var. Sizə təqdim etməyə çalışdığımız budur: impuls. Mən bunu həyəcan və xoşbəxtliklə yazıram, çünki məqsədlərinizə çatmağın mümkünlüyünə inanmağınız üçün sizi ruhlandırmaq və enerji vermək istəyirəm. Ümid edirəm ki, özünüzə inamın vacibliyini çatdıracağam və sizi qarşıda olan imkanlar haqqında həyəcanlandıracağam. Hekayəmdə çoxlu iş itkiləri və çətin vəziyyətlər məni təhrik etdi. Bununla belə, uğur üçün öz tetikleyicilerinizi yaratmaq səlahiyyətiniz var. Bunu bu gün edin və xarici şərtlərin maliyyə müstəqilliyi səyahətinizə başlamasını gözləməyin.

Achani Samon Biaou: Bu da bizi ikinci sualınıza gətirir. Nisbətən aşağı və ya orta maaşlı bir işi olan və yuxarıya doğru hərəkəti məhdud olan ərazidə yaşayan bir şəxs necə maliyyə müstəqilliyinə nail ola bilər? İdman bənzətməsi ilə bunu sadələşdirəcəyəm. Useyn Bolt qaçış qabiliyyətini kəşf edəndə və çempionluq qazananda onun seçimi var idi. O, evinin yaxınlığındakı müvəqqəti trekdə qaçmağa davam edə bilər və ya məşq etmək və bacarıqlarını artırmaq üçün Mayami kimi başqa yerə gedə bilərdi.

Bu bənzətməni istifadə etməyimin səbəbi, hər şeyin dəyərlərə bağlı olmasıdır. Əgər maliyyə müstəqilliyini çox istəyirsənsə və kiçik bir şəhərdəki hazırkı işinin səni oraya çatdırmayacağını başa düşürsənsə, ya işinlə yanaşı yan layihələri həyata keçirmək və ya başqa yerlərdə imkanları araşdırmaq üçün bir yol tapacaqsan. Mən maliyyə müstəqilliyinə nail olacağımı gözləməklə Benində qalmadım. Bunun əvəzinə daha yaxşı imkanlar əldə etmək və maliyyə məqsədlərimə çatmaq üçün Avropaya, sonra Amerikaya və nəhayət Yaxın Şərqə köçdüm.

Daha çox imkanlı bir yerə köçüb istəsəniz geri qayıda bilərsiniz. Əgər özünüzə bu sualları verirsinizsə, bu, cari yerinizdən kənarda olan imkanları tam öyrənmədiyinizi göstərə bilər. Cavab təcrübə üçün amansız bir marağın olmasıdır.

Olumide Ogunsanwo: Bunu saatlarla müzakirə edə bilərik, amma yəqin ki, hekayəyə qayıtmalıyıq. BCG-dən ayrılmaq üçün əməliyyatdan sonrakı planı qeyd edirdiniz.

Achani Samon Biaou: Excel modelimi aktivləşdirəndə şirkət daxilində səyahət etmək üçün hər fürsəti yaratdım. BCG-nin məsləhətçilərin ən yaxşı 10%-nin başqa ölkəyə gedə biləcəyi Səfir adlı proqramı var idi. Məsləhətçilər yerləri seçməli idilər və firma onların üstünlüklərindən birinə uyğun gəlməyə çalışacaqdı. Daşınmaz əmlak investisiyası haqqında biliklərimi artırmaq üçün Cənubi Afrikada bir il keçirmək istədim, xüsusən də orada mülklərim olduğu üçün. Bu təcrübə mənə Cənubi Afrika bazarına daha çox sərmayə ayırıb ayırmamaq barədə qərar verməyə kömək edəcək. Bundan əlavə, Cənubi Afrika mənə daha çox qənaət etməyə imkan verən daha əlverişli idi. Səyahət vasitəsilə təcrübə etməkdən və müxtəlif mədəniyyətlər və imkanlarla tanış olmaqdan zövq alıram.

Olumide Ogunsanwo: Müvafiq qeyddə, bir dəfə sol qulağında parlaq rəngli qulaqcıq olan bir Uber sürücüsü var idi. Əvvəlcə onun rep musiqi dinlədiyini düşünürdüm, lakin məlum oldu ki, o, dil bacarıqlarını təkmilləşdirmək üçün əslində ingilis dili öyrənmə kurslarından istifadə edir. Çətinliklərə baxmayaraq, o, özünü təkmilləşdirməyə sadiq idi və məqsədlərinə çatmaq üçün hər fürsətdən, o cümlədən sərnişinləri idarə etməkdən istifadə edirdi. Bu görüş mənə öyrətdi ki, iş və ya gəlir səviyyəsindən asılı olmayaraq, şəxsi inkişaf üçün həmişə imkanlar var. Uğur qazanmaq üçün aydın plan, qətiyyət və ardıcıl səy tələb edir. Üç ildən sonra həmin Uber sürücüsünün harada olacağını təsəvvür edin.

İndi sizə qayıdın. BCG maaşınızı daşınmaz əmlak investisiyaları ilə artırmaq üçün necə bir plan hazırladınız? Artıq yüksək maaşlı işiniz var idi, bəs sizi bu yolu seçməyə nə vadar etdi? Və planınızı necə həyata keçirdiniz?

Achani Samon Biaou: Uşaqlığıma qayıtsaq, atam daşınmaz əmlakla məşğul olan bir sahibkar idi və bu, mənə aktivləri qiymətləndirməyi erkən başa düşdü. Cənubi Afrikada əmlak alarkən, BCG həmkarlarım şübhə ilə yanaşdılar və əmlak investisiyasının çətin olduğunu iddia edərək, əvəzinə robot-investordan istifadə etməyi təklif etdilər. Ancaq uşaqlıq təcrübələrim və ticarət və sahibkarlıqla tanınan Yoruba mənşəyi mənim perspektivimi formalaşdırdı. Zamanla gəliri ayırmaq fikri mənimlə rezonans doğurdu. Gündə çoxlu saat olduğu üçün vaxtımı satmaqla özümü məhdud hiss etdim. Bununla belə, müstəqil şəkildə miqyas ala bilən bir şeydən gəlir əldə edə bilsəm, bu, gözəl olardı. Buna görə də investisiya fürsəti kimi daşınmaz əmlakı araşdırmaq qərarına gəldim.

O vaxtkı sevgilimlə Cənubi Afrikaya səfəri zamanı əmlak qiymətlərini gördüm və onların Fransa kimi digər yerlərlə müqayisədə nə qədər münasib olduğuna heyrətləndim. Bu, mənim marağıma səbəb oldu və qiymətləri dollara çevirdim. Bank hesabımda olan vəsaitlə oradan həqiqətən mənzil ala biləcəyimi başa düşdüm. Mən bunu təcrübə üçün bir fürsət kimi gördüm. Bir çox insanlar tez-tez tərəddüd edirlər, çünki yanlış gedə biləcək hər şeyə diqqət yetirirlər. Ancaq fürsətdən istifadə etməsəniz və sınaqdan keçirməsəniz, heç vaxt düzgün gedə biləcək hər şeyi kəşf edə bilməyəcəksiniz.

Olumide Ogunsanwo: Mütləq, həddindən artıq təhlil bizi hərəkətə keçməkdən çəkindirə bilər. Biz məqsədlərimizə çatmamaq üçün bəhanə olan mürəkkəb modellər və ssenarilər qurmağa meylliyik. Həyatdakı motivlərimiz və məqsədlərimiz haqqında dürüstlüklə təhlili balanslaşdırmaq vacibdir. İndi daşınmaz əmlak investisiya strategiyanıza və taktikanıza nəzər salaq.

Achani Samon Biaou: Mən bu səyahəti müzakirə etməyi sevirəm, çünki o, həm düşünülmüş addımları, həm də etdiyim səhvləri əhatə edir. Əvvəlcə konteksti nəzərdən keçirək. Mən üç zaman üfüqü üzrə investisiyalara baxdım:

Qısamüddətli: Gələn il üçün yaşayış xərclərini ödəmək üçün yüksək likvidli gəlir təmin edəcək investisiyalara diqqət yetirin. Daşınmaz əmlak gəlirləri sabitliyinə və proqnozlaşdırıla bilən pul axınına görə əsas mənbə idi.

Orta müddətli: Növbəti bir neçə il ərzində artımdan faydalanacaq investisiyaları axtarın. Mən fond bazarı və bəzi kriptovalyutalar üzərində cəmləşdim, artım ehtiyatlarına diqqət yetirdim, eyni zamanda dəyərli səhmləri də nəzərə aldım. Səhmlər ümumiyyətlə 2-5 illik zaman çizelgesi ərzində müsbət tendensiyalar göstərir.

Uzunmüddətli: 7-15 il ərzində əhəmiyyətli pul axını potensialı ilə daha yüksək riskli mərclər edin. Mən mələk investor kimi startaplara sərmayə qoydum və artımın konkret hadisələr ətrafında sürətləndiyi sabit valyutaya malik ölkələrdə torpaq aldım. Bu uzunmüddətli mərclərin məqsədi əhəmiyyətli bir hadisədən sonra, məsələn, startaplar üçün IPO və ya torpaq üçün yeni zona inkişafı, adətən on ildən sonra pul çıxarmaqdır. Nağdlaşdırmadan sonra mən qısamüddətli aktivlərin (məsələn, əmlak), orta müddətli aktivlərin (səhmlər kimi) və bəzi uzunmüddətli aktivlərin birləşməsinə yenidən investisiya edərdim və sonra dövrü təkrarlayardım.

Olumide Ogunsanwo: Sizcə, tərbiyəniz və atanızın daşınmaz əmlakla məşğul olması sizin investisiya dünyagörüşünüzü qərəzli etdi?

Achani Samon Biaou: Mən tərbiyəmə görə qətiyyən qərəzli idim, amma bu barədə rasional qaldım. Əgər mən olmasaydım, Benin və ya Fransa kimi aşağı gəlirli ölkələrdə al-icarə daşınmaz əmlaka sərmayə qoyardım. Bununla belə, orada yaşasanız belə, böyük vergi güzəştlərindən istifadə etməsəniz, həmin yerlərə investisiya qoymaq mənalı gəlir gətirməyəcək. Daşınmaz əmlakı araşdırmaq mənim qərəzliyim idi, lakin mən bunun mənalı olmasını təmin etdim. Cənubi Afrikanın mənim üçün strateji əsası var idi, çünki mənim ilk planım maliyyə müstəqilliyinə nail olduqdan sonra orada "təqaüdə çıxmaq" idi. Daşınmaz əmlakdan yaxşı gəlir əldə etməklə yanaşı, həm də yerli valyutada yaşayıb xərclədiyim üçün valyuta hərəkətlərinə qarşı bir hedcinq təmin edərdi. Bu mənim strategiyama çox təsir etdi. Mülkiyyətlərə yaxın olmaq, problem yaranarsa, mənə hər hansı təmirə nəzarət etməyə imkan verərdi. Bu, sistem əsaslı bir qərar idi.

Olumide Ogunsanwo: Dostlarınız və ya ailəniz müəyyən bir gəlir yaratma strategiyasına əməl etdiyi üçün bunun avtomatik olaraq sizin üçün uyğun olduğunu düşünməmək vacibdir. Əgər atanız və ananız korporativ işdə işləyirdilərsə, bu, sizin korporativ işdə işləməli olduğunuz demək deyil. Sevdiyiniz dayınız sahibkardırsa, bu o demək deyil ki, siz sahibkar olmalısınız. Onların təcrübələri ilə məhdudlaşmayın. Bütün imkanları araşdırın və öz şərtlərinizə və istəklərinizə əsaslanaraq qərarlar qəbul edin. Hamımızın qərəz və üstünlüklərimiz var, lakin qərarlara daha geniş perspektivlə yanaşmaq və onların aradan qaldırılması üçün fəal işləmək çox vacibdir. Əks təqdirdə, həyatınızın çox sonrasına qədər əsl çağırışınızı əldən verə bilərsiniz. Qərarların qəbulu üçün güclü ilkin çərçivə yaratmaq vacibdir, çünki bəzi strategiyaları geri qaytarmaq çətin ola bilər. Samon, daşınmaz əmlak investisiyalarını araşdırmağa başladığınız zaman yaşınızı və düşüncə tərzinizi də bölüşə bilərsinizmi?

Achani Samon Biaou: Mən daşınmaz əmlaka sərmayə qoymağa otuzlu yaşlarımın əvvəllərində, BCG-yə qoşulduqdan qısa müddət sonra və maliyyə müstəqilliyim hələ də 1 milyon dollardan aşağı olanda başladım. Ancaq tezliklə başa düşdüm ki, bu məqsəd çox kiçikdir və əhəmiyyətli dərəcədə artırılmalıdır.

Mən 3 üfüqlü strategiya ilə başladım və daşınmaz əmlak qısamüddətli dövr üçün yaxşı bir aktiv sinfi kimi görünürdü, çünki BCG-dən ayrılarkən iki il ərzində kirayə gəlirinə ehtiyacım olacağını düşünürdüm. Mən müxtəlif ölkələri araşdırdım və Cənubi Afrika bir ölkə olaraq arbitraj imkanı təqdim etdi. Daha aşağı sosial-iqtisadi səviyyələrdə satın almaq əvəzinə kirayə verən daha çox əhaliyə sahib idi və valyutanın ucuzlaşması qlobal şoklar və böhranlar xaricində bir qədər proqnozlaşdırıla bilən və idarə oluna bilən idi. Ölkənin müstəqil və effektiv Mərkəzi Bankı var idi və resurslarla zəngin idi, ona görə də Zimbabve, Argentina və ya Venesuelada olduğu kimi qəfil kəskin valyuta devalvasiyası mümkün deyildi.

Cənubi afrikalılar keyfiyyət araşdırmalarıma görə indi həyatdan həzz almağa və daha uzun müddətə kirayə qalmağa üstünlük verirlər. Bu o demək idi ki, mən müəyyən əhali seqmentləri və əmlak növləri üçün daha yüksək icarə haqqını əmr edə bildim, nəticədə daha yüksək doluluq nisbətləri yarandı. Səhvən aldığım yüksək səviyyəli lüks məkan istisna olmaqla, bütün mülklərim üçün çox qısa vakansiya müddətlərim olub.

Olumide Ogunsanwo: [Vay]

Achani Samon Biaou: Budur, başqa bir vacib məqam: İcarəyə götürülmüş əmlaka sərmayə qoymağa gəldikdə, yadda saxlamaq lazımdır ki, kirayə vermək üçün seçdiyiniz ev mütləq özünüzdə yaşamağı xəyal etdiyiniz ev olmamalıdır. Dəbdəbəli və ya yüksək səviyyəli mülklər çox vaxt istənilən maliyyə gəlirlərini vermir, çünki kirayə gəliri çox vaxt əlaqəli xərcləri əsaslandıra bilmir. Bunun əvəzinə alternativ yolları araşdırın. Məsələn, Cənubi Afrikada bir universitet yaxınlığındakı mövcud evin kiçik studiya tipli bölmələrə çevrilməsi, ciddi əməliyyat idarəetməsi ilə müşayiət olunarsa, 20% təsirli gəlir gətirə bilər.

Olumide Ogunsanwo: Etkileyici qayıdır. Hansı növ mənzil almağı hədəflədiniz?

Achani Samon Biaou: Hədəf müştərim aşağıdan orta səviyyəyə qədər olan təbəqə idi və mən mümkün olan ən kiçik 1 otaqlı mənzillərə diqqət yetirdim. Yüksək səviyyəli əmlakların pul vəsaitlərinin hərəkəti üçün heç bir mənası yox idi və aşağı səviyyəli mülklər məni maraqlandırmayan bir səviyyədə səy göstərməyi tələb edirdi. Aşağı orta sinif daxilində mən sadəcə olaraq işləyən şəxsləri hədəf aldım. karyeralarına başlayanlar və ya aşağı hərəkətlilik burulğanında ilişib qalan, lakin hələ də işləyə bilənlər. 1 otaqlı mənzil ala bilərdilər. Mülklərimi fərqləndirmək üçün əmlak daxilində Montessori məktəbi, böyük hovuz və yerində idman zalı kimi cəlbedici şəraiti olan tərtibatçılardan aldım. Cənubi Afrikada bu cür şəraiti olan mülklər və ya komplekslər çox tələb olunur və bu, kirayə tələbinə təsir göstərir.

Təchizat tərəfində tərtibatçılar təməl işləri gördülər. Onlar növbəti qatar xəttinin harada olacağını, Deloitte şirkətinin növbəti qərargahını harada tikəcəyini və növbəti məktəbin harada yerləşəcəyini bilirdilər. Mən əsasən yer, vaxtında tamamlama, keyfiyyətli bitirmə və şərait baxımından etibarlı tərtibatçılarla əməkdaşlıq etdim. Cənubi Afrikadakı əmlaklar mərhələli şəkildə inkişaf etdirilir, buna görə də bölmələr hələ tikilməkdə olanda və tərəddüdlü alıcılar qiymətləri aşağı saxlayanda erkən sərmayə qoyduğuma əmin oldum. Məhdud təklif və sağlam tələb var idi. Bütün inkişaf başa çatdıqdan sonra şəraitə daha yaxın olan bölmələr daha sürətli icarəyə verilir.

Daşınmaz əmlaka investisiya qoymaq bir çox amilləri nəzərə alır. Daha kiçik xüsusiyyətlərdən başlamaq və Excel kimi alətlərdən istifadə edərək kirayəçiləri tapmaq, iş yükünü minimuma endirmək və xərcləri izləmək üçün sistemlər tətbiq etməklə onları aktiv şəkildə idarə etmək daha yaxşıdır. Vergilər və potensial ödəniş artımları barədə məlumatlı olmaq da vacibdir.

Olumide Ogunsanwo: Beləliklə, ümumiləşdirsək, Cənubi Afrikadakı icarə investisiya strategiyanız aşağı və orta gəlirli karyera başlayanlar üçün bir otaqlı mənzillərə yönəldilib. Siz düzgün araşdırma aparan və düzgün inkişaflara malik olan tərtibatçılarla əməkdaşlıq etdiniz. Siz limit dərəcələrini, vergiləri, inflyasiyanı və valyuta məzənnələrini təhlil etdiniz. Burada vurğuladığınız prinsipləri yüksək qiymətləndirirəm.

Achani Samon Biaou: Əgər bütün bunları yaşamasaydım, bu dəyərli fikirləri öyrənməzdim. Nə üçün nəticə vermədiyini başa düşmədən bir əmlak alardım və gələcək investisiyalardan çəkinərdim. Cənubi Afrikada əmlak almağımın əsas səbəbi olan bölüşmək istədiyim əlavə bir məqam da münasib qiymətdir. Bu 1 otaqlı mənzilləri cəmi 40.000-70.000 dollara ala bilərsiniz.

Olumide Ogunsanwo: Bu qiymət aralığına 1 otaqlı mənzil. ROI işlədiyi təqdirdə potensial olaraq gözəldir.

Achani Samon Biaou: Bu, sizi düzgün suallar verməyə, diqqət yetirməyə və düzgün dərslər öyrənməyə məcbur edir. Pulunuz risk altında olduqda, düzgün suallar vermə ehtimalınız daha yüksəkdir. Həm də nəsə baş verəndə ondan düzgün dərslər çıxarın. Oyunda dərinin olması çox vacibdir. Cənubi Afrikada mən hal-hazırda icarə gəlirindən 7% ilə 8% arasında gəlir əldə edə bilirəm (gəlir vergisi çıxılmaqla). Bu o deməkdir ki, vergidən əvvəl gəlirlər 10% + təşkil edir. Sərmayə dərəcəsi əmlak gəlirləri üçün faydalı bir istinad olsa da, cibinizdəki xalis gəlir vergilər və agent haqları kimi xərclərə görə hələ də aşağıdır. Kirayə gəliri ilə yanaşı, kapital artımından da faydalanıram.

İllər ərzində mən adətən investisiyalarımda illik 3% -dən 7% -ə qədər artım görürəm və bu tendensiya düzəlməzdən əvvəl ən azı 7 il davam edə bilər. Əlbəttə ki, satış üçün doğru vaxtı bilmək çox vacibdir. Bütün bu amilləri nəzərə aldıqda, əmlak investisiyası çoxları üçün əlçatan olan ən gəlirli və aşağı riskli investisiyalardan biri ola bilər.

Olumide Ogunsanwo: Yaxşı, Samon, indi strategiyanızın başlanğıcını və sonunu başa düşdük, gəlin ortadan danışaq. Alınacaq əmlakların sayını necə müəyyənləşdirdiniz? Nə qədər böyük olacağına necə qərar verdin?

Achani Samon Biaou: [Gülümsəyin] Soruşmağınıza şadam. Razıyam ki, orta həlledicidir. Əmlak investisiyası haqqında əvvəlcədən məlumatım olmadığı üçün əvvəlcə təcrübə etməli oldum.

Olumide Ogunsanwo: Burada maraq və ambisiya prinsipi işə düşür. Siz araşdırmaq üçün kifayət qədər maraqlı idiniz və getmək istədiyiniz yerə çatmaq üçün lazım olanı öyrənmək üçün kifayət qədər iddialı idiniz.

Achani Samon Biaou: Mənim strategiyam 80%-i daşınmaz əmlaka və bəzi yüksək gəlirli əmanətlərə yönəldilmiş orta və uzunmüddətli üfüqlərdə xalis dəyərimin 10%-dən 20%-ə qədərini investisiya etmək idi. Mən öz zəifliyimi başa düşdüm, o idi ki, nizam-intizamlı investisiya strategiyası olmadan pul ya qeyri-məhsuldar xərclərə sərf olunacaq, ya da cari hesabımda boş oturacaq. Nizam-intizamı qorumaq üçün pullarımı yerləşdirməyə davam etdim. Mən elə bir sistem qurdum ki, bank hesabımda BCG-dəki bütün karyeram boyunca heç vaxt 1000 dollardan çox pul saxlanmayıb.

Olumide Ogunsanwo: Qeyd etmək lazımdır ki, siz bütün bunlara dünyanın ən tələbkar işlərindən biri olan BCG-də işləyərkən nail oldunuz. Sual yaranır ki, başqalarının bir işi tutarkən imkanları araşdırmamaq üçün hansı bəhanəsi var? Samon heç bir bəhanə gətirmədi.

Achani Samon Biaou: Mütləq. İnsanlar, xahiş edirəm, bəhanə gətirməyin. BCG-də işləmək 9-5 işdən uzaq idi. Tez-tez səhər saat 9:30-da işə başladım və gecə saat 2 radələrində yatırdım. İndi hekayəyə qayıdaq, bu yanaşma nə demək idi? Bu o demək idi ki, mənim əmlak almaq üçün illik planım var və geri qaytarılmayan depozitlər və qısamüddətli kredit imkanları ilə bağlı öhdəlik götürmüşəm. Bu o demək idi ki, mən artıq almağı öhdəmə götürdüyüm əmlak üçün pul ödəmişəm. Yohannesburq və Keyptaundakı bütün maraqlı yeni hadisələrin təqvimini saxladım. Bu o demək idi ki, maaşım hesabıma düşən kimi ertəsi gün əmlak almaq və ya səhmlərə investisiya etmək üçün harasa köçürüləcək. Mən yalnız aylıq 600 dollardan 800 dollara qədər olan xərcləri gördüm ki, bu da mənim əsas yaşayış xərclərimi ödəyirdi. Məni lazımsız alış-verişə sövq edəcək boş nağd pul yox idi. Bu yanaşma mənim dəyərlərə əsaslanan xərclərimi və əsaslılığımı əks etdirirdi.

Olumide Ogunsanwo: Pulu hesabınıza geri köçürə bilməzdiniz?

Achani Samon Biaou: Xeyr, o, birbaşa tərtibatçıya getdi. Mən artıq bütün il üçün geri qaytarılmayan əmanətləri ödəmişdim və ödənişləri yenicə doldurdum. Əgər doldurmasaydım, əmlakı itirərdim. Vəsaitlər əmanətdə olduqdan sonra, hüquqi problem olmadığı təqdirdə onları geri çağıra bilməzdim. Hətta fövqəladə hallarda belə, qoyulan vəsaiti köçürmək mümkün olmayıb. Fövqəladə hallar üçün kredit kartlarından istifadə etdim.

Olumide Ogunsanwo: Anladım. Əvvəlcədən öhdəlik kritikdir.

Achani Samon Biaou: Tam olaraq. İcazə verin daha da aydınlaşdırım. Cənubi Afrikadakı bütün maraqlı yeni hadisələrin təqvimini götürdüm və potensial gəlirləri hesabladım. Özümə belə suallar verdim: "Bu yer həqiqətən perspektivlidir? Qatar xəttinin uzadılması planları varmı?" BCG-də illik ümumi gəlirimi təxmin etdim, sonra tərtibatçılara ildə beş-on əmlak alacağımı bildirdim. Mən Cənubi Afrikadakı hər bir yüksək gəlirli əmlakı tanıyırdım və hər il nə qədər əmlak almaq istədiyim, həmçinin tərtibatçılara nə vaxt və nə qədər köçürməli olduğum barədə dəqiq bir planım var idi. Bəzi insanlar məndən gözlənilməz hadisələr barədə soruşurlar və mənim onlarla mübarizə tərzim sadə idi. Yüksək maaşla maaşlar arasında bufer rolunu oynayan kredit kartı aldım.

Olumide Ogunsanwo: Gözlənilməz hadisələri bəhanə kimi istifadə edənlər nöqtəni qaçırırlar. Kənar ssenariləri həll etmək əvəzinə, ən çox ehtimal olunan median ssenariləri planlaşdırmalı və kənar vəziyyətlər üçün sığorta və ya müdafiəyə sahib olmalıyıq. Məsələn, avtomobilinizin 99%-nin boş olmasına baxmayaraq, bəzən dörd dostunuzu daşımaq lazım olduğuna görə yolsuzluq avtomobili alırsınızsa, o zaman çox güman ki, nəqliyyat üçün çox pul ödəmiş olursunuz. Eynilə, ailəniz ildə iki dəfə ziyarət etdiyi üçün və ya yataq otaqlarının 99%-nin boş olmasına baxmayaraq, qonaqların sizinlə nə vaxt qalacağına əmin olmadığınız üçün üç otaqlı ev üçün pul ödəyirsinizsə, o zaman çox güman ki, siz mənzil üçün həddindən artıq ödəniş. Bu, Maliyyə Müstəqilliyinə gedən yolda ümumi tələdir: qeyri-adi ssenarilərin həlli ilə əlaqədar kifayət qədər istifadə olunmayan aktivlərin ödənilməsi. Təəssüf ki, əlavə yataq otaqlarınız maliyyə müstəqilliyiniz üçün hədəf qrafikinizi 5-10 il gecikdirə bilər.

Achani Samon Biaou: Mən tamamilə razıyam. Bu investisiya bölməsini bir neçə əsas fikirlə ümumiləşdirməyə icazə verin. Birincisi, maliyyə müstəqilliyinizə dair bir vizyona sahib olmalısınız. Mənim vəziyyətimdə Cənubi Afrikaya köçmək istədim, çünki orada yaşamaqdan həzz alırdım. Mən yaşayış xərclərini hesabladım və bufer əlavə etməklə yanaşı qlobal səyahəti də hesabladım. Sonra bu maliyyə hədəflərini qısamüddətli, orta müddətli və uzunmüddətli hədəflərə çevirdim. Yaşayış xərcləri üçün təkrarlanan gəlir əldə etmək üçün bir plan hazırladım, bu plana 1 otaqlı mənzillərin alınması, 2+ il ərzində qazanc əldə etmək üçün səhmlərə investisiya edilməsi və 5+ ildə qazanc əldə etmək üçün şirkətlərə mələk sərmayələri edilməsi daxildir. illər. Nəhayət, planın intizamlı icrasını təmin etmək üçün öhdəlik mexanizmləri yaratdım.

Olumide Ogunsanwo: Bəli, çox rahat olanda biz özündən razı oluruq və heç bir tədbir görmürük.

Achani Samon Biaou: Mənim hazırladığım öhdəlik mexanizmi əmanəti əvvəlcədən ödəmək idi. Deyək ki, bir il ərzində hər depozitin dəyəri 5000 dollar olan beş əmlak almaq istədim. Yanvar ayında bütün beş əmlak üçün 25.000 dollar ödədim və bu əmanət geri qaytarılmır. Geri çəkilməyim üçün heç bir yol yox idi. amansızcasına edam etdim. Bu arada mən Dubayda ayda 600-800 dollar büdcə təyin edərək, dəyərlərə əsaslanan xərclər əsasında yaşayış xərclərimi idarə etdim. Bəzi aylar bu məbləği keçəcəkdi, amma 800 dollardan çox büdcə ayırmağa ehtiyac duymadım, çünki artıqlığı ödəmək üçün kredit kartımdan istifadə edə bilərdim. Növbəti maaşımı alanda kredit kartı ödənişləri çıxmazdan əvvəl borcumu kompensasiya edərdim.

Sonra ciddi araşdırma apardım və modelimi buna uyğun düzəltdim. İlkin olaraq həm 2 otaqlı, həm də 1 otaqlı mülklər aldım. Ancaq tezliklə başa düşdüm ki, 2 otaqlı mənzillərdə daha yüksək vakansiyalar var, çünki adətən belə mülkləri icarəyə götürən uşaqlı ailələr gənc cütlüklərə və ya bakalavrlara nisbətən daha az köçürlər. Bu, mənim ilk səhvim idi və öyrəndim ki, 2 otaqlı mənzillərin gəlirləri hətta tam yaşayışla belə əlverişli deyil. Minlərlə dollar itirdim, o əmlakları satdım və daha gəlirli olanlara yenidən investisiya etdim.

Olumide Ogunsanwo: Bəli, məhz bu, bizim müzakirə etdiyimiz şeydir

– məqsəd qoyma və dönmə. Siz qarşınıza məqsəd qoydunuz, onu həyata keçirməyə başladınız və irəliləyişinizə əsasən düzəlişlər etdiniz. İzləmə vacibdir.

Həmçinin, insanların seçimlərinizdən şübhələndiyi vaxtlar olacaq və bu, stresli ola bilər, lakin siz həmişə "niyə"nizi xatırlamalısınız. Samonun "niyə"si onun maliyyə müstəqilliyi arzusu idi. Buna görə də o, düzgün tərəfdaşlar, Cənubi Afrika kimi düzgün ölkə və düzgün tipli mənzillər – 1 otaqlı mənzillər tapmaq stresinə dözdü. O, necə gəlir əldə etməyi, kiminlə ortaq olmağı və hansı kirayəçiləri cəlb etməyi düşünürdü. Bu, çətin görünə bilər, amma əminəm ki, Samon üçün o qədər də stresli deyildi, çünki onun dəqiq son məqsədi var idi və siz ona doğru irəlilədikcə düzəlişlər etdi.

Achani Samon Biaou: Əvvəllər qeyd etmədiyim bir şey mənim təcilimi əhəmiyyətli dərəcədə artırdı, bir neçə ay ərzində ilk 1000 dollarlıq passiv aylıq gəlirimi qazanmağa başladığım zaman oldu. Sonra 2000 dollara qədər artdı və artmağa davam etdi. Mən hələ də işimi davam etdirirdim və dəyərlərə əsaslanan xərclərə sadiq qalırdım. Kirayədən əldə etdiyim gəliri daha çox mənzilə yatırdım. İşimi itirsəm də, mənzillərimin birində yaşaya biləcəyimi və digərlərindən kirayə pulu yığa biləcəyimi bilmək mənə təhlükəsizlik hissi verdi. Bu yerinə yetirirdi. Əlavə olaraq, xərcləmədiyim yeni gəlir axınım olduğu üçün maliyyə modelimi dəqiqləşdirdim. Bu gün yalnız qazandığım kirayə gəliri hesabına hər il bir neçə yeni mülk ala bilərəm. Son bir neçə ildə mən Dubayda, Parisdə və ya San-Fransiskoda rahat şəkildə yerləşmişəm, halbuki Cənubi Afrikadakı mülklər praktiki olaraq özlərini alıblar. FIREDOM [Gülümsəmək] içində olduğum üçün başqa şeylərə çox pul xərcləməyi seçməsəm, əlavə pul yatırmağa ehtiyacım yoxdur.

Olumide Ogunsanwo: İnanılmaz. Nə hekayə. Daşınmaz əmlakın gəlir əldə etmək üçün bir yol olduğunu başa düşən, lakin nə edəcəyinə dair qorxu və ya qeyri-müəyyənlik hiss edən insanlar üçün əsas tövsiyələri ümumiləşdirə bilsəniz, onlar nə olardı?

Achani Samon Biaou: Birincisi, xüsusi yer və investisiya növü haqqında əsas təhsil alın. Daşınmaz əmlakın icarəsindən necə pul qazanacağınızı, gəlir və kapitalın qiymətləndirilməsini başa düşməyi öyrənin və tipik xərclərlə tanış olun. İnternetdə tapa bildiyiniz qədər oxuyun. İkincisi, ümumi strategiyanıza diqqət yetirin. Maliyyə müstəqilliyinizlə bağlı məqsədləriniz nələrdir? Daşınmaz əmlak bu məqsədlərə uyğun gəlirmi? Daşınmaz əmlak yaxşı bir seçim ola bilər, lakin sizə daha uyğun ola biləcək bir çox başqa imkanlar var. Daşınmaz əmlaka qərar verərsinizsə, məqsədyönlü araşdırma aparmağa başlayın. Hansı ölkələri nəzərə almalısınız? Hansı əmlak növləri? Ümumi məlumatlarla kifayətlənməyin; xüsusi bilik axtarın.

Olumide Ogunsanwo: Özünüzü yalnız yaşadığınız yerdə daşınmaz əmlak tapmaqla məhdudlaşdırmayın. Düşünməyin ki, Denverdə, Koloradoda yaşadığınız üçün orada mülk sahibi olmalısınız. Bu, dolayı FOMO-nun bir formasıdır. Denverdə yaşamaq orada ilişib qaldığınız demək deyil. Samon Dubayda idi, Cənubi Afrikada mülk alırdı. Unutmayın, siz qlobal vətəndaş kimi sonsuz potensiala malik bir insansınız. Geniş düşün.

Achani Samon Biaou: Mən də Böyük Britaniyada əmlaka sərmayə qoymuşam və Atlantada imkanları araşdırmışam. Bu seçimlər haqqında özünüzü maarifləndirmək vacibdir. Maliyyə savadlılığı və hədəf təyini ilə başlayın. Bu sahədə mütəxəssis kimi hərtərəfli lazımi araşdırma aparın. Şəbəkənizdə əmlak investisiyaları haqqında biliyə malik olan şəxslərdən məsləhət alın. Dörd və ya beş nəfərlə məsləhətləşmələr sizə effektiv strategiyalar və potensial tələlər haqqında kifayət qədər məlumat verməlidir. Fırlatma və ya al-saxlama-satış kimi xüsusi bir sövdələşmə növünü müəyyən etdikdən sonra təcrübənizi istiqamətləndirmək üçün ilkin məlumat nöqtələrini toplayın. Strategiyanızı minimum xərclə sınayın, lakin təcrübənizi elə qurun ki, uğursuz olarsa təsirini hiss edəcəksiniz.

Olumide Ogunsanwo: Bəli, aşağı qiymətə, lakin oyunda bəzi dəri ilə. Həm dollar, həm də vaxt sərmayəniz.

Achani Samon Biaou: Tam olaraq, dollar və vaxt. Təəssüf ki, dünya fırıldaqçılarla doludur. YouTube və ya Twitter-də tapdıqlarınızın təxminən 90%-i ya yalan, ya da bilərəkdən natamamdır, çünki hamı sizin diqqətinizi cəlb etməyə çalışır. Həqiqətən başa düşmək üçün praktiki təcrübə əldə etməlisiniz. Biliyiniz üçün yalnız başqalarına güvənməyin.

Olumide Ogunsanwo: [Gülüş] YouTube və Twitter-ə qışqırın.

Achani Samon Biaou: [Gülümsəyin] Mütləq. Hər kəs diqqətinizi çəkəcəyini düşündüklərini söyləyir. Oraya çıxmaq və real təcrübə qazanmaq lazımdır. Əks halda, yanmağa son verəcəksiniz.

Üçüncüsü, qısa yollar yoxdur. Bəzi insanlar soruşa bilər ki, "Mənə üç iş ver". Yaxşı, təklif etdiyim üç şey təcrübəmə əsaslanır. Çox güman ki, xüsusi olaraq sizə aid olan daha üç şey olacaq. Həmişə başqalarından öyrənməyi gözləmək əvəzinə öz təcrübənizi qazanmaqdan qorxmayın.

Dördüncüsü, öyrənin. Əgər siz Cənubi Afrikaya sərmayə qoyub heç bir dərs almadan pul itirirsinizsə, deməli, həqiqətən hər şeyi itirmisiniz. Pul itirsəniz belə, ondan öyrənin. Emosional və ya səthi nəticələr çıxarmayın. Güman edirəm ki, bu səviyyədə olan hər kəs bir az tənqidi düşüncəyə malikdir. Əmlakınız kirayəçiləri cəlb etmirsə, "Oh, Cənubi Afrika tamamilə israfdır" kimi nəticələrə tələsməyin. Niyə kirayəçi almadığınızı və başqalarının uğurlu olub-olmadığını anlamağa çalışın. İcarəçiləri necə cəlb edirlər? Bununla siz bölmənizin niyə kiracıları cəlb etmədiyi barədə dəyərli fikirlər əldə edəcəksiniz. Siz hələ də sərmayənizi geri götürməyi seçə bilərsiniz, lakin heç olmasa "niyə"nin tam dərk edilməsi ilə bunu edəcəksiniz.

Beşinci və nəhayət, öhdəlik mexanizmləri yaradın. Hamımız sınaqlarla qarşılaşırıq. Özünüzü bu barədə düşünməyə belə ehtiyacınız olmayan vəziyyətlərə qoyaraq etməli olduğunuz işi minimuma endirin. Mənim vəziyyətimdə, müəyyən sayda əmlak almağı öhdəmə götürdüm və geri qaytarılmayan külli miqdarda depozit ödədim, bu da fikrimi dəyişməyi çətinləşdirdi.

Nəticə olaraq deyim ki, biznes məktəbini bitirdikdən sonra mən maliyyə müstəqilliyinə doğru səyahətə çıxdım. Başlanğıcda sadəlövh bir modelim var idi, burada məsləhətləşmədən sonra iki il ərzində maliyyə müstəqilliyinə nail olmağı və sonra aztəminatlı tələbələr üçün məktəblər tikməyi hədəflədim. Həyatda məqsədimin sadəcə pul qazanmaqdan əlavə daha nəcib və mənalı işlərə can atmaq olduğuna inanırdım. Ancaq səhhətim məni yenidən qiymətləndirməyə məcbur etdi. Mən başa düşdüm ki, heç bir şeyə zəmanət verilmir və mən maddi cəhətdən azad olmaq istəyirdim ki, diqqətimi həqiqətən vacib olan şeylərə yönəldə bildim. O zaman korporativ həyatdan ən sürətli çıxış əldə etmək üçün Excel modelini yaratdım. Planımı həyata keçirdim, fürsətləri ələ keçirdim və BCG-də təxminən beş ildən sonra otuzlu yaşlarımın ortalarında maliyyə müstəqilliyinə nail oldum.

Olumide Ogunsanwo: İcazə verin, izləyicilərimiz üçün vacib bir şeyi təkrar edim. Biz oxuculara Samon kimi Cənubi Afrikada 1 otaqlı mənzillər almağı təklif etmirik. Əsas məsələ maliyyə müstəqilliyi üçün vizyon və plan qurmaqdır. Qısa və uzun müddətli plan hazırlayın və yeni məlumat əldə etdikcə bu yolda uyğunlaşaraq hərəkətə başlayın. Əslində, insanların daha vacib ümumi baxış və strategiyaya deyil, taktikaya həddən artıq diqqət yetirməməsi üçün Samonun daşınmaz əmlaka sərmayə qoymasının təfərrüatlarını kitaba daxil edib-etməməyi müzakirə etdik.

Əgər hekayələrimizi oxuyursunuzsa və 30-cu yaşlarınızın ortalarında maliyyə müstəqilliyinə nail olmaq üçün bizim yolumuzu təkrarlamağa çalışmalı olduğunuzu düşünürsünüzsə, nöqtəni qaçırırsınız. Məqsəd maliyyə müstəqilliyinə doğru tələsmək deyil. Məqsəd həyatı öz şərtlərinə uyğun yaşamaqdır. Bunu vurğulamaqda davam edirik, çünki mən də həyatımı əvvəlcədən planlamamışam. Vizyona malik idim və fürsətlərə açıq qaldım. Məsələn, Michael Sun ilə o söhbətim olmasaydı, MİT-ə müraciət etməzdim. İşimdə çətinliklərlə üzləşməsəydim, Oksforda getməzdim. Mənim əvvəlcədən planlaşdırılmış həyat xəritəsi yox, şimal ulduzum var idi. Şimal ulduzu qəsdən və həqiqi şəkildə yaşayırdı və yaşamalıdır.

Bu kitabdan götürməli olduğunuz budur. Həqiqətən arzuladığınız həyatı necə yaşaya bilərsiniz? Hansı tədbirləri görməlisiniz? Hansı dəyərlərə üstünlük verməlisiniz? Gəlir və gəlir əldə etmək üçün konkret taktikaları daha sonra müzakirə edəcəyik. Ancaq zehniyyət və məqsəd qoyma hər şeydən önəmlidir. FI-nin sizin üçün mümkün olduğuna inanmalısınız.

Kitabda daha əvvəl qeyd etdiyim kimi, inkişaf etməkdə olan ölkələrdə gözlənilən ömür uzunluğu təxminən 50 il, inkişaf etmiş ölkələrdə isə 70-80 ildir. Bu məhdud zaman çərçivəsini nəzərə alsaq, əgər siz artıq 20 və ya 30 yaşlarındasınızsa və bu kitabı dinləyirsinizsə, mənalı və dolğun bir həyat yaratmaq üçün məhdud vaxtınız var. Bəs niyə cəsarətli olub fərqli bir şey sınamayasınız? Baş verə biləcək ən pis nə ola bilər? Məqsədli bir həyat sürmək, sadəcə olaraq axınla getməkdən daha yaxşıdır, çünki o, sizi həqiqətən olmaq istədiyiniz yerə aparmaya bilər.

Achani Samon Biaou: Həyatınızı həqiqətən yaşayın. Maliyyə müstəqilliyini həyatın bizə tez-tez qoyduğu əvvəlcədən müəyyən edilmiş yoldan qurtulmağın bir yolu kimi düşünün. Ənənəvi yol bizə deyir ki, 65 və ya 70-ə qədər işləyin və sonra təqaüdə çıxın. Bəzi insanlar 65 yaşına qədər işləyir və əhəmiyyətli sərvət toplayır, lakin hələ də özlərini itirdiklərini hiss edirlər, çünki əsl şəxsiyyətlərini araşdırmaq və ya ehtiraslarını həyata keçirmək şansı olmayıb.

Maliyyə müstəqilliyi həmin ssenarini yenidən yazmağa imkan verir. Özünüzə "mən kiməm?" sualını vermək üçün 70-ə qədər gözləmək lazım deyil. və ya "Mən tətilimi harada keçirmək istəyirəm?" Bunun əvəzinə, aktiv illərin əvvəlində ssenarini çevirin. Kim olduğunuzu və sizə həqiqətən nəyin sevinc gətirdiyini başa düşməklə başlayın. Təsəvvür edin ki, pul təzminatından asılı olmayaraq, sevdiyiniz bir işi sonsuza qədər edirsiniz. Sonra, pul haqqında daim narahat olmadan, mümkün qədər tez bu nöqtəyə necə çata biləcəyinizi anlayın. Bu, biznes məktəbindən sonrakı karyera hekayəm idi.

Olumide Ogunsanwo: Əlamətdar hekayənizi paylaşdığınız üçün təşəkkür edirəm. Maddi müstəqillik yoluna qədəm qoyarkən, artan rahatlıq, həyəcan və xoşbəxtlik hissini yaşayacaqsınız. Tərəqqilərinizin şahidi olduqca inamınız yüksələcək. İstəklərimizə doğru irəliləyiş hiss etdiyimiz zaman beynimiz bizə sevinc bəxş etmək üçün təchiz edilmişdir. Ancaq bütün bunlar yalnız bu vacib ilk addımı atdığınız təqdirdə baş verə bilər. Başlamadan o yerinə yetirmə nöqtəsinə heç vaxt çata bilməzsiniz. Beləliklə, sizi bu gün başlamağa dəvət edirəm. Əslində elə indi başlayın. Bu kitabı bir kənara qoyun və maliyyə gələcəyiniz üçün cəlbedici bir vizyon yaratmağa və gündəlik tədbirlər görməyə başlayın. Növbəti fəsildə görüşərik!

6C: Gəlirlərin Maksimallaşdırılması Prinsipləri və Dəyərlərə əsaslanan xərcləmə

Olumide Ogunsanwo: Gəlirlərin maksimumlaşdırılması və dəyərlərə əsaslanan xərcləmə prinsiplərini araşdırdığımız bu fəsilə xoş gəlmisiniz. Biz bunu üç hissəyə böləcəyik: prinsiplərin müəyyən edilməsi, onların maliyyə müstəqilliyini necə sürətləndirdiyini müzakirə etmək və əlavə öyrənmək üçün resursları tövsiyə etmək. Gəlirin maksimumlaşdırılmasına dalmaqla başlayaq.

Achani Samon Biaou: Mən analoqları anlayışları daha yaxşı başa düşmək üçün faydalı hesab edirəm. Yəqin ki, siz startap şirkətləri və onların investorlardan necə pul yığdıqları ilə tanışsınız. Bir şirkətin dəyəri onun dəyərini müəyyənləşdirir. İndi özünüzü müəyyən bir qiymətləndirməyə sahib bir başlanğıc kimi düşünün. Gəlirlərin maksimumlaşdırılması əsl dəyərinizin aşkarlanması və bunun üçün necə ödəniş edəcəyinizi anlamaq prosesidir.

Olumide Ogunsanwo: Gəlirinizi maksimuma çatdırmaq, maliyyə müstəqilliyinə doğru səyahətdə ən təsirli olmasa da, ən təsirli amillərdən biridir. Daha aşağı gəlirlə belə maliyyə müstəqilliyinə nail olmaq mümkün olsa da, bu, daha çətin olur. Bəs niyə gəlir əldə etmək üçün ən böyük sərvətinizdən - insan potensialınızdan istifadə etməyəsiniz? Bu gün araşdırdığımız budur: gəlirin maksimumlaşdırılması. Oxucuları sərvət yaratma imkanlarının çoxluğunu araşdırmağa dəvət edirəm. Biliklərinizə, bacarıqlarınıza, maraqlarınıza, mühitinizə və münasibətlərinizə uyğun olan variantları qiymətləndirməklə başlayın. Sərvət yaratmağın bəzi yolları bunlardır:

Birincisi, ənənəvi iş və ya karyera var. Siz vaxtınızı və bacarıqlarınızı bir şirkətdən alınan maaşla dəyişirsiniz. Məşğulluq sabit gəlir təmin edə bilər, lakin o, sahibkarlıq kimi inkişaf potensialını təqdim etməyə bilər.

İkincisi, sahibkarlıq və özünüməşğulluq var. Siz kitablar, kurslar, bloqlar, podkastlar kimi müştərilərin həyatını yaxşılaşdıran məhsul və ya xidmətlər inkişaf etdirə və ya hətta franchise başlaya bilərsiniz. Digər variant isə peşəkar təcrübənin qurulmasıdır, məsələn, həkim, hüquqşünas, mühasib və s. Alternativ olaraq, siz freelancing, kouçinq, konsaltinq kimi xidmətlər təklif edə və ya hətta konsert iqtisadiyyatında iştirak edə bilərsiniz. Sahibkarlıq daha yüksək uğursuzluq riski daşısa da, sərvət toplamaq üçün faydalı bir yol ola bilər.

Bu ilk iki variant ilkin kapital olmadan həyata keçirilə bilər. Bundan əlavə, sərvət yaratmaq üçün üçüncü prospektə ilkin kapital tələb edən investisiyalar daxildir. İnvestisiyalar zamanla sabit gəlir gətirə bilər, lakin maliyyə itkisi riskini də daşıyır. 6A fəslində biz ESIPL çərçivəsində investisiya növlərini əhatə etdik, o cümlədən dövlət bazar investisiyaları, daşınmaz əmlak, vençur kapitalı, özəl kapital, mələk sərmayəsi, kriptovalyutalar, mallar, valyuta ticarəti, kolleksiya malları, həmyaşıd kreditləşdirmə və depozit hesabları maraq. Beləliklə, biz daha çox iş və sahibkarlıq prospektlərinə diqqət yetirəcəyik, qısaca olaraq ictimai bazar investisiyalarına və daşınmaz əmlaka toxunacağıq, çünki onlar çox vaxt çoxları üçün ən perspektivli investisiya imkanlarıdır.

Mən qəsdən qumar, hədiyyələr, qrantlar, gözlənilməz gəlirlər, sığorta ödənişləri, lotereya uduşları və vərəsəliyi sərvət yaratma variantları kimi istisna etdim, çünki FIREDOM şanslı və nadir hadisələrə güvənməkdənsə, sərvət yaratmağın sistemli və davamlı yollarına diqqət yetirir.

Bu variantlar bir-birini istisna etmir və eyni vaxtda bir neçə yol izlənilə bilər. Bundan əlavə, burada göstərilən nümunələr mövcud variantların yalnız bir hissəsini təmsil edir. Sərvət yaratmağın açarı başqalarının arzuladığı və ya ehtiyac duyduğu qiymətli bir şey təklif etməkdədir. Nəticə etibarı ilə, sərvət yaratma variantlarının tam siyahısı heç vaxt ola bilməz, çünki insan ehtiyacları davamlı olaraq inkişaf edir və hər gün sərvət yaratmaq üçün yeni imkanlar açır.

Achani Samon Biaou: Mütləq. Bunu necə tərtib etdiyinizi yüksək qiymətləndirirəm. Bunu başa düşmək və hiss etmək asandır, xüsusən də bu prosesə yeni başlayanlar və ya yaradıcılıqla məşğul olmaq istəyənlər üçün.

Mən başqa bir ölçü əlavə etmək istərdim: qiymətləndirmə aspekti. Karyeranızın istənilən nöqtəsində oturub özünüzdən soruşa bilməlisiniz: İntellektual kapitalım, enerjim və xarakterimlə bağlı ömrüm nə qədərdir? Cavab vermək çətin sualdır. Olumide-nin qeyd etdiyinə bənzər qiymətləndirmə metodologiyalarını müəyyənləşdirmək üçün növbəti addım gəlir. Öz nümunəmi bölüşüm: Deutsche Telekom-da texniki məsləhətçi kimi işlədiyim zaman kompüter elmləri və elektrik mühəndisliyi üzrə magistr dərəcəsi almışam. Problemsiz pasporta görə coğrafi çeviklik və səyahət imkanları üstünlüyünə sahib idim. Buna görə də qeyd etdiyiniz kateqoriyaların hər birində nə qədər dəyərli ola biləcəyimi qiymətləndirə bildim, Olumide. Mənim vəziyyətimdə birinci kateqoriyada işim var idi.

Olumide Ogunsanwo: Bəli, bacarıqlarınızla gözləyə biləcəyiniz maaşı nəzərə almaq vacibdir.

Achani Samon Biaou: Düzdür. Öz imkanlarınızı təhlil etmək və daha yüksək gəlir əldə etmək üçün bacarıqlarınızı necə artıra biləcəyinizi araşdırmaq vacibdir. Qeyd olunan Olumide kateqoriyalarının hər birində əldə edə biləcəyiniz maksimum gəlir haqqında bir az vaxt ayırın. Sizə öz təcrübəmdən bir misal verim. Bir çox ölkələrə səfər etmək və bir çox dildə danışmaq imkanım oldu və mən nüfuzlu Avropa universitetində diplom almışam. Mən əsl dəyərimi şübhə altına aldım və səyahət sevgimlə uyğunlaşan vergidən azad ölkədə eyni işi davam etdirə biləcəyimi başa düşdüm. Mən bunun yaratdığı potensial fərqi təxmin etdim.

Olumide Ogunsanwo: Siz vəziyyətinizi təhlil etdiniz və gəlirinizi artırmaq üçün çəkə biləcəyiniz rıçaqları müəyyənləşdirdiniz.

Achani Samon Biaou: Tam olaraq. Bu, mövcud imkanlarınızı təhlil etmək və daha yüksək imkanlara sahib olmaq üçün hansı əlavə intellektual aktivləri əldə edə biləcəyinizi nəzərə almaqdır. Bu, bir çox insanın gözdən qaçırdığı gəlir-savadlı olmaq adlandırdığım şeydir. Məsələn, bəzi insanlar məndən necə daha çox pul qazanacağımı soruşurlar, lakin mən vergidən azad və ya vergidən azad ölkələri araşdırmağı təklif edəndə məndən siyahı təqdim etməyimi gözləyirlər. Siyahı istəyirsənsə, onu işlətmək üçün sürücünüz olmaya bilər. Məlumat onlayndır - onu özünüz tapmaq üçün təşəbbüs göstərin.

Bəzi insanlar vergidən azad ölkə axtarışından kənara çıxır və xüsusi şəhərlərə diqqət yetirirlər. Onlar yaşayış xərcləri haqqında oxuyurlar və səthi araşdırmalara əsaslanaraq çox yüksək göründüyü üçün bu fikri tez rədd edirlər. Bununla belə, yaşayış dəyəri subyektivdir və demək olar ki, hər yerdə idarə oluna bilər. Məsələn, Dubayın bahalığı ilə tanınmasına baxmayaraq, mən ayda 800 dollarla dolanmağı bacardım.

Olumide Ogunsanwo: Orta yaşayış dəyəri var və sizin xüsusi yaşayış dəyəriniz var. Bu, bu kitabdakı daha geniş konsepsiyanın mikrokosmosudur. Orta maliyyə səyahətiniz var və maliyyə müstəqilliyinə səyahətiniz var, bu da iyirmi, otuz, qırx və yetmiş və səksən yaşlarınıza qarşı ola bilər. Qabaqcadan təsəvvürlərinizin gəliri artırmaq və sərvət yaratmaq axtarışlarınızı məhdudlaşdırmasına imkan verməyin. Arxa planınız və qərəzləriniz sizin üçün mövcud olan ən yaxşı imkanlarla üst-üstə düşməyə bilər. Keçmişiniz potensialınızı müəyyən etmir.

Deyək ki, hipotetik olaraq atanız restoran sahibi olub. Siz artıq gəliri artırmaq üçün restoranlara sahib olmaq barədə düşünməyə hazırsınız, lakin bəlkə də, daşınmaz əmlak icarəsi üçün investisiya üçün daha uyğun ola biləcək bəzi intellektual qabiliyyətiniz var. Həqiqətən zövq aldığınız və daha çox pul qazana biləcəyiniz müəyyən bir sahədə korporativ iş əldə etmək daha yaxşı ola bilər. Əgər siz artıq bir işdəsinizsə, işlərin pul qazanmağın ən yaxşı yolu olduğunu düşünə bilərsiniz. Bəlkə yox. Bəlkə də sizin heyrətamiz bir iş qurmaq üçün bəzi fitri bacarıqlarınız, istedadlarınız və münasibət şərtləriniz var. Eynilə, sahibkarlar iddia edə bilərlər ki, biznesə başlamaq sərvətə aparan son yoldur, lakin bu, hamı üçün belə olmaya bilər.

Pul qazanmağın ən yaxşı yolu yoxdur, lakin mövcud və potensial biliklərinizə, bacarıqlarınıza, münasibətlərinizə, şərtlərinizə və ətraf mühitinizə əsaslanaraq pul qazanmağın ən yaxşı yolu ola bilər. Bütün sərvət yaratma variantlarını araşdırın və davamlı olaraq qiymətləndirmək, sınaqdan keçirmək və tənzimləmək üçün açıq fikirli olun.

Başqalarının sərvət yaratma strategiyalarını rədd etməkdən çəkinin, xüsusən də onları tam başa düşmürsünüzsə. Bu, sadəcə olaraq öz qərəzlərinizin əksidir. Səhmlərə sərmayə qoyan kimsə daşınmaz əmlakın çətinliklərini həll etmək istəmədiyi üçün onu aşağılaya bilər, sahibkar isə başqası üçün işləmək fikrini rədd edə bilər. Hamımızın öz seçimlərimiz var, lakin başqalarının öz şəraitlərinə əsaslanaraq etdiyi seçimlərə hörmət etmək və qiymətləndirmək vacibdir.

Mənim öz qərəzlərim var. Mən ilk növbədə gəlir əldə etmək üçün korporativ karyeradan və səhm investisiyalarından istifadə edirəm, lakin sahibkarlara, daşınmaz əmlak investorlarına və fərqli sərvət toplama strategiyasını həyata keçirən hər kəsə hörmətdən başqa bir şeyim yoxdur. Biz hamımız bacı-qardaşlarıq, hansı variantların bizim üçün ən mənalı olduğunu anlamağa çalışırıq.

Achani Samon Biaou: Mən buna bir neçə məqam əlavə etmək istərdim. Birincisi, analiz iflicinə qapılmayın. Kursları araşdırırsınızsa və qiymətlər genişdirsə, qərar vermədən təhlil etməyə çox vaxt sərf etməyin. Risk götürmək və uğursuzluqlardan öyrənmək götürməyə dəyər risklər haqqında dəyərli fikirlər verə bilər. İkincisi, qərəzlərə diqqət yetirin. Başlanğıc təsisçiləri bunun sərvətin ən sürətli yolu olduğunu iddia edə bilər, lakin reallıq budur ki, startapların əksəriyyəti uğursuzluğa düçar olur. Digər tərəfdən, dəyərlərə əsaslanan xərclərdən illər sonra konsaltinq firmasında tərəfdaş olmaq əhəmiyyətli sərvət toplanmasına səbəb ola bilər.

Olumide Ogunsanwo: [Gülümsəyin] Və tərəfdaş müştərilər, məhsullar və məhsulun bazara uyğunluğu haqqında düşünərək yuxusuz gecələr keçirməli deyildi. Biz hamımız imkanları axtarmaqda daha fəal olmalıyıq. Mövcud yolunuza çox bağlı olmayın, xüsusən də vəziyyətə görə getdiyiniz yoldursa. Fərqli sərvət yaratma yanaşmalarına yuxarıdan aşağı baxmaq əvəzinə, insanların niyə alternativ yolları seçdikləri ilə bağlı maraq və anlayışı gücləndirək.

Achani Samon Biaou: Razıyam. Bunu izah etmək üçün bir misal verim. Hələ 2022-ci ilin iyun ayında, mən Bay Area-da olarkən, Uber sürdüm və sürücü ilə söhbət etdim. Bu, mənim müxtəlif həyat təcrübələrini anlamaq axtarışımın bir hissəsi idi. Söhbətimiz zamanı arvadı və uşağı olan sürücünün həftədə standart 40 saat işlədiyini aşkar etdim. O, strateji olaraq hava limanında gəzintilərə fokuslanaraq, qazancını artırmaq üçün səyahətin pik vaxtlarında özünü Googleplex, Meta kampus və ya hava limanı kimi yerlərin yaxınlığında yerləşdirdi. Qeyri-ənənəvi işinə baxmayaraq, o, ayda diqqətəlayiq 12.000 dollar qazanırdı.

Olumide Ogunsanwo: Vay, inanılmaz.

Achani Samon Biaou: Bu, sadəcə olaraq göstərir ki, Uber üçün sürücülük kimi qeyri-ənənəvi işlər və yan təlaşlar yüksək gəlir gətirə bilər. Məsələn, əgər siz artıq Google-da işiniz varsa və sosiallaşmaqdan zövq alırsınızsa, əlavə gəlir əldə etmək üçün boş vaxtlarınızda Uber-də avtomobil sürməyi düşünə bilərsiniz. Siz hətta blog, podkast və ya yazı vasitəsilə Uber sürücüsü kimi təcrübənizi sənədləşdirə və bununla da qazancınızı daha da artıra bilərsiniz.

Olumide Ogunsanwo: Bu konsepsiya əvvəllər müzakirə etdiyimiz daha geniş prinsiplərlə bağlıdır. Mövcud yolunuzdan kənarda araşdırmaq üçün maraq və ambisiyaları inkişaf etdirməklə, gəlirinizi artırmaq üçün alternativ üsullar kəşf edə bilərsiniz. Sadəcə ənənəvi işə sadiq qalmaq və Netflix-ə baxmaq və İnstaqramda sürüşmək kimi fəaliyyətlərə asudə vaxt keçirməkdənsə, başqa variantları nəzərdən keçirməyə dəyər. Əlavə gəlir axınının arxasınca getməyiniz maliyyə müstəqilliyinə doğru səyahətinizi sürətləndirmək potensialına malikdir. Risk etmək və təcrübə aparmaq cəsarət tələb edir, lakin bu, gəlir əldə etmək üçün başqa yolları araşdırmaq üçün cari rolunuzdan imtina etmək demək deyil. Məsələn, bir restoranınız varsa, niyə restoran bloqu kimi tamamlayıcı məhsul yaratmayasınız? Əsas odur ki, marağı qorumaq və hərəkətə keçmək üçün cəsarətə sahib olmaqdır. Hər bir şəxs öz maliyyə məqsədlərinə çatmaq üçün həyata keçirəcəkləri sərvət yaratmaq variantlarını müəyyən etməlidir.

Achani Samon Biaou: Təşəkkür edirəm. Mən başqa bir perspektiv əlavə etmək istərdim. Özünüzü bir iş kimi qiymətləndirməkdən rahat deyilsinizsə, heç olmasa gəlirinizi artırmaq üçün özünüzü investor kimi düşünün. Budur üç addımlı yanaşma: Birincisi, ətrafınızda sərvət yaratmaq imkanlarını araşdırın və müəyyən edin. İkincisi, vaxtınızı, enerjinizi və lazım olduqda kiçik bir ilkin pulunuzu bu fürsətlərdən birinə sərf edin. Hətta kiçik bir sərmayə də diqqətinizi, öyrənmə və optimallaşdırma səylərini artıra bilər. Üçüncüsü, etibarlı bir perspektiv tapdıqdan sonra onu gəlir gətirən yan fəaliyyətlər portfelinizə əlavə edin və sonra yeni sərvət yaratmaq imkanlarına yenidən başlayın.

Məsələn, mən Laqosa gələndə şəhər haqqında çox az şey bilirdim. Ancaq bir neçə gün ərzində müxtəlif gəlir gətirən imkanları qiymətləndirməyə başladım. Mən belə suallar verdim: McKinsey-də işləyərək nə qədər qazana bilərsiniz? Bəs bank və ya startap? Uber avtomobiliniz varsa və sürücü işə götürsəniz nə olacaq? Kriptovalyutalara sərmayə qoymaq haqqında nə demək olar? Kimsə Laqosda daşınmaz əmlak tövsiyə edəndə mən rəqəmləri diqqətlə araşdırdım. Cənubi Afrikaya investisiyalarla bağlı təcrübəmə əsaslanaraq, müqayisələr apara və Nigeriyada icarəyə verilən daşınmaz əmlakın ən yaxşı seçim olmadığını tez bir zamanda müəyyən edə bildim. Tək bir perspektivin təsiri altına düşməmək və öz təcrübənizi və fikirlərinizi nəzərə almaq vacibdir.

Nəhayət, mənim marağımı çəkən bir kredit biznes fürsəti kəşf etdim.

ABŞ dolları ilə təhlükəsiz gəlir təklif etdi. Kredit verən şirkət oyunda dəriyə sahib idi, buna görə də platformalarında çox pis kreditlərə sahib ola bilməzdilər. Suları sınamaq üçün fürsətə kiçik bir məbləğ, 20.000 dollar ayırdım. Baş direktorla görüşərək, bölmənin iqtisadiyyatını nəzərdən keçirərək, cari müştəriləri qiymətləndirərək, onların maliyyə vəziyyətini və risklərin qiymətləndirilməsi metodologiyalarını araşdıraraq təfərrüatları araşdırdım. Bu sualları vermək üçün vençur kapitalisti olmağa ehtiyac yoxdur. Əgər bir şey gerçək ola bilməyəcək qədər yaxşı görünürsə, məsələn, faktiki investisiya gəlirləri cəmi 20% olduqda pulunuzu ikiqat artırmaq vədi, potensial piramida sxemi ilə məşğul olduğunuz aydındır.

Olumide Ogunsanwo: [Gülüş]

Achani Samon Biaou: Mən o nümunələri bəhanə gətirən insanların işini asanlaşdırmaq üçün gətirdim. Gəlirinizi artırmaq üçün investor kimi düşünmək qabaqcıl riyaziyyat və ya maliyyə bacarıqları tələb etmir. Kirayənizi ödəmək üçün maaşınızı necə idarə edəcəyinizi bilirsinizsə və hələ də pulunuz qalırsa, əsas maliyyəni başa düşə bilərsiniz. Ancaq əsas odur ki, nəzəriyyədən kənara çıxmaq və əslində oyunda dəriyə sahib olmaqdır. Oyundakı dəri sizi düzgün suallar verməyə və işi başa düşməyə təşviq edəcək. Yaxşı investor olmaq bir gecədə baş vermir. Siz dövrlərdən keçməli və bəlkə də uğursuzluqla qarşılaşmalısınız. Bir tərəfdə Netflix, digər tərəfdə isə təsadüfi proqramla qonaq otağınızda uzanarkən ani investor olmağı gözləyə bilməzsiniz.

Olumide Ogunsanwo: Bəzən insanların sərvət yaratma imkanlarını araşdırmamaq üçün bəhanə kimi özünü məğlub edən dildən istifadə etdiyini eşidirəm. Məsələn, kimsə icarəyə götürülmüş əmlaka investisiya qoymaq istəyə bilər, lakin "İndi başlaya biləcəyimi bilmirəm. Bəlkə beş və ya on ildən sonra" deyərək bu fikri rədd edə bilər. Yaxud onlar belə düşünə bilərlər: "Kirayə investisiyalarında uğur qazanan bu şəxs məndən daha ağıllı və daha yaxşı əlaqələrə malik olmalıdır". Mən insanları bu bəhanələrin öhdəsindən gəlmək üçün kitabın əvvəlində özünəinam və özünə inamla bağlı fəsilləri oxumağa təşviq edirəm.

Achani Samon Biaou: Başladığım üçün xoşbəxtəm. Bir immiqrant olaraq gücünüzü və məhdudiyyətlərinizi tanımaq vacibdir. Bizim gücümüz müəyyən statusa riayət etməməkdədir. Biz köç etdiyimiz ölkənin mədəni yükünü daşımırıq və bundan öz xeyrimizə istifadə etməliyik. Başqa ölkələrə köçəndə hansı adətləri qəbul etmək və ya atmaq istədiyimizə qərar verməliyik. Məsələn, Dubay kimi dəbdəbənin çox olduğu bir yerdə sırf uyğunlaşmaq üçün Lamborghini almaq cazibədardır. Amma bu, mənsub olmaq üçün nəsə almaq tələsinə düşür.

Olumide Ogunsanwo: Bəli, maliyyə müstəqilliyinizə aparan səyahətinizdə ən böyük maneə FOMO-dur və bu, bunun ən yaxşı nümunəsidir. Ola bilsin ki, siz hətta lüks avtomobilləri sevməyəsiniz, amma başqalarında da var, çünki siz onu alırsınız. Bəs onların məqsədləri və dəyərləri sizinkindən fərqlidirsə? Əsl dəyərlərinizə uyğun gəlməyən bir yola girirsiniz və bu, narazılığa səbəb ola bilər.

Achani Samon Biaou: Adambaşına düşən sərvət səviyyəsi yüksək olan bir ölkəyə köçdükdə, sadəcə yerli adətlərə riayət etməkdənsə, öz məqsəd və istəklərinizi prioritetləşdirmək vacibdir. Məsələn, BƏƏ-də siz Əmirlik taksi sürücüləri və ya ofisiant tapa bilməzsiniz. Əgər oraya gəlsəniz və qəbul edilən statusa görə taksi sürücüsü kimi işləmək kimi imkanlardan imtina etsəniz, maliyyə artımı üçün potensial imkanları nəzərdən qaçırmış ola bilərsiniz. Eynilə, Amerikada kredit kartları geniş şəkildə təşviq edilir, lakin bu, avtomatik olaraq mənimsəmək üçün ən yaxşı maliyyə vərdişi demək deyil. Xal qazanmaq və ya biznesə investisiya qoymaq üçün kredit kartlarından məsuliyyətlə istifadə etmək kimi etibarlı hallar ola bilsə də, hər bir vəziyyəti fərdi şərtlərinizə və maliyyə məqsədlərinizə əsaslanaraq qiymətləndirmək çox vacibdir.

Olumide Ogunsanwo: [Gülüş] Mən kredit kartımdan yüz düymlük televizor almaq üçün istifadə etsəm nə olar?

Achani Samon Biaou: [Gülüş] Kənar, qürbətçi və ya mühacir kimi güclü və diqqətli düşüncə tərzini inkişaf etdirmək çox vacibdir. Avropada yaşayan afrikalı dostlarla qarşılaşdım ki, onlar Körfəz ölkələrinə köçmək və qadınların hicab və ya hicab taxmağa məcbur olub-olmaması ilə bağlı narahatlıqlarını ifadə edirlər. Cavab olaraq mən ikitərəfli yanaşmaya çağırıram. Birincisi, tənqidi təfəkkürdən istifadə edin və belə mühüm qərar qəbul edərkən əsas media və ya şayiələrin təqdim etdiyi məlumatlardan kənara çıxın. Yanlış təsəvvürlərlə real reallıqlar arasında fərq qoymaq üçün hərtərəfli araşdırma aparın, hətta sözügedən yerə baş çəkin. İkincisi, müstəqil düşüncəni qəbul edin və məsələləri öz dəyərlərinizə əsaslanaraq qiymətləndirin. Məcburi hicab taxmaq anlayışı çaşdırıcı olsa da, qeyd etmək lazımdır ki, hər kəs onu taxmaq məcburiyyətində deyil. Sadə bir internet axtarışı və ya sosial media platformalarında gəzinti, çimərliklərdə bikini geyinən modellər də daxil olmaqla, seçimlərini sərbəst ifadə edən fərdləri aşkar edəcək. Bununla belə, bir Afrikalı olaraq, təcrübələrinizə daha əhəmiyyətli təsir göstərə biləcək irqçiliklə bağlı narahatlıqları həll etmək vacibdir. Başqa məsələlərin əhəmiyyətini azaltmaq fikrində deyiləm, amma hicablarla maraqlanan bir afrikalı olaraq irqçiliyi başa düşmək və onunla mübarizə aparmaq da əsas məsələ olmalıdır.

Olumide Oqunsanvo: Çox vaxt insanlar belə suallar verəndə bəhanə axtarırlar. Bir dəfə birinin daşınmaz əmlaka investisiya etmək istədiklərini söylədiklərini eşitdim, lakin onların ən böyük maneəsi əvvəlcə MMC yaratmalı olduqları idi. Digərləri deyirlər ki, onlar birjaya investisiya qoymaqda maraqlı deyillər, çünki bazar hər an çökə bilər. Bu bəhanələr gətirməkdənsə, diqqətinizi birinci dərəcəli fundamental suallara cavab verməyə yönəltmək daha yaxşıdır: Mənim maliyyə məqsədlərim nədir? Maliyyə məqsədlərimə çatmaq üçün nə qədər pul qazanmaq istəyirsiniz? Daşınmaz əmlak gəlir məqsədlərimə çatmağa kömək edəcəkmi? Hansı daşınmaz əmlaka investisiya etməliyəm və niyə?

5-ci Fəsildə biz daha çox gəlir əldə etməkdə şəxsi inkişafın və bacarıqların artırılmasının mühüm rolunu vurğuladıq. Bilik və imkanlarınızı genişləndirməklə siz qazanc potensialınızı yüksəldə və daha yüksək təzminat əldə edə bilərsiniz. Daha çox qazanmaq üçün daha çox ol. Ömürlük öyrənənin düşüncə tərzini mənimsəyin və hər gün özünüzü yeni bilik və bacarıqlar əldə etməyə həsr edin. Məsələn, mən həftə ərzində bir saatlıq öyrənmə üçün şəxsi inkişafın xüsusi sahələrinə üstünlük verirəm, şənbə günləri münasibətlər və məhsul idarəçiliyindən tutmuş bazar günləri sağlamlıq və satışa, bazar ertəsi süni intellektə, bulud hesablamalarına və çərşənbə axşamı avtonom avtomobillərə, blokçeyn, Web3 , və çərşənbə günləri kriptovalyuta, cümə axşamı Çin/Hindistan Tech və nəhayət, cümə günləri Africa Tech.

Bəzi tövsiyələri bölüşməklə yekunlaşdıracağam. Birincisi, MJ DeMarco tərəfindən " Milyonçu Fastlane [1]" və " Yazılmamış [2]". Mən böyük bir fanam

1. https://www.themillionairefastlane.com/
2. https://www.amazon.com/UNSCRIPTED-Life-Liberty-Pursuit-Entrepreneurship/dp/0984358161

və bu kitabda ona dəfələrlə müraciət etmişəm. Bunlar bəlkə də sahibkarlıq haqqında oxuduğum ən yaxşı kitablardır. Onlar sahibkarlıq yolu ilə müqayisədə adi karyera yolu ilə bağlı üstünlükləri və riskləri hərtərəfli araşdırırlar. Bundan əlavə, onlar biznesə başlamaq və inkişaf etdirmək, müştəriləri cəlb etmək və daha çox şey üçün dəyərli çərçivələr və ideyalar təqdim edirlər. Zehni genişləndirən bu kitablar inanılmazdır.

Naval Ravikant tərəfindən 3 saat 35 dəqiqəlik podkast və ya blog yazısı kimi təqdim olunan " Necə Zəngin Olmaq olar " [3]kitabına baxmağı təklif edirəm . Sərvət yetişdirmək üçün tələb olunan zehniyyətin gözəl distilləsini təklif edir. Navalın fikirləri həqiqətən diqqətəlayiqdir.

Pasif Gəlir, Təcavüzkar Təqaüd " [4]kitabını oxumağı məsləhət görürəm . Bu kitab sərvət yaratmağın müxtəlif üsullarını araşdırır və ətraflı nümunələr təqdim edir. O, sikkə ilə idarə olunan müəssisələr, camaşırxanalar, avtomobil yumaları və digər sahibkarlıq fəaliyyəti kimi kiçik biznesləri araşdırır. Kitab sizin cari dairənizdən kənarda müxtəlif pul qazanma imkanları haqqında perspektivinizi genişləndirir.

Sonra gəlin, gəlirin maksimumlaşdırılması ilə qruplaşdırdığımız dəyərlərə əsaslanan xərcləri müzakirə edək, çünki onlar əl-ələ verir və eyni sərvət yaratmaq sikkəsinin iki tərəfidir. Bu, xərclərinizi dərindən qorunan dəyərlərinizə uyğunlaşdırmaq və sizin üçün həqiqətən vacib olanı əks etdirən şüurlu seçimlər etməyi əhatə edir. Dəyərlərə əsaslanan xərcləri qəbul etmək üçün dəyərlərinizi müəyyən etmək və prioritetləşdirmək üçün introspeksiyaya vaxt ayırın. Onları müəyyən etdikdən sonra mükəmməlliyin lazım olmadığını başa düşərək, dəyərlərinizə uyğun xərcləməyə çalışın. 80% və ya 90% uyğunlaşma əldə etsəniz belə, əhəmiyyətli irəliləyiş əldə edirsiniz. Əgər hərdən bir kənara çıxırsınızsa və unutmayın ki, hər yeni günün xərclərinizi yenidən tənzimləmək və dəyərlərinizə uyğun seçimlər etmək üçün fürsət təqdim edir.

Achani Samon Biaou: Təşəkkür edirəm. Xərcləri özümü döyməkdənsə, öyrənmək üçün bir fürsət kimi görmək fikri ilə həqiqətən rezonans doğurur. Mən də daxil olmaqla, bir çox insanlar sərf etdiyimiz dövrlərdən keçir və sonra peşman oluruq, ancaq ondan öyrənmədən eyni nümunəni

3. https://nav.al/rich

4. https://www.amazon.com/Passive-Income-Aggressive-Retirement-Independence/dp/1706203020

təkrarlayıram. Perspektivimizi dəyişdirməklə və xərcləri öyrənmək üçün bir şans olaraq görməklə, biz bu vəziyyətlərdən dəyərli dərsləri mənimsəmək ehtimalımız daha yüksəkdir.

Mən dəyərlərə əsaslanan xərcləri xərclərinizi investisiyalara çevirmək kimi görürəm. Aldığınız hər şeydən geri qayıtmaq fikrinə sahib olduğunuz zaman, istər pul, istərsə də münasibətləriniz və ya sağlamlığınızla bağlı hansısa gəlir gətirən xərcləri axtarmağa başlayırsınız. Heç bir real dəyəri olmayan şeylərə pul xərcləməkdən çəkinirsiniz. Məsələn, dondurma almaqdan hansı gəlir əldə edirsiniz? Bəlkə də əhəmiyyətli bir geri dönüş yoxdur, çünki qida ideal olaraq sağlamlığınıza töhfə verməlidir.

Olumide Ogunsanwo: Mənfi dönüş. Diş həkiminiz pul qarşılığında boşluqlarınızı doldurmaqdan məmnun olacaq.

Achani Samon Biaou: Xərclərin gəlirliliyini nə qədər çox sual etsəniz, bir o qədər çox xərcləmədən investisiyaya keçirsiniz. Bu, dəyərlərə əsaslanan xərcləmə bacarıqlarını daha sürətli inkişaf etdirməyə kömək edir.

Olumide Ogunsanwo: FI axtarışında biz tez-tez pul gəlirlərinə diqqət yetiririk, lakin dövrümüzün əhəmiyyətini nəzərdən qaçırmamalıyıq. Zaman bizim ən qiymətli sərvətimizdir. Vaxtımızı və enerjimizi necə bölüşdürməyimiz, onları dəyərlərimizə və məqsədlərimizə uyğunlaşdırmağa diqqət yetirmək çox vacibdir. Buna dəyərlərə əsaslanan perspektivdən yanaşınmı? Biz özümüzü bizim üçün həqiqətən vacib olan şeylərə həsr edirikmi? Zamanımızdan tərəqqi etmək və dəyərlərimizə uyğun yaşamaq üçün istifadə edirikmi? Öhdəliklərimizi prioritetləşdirməklə və diqqəti yayındırmağa sərf olunan vaxtı azaltmaqla biz düzgün yolda qala bilərik. Biz burada dəyərlərə əsaslanan vaxt idarəçiliyinə dərindən girməsək də, bu, olduqca vacibdir. Zaman və pul sahib olduğumuz iki resursdur və məşhur deyimdə deyildiyi kimi, 'Mənə kiminsə pulunu və vaxtını necə xərclədiyini göstər və mən sənə o insan haqqında hər şeyi danışım.

Achani Samon Biaou: Mən bunu sevirəm. Dəyərlərə əsaslanan xərcləmələrdə pul və vaxtdan başqa, emosiyalar nəzərə alınmalı olan digər mühüm aspektdir. Xərcləmənizin dəyərlərinizə uyğun olub olmadığını özünüzdən soruşmaqdır. Bir anlıq emosiyalara diqqət edək. Bəzən dəyişdirə bilməyəcəyimiz əhəmiyyətsiz şeylər və ya vəziyyətlər üzərində özümüzü döyməyə meylli oluruq. Doğrudan da səhv etdiyimiz bir şey üçün vaxtımızın və enerjimizin bir saatını narahat etməyə sərf etməyə dəyərmi? Bunun əvəzinə diqqətimizi ondan öyrənməyə, özümüzü buraxmağa öyrətməyə və gələcəkdə necə inkişaf edəcəyimizə diqqət yetirməli deyilikmi?

Olumide Ogunsanwo: Mən bu çərçivəni sevirəm. Bu o deməkdir ki, biz müzakirələri dəyərlərə əsaslanan xərclərdən kənarda dəyərlərə əsaslanan prioritetləşdirməyə qaldıra bilərik. Və bunun altında bizim enerjimiz, vaxtımız və pulumuz var. Bu aspektləri nəzərdən keçirərkən, daha yaxşı qərarlar qəbul etmək üçün əzələ qurmağa başlayırıq. Bu, mənə daha sağlam bir pəhriz qəbul etməyə çalışan insanları xatırladır. Bəzən onların videolarına baxanda çox mənfi və özlərinə qarşı sərt olurlar. Özlərini döymək əvəzinə, niyə müəyyən seçimlər etdiklərini və o anda necə hiss etdiklərini anlamaq daha məhsuldar ola bilər. Özünü bağışlamağı, özünə şəfqəti və özünü sevməyi araşdırın və növbəti dəfə daha yaxşısını etməyə çalışın. Eyni şey şəxsi maliyyəyə də aiddir. Bir klubda həddindən artıq pul xərclədikdən sonra iki fərqli reaksiya verək:

Sağlam reaksiya: "Dünən dostlarımla klubda 200 dollar xərclədim. Bir neçə içki içdik. Əyləncəli idi, amma başa düşdüm ki, klubdan o qədər də həzz almıram. Məqsədlərimə və büdcəmə əsaslanaraq, xərclərimi məhdudlaşdırmalıyam. Növbəti dəfə 20 dollar."

Qeyri-sağlam reaksiya: "Mən belə qorxunc insanam. Niyə belə etdim? Mən çox axmaqam. Bir daha bunu etməyəcəyəm."

Müsbət düşüncə tərzini və reaksiyasını mənimsəməklə, növbəti dəfə həyata daha yaxşı yanaşa və özümüz və özümüz haqqında daha müsbət hiss edə bilərik.

Achani Samon Biaou: Tam olaraq. Biz dəyərlərə əsaslanan prioritetləşdirmə və onun əsas prinsiplərini əhatə etdik, diqqəti pul, vaxt və emosiyalara yönəltdik. Məqsəd zehnimizi dəyərlərimizə əsaslanaraq ardıcıl olaraq prioritetləşdirməyə öyrətməkdir. İndi gəlin dəyərlərə əsaslanan xərclərin niyə vacib olduğunu müzakirə edək.

Olumide Ogunsanwo: Həqiqətən istədiyimiz həyatı təsəvvür etmək, FI hədəfimizi təyin etmək və gündəlik məqsədləri müəyyən etmək bu kitabın əvvəlində müzakirə olunan əsas addımlardır. Dəyərlərə əsaslanan xərcləmə maliyyə qərarlarımızı əsas dəyərlərimizlə uyğunlaşdırmaq üçün dəyərli bir vasitə kimi xidmət edir və nəticədə bizi FI hədəfimizə doğru irəliləyir. Bəzi fərdlər gəlirin artırılması ilə bağlı çətinliklərə görə dəyərlərə əsaslanan xərclərə üstünlük versələr də, mən hər iki strategiyanı eyni vaxtda araşdırmağa təşviq edirəm.

Dəyərlərə əsaslanan xərclər çox vaxt həm həddən artıq qiymətləndirilən, həm də aşağı qiymətləndirilən nüanslı bir təcrübədir. Bəzi fərdlər öz dəyərlərini nəzərə almadan xərclərin azaldılmasına çox diqqət yetirir, digərləri isə təkrarlanan kiçik xərclərin təsirini görməməzlikdən gəlir və onların gəlirlərinin artırılması səylərini zəiflədir. Məsələn, onlar bilmədən həqiqətən zövq almadıqları qəhvəyə ayda 400 dollar xərcləyə və ya bir neçə kanala baxdıqları zaman kabel televiziyasına ayda 200 dollar ayıra bilərlər.

Achani Samon Biaou: İcazə verin, maliyyə müstəqilliyi üçün dəyərlərə əsaslanan xərclərin əhəmiyyətini bəzi rəqəmlərlə göstərim. Dəyərlərə əsaslanan xərclər Dubayda ayda 7000 ABŞ dolları ilə 800 dollar arasında fərq ola bilər. Əyləncələrə 7000 dollar xərcləsəm, həddən artıq əylənmək və içki içmək sağlamlığıma mənfi təsir edəcək. Bu, həm də məni yerinə yetirməmiş hiss edəcək, çünki çox səyahət edə bilməyəcəm və səyahət etmək mənə xoşbəxtlik gətirir. Əlbəttə ki, dəyərlərə əsaslanan xərclər həmişə o qədər də həddindən artıq olmamalıdır, lakin mən göstərmək istədim ki, kəskin ixtisarlar etmək xoşbəxtliyi qurban vermək demək deyil.

Nəyəsə nail olmaq bizə dopamin və enerji tələsik verir. Bu təcil gizli bir faydadır, çünki nəticələri görməyə başladıqdan sonra biz daha xoşbəxt oluruq və daha çox şeyə nail olmaq üçün daha çox motivasiya oluruq, bu da daha böyük xoşbəxtliyə səbəb olur.

Olumide Ogunsanwo: Paylaşdığınız konkret nümunəni yüksək qiymətləndirirəm. Çox qazananların dəyərlərə əsaslanan xərcləri tamamilə boşboğazlıq kimi rədd etdiyini eşitmək adi haldır. İldə 200 min dollar xərcləməli olduqlarını iddia edə bilərlər. Bununla belə, ABŞ-da 50 min dollardan 78 min dollara qədər olan orta ev təsərrüfatlarının gəlirini və insanların çoxunun xərclərini bu diapazona uyğunlaşdırdığını nəzərə alsaq, kiminsə niyə 200 min dollar xərcləməkdə israr etməsi təəccüblü olur.

"Məcburiyyət" ifadəsini istifadə etmək bizi məhdudlaşdırıcı düşüncə tərzinə salır. Mən insanları çevik, maraqlanan və qutudan kənarda düşünməyə təşviq edirəm. Xərcləriniz dəyərlərinizə uyğun gəlmədikdə maliyyə azadlığınız təhlükə altındadır. İldə 100 min dollar və ya 60 min dollar xərcləmək arasında seçim etmək məsələsi deyil; bu, təqaüdə çıxmağınızı illərlə gecikdirə biləcək həddindən artıq xərclərin nəticələrindən bəhs edir. Artan 40 min dollarlıq xərc onilliklər ərzində əlavə işə çevrilə bilər.

Hər kəsi riyaziyyatla məşğul olmağa və bu nəticələri dərindən düşünməyə çağırıram.

Achani Samon Biaou: Amin. Ani həzz və gecikmiş həzz arasındakı gərginlik seçimlərimizin əsasını təşkil edir. Tamaşaçılar üçün bir sual var: Ani məmnuniyyət axtarışına əsaslanan hər hansı mühüm nailiyyəti xatırlaya bilərsinizmi? Şəxsən mən dərhal məmnuniyyətə diqqət yetirməklə həqiqi dəyərli bir şey əldə etməyi xatırlaya bilmirəm. Gecikmiş həzz əzələsinin qurulması vacibdir. Diqqətimizi yerinə yetirmək üçün vaxt aparan, lakin keçici ləzzətlərdən daha çox məna daşıyan şeylərdən həzz almağa diqqət yetirməliyik. Cəmiyyət bizi vəsvəsələrlə bombalayır və biz ani həzz maddələri toplamaqla xoşbəxtlik axtarırıq. Bununla belə, həqiqi xoşbəxtlik hələ də əldən düşmür və bizi daha çox istəklə doymaq bilməyən bir döngədə tələyə salır. Bu amansız təqib sonda xərclərin artmasına gətirib çıxarır və qısamüddətli məmnunluq axtarışını davam etdirir.

Bunun əvəzinə, ağlımızı gecikmiş həzzdən məmnunluq tapmaq üçün məşq edək. Biz impulsiv alış-verişə və ya dərhal əyləncəyə girməyə ehtiyacımız yoxdur; daha doğrusu, biz essentializmin mahiyyətini qəbul etməliyik. Sizə həqiqətən həzz verən nədir? Cəmiyyətin gözləntilərini və xarici təsirləri unudun. Özünüzü dərindən araşdırsanız, həqiqətən sizə həqiqi sevinc gətirən bir neçə şey tapacaqsınız. Onları müəyyənləşdirdikdən və vaxtınızı, enerjinizi və pulunuzu onlara sərf etdikdən sonra.

Olumide Ogunsanwo: Əsas dəyərlərə əsaslanan xərclərə nə qədər çox diqqət yetirsəniz, sevdiyiniz şeylərdən daha az pulla həzz almağa bir o qədər çox vaxt lazım olacaq, çünki qaçılmaz olaraq xərcləri optimallaşdırmağın yollarını tapacaqsınız. Məsələn, yalnız basketbol oyunları ilə maraqlanırsınızsa, endirimli biletləri onlayn tapa bilərsiniz. Ancaq 17 müxtəlif əyləncə formasına pul xərcləsəniz, hər biri üçün endirimləri araşdırmaq üçün daha az vaxtınız olacaq.

Əhəmiyyətli xərc kateqoriyalarını iki qrupa ayıraraq dəyərlərə əsaslanan xərclərə daha dərindən girək: Böyük Üçlük və Kölgə Üçlük adlandıracağım şey. **Böyük Üçlük** əksər insanlar üçün adətən əsas xərc sahələri olan mənzil, nəqliyyat və qidanı əhatə edir. Bununla belə, vergilər, uşaqlar və boşanma/fəlakətli hadisələri əhatə edən Kölgə Üçlüyə işıq salmaq eyni dərəcədə vacibdir . Tez-tez diqqətdən kənarda qalan bu sahələr maliyyə rifahınıza əhəmiyyətli təsir göstərə bilər. Növbəti bölmələrdə biz bu altı sahəni tədqiq edəcəyik ki, onların nəticələrini başa düşək və sizə məlumatlı qərarlar qəbul edə biləsiniz. Gəlin başlayaq!

1. Mənzil: Samon, gəlin mənzil xərclərini necə optimallaşdıra biləcəyimizi müzakirə edək.

Achani Samon Biaou: Buna necə yanaşmaq lazımdır: mənzilinizin ümumi xoşbəxtliyinizə necə töhfə verdiyini düşünün. Bir neçə şeyi nəzərdən keçirin. Mənzilin hansı ölçüsü dəyərlərinizə və maliyyə məqsədlərinizə uyğundur? Məkanınızı başqaları ilə bölüşməyə hazırsınız, yoxsa tək yaşamağa üstünlük verirsiniz? İş yerinizə yaxın olmağın sizin üçün əhəmiyyəti varmı? Uşaqlarınız varsa, yaxşı bir məktəb bölgəsində olmaq və həyətyanı sahəyə sahib olmaq nə qədər vacibdir? Həddindən artıq xərcləmədən hər şeyə sahib ola bilməyəcəyinizi nəzərə alaraq, prioritet verin və ağıllı seçin. Sadə bir misal paylaşım. Dubayda olarkən əvvəlcə iş yerimin yaxınlığında Airbnb tipli bir yer tapdım. Daha sonra otel nöqtələrindən qalmaq üçün istifadə etməyə başladım, amma yenə də işə yaxın qaldığımdan əmin oldum.

Olumide Ogunsanwo: Məkan mənzildə mühüm rol oynayır. Bu, təkcə qiymətə deyil, həm də vergilər və iş seçimləri kimi amillərə təsir edir. Samon, vacib bir faktı buraxdın, BCG Dubai vs BCG London və ya BCG San Francisco matçına getməyi seçdin. Mən insanları yer, iş seçimi və uzaqdan işləməyə gəldikdə sistemli seçimlər etməyə təşviq edirəm.

Achani Samon Biaou: Mən sistemli düşüncənin vacibliyi ilə razıyam. İnsanlar tez-tez deyirlər: "Siz bizim reallığımızı başa düşmürsünüz. Uşaqlarımız üçün xüsusi bir məktəb bölgəsində olmağı üstün tutmalıyıq." Bu məhdudiyyətlər etibarlı olsa da, maliyyə müstəqilliyini hədəfləyərkən həqiqətən vacib olanı yenidən qiymətləndirmək və prioritetləşdirmək çox vacibdir. Əgər övladlarınızın ən yaxşı məktəb bölgəsində olmasını təmin etmək əsas prioritetdirsə, bu, maliyyənizin daha az vacib aspektlərinin prioritetləşdirilməsini tələb edə bilər.

Olumide Ogunsanwo: Fikrinizi prioritetləşdirməyə öyrədin.

Achani Samon Biaou: Bəziləri düşünə bilər ki, prioritet vermək uduzmaq deməkdir. Lakin Olumide-in daha əvvəl qeyd etdiyi kimi, prioritetləşdirmə diqqətinizi cəmləməyə və seçdiyinizdən daha çox qazanmağa kömək edir.

Olumide Ogunsanwo: Biz əvvəlki fəsildə maraq prinsipini müzakirə etdik. Mən insanları müxtəlif səviyyələrdə mənzil xərclərini optimallaşdırmaq barədə düşünməyə çağırıram. Hansı mənzil növü sizin üçün məna kəsb edir? Hansı paylaşma potensialı mövcuddur? Siz hətta daha da irəli gedə bilərsiniz və demək olar ki, pulsuz yaşamaq üçün bir ev alıb başqalarına kirayə vermək (evin sındırılması) barədə düşünə bilərsiniz. Seçimlər çoxdur, lakin siz hər şeyi fərqli şəkildə etməyə hazır olmalısınız.

Birinci səviyyə, Fikrinizi açın, çevik olun və müxtəlif mənzil seçimləri haqqında müstəqil düşünün. Evlər, yaşayış kompleksləri və qoşqular bütün imkanlardır. "Mən evdə böyümüşəm, ona görə də bir evdə yaşamalıyam" deməyin. Tənliyə məhdudiyyətlər əlavə etmək həllərin tapılmasını çətinləşdirir. Mən sizə treylerdə yaşamağınızı təklif etmirəm, amma niyə olmasın? Əgər bu sizə maliyyə müstəqilliyinə nail olmağa imkan verirsə, bu, əlverişli bir seçimdir. Hər kəsin fərqli seçimləri var. Şəxsən mən qoşquda yaşamamışam, amma 21 yaşım olsaydı və qoşqu evlərinin illik 40.000 dollarlıq mənzil kirayəsi ilə müqayisədə 2000 dollara başa gəldiyi bir ərazidə yaşasaydım, bunu istisna etməzdim.

İkinci səviyyə, mənzil növünü təyin etdikdən sonra, paylaşma potensialını nəzərə almaq vacibdir. "26 yaşım var və otaq yoldaşları istəmirəm, ona görə də bir otaqlı mənzildə yaşayacağam" deyə düşünə bilərsiniz. Sizi daha geniş düşünməyə dəvət edirəm. Bu fəslin əvvəlində mən Kölgə Üç xərc sahələrini qeyd etdim: vergilər, uşaqların sayı və boşanma. Bütün bu kölgə sahələrinin altında yatan gizli qiymətli qaranlıq maddə FOMO-dur və Jones ilə ayaqlaşır. San-Fransiskoda 4000-5000 dollara bir otaqlı mənzildə tək yaşamaqla 2000-3000 dollara iki nəfərlə bölüşmək arasındakı fərq 38 və ya 58 yaşında maliyyə müstəqilliyinə nail olmağınızı müəyyən edə bilər.

Achani Samon Biaou: Bizi burada daha da dərinləşdirməyə sövq etdiyiniz üçün Olumide təşəkkür edirik. Üçüncü səviyyə satın alma ilə kirayə vermək və çoxlu anlaşılmazlıq olan bir sahədir. Belə bir fikir var ki, 30 yaşında ev almalısan. Yaxşı, daşınmaz əmlak investoru kimi sizə deyim ki, yaşadığınız ev sərvət qurmaq üçün mütləq aldığınız ev olmamalıdır. San-Fransisko kimi yerlərdə ayda 8000 dollara kirayə ev ala bilərsiniz ki, onu alsanız, 4-5 milyon dollara başa gələcək. Əgər o evi ipoteka götürsəniz, ayda 20.000 dollardan çox pul ödəyəcəksiniz. İndi fikirləşin. Bu 4 milyon dollarla siz Corciyada 20 mənzil ala və kirayədən əldə olunan gəliri San Fransiskodakı kirayənizi ödəmək üçün istifadə edə bilərsiniz. Şəxsən mən burada icarəyə üstünlük verirəm, çünki daha çox rahatlıq təklif edir. İcarəyə götürməklə, siz cəmi bir neçə ay əvvəl xəbərdarlıq edərək köçə bilərsiniz, halbuki ipoteka icarəçi tapmaq və ya satmaq üçün daha çox vaxt və səy tələb edir.

Olumide Ogunsanwo: İnsanların əksəriyyəti ev almazdan əvvəl qərarlarını hərtərəfli təhlil etməlidir. Kirayə verərkən ev almaq üçün tək qərar vermək daha yaxşı seçim ola bilərdi, maliyyə müstəqilliyi xəyalınızı puç edə bilər. İcarəyə götürməyin "pulunuzu atmaq" fikrinə sadəcə inanmayın və ya ailənizdən və ya həmkarlarınızdan lətifələri qəbul etməyin. Ananız yaxşı niyyətli olsa da, daşınmaz əmlak mütəxəssisi olmaya bilər. Müdirinizin də şanslı olduğu zaman evini sataraq pul qazandı və ya birjaya sərmayə qoyub daha çox pul qazana bilərdi. Bunun əvəzinə vəziyyətinizi obyektiv qiymətləndirmək üçün onlayn kirayə və satın alma kalkulyatorlarından istifadə edin. Lazım olan parametrləri daxil edin və kalkulyatora sizi daha yaxşı varianta yönəltməsinə icazə verin. .Düzgün qiymətləndirmədən fərziyyələr irəli sürməyin.Dünyanın bir çox yerlərində kirayənin daha əlverişli seçim olduğunu kəşf edəndə təəccüblənə bilərsiniz.

Konkret misal götürək. Tutaq ki, siz Nyu Cersidə yaşayan iyirmi yaşın sonlarında subay bir oğlansınız. Müxtəlif seçimləriniz var: studiya, bir otaqlı mənzil, qonaqlar üçün əlavə otağı olan iki otaqlı mənzil və ya idman zalı və ya qonaqlar üçün əlavə otaqları olan üç otaqlı mənzil. Bu tək mənzil qərarı - bu dörd variantdan birini seçmək - maliyyə gələcəyinizə əhəmiyyətli dərəcədə təsir göstərə bilər və onilliklər ərzində sizi karyera əsarətində saxlaya bilər. Bu qərarı diqqətlə təhlil etmək üçün vaxt ayırın. Əlavə olaraq, nəzərə alın ki, müəyyən mədəniyyətlər ev sahibliyinə çox üstünlük verir, ona görə də müqayisəli təhlilinizi apararkən hər hansı qərəzliyi aradan qaldırmaq vacibdir. Oxuduğunuz hər şeyə, o cümlədən bu kitaba kor-koranə inanmayın, əgər onu tənqidi təfəkkür vasitəsilə müstəqil şəkildə təsdiqləyə bilməyəcəksiniz. Samon maliyyə müstəqilliyini ilk növbədə daşınmaz əmlak və kirayə sərmayələri hesabına əldə etsə də, məlumatı özünüz yoxlamaq sizin üçün çox vacibdir.

2. Nəqliyyat: Piyada və velosiped sürməkdən tutmuş avtobus və avtomobillərə, hətta şəxsi təyyarələrə qədər müxtəlif variantlar var. Nəqliyyatı nəzərdən keçirərkən, onun işiniz və mənzilinizlə bağlı sistem əsaslı düşüncəsinə necə uyğun gəldiyini düşünmək çox vacibdir. Açıq deyək ki, əgər siz Portuqaliyada uzaqdan yaşayırsınızsa, ofisə getməyə ehtiyacınız olmadığı üçün nəqliyyat xərcləriniz minimal olacaq.

İndi, fərziyyə olaraq, deyək ki, özünüzü uzaqda olmadığınız bir vəziyyətdə tapdınız və hər gün bir ofisə getmək lazımdır. Avtomatik olaraq avtomobil almaq əvəzinə, başqa alternativləri nəzərdən keçirin. Məsələn, gəzinti və velosiped sürmək sağlamlıq üçün əhəmiyyətli faydalar təklif edir. Bu kitab xüsusi olaraq sağlamlıq haqqında olmasa da, qeyd etmək lazımdır ki, gəzinti və velosiped sürmək bədəninizi formada saxlamaq üçün əla yoldur. Mən təkcə karbonmonoksit emissiyalarından danışmıram; Mən sizin ümumi rifahınıza töhfə verən fiziki fəaliyyətə istinad edirəm. Əlbəttə ki, hər bir vəziyyət fərqlidir, ona görə də sizi yaradıcı düşünməyə və qeyri-ənənəvi variantları araşdırmağa dəvət edirəm. Xüsusilə gəzinti, maşın sürmək və velosiped sürmək arasındakı yüksək qiymət fərqini nəzərə alaraq, sadəcə olaraq avtomobil almağa üstünlük verməyin. Avtomobilin, hətta yaxşı işlənmiş avtomobilin qiyməti təxminən 10.000 dollar ola bilər, halbuki 300-700 dollara gözəl velosipedlər tapa bilərsiniz.

Achani Samon Biaou: Qeyd etmək lazımdır ki, biz avtomobil sahibi ilə bağlı təmir, qaz və sığorta xərclərinə belə toxunmamışıq. Bəzi insanlar ailəsinə görə maşına ehtiyacı olduğunu iddia edirlər. Mən avtomobilin əhəmiyyətini inkar etmirəm, amma sizi onun üzərində dərindən düşünməyə çağırıram. Əgər avtomobil almağınızın əsas səbəbi uşağını həftədə bir dəfə şənbə günləri məşqə aparmaqdırsa, həddindən artıq xərcləmiş ola bilərsiniz.

Olumide Ogunsanwo: Uber-in uşağınızın məşqinə getməsi təxminən 14 dollara başa gələ bilsə də, siz avtomobil üçün 15.000 dollar xərcləyirsiniz. Tənqidi düşünmək və mövcud variantların çoxluğunu nəzərə almaq çox vacibdir. Daha əvvəl qeyd etdiyimiz kimi, gəzinti, velosiped sürmə, ridesharing var və əlavə edim ki, velosipedlər üçün qeyd etdiyim qiymət aralığı yenilərinə aiddir. Bununla belə, 200-400 dollara etibarlı işlənmiş velosipedlər tapa bilərsiniz. Bu, sadəcə olaraq avtomobil və velosiped, ya avtomobil və avtobus, ya da maşınla gəzinti arasında seçim deyil. Bu, avtomobili seçsəniz, təqaüdə çıxma müddətinizə bir neçə il təsir edə biləcək və ya gəzinti və ya velosiped sürməyə üstünlük versəniz, daha yaxşı sağlamlıq və daha uzun illər aktiv həyat sürə biləcək bir qərardır.

3. Qida: İlk növbədə, ən sərfəli variant yeməklərinizi evdə hazırlamaqdır. Öz yeməklərinizi bişirmək çöldə yemək xərclərini üstələyir.

Siz inqrediyentlərə nəzarət edə və daha sağlam, daha ucuz qida variantlarını seçə bilərsiniz. İkincisi, siz kütləvi şəkildə bişirə və qalıqları daha sonra saxlaya bilərsiniz. İkincisi, istehlak etdiyiniz qidaya gəldikdə, düşünülmüş seçimlər edin. Bəzi qidalar təbii olaraq digərlərindən daha sağlamdır. Evdə yemək bişirməyə vaxt ayırmaqla siz nəinki öz məkanınızın rahatlığından həzz alırsınız, həm də qidalandırıcı və büdcəyə uyğun yeməklər hazırlamaq imkanı əldə edirsiniz. Xoşbəxtlikdən, brokoli, kələm və giləmeyvə kimi faydalı tərəvəz və meyvələr konfet və ya soda kimi işlənmiş yeməklərlə müqayisədə daha sərfəli olur. Meyvə və tərəvəzlər qida maddələrində yüksəkdir və kalorisi azdır. Digər tərəfdən, emal edilmiş qidalarda çox vaxt sağlam olmayan yağlar, şəkər və duz var. Təcrübə etməkdən qorxma. İnsanlar evdə yemək hazırlamaq və çöldə yemək arasında üstünlük verdiyi balansı, sağlam qidalanmanın əhəmiyyətini və yemək hazırlamaq üçün sərf etmək istədikləri vaxtın miqdarını qiymətləndirməlidirlər.

Achani Samon Biaou: Gəlin xərclərin investisiyalara çevrilməsinə qayıdaq. Restoranlardakı yeməklərin, hətta yüksək səviyyəli yeməklərin keyfiyyəti evdə bişirə biləcəyiniz yeməklərdən xeyli aşağı ola bilər.

Olumide Ogunsanwo: Mütləq. Onlar inqrediyentləri toplu olaraq alır və özünüz üçün yemək hazırlayarkən verdiyiniz diqqət və qayğı olmadan yeməyi hazırlayırlar.

Achani Samon Biaou: Qida bədəniniz üçün əsas yanacaq mənbəyidir və onun keyfiyyəti sağlamlığınıza əhəmiyyətli dərəcədə təsir edə bilər. Qida seçimlərinizi rifahınıza investisiya kimi düşünün. Tədqiqatlar ardıcıl olaraq sübut etdi ki, həddindən artıq miqdarda qırmızı ətin istehlakı ürək-damar xəstəlikləri və xərçəng riskləri ilə əlaqələndirilir. Özünüzdən soruşmaq vacibdir: mən yetmiş yaşımda maliyyə müstəqilliyimdən həzz almaq şansımı artırmaq istəyirəmmi? Bu düşüncə sizi daha sağlam qidalanma vərdişlərini mənimsəməyə vadar edə bilər. Alternativ olaraq, siz digər aspektlərə üstünlük verə və daha qısa ömür müddətini qəbul edə bilərsiniz. Şüurlu və sağlamlığa yönəlmiş seçimlər etməkdə verdiyim əhəmiyyəti vurğulayan şəxsən yemək büdcəmdə ikinci ən yüksək xərcdir. Bütün heyvan mənşəli zülallarım birbaşa Qərbi Afrikadan gətirilir, burada mən onun üzvi və sağlam olduğuna daha çox əminəm.

Olumide Ogunsanwo: Dostlarınız hər dəfə əylənmək istədiyiniz zaman avtomatik olaraq restorana getməyi təklif etdikdə, niyə bunun əvəzinə parka və ya çimərliyə getməyi təklif etməyəsiniz? Çox alternativ var. Bir çox insanın yemək yeməyə getdiyi kimi hiss olunur, amma bu belə olmamalıdır. Yaradıcı düşün. Sizə yalnız evdə yemək yeməyə sərf olunan vaxtın çölə çıxmaqla nisbətini tənzimləməlisiniz ki, bu da artıq əhəmiyyətli təsir göstərə bilər. FOMO-nun sizi idarə etməsinə imkan verməyin. Bütün dostlarınız orta yeməyin qiyməti 120 dollar olan bir restorana gedirlərsə, onlara "Uşaqlar, sonra sizinlə içki içmək üçün görüşəcəm" deyə bilərsiniz. Bu yolla siz yalnız 20 və ya 30 dollar xərcləyə bilərsiniz. Mən bu xüsusi məsləhətləri paylaşıram, çünki hiss edirəm ki, bir çox insanlar təsirini qiymətləndirmirlər. Əgər siz tez-tez yemək yeyirsinizsə və hər dəfə 120 dollar xərcləyirsinizsə, bu, orta aylıq 500 dollara bərabərdir ki, bu da icarəyə bərabərdir. Diqqətli olmaq vacibdir.

Achani Samon Biaou: Yeməkdən danışarkən, içkilərin büdcəmizə təsirini nəzərdən qaçırmayaq. Onlar tez-tez yeməyin özündən daha bahalı ola bilər. Mən heç vaxt özümü alkoqol hesab etməsəm də, kifayət qədər miqdarda spirtli içki qəbul edirdim. Bununla belə, dəyərlərə əsaslanan xərcləri qəbul etdikcə diqqətim sağlamlığımı prioritetləşdirməyə keçdi. Mən başa düşdüm ki, spirtli içkilər təkcə pulumu tükəndirmir, həm də rifahıma mənfi təsir göstərir. Nəticədə, alkoqol qəbulunu əhəmiyyətli dərəcədə azaltmaq üçün şüurlu bir qərar verdim. İndiki vaxtda onu nadir hallarda, məsələn, ad günləri və ya xüsusi tədbirlər üçün ehtiyatda saxlayıram və hətta buna baxmayaraq, normada içirəm. Bu cür dəyişikliklərin həyatınıza necə müsbət dəyişikliklər gətirə biləcəyini vurğulamaq üçün bu şəxsi nümunəni paylaşıram. Dostlarımla barlara getməyi hələ də xoş etsəm də, içkidən imtina etmək seçimim sosial təcrübələrimə mane olmur.

Olumide Ogunsanwo: Bakalavr pilləsində öyrəndiyiniz kimi, 17 və ya 18 yaşım olanda içməyi dayandırdım. Ancaq yenə də musiqi, təcrübə və insanlar üçün barlara və klublara baş çəkirəm. Alkoqoldan heç bir şey düşünmürəm. Alkoqol sizin dostunuz deyil və sizi sikəcək. Yalnız qiymətə deyil, keyfiyyətə diqqət yetirərək istehlak etdiyiniz qida növünü nəzərdən keçirin. Şəxsi inkişaf prinsipinə uyğun gələn aşpazlıq bacarıqlarınızı təkmilləşdirmək fürsətindən istifadə edin. FOMO-nun tələsinə düşməkdən və sosial yeməkdə başqaları ilə ayaqlaşmaq istəyindən çəkinin, çünki bu, çox vaxt lazımsız həddindən artıq xərclərə səbəb olur.

Böyük Üçlüklə bağlı müzakirə bununla yekunlaşır. İndi gəlin "Kölgə

Üç"ə keçək: vergilər, uşaqlar və boşanma/fəlakətli hadisələr.

4. Vergilər: Federal, əyalət, şəhər, gəlir və satış vergiləri daxil olmaqla müxtəlif vergi növləri maliyyənizə əhəmiyyətli təsir göstərə bilər. Vergilərin optimallaşdırılmasının əhəmiyyətini qiymətləndirməmək çox vacibdir. Əslində, bir çox şəxslər üçün vergilər mənzil xərclərindən daha böyük maliyyə təsirinə malik ola bilər. Daha aşağı gəlir vergiləri və ya hətta vergidən azad variantları olan dünya üzrə yerləri araşdırın və əmlak vergisi dərəcələrini də nəzərdən keçirin. Vergi üstünlüklərinizi artırmaq üçün bu ssenariləri təhlil edin və müxtəlif şəhərlərdə yaşamağın üstünlüklərini diqqətlə qiymətləndirin. Vergi öhdəliklərinizdən xəbərdar olun, onların təsirini ölçün və mövcud ayırma və kreditlərdən maksimum yararlandığınızdan əmin olun. Mən sizə yalnız vergiləri aşağı salmaq üçün köçməyi təklif etmirəm, əksinə, harada yaşayacağınızı seçərkən vergi təsirlərinin nəzərə alınmasını vurğulayıram. Məsələn, Dubay kimi daha az gəlir vergisi olan bir yerdə yaşamaq araşdırmağa dəyər ola bilər. Kanadada yaşamaq dəyərlərinizə uyğun gəlirsə, bunun üçün gedin, lakin unutmayın ki, gəlir və satış vergilərinin birləşməsi ümumi qazancınızın 20%-dən 60%-ə qədər əhəmiyyətli bir hissəsini tuta bilər.

Achani Samon Biaou: Mən bu fikirləri sevirəm. İnsanlar tez-tez mövcud şəhər və ya ölkə ilə bağlı olduqlarını güman edirlər ki, bu da onları vergiləri qaçılmaz kimi qəbul etməyə aparır.

Olumide Ogunsanwo: COVID-19 pandemiyası hər şeyi dəyişdi, insanlara vergi strukturları çox fərqli olan şəhərlərdə yaşamaq üçün daha çox rahatlıq verdi.

Achani Samon Biaou: Burada Kaliforniyada vergilərim kirayə haqqımdan üç dəfə çoxdur.

Olumide Ogunsanwo: Bəli. Və bu, hətta yükü əhəmiyyətli dərəcədə artıra bilən əmlak vergisi və satış vergisini nəzərə almır. Xüsusilə ev almağı düşünənlər üçün əmlak vergisini qeyd etmək lazımdır. Bu, xərclərin sistem əsaslı qiymətləndirilməsinin bir hissəsidir.

Achani Samon Biaou: 5% və ya 6% ilə ipoteka ödədiyiniz zaman və əmlak vergisi əlavə etdiyiniz zaman (Kaliforniyada hədsiz dərəcədə yüksək ola bilər), məcmu effekt ondan ibarətdir ki, evə sahib olmaq maliyyə müstəqilliyi məqsədlərinə uyğun gəlməyə bilər. Maddi müstəqilliyin düşməni olan boş şeyə çevrilir.

Olumide Ogunsanwo: Vanity FOMO deməyin nəzakətli bir yoludur. Bəzi insanlar maliyyə müstəqilliyinə nail olmaqdansa, dostlarını kopyalamağa üstünlük verirlər.

Achani Samon Biaou: Vergilər inanılmaz dərəcədə vacibdir və mən şəxsi təcrübəmdən danışa bilərəm. Əgər mən ağır vergilərlə dolu bir həyat tərzi sürsəm, bu qədər erkən mərhələdə öz yolumu davam etdirə və maliyyə müstəqilliyinə nail ola bilməzdim. 20 illik karyeram ərzində iki ildən az bir müddətdə vergi ödəməyə sərf etdim.

Olumide Ogunsanwo: Bu inanılmazdır.

Achani Samon Biaou: "Bəs vergi ödəməsək yollar və ictimai xidmətlər necə maliyyələşdiriləcək?" deyə düşünənlər üçün. Əgər siz maliyyə siyasətini və dövlət xərclərini başa düşmürsünüzsə, icazə verin sizi əmin edim ki, bu və ya digər şəkildə hər şey üçün pul ödəyirsiniz.

Olumide Ogunsanwo: Bugünkü vergiləriniz dünənki qərarlarınıza görədir. Gəlir verginiz seçdiyiniz işdən, satın aldığınız evdən əmlak vergisindən və satın aldığınız əşyalardan satış vergisindən qaynaqlanır. Bu qərarları sən verdin və onları dəyişdirə bilən də sənsən. Kənarda günahlandırmaqdan və yüksək vergilərdən şikayət etməkdən çəkinin. Özünə güvənmə, özünə inam və daha çox maliyyə müstəqilliyinə səbəb olan qərarlar qəbul etmək üçün özünüzə güvənmə mövzusunda müzakirələrimizi xatırlayın. Birləşmiş Ştatlar hökumətinin federal vergiləri azaltması lazım olduğundan şikayət edərək vaxt itirməyin. Bu sizin probleminiz deyil. Şəhər vergilərini azaltmaq üçün Nyu-Cersidə lobbiçilik etmək yollarını tapmaqdan narahat olmayın. Həm də sizin probleminiz deyil. Bunun əvəzinə özünüzdən soruşun: "Mən burada yaşamaq istəyirəmmi?" Əgər vergiləri ödəmək istəmirsinizsə, başqa yerə köçməyi düşünün.

Achani Samon Biaou: Bəzi ölkələrdə kirayə məqsədləri üçün mülklərin alınması ipoteka faiz xərclərinin standart çıxılmasından kənara çıxan əlavə vergi güzəştləri ilə gələ bilər. Bu, iş illərində qənaət etməyə və daha aşağı vergi dərəcəsini əldə etməyə bənzəyir. Təqaüdə çıxdığınız zaman bu əmlaklardan əldə edilən icarə gəliri investisiyalarınızın yığılmış dəyərini açdığınız zaman qiymətli aktivə çevrilir.

Olumide Ogunsanwo: Bizim maraq prinsipimizi xatırlayın. İnternetdə "[xüsusi yerinizdə] vergiləri necə azaltmaq olar" üçün axtarış edin. Məsuliyyət sizin çiyinlərinizdədir və sizə xüsusi vergi vəziyyətinizi optimallaşdırmağın yollarını araşdırmaq imkanı verir. Samonun fikirləri əhəmiyyətli olsa da, daha geniş məqsəd sizin marağınızı alovlandırmaq, həyəcanınızı artırmaq və unikal şəraitlərinizə uyğun araşdırma aparmaqdır. Burada təqdim olunan spesifikasiyalarda itməyin. Söhbət təkcə təfərrüatlardan getmir; bu, axtarmaq, həyata keçirmək, hərəkətə keçmək və bu yolda uyğunlaşmaq istəyinizi alovlandırır.

Achani Samon Biaou: Həmçinin, gəlirinizin bir faizini pensiya və ya vergidən azad əmanətlərə töhfə verən işəgötürən tərəfindən maliyyələşdirilən planlara diqqət yetirin. Əmək müqaviləsi bağlayarkən bu üstünlükləri nəzərə alın.

Olumide Ogunsanwo: Bu, gəliri maksimuma çatdırmaq üçün sistem əsaslı düşüncə ilə uyğunlaşır, elə deyilmi? Yalnız xam əmək haqqına diqqət yetirməyin (məsələn, A şirkəti 40 min dollar təklif edir, B şirkəti 50 min dollar təklif edir). Bunun əvəzinə, ümumi kompensasiya və üstünlükləri birlikdə nəzərə almaq üçün perspektivinizi genişləndirin. 401K, uzaqdan işləmə, aşağı vergilər və s. nəzərə alındıqda, A şirkəti ümumi təzminat paketi $78k təmin edə bilər. Yalnız əsas maaşdan kənarda düşünün; 401K, IRA və HSA kimi vergi güzəştli hesabları nəzərə alaraq ümumi kompensasiyanı və onun xərclərə, mənzilə, nəqliyyata və vergilərə təsirini təhlil edin

Achani Samon Biaou: Əgər evdən işləyirsinizsə və əmlaklarınızı idarə etmək üçün evinizi ofis kimi istifadə edirsinizsə, kirayə haqqınızın bir hissəsini götürə və ya çıxa bilərsiniz. Şəxsən mən mülklərimdə iştirak etmək, yeni icarələr imzalamaq və ya müxtəlif tapşırıqları yerinə yetirmək üçün Cənubi Afrikaya uçan zaman bu xərclər müəyyən dərəcədə çıxıla bilər. Sistemin təklif etdiyi bütün üstünlükləri nəzərdən keçirin. Vergi yükünüzü azaltmağın bir çox yolu var.

Olumide Ogunsanwo: İndi gəlin növbəti kölgə xərclərini, uşaqlarla bağlı xərcləri həll edək.

5. Uşaqlar: Sahib olmağı planlaşdırdığınız uşaqların sayını diqqətlə qiymətləndirmək və bunun maliyyə müstəqilliyinizə aparan səyahətinizə təsirini başa düşmək çox vacibdir. Uşaqların böyüdülməsi çox vaxt təxmin etmək çətin olan xərclərlə gəlir və valideyn dəstəyinin səviyyəsindən asılı olaraq onlar hətta vergiləri və mənzil xərclərini də üstələyə bilər.

Deyək ki, iki və ya üç uşaq sahibi olmaq arasında qaldınız. Fərq ilk baxışda əhəmiyyətsiz görünsə də, təqaüdə çıxmağınıza böyük təsir göstərə bilər. Mən sizin üçün ideal uşaq sayını diktə etmək üçün burada deyiləm, çünki bu, şəxsi seçim olaraq qalır. Daha doğrusu, mən 42 yaşında iki uşaqla təqaüdə çıxmaqla 49 yaşında üç uşaqla təqaüdə çıxmaqla bağlı güzəştləri vurğulamaq istəyirəm. Daha çox uşaq sahibi olduğu üçün tələb olunan əlavə iş illərini nəzərə alın.

Siz hələ də övlad sahibi olmağın buna dəyər olduğuna inana bilərsiniz və bu gözəl bir perspektivdir. Ancaq ailə qurmazdan əvvəl məlumatlı qərar vermək və bu amilləri nəzərə almaq vacibdir. Övladlarınız olduqdan sonra onlar sizin bütün sevgi və qayğınıza layiq olan həyatınızın əziz hədiyyələri olurlar.

Achani Samon Biaou: İcazə verin, bununla bağlı üç perspektiv təqdim edim. Birincisi, uşaq sahibi olma vaxtı, onlara sahib olduğunuz zamandan asılı olaraq maliyyə müstəqilliyinə səyahətinizə təsir göstərir. Əgər gənc yaşda uşağınız varsa, diqqətinizi dərslərinizə yönəltmək çətin ola bilər. Ancaq daha gec yaşda uşağınız varsa, bu, peşəkar imkanları məhdudlaşdıra və sizi daha çox oturaq edə bilər. Uşaqları olan insanlar dəyişiklik etmək və hərəkət etmək ehtimalı daha azdır. Daha sonra həyatda uşaq sahibi olmaq daha çox çeviklik təklif edə bilər.

İkincisi, hətta uşaq böyütmək baxımından belə, karyeranızın başlanğıcındasınızsa, istədiyiniz tərbiyəni təmin etmək üçün daha az maddi imkanınız ola bilər. Əgər pul uşaqlarınızın tərbiyəsində mühüm rol oynayırsa, lazımi resurslarınız olduqda sonra uşaq sahibi olmağı düşünmək daha yaxşı olar.

Üçüncüsü, uşaq sahibi olmağı düşünərkən, onun karyera trayektoriyanıza təsir edə biləcəyini də düşünün. Bəzi sənayelər yüksəlişlər üçün gərgin iş tələb edir ki, bu da uşaqların düzgün tərbiyəsi ilə tarazlıq yaratmaqda çətinlik yarada bilər. Bunlar çox vaxt siyasi korreksiyaya görə danışılmayan mövzulardır.

Olumide Ogunsanwo: Bu barədə danışmalıyıq. Bu çox vacibdir.

Achani Samon Biaou: Tutaq ki, siz ortaqlıqdan direktor vəzifəsinə keçməyi hədəfləyən yüksək stresli bir işdəsiniz. Bu mərhələdə uşaq sahibi olmaq, sağlamlığınıza təsir edən stress səviyyələrini artırır. O, həmçinin uşağınızla əlaqə qurma qabiliyyətinizi azaldır, çünki pullu uşaq baxımı xidmətlərinə etibar etməli ola bilərsiniz. Nəzərə alınmalı çoxsaylı amillər var.

Olumide Ogunsanwo: Unutmayaq, Samon, qeyri-maddi dəyişikliklər də var. Menecerinizin qavrayışı belə ola bilər: "Oh, uşağınız var, ona görə də daha az işləyəcək və daha az diqqətli olacaqsınız." Menecerinizin belə düşünməsinin yanlış olduğunu düşünə bilərsiniz, amma həyat belədir.

Achani Samon Biaou: Əgər uşaq sahibi olmağın nə vaxt və necə olacağına xüsusi diqqət yetirmirsinizsə, peşəkar karyeranızda qərarlaşana qədər bunu təxirə salmağınız məntiqli ola bilər. Bu yanaşma həm maliyyə müstəqilliyinə, həm də övladlarınızla vaxt keçirmək bacarığına fayda verir. Üstəlik, bir çox şirkət indi yumurtanın dondurulması və körpənin bağlanma müddəti kimi seçimlər təklif edir.

Olumide Ogunsanwo: Uşaq sahibi olmaq, xüsusilə mənzil, nəqliyyat və yemək kimi sahələrdə xərcləmə vərdişlərinizə böyük təsir göstərə bilər. Onların məktəbinə daha yaxın yaşamaq istəyə bilərsiniz, bu daha yüksək kirayə və ya ipoteka ödənişləri deməkdir. Onları gəzdirmək üçün bir avtomobil almağınız lazım ola bilər ki, bu da qaz və texniki xidmət xərclərinizi artıra bilər. Siz həmçinin onların üstünlüklərini və qida ehtiyaclarını ödəmək üçün qida büdcənizi tənzimləməli ola bilərsiniz. Biz sizin həyat tərzi seçimlərinizi mühakimə etmək və ya neçə uşaq sahibi olmanız lazım olduğunu söyləmək üçün burada deyilik. Biz sadəcə olaraq ailənizin ölçüsünün maliyyə məqsədlərinizə necə təsir etdiyini və buna uyğun olaraq necə planlaşdıra biləcəyinizi anlamağa kömək etmək istəyirik.

6. Boşanma və fəlakətli hadisələr: Kölgə Üç xərc sahəsinin son kölgəsi boşanma və fəlakətli hadisələrdir. Bəzi ölkələrdə boşanma aktivlərinizin 50%-ə qədərinin heyrətləndirici itkisinə səbəb ola bilər ki, bu da maliyyə müstəqilliyinə doğru səyahətinizə dağıdıcı təsir göstərə bilər. Aktivlərinizin yarısını itirməklə FI-yə çatdıqdan sonra belə maliyyə müstəqilliyinizi itirə bilərsiniz. Bu, təkcə maliyyə nəticələri deyil; emosional yük çox böyük ola bilər. İllər keçirdikdən sonra partnyorunuzu, sevdiyiniz insanı itirmək maddi gələcəyinizi təhlükə altına alar, həm də emosional olaraq sıxıcı ola bilər. Hər kəsi düzgün tərəfdaş tapmaq üçün vaxt sərf etməyə dəvət edirəm. Eyni dəyərləri və uyğunluğu paylaşıb paylaşmadığınızı düşünün. Xüsusi yerinizdə boşanmanın nəticələrini anlamaq üçün vaxt ayırın. Biz sizə evlilikdən və ya münasibətlərdən qaçmağı təklif etmirik, əksinə, qərar qəbul edərkən boşanmanın təsirlərini dərk etməyi məsləhət görürük.

Achani Samon Biaou: İndi gəlin diqqətimizi fəlakətli hadisələrə, xüsusən də sağlamlıqla bağlı hadisələrə yönəldək. Bir çoxumuz gözlənilməz zərbələrə qədər yenilməz olduğumuza inanırıq. Bununla belə, heç birimizin sağlamlıq problemlərindən azad olmadığını qəbul etmək çox vacibdir. Buna görə də proaktiv şəkildə planlaşdırmaq və hazırlamaq vacibdir. Sağlam sağlamlıq sığortası strategiyasının hazırlanması siyahınızın başında olmalıdır. Tələb etdiyiniz xüsusi əhatə dairəsini nəzərdən keçirin və onun tez-tez getdiyiniz ölkələrə aid olduğundan əmin olun. Qarşısının alınması da əsasdır. Daimi müayinələr və qabaqlayıcı tədbirlər sağlamlıq problemlərini effektiv şəkildə həll etmək qabiliyyətinizi əhəmiyyətli dərəcədə yaxşılaşdıra bilər. Bundan əlavə, kritik aktivlərinizin sığortalanmasının vacibliyini nəzərdən qaçırmayın. Əhəmiyyətli əşyaları sığortasız buraxmaq əhəmiyyətli maliyyə yüklərinə səbəb ola bilər. Unutmayın ki, bu gün kiçik bir sığorta mükafatına sərmayə qoymaq uzunmüddətli perspektivdə sizə əhəmiyyətli xərclərə qənaət edə bilər.

Olumide Ogunsanwo: Mən hər kəsi boşanma və digər fəlakətli hadisələrlə bağlı situasiyalarda öz müdafiəsinə üstünlük verməyə çağırıram. Əmlak sığortası və sağlamlıq sığortası da daxil olmaqla müxtəlif alətlər mövcuddur. Bu vəziyyətləri idarə edərkən, özünüzü qorumaq üçün yollar tapmaq çox vacibdir. Evlilik üçün nikahdan əvvəl müqavilələr, sağlamlıq sığortası planları və ev sahibinin və ya əmlak sığortası kimi variantları nəzərdən keçirin. Adekvat sığorta çox vacibdir, çünki sığortanın olmaması evdə yanğın kimi çətin vəziyyətlərə səbəb ola bilər. Hər bir mümkün fəlakət üçün konkret tövsiyələr təqdim etməsək də, onların maliyyə səyahətinizə potensial mənfi təsirini vurğulamaq istəyirik. Özünüzü qorumaq üçün aktiv addımlar atın!"

Bu, Böyük Üçlük və Kölgə Üç xərcləmə sahələrimizi əhatə edir. Dəyərlərə əsaslanan xərcləri ümumiləşdirmək üçün: Dəyərlərinizi müəyyənləşdirin və prioritetləşdirin. Xərclərinizi uyğunlaşdırın və FOMO-ya tab gətirməkdən ehtiyatlı olun. **FOMO problemdir və dəyərə əsaslanan xərclər panzehirdir**. İndi isə gəlin tövsiyələrə və istinadlara keçək.

Achani Samon Biaou: Vicki Robin tərəfindən " Pulun və ya Həyatın " [5]ı tövsiyə edirəm . Xüsusilə maliyyə müstəqilliyinə diqqət yetirməsə də, pensiya üçün maliyyə planlaşdırması ilə bağlı dəyərli təlimatlar təklif edir. O, borc tələlərindən qaçmaq, ehtiyatlı qənaət vərdişlərini inkişaf etdirmək və lazımsız şeyləri aradan qaldıraraq həyatınızı sadələşdirmək kimi mövzuları əhatə edir.

5. https://yourmoneyoryourlife.com/

Olumide Oqunsanvo: Maraqlıdır ki, siz qeyd edirsiniz ki, söhbət birbaşa maliyyə müstəqilliyi ilə bağlı deyil. Bəziləri kitabın 1992-ci il versiyasını, hətta FI/RE (Maliyyə Müstəqilliyi/Erkən Təqaüdə Çıx) termini yaranmamışdan əvvəl də maliyyə müstəqilliyi hərəkatının mənşəyi hesab edir. Bu, niyə əlaqə yaratmadığınızı izah edə bilər. Bu, insanların otuz yaşlarında korporativ həyatı tərk edə biləcəklərini başa düşməyə vadar edən inanılmaz dərəcədə vacib bir kitabdır. İndi üç tövsiyəm var:

Jacob Fisker tərəfindən " Early pensiya ekstremal ". [6]Adam dahidir. Bu kitab parlaq və çox tövsiyə olunan oxunuşdur. Şəxsi maliyyə və maliyyə müstəqilliyi sahəsində ilk səslərdən biri olan Fisker, xərclərin və xərclərin optimallaşdırılması üçün öz prinsiplərini və sistem əsaslı yanaşmasını bölüşür.

Tomas Stenlinin " Qonşu milyonçusu ". [7]Bu kitab amerikalı milyonçuların həyatlarına dair fikirlər təqdim edir. Müəlliflər apardıqları araşdırmalar nəticəsində milyonçuların intizamlı və qənaətcil olduqlarını, ekstravaqant həyat tərzindən qaçdıqlarını aşkar ediblər. Onlar bu şəxslərin zehniyyətini, xərcləmə modellərini və dəyərlərə əsaslanan xərcləri araşdırırlar. Kitabda yüzlərlə milyonerin ətraflı profilləri yer alıb.

Thomas Stanley tərəfindən " Zəngin davranmağı dayandırın ". [8]Bu kitab izah edir ki, təkcə maaş xalis dəyəri müəyyən etmir; insanın xərcləmə vərdişlərindən asılıdır. Təəccüblü bir nəticəni vurğulayır ki, müəllimlik kimi peşələr, aşağı maaşlara baxmayaraq, aşağı FOMO meylləri səbəbindən daha yüksək xalis sərvətlərə malikdirlər. Digər tərəfdən, hüquqşünaslar, daha yüksək maaşlara baxmayaraq, FOMO-ya tab gətirdikləri və həmyaşıdları ilə ayaqlaşmaq üçün lüks əşyalara xərclədikləri üçün çox vaxt gözləniləndən daha aşağı xalis sərvətlərə sahib olurlar.

Achani Samon Biaou: Yekun olaraq, bir daha demək istəyirəm ki, FOMO sizin düşməninizdir.

Olumide Ogunsanwo: Maliyyə müstəqilliyinə doğru səyahətinizi təşviq etmək üçün dəyərlərə əsaslanan xərclərin və gəlirin

6. https://www.amazon.com/Early-Retirement-Extreme-philosophical-independence-ebook/dp/B0046LU7H0
7. https://www.amazon.com/Millionaire-Next-Door-Surprising-Americas-ebook/dp/B0BX7G7PZN
8. https://www.amazon.com/Stop-Acting-Rich-Living-Millionaire/dp/0470482559

maksimumlaşdırılmasının güclü birləşməsini mənimsəyin. Qərəzlərinizi qiymətləndirin və unikal imkanlarınızı, şəraitinizi, biliklərinizi, əlaqələrinizi və ətraf mühitinizi nəzərə alaraq ikisi arasında ahəngdar tarazlıq qurun. Qarşıdan gələn son fəsildə biz FIREDOM həyatını araşdıracağıq və maliyyə müstəqilliyi əldə etdikdən sonra necə yaşayacağımıza dair dəyərli fikirləri təqdim edəcəyik. Bizimlə qalın!

7: FIREDOM hekayələri, Maliyyə Müstəqilliyi, Azadlıq və Həyatınızın Qalan hissəsi

Olumide Ogunsanwo: Biz bunu bacardıq! Son fəsilimiz. Nə səyahət! Maddi cəhətdən müstəqil olduqdan sonra həyatımızın necə inkişaf etdiyini müzakirə edərək hər şeyi yekunlaşdıracağıq.

Achani Samon Biaou: Sevin! Biz maliyyə müstəqilliyinə aparan yolu müzakirə etsək də, buna nail olduqdan sonra nələrin gələcəyini düşünmək də eyni dərəcədə vacibdir.

Olumide Ogunsanwo: Mən bu müzakirəni keçirdiyim üçün həyəcanlıyam.

Achani Samon Biaou: Şəxsi təcrübəmə və Olumidenin təcrübəsini bildiyimə əsaslanaraq əminliklə deyə bilərəm ki, maliyyə cəhətdən müstəqil olmaq gözəl hissdir.

Olumide Ogunsanwo: Əgər əvvəlki fəsilləri cəlbedici hesab etdinizsə, bu fəsildən daha çox həyəcanlanacaqsınız. Keçmişdən xatirələri topladığımız əvvəlki fəsillərdən fərqli olaraq, bu hekayə yaddaşımızda təzədir. Bu fəsil indiki həyatımızdan və bu gün nə etdiyimizdən bəhs edir.

Achani Samon Biaou: [Oxuyur] Azadlıq. Azadlıq. Azadlıq

Olumide Ogunsanwo: [Gülüş] Siz ingiliscə oxuyursunuz. Bu daha yaxşıdır. Fransız dilində deyil. Möhtəşəm.

Achani Samon Biaou: [Gülüş] Bu fəsilə başlamaq üçün səbirsizlənirəm.

Olumide Ogunsanwo: Samon, niyə bizi qovmursan? Maddi müstəqillik əldə etdikdən sonra nə baş verdi?

Achani Samon Biaou: İcazə verin, bəzi kontekstdən başlayım. Mənim üçün maliyyə müstəqilliyinin başlanğıcı 2018-ci ildə, 35 yaşımda oldu. Mən Cənubi Afrikada bir il keçirdiyim BCG Səfir Proqramından Dubaya yeni qayıtmışdım. Məhz bu nöqtədə mənim investisiyalarım maliyyə müstəqilliyim üçün hədəf sayımdan daha yüksək aylıq passiv gəlir yaratmağa başladı. Bu yeni tapılan maliyyə azadlığı mənə iş həyatımı daha çox nəzarətdə saxlamağa və maraqlarımı öz şərtlərimlə həyata keçirməyə imkan verdi. Əvvəllər tabu mövzularını müzakirə edərkən özümü daha rahat hiss etdim. Mən o vaxt McKinsey Associate Partner-in ekvivalenti olan Principal vəzifəsinə yüksəlməyə hazır idim. Səkkiz ay sonra yüksəliş aldım və BCG-dən keçid prosesinə başladım.

Olumide Ogunsanwo: Maddi cəhətdən müstəqil olduqda, iki səbəbə görə bir az daha uzun işləməyin mənası var.

Birincisi, bir tamponun olması həmişə müdrikdir. Bir mühəndis kimi mən buferlərin dəyərini yüksək qiymətləndirirəm və eyni prinsip maliyyə planlaşdırmasına da aiddir. Gələcək istəklərinizi və ehtiyaclarınızı qiymətləndirməkdə çox dəqiq olmaq istəmirsiniz. Bir az daha uzun müddət işləməklə, maraqlar və ya ehtiyaclardakı gələcək dəyişiklikləri nəzərə almaq üçün maliyyə buferi yarada bilərsiniz.

İkincisi, hansı variantların mövcud olduğunu və nə etmək istədiyinizi araşdırmaq və öyrənmək üçün vaxt lazımdır. Bəzi insanlar öz çağırışlarını erkən tapsalar da, insanların çoxunun əsl maraqlarını kəşf etmək üçün vaxt lazımdır. Bütün günü Netflix-ə baxmaq üçün işinizi tərk etmək, yerinə yetirmək üçün ən yaxşı yanaşma deyil.

Bununla belə, tarazlığı saxlamaq və maliyyə müstəqilliyini əldə etdikdən sonra illərlə işləməyə davam etdiyiniz "bir il daha sindromu" (OMY) tələsinə düşməmək çox vacibdir. Təbii ki, məqsədiniz işləməyə davam etmək deyil, çünki bundan həzz alırsınız. Həyatda hər şeydə olduğu kimi, bu, güzəştləri ölçmək və düzgün tarazlığı tapmaqdan ibarətdir.

Achani Samon Biaou: Razıyam. Artıq maliyyə cəhətdən müstəqil olduqdan sonra təxminən 1,5 il BCG-də qaldım. Mən başqalarından tamamilə fərqli idim və öz qaydalarımla oynayırdım. Bu mənim üçün həlledici an idi.

Olumide Ogunsanwo: Gəlin o anı bir az araşdıraq. Maliyyə müstəqilliyinizə çatdığınız zaman hisslərinizi təsvir etmək üçün hansı sözlərdən istifadə edərdiniz?

Achani Samon Biaou: Özümü böyümüş hiss etdim.

Olumide Ogunsanwo: [Heyrətdən] Vay!

Achani Samon Biaou: Mən siçovul yarışını bitirdiyimi hiss etdim. Mən hələ də korporativ maşının bir hissəsi idim, lakin ondan asılı deyildim. Orada işləməyi davam etdirib-etməməyimlə bağlı məsləhət almaq üçün etibar etdiyim firmada iki idarəedici direktorla söhbət edirdim. Bu söhbətləri aparmağım özü də yetkinləşdiyimin göstəricisi idi. Bu söhbətlər karyera üçün təhlükə yarada bilər, çünki tərk etməyi düşünürsünüzsə, İdarəedici Direktor sizin üçün mübarizə aparmaya və ya sizə sərmayə qoymağa davam edə bilər. Amma mən rahat idim və onların fikirlərinə əhəmiyyət vermədim.

Olumide Ogunsanwo: Maliyyə müstəqilliyinə çatdıqdan sonra özünüzü böyümüş və rahat hiss etdiniz, bu başa düşüləndir, çünki bu, böyük bir mərhələdir. FI/RE kontekstində iki mərhələ var: maliyyə müstəqilliyinə nail olmaq (FI) və vaxtından əvvəl təqaüdə çıxmaq (RE). Bu kitab ilk növbədə FI-yə diqqət yetirir, bu da insanın həyatının qalan hissəsi üçün xərclərini ödəmək üçün kifayət qədər aktiv topladığı nöqtədir. İnsanları həyəcanlandırmağa çalışdığımız inanılmaz mərhələ olan FI-ya çatdınız. Hisslərinizi təsvir etmək üçün istifadə etmək istədiyiniz başqa sözlər varmı?

Achani Samon Biaou: Hiss - fransızca buna apesanteur deyilir (pesanteur cazibə qüvvəsi, apesanteur cazibə qüvvəsinin olmamasıdır)

Olumide Ogunsanwo: [Gülümsəyir] Əla!

Achani Samon Biaou: Mən üzürdüm. Mən bu hissi hiss etdim ki, orada bütöv bir dünya var və mən nəhayət onu öz şərtlərimlə araşdırmaqda azad oldum. Özümü buxovsuz hiss edirdim, amma eyni zamanda nə edəcəyimi düşünürdüm. Bu, azadlığın, narahatlığın və hər şeyi anlamağa çalışmağın birləşməsidir.

Olumide Ogunsanwo: Eşitdiyim qədər də, onu vizuallaşdırmağa çalışdığınız üçün həyəcanlanıram. Təsəvvür edə bilərəm ki, siz əvvəlcə BCG-də iki il qalmağı planlaşdırdınız, amma sonda təxminən altı il qaldınız. Nəhayət, siz maliyyə müstəqilliyinə nail oldunuz və mən sizin üçün açılan imkanların qapılarını və onları həyata keçirmək üçün hiss etdiyiniz səlahiyyətləri təsəvvür edə bilərəm.

Achani Samon Biaou: Mən də bir az qürur duydum və təsdiqləndim. Özümü olimpiya idmançısı kimi hiss edirdim. Hazırlıqlar zamanı bəziləri şübhələnərək "unut, nə fikirləşirsən?" kimi fikirlər səsləndirdilər. Bununla belə, mən müstəqil düşünən bir insan olaraq qaldım, məqsədimə çatmaq üçün vəsvəsə verdim və sonda buna nail oldum.

Bu nailiyyət tam sahib olduğum ilk nailiyyət idi, özümə məqsəd qoydum və ictimai normalara əməl etmədim. Bunun əksinə olaraq, həyatımdakı digər nailiyyətlər çox vaxt ictimai gözləntilərdən təsirlənir və məqsədə çatmaq üçün bir vasitə kimi xidmət edirdi. Məsələn, şəxsi inkişaf üçün və qərar qəbul etmə gücünə malik yüksək maaşlı bir işə girmək üçün top biznes məktəbinə qəbul oldum. Eynilə, konsaltinq işimdə mən uzun saatlar işlədim və uğur qazandım, amma gec gecələri sevmədim - bu, sadəcə işin bir hissəsi idi.

O ki qaldı maliyyə müstəqilliyinə, mən prosesin hər addımına aşiq olmuşam. Mən maliyyə müstəqilliyinə can atırdım, ona görə ki, nəhayət, mənim və yalnız özüm olmaq istəyirdim. Maddi cəhətdən müstəqil olanda məndə nailiyyət, apesanteur və sahiblik hissi hiss etdim.

BCG və biznes məktəbindəki təcrübəmdən aldığım inamla 2020-ci ilin əvvəlində BCG-dən ayrılarkən Parisə köçmək və startapı araşdırmaq qərarına gəldim. Mən bir il əvvəl icarə müqaviləsi bağlamışdım, çünki Parisdə yer tapmaq çətin ola bilər. Hələ Səudiyyə Ərəbistanında BCG üçün layihə üzərində işləsəm də, artıq mənzili təmin etdiyim Parisdə yeni həyatıma keçid etməyə başladım. Sonra COVID-19 vurdu və özümü Parisdə tapdım. Sahibkarlıq səyahətim hələ başlamazdan əvvəl dayandırıldı, çünki bizə yalnız alış-veriş və ya qısa gəzintilər üçün mənzildən çıxmağa icazə verildi. Təxminən o vaxt BƏƏ-dən yüksək səviyyəli bir əlaqə mənə kömək üçün müraciət etdi. Bu, maliyyə müstəqilliyinə nail olmaqla əldə etdiyim azadlığı həyata keçirmək üçün ilk fürsətlərdən biri idi.

Olumide Ogunsanwo: Bu unikal vəziyyətdir. 2018-ci ildə maliyyə müstəqilliyiniz oldu, lakin 2020-ci ilə qədər BCG-də işləməyə davam etdiniz. BCG-dən ayrıldıqdan sonra keçmiş iş təcrübəniz əsasında sizi tanıyan keçmiş bir əlaqə sizə layihə həyata keçirmək imkanı təklif etdi. Bunu öz şərtlərinizə əsasən edə və istədiyiniz şəkildə əhatə edə və icraya daha çox vaxt sərf edə bilərsiniz. Müştərilərdən asılı olaraq əla fürsət ola bilərdi.

Achani Samon Biaou: Mən insanlarla işləməkdən həzz alırdım və bunu məsləhətləşmə məhdudiyyəti olmadan təsir yaratmaq və nəyisə formalaşdırmaq üçün ilk həqiqi fürsətim hesab etdim.

Olumide Ogunsanwo: Sizdə o agentlik var idi, bəzi mənalarda parlaq və gözəl olan BCG aparatı sizi məhdudlaşdırmamışdı, lakin digər cəhətdən o qədər də yaxşı deyil.

Achani Samon Biaou: Tam olaraq. BCG-də işlədiyim müddətdə təhlillərin aparılmasına və slaydların yaradılmasına cavabdeh olan analitiklərdən və əməkdaşlarımdan ibarət komandam var idi. Bununla belə, BCG-dən ayrıldıqdan və yeni bir layihəyə başladıqdan sonra analitikdən tutmuş idarəedici direktora qədər daha müxtəlif vəzifələr üzərimə götürdüm. Buraya slaydların yazılması, qərarların qəbul edilməsi və layihənin icrası kimi tapşırıqlar daxildir. Layihənin istiqamətinə tam sahib olmaq unikal və xoş təcrübə idi. Mən bu təcrübəni bəyəndim. Məhz bu zaman mən də əvvəllər iş məhdudiyyətləri səbəbindən çətin olan orta müddətli səyahətə (o zaman aylarla müxtəlif yerlərdə yaşamaq) həvəsimi araşdırmaq qərarına gəldim.

Bu səyahətdən bir neçə şey öyrəndim. Birincisi, maliyyə müstəqilliyi buna dəyər, on qat artıqdır.

Olumide Ogunsanwo: Daha çox razılaşa bilməzdim. FI heyrətamizdir.

Achani Samon Biaou: İkincisi, buna hazırlaşdığınızdan əmin olmalısınız. İnsanların məni işə götürməyə çalışdığı anlarım çox olub. Birincisi, BCG-dəki son aylarımda mənə yeni ofislərimizdən birində tərəfdaşlıq üçün sürətli yol təklif etdilər. Sonra keçmiş müştərilər və üçüncü şəxslər də mənə müraciət etdilər. Məsləhətləşmənin gözəlliyi budur: siz yüksək səviyyədə bazara maliksiniz. İnsanlar mənə daha çox pul təklif etdilər və bir hissəsi bir il bunu edə biləcəyimi və daha da müstəqil ola biləcəyimi düşünürdü. Bu vəsvəsələr sizin maliyyə müstəqilliyi arzunuzun həqiqətən güclü olub olmadığını necə qiymətləndirdiyinizdir. Əgər belədirsə, sadəcə sizə pul təklif etdikləri üçün köhnə karyeranıza və ya oxşar işlərə qayıtmayacaqsınız.

Olumide Ogunsanwo: Bu yaxşı məqamdır. Gəlin bir az bunun üzərində dayanaq. Bu kitabın əvvəlində biz məsləhət vermişdik ki, maliyyə müstəqilliyinə gedən yolda harada olmaq istədiyinizə dair aydın və cəlbedici bir təsəvvürə sahib olmaq vacibdir. Özünüzlə bağlı gələcək vizyonunuza aşiq olduqda və görmə qabiliyyətinizlə güclü emosional əlaqəniz olduqda, ona sadiq qalma ehtimalınız daha yüksəkdir. Bu əlaqə olmadan, sadəcə olaraq, indiki təklifinizdən daha yaxşı göründüyü üçün yeni bir iş təklifi almağa şirnikləşə bilərsiniz. Həyatda həqiqətən nə istədiyinizi anlamaq üçün vaxt ayırmaq vacibdir. Əgər maliyyə müstəqilliyinə nail olduqdan sonra yeni bir işə və ya karyera yoluna keçməyin hədəflərinizlə üst-üstə düşdüyünə qərar versəniz, bunda səhv bir şey yoxdur. Bununla belə, gələcəyiniz üçün düzgün qərarlar qəbul etmək üçün özünü əks etdirmək və özünü tanımaq çox vacibdir.

Achani Samon Biaou: Daha çox razılaşa bilməzdim. Əgər maliyyə müstəqilliyinin sizin üçün uyğun olub-olmaması ilə maraqlanırsınızsa, edə biləcəyiniz sürətli bir test var. Bundan sonra nə etmək istədiyinizi mütləq bilməyə ehtiyac yoxdur, lakin bilməlisiniz ki, indi etdiyiniz işi davam etdirmək istəmirsiniz. Əgər prosesdən və nəticədən daha çox ona doğru səyahətdən həzz alacağınıza inanırsınızsa, maliyyə müstəqilliyi əldə etməyə dəyər.

Olumide Ogunsanwo: Zəifliyi və kəşfiyyatı əhatə etmək maliyyə müstəqilliyinə nail olmaq üçün çox vacibdir. Yüksək dərəcədə əminliyə üstünlük verirsinizsə, korporativ struktur bunu təklif edə və qocalana qədər sizi orada saxlaya bilər. Digər tərəfdən, maliyyə müstəqilliyi sizin üçün maraqlı yeni həyat aça biləcək maraq və kəşfiyyat zehniyyətini ehtiva edir.

Achani Samon Biaou: Maliyyə müstəqilliyinə nail olmaq üçün ən vacib şey onun gətirdiyi azadlıqdır. Söhbət daha yaxşı iş tapmaqdan getmir. Bu, vacib bir addım olsa da, cəlbedici bir baxış tapmaq haqqında belə deyil. Əksinə, bu, axtardığınız hər şeyi axtarmaq və istədiyiniz zaman istədiyinizi etmək azadlığına sahib olmaqdır. Bu ruh halından zövq almalı və ona sevgi hiss etməlisiniz. Maliyyə müstəqilliyiniz olduqda, maraqlarınızı və ehtiraslarınızı araşdırmaq bacarığınız var və ya heç kəşf etməməyi seçirsiniz. Öz qərarlarınızı vermək və həqiqətən etmək istədiyinizi etmək azadlığınız var. Mənim üçün maliyyə müstəqilliyinə nail olmaq, BCG-dəki işimlə bağlı olan intensivliyi öz seçdiyim işə yönləndirmək demək idi.

Məqsədim öz enerjimi kəşf etmək və başqa sahələrə yönəltmək üçün özümə vaxt və məkan vermək idi. Daim əyləncəyə bağlı olduğum Netflix həyatı yaşamaq istəmirdim. Mən nə etmək istədiyimi seçmək bacarığına sahib olmaq və yeni şeyləri kəşf etməyə davam etmək istəyirdim.

Olumide Ogunsanwo: Gözəl. Mən bir neçə məqam əlavə edəcəyəm. Həyatın bir çox vacib sahələrini tam həll etmək çətindir. Məsələn, münasibətlərdə romantik partnyorunuz, ailəniz və ictimaiyyətinizlə davamlı söhbətlər olur və siz onları daim təkmilləşdirməyə çalışırsınız. Bu məqsədlər heç vaxt tam həll olunmur və ya əldə olunmur, əksinə onlar davamlı inkişaf və təkmilləşmə prosesidir. Eyni şey sağlamlıq üçün də gedir - yemək, məşq etmək, stressi idarə etmək və psixi sağlamlığın qayğısına qalmaq üçün ən yaxşı yol haqqında öyrənmək üçün həmişə yeni bir şey var. Bununla belə, maliyyə müstəqilliyi unikaldır ki, o, həyatda demək olar ki, tamamilə həll edilə bilən bir neçə böyük şeydən biridir. Maddi cəhətdən müstəqil olsanız, davamlı səy tələb edən münasibətlər və sağlamlıq kimi həyatın digər sahələrinə diqqət yetirmək azadlığına sahib ola bilərsiniz. Maliyyə müstəqilliyi sizə həyatın digər mühüm sahələrinə sərmayə qoymaq üçün sizə daha çox vaxt, enerji və pul verən bir imkandır.

İşinizdən asılı olmayaraq, rəssam, investisiya bankiri, idarəetmə məsləhətçisi və ya texnoloji işçi olmağınızdan asılı olmayaraq, çox güman ki, işdən kənarda başqa maraqlarınız və ehtiraslarınız var. Bəlkə də üzgüçülük, voleybol oynamaq, konki sürmək və ya səyahət etməkdən zövq alırsınız. Əgər bütün vaxtınızı işdə və ya işinizdə pul qazanmağa sərf edirsinizsə, bu maraqların arxasınca getmək üçün vaxt və enerji tapmaq çətin ola bilər. Maliyyə müstəqilliyi sizə sevdiyiniz və ya sevdiyinizi düşündüyünüz şeylərə daha çox vaxt sərf etmək azadlığı verə bilər.

İnsanlar olaraq biz çoxölçülüyük və bir çox maraqlarımız var. Təsəvvür edin ki, ehtiraslarınızın arxasınca daha çox vaxt sərf edə bilərsiniz, istər biznesə başlamaq, dünyanı səyahət etmək və ya başqa bir şey. FIREDOM vaxtınız və enerjinizlə nə etmək istədiyinizi seçmək azadlığıdır. Ona görə də mən maliyyə müstəqilliyini sevirəm, niyə biz bu kitabı yazdıq və onu FIREDOM (Maliyyə Müstəqilliyi + Erkən Təqaüd + Azadlıq) adlandırdıq.

Achani Samon Biaou: Əgər hələ də Google-da işləyirsinizsə, kitab yazmamağınızın bir neçə səbəbi ola bilər. Bir ehtimal, onu yazmağa vaxtınız olmaya bilər. Bundan əlavə, icazə almaq üçün hüquq şöbəsində kimsə ilə görüşməli ola bilərsiniz. [Gülüş] Mən burada zarafat edirəm.

Olumide Ogunsanwo: [Gülüş] Bunu gündəmə gətirməyiniz gülməlidir, amma 2020-ci ildə Afrobility-yə başlamaq üçün mənə icazə lazım idi. Zarafat etmirəm.

Achani Samon Biaou: Əgər insanlar hekayənin əsas elementlərinə diqqət yetirə bilsələr, mən bunu yüksək qiymətləndirərdim. Aydınlaşdırmaq üçün özümü necə hiss etdiyimin xülasəsi budur: Birincisi, özümü böyümüş hiss etdim. İkincisi, mən müəyyən dərəcədə təsdiq axtardığım nüfuzlu biznes məktəblərindən MBA almaqla müqayisədə daha dərin nailiyyət hissi yaşadım.

Olumide Ogunsanwo: Əlbəttə. 35 yaşına qədər maliyyə müstəqilliyinə nail olmaq, hətta Stanford GSB-yə (Graduate School of Business) qəbul olmaqdan da çox çətin bir nailiyyətdir. Bu, xüsusilə Benində doğulub böyüdüyünüz nəzərə alınmaqla doğrudur. Sizinlə eyni vaxtda Benində böyüyən və 35 yaşına qədər maliyyə müstəqilliyinə nail olan insanların sayını nəzərə alsaq, 0,01%-i keçsə, təəccüblənərdim. Bu, inanılmaz bir nailiyyətdir.

Achani Samon Biaou: Dostlarımın çoxu deyirdi: "Sizin danışdığınız bu konsepsiya nədir? Nə demək istəyirsən ki, işləməyə davam etməyəcəksən?"

Olumide Ogunsanwo: Mənim tərəfdaşım bir iş yoldaşıma maliyyə müstəqilliyi haqqında kitab yazdığımı söylədi. Buna həmkarım cavab verdi: "Mən maliyyə müstəqilliyi haqqında bilirəm, bu o deməkdir ki, mən işləyə bilərəm və istədiyim işi asanlıqla tapa bilərəm". [Gülüş]

Achani Samon Biaou: [Gülüş] Bu, bizim psixikamıza dərindən köklənib. Bəzi insanlara maliyyə müstəqilliyi haqqında danışdım və onlar cavab verdilər: "Yaxşı, indi hansı işlə məşğul olacaqsınız?"

Olumide Ogunsanwo: [İsterik gülüş]

Achani Samon Biaou: Bir iş görməlisən. Demək olar ki, heç vaxt gedib öz işinizlə məşğul olmamalısınız. Son təcrübəmi xatırladaraq, mən yetkinlik hissi və nailiyyətimlə fəxr etdim. Keçmişdən fərqli olaraq, mən bunu başqalarını heyran etmək üçün etmirdim. Uşaqlıqda yaşadığım azadlıq hisslərinə qayıtdığımı hiss etdim. Yadınızdadırsa, uşaqlığımın hekayəsində qeyd etmişdim ki, ilk xatirələrimdən biri azadlıq hissi idi. Böyüdükcə hiss etdim ki, cəmiyyətin gözləntilərinə uyğunlaşmağa çalışdığım üçün bu azadlığın getdikcə əlimdən alındığını və azadlığımı geri qaytarmaq üçün maliyyə müstəqilliyim oldu. Bundan əlavə, mən çəkisizlik və ya fransızca cazibə qüvvəsinin olmaması mənasını verən "apesanteur" hissi yaşadım. Kosmosda üzən kimi hiss olunur və hər şey genişdir. İstənilən istiqamətdə gedə bilərsiniz, bu, azadedicidir, həm də çaşdırıcıdır. Məndə olan hisslər bunlar idi.

Parisə köçdüm və sahibkarlığı araşdırmaq qərarına gəldim, lakin sonra COVID-19 vurdu və hər şey bağlandı. Bununla belə, mənə BƏƏ-də təsir göstərmək istəyimə uyğun gələn bir qurumun istiqamətini formalaşdırmaq üçün gözlənilməz bir fürsət təqdim olundu. Mən layihəyə rəhbərlik edəcək və onun icrasına nəzarət edəcəkdim, bu, BCG-dəki əvvəlki rolumdan fərqli idi, burada bir layihəyə rəhbərlik edəcəkdim və sonra bütün tövsiyələri və icranı şirkətə təhvil verəcəkdim.

Olumide Ogunsanwo: Bəli, siz layihənin bütün nəticələrini müştərilərə təhvil verirsiniz və onlara uğurlar arzulayırsınız. [Gülüş]

Achani Samon Biaou: Bəzən bir ideyaya həvəsli olsanız belə, onun yalnız bir neçə aspektinin həyata keçiriləcəyini, qalanlarının isə unudulacağını bilə-bilə onun potensial uğuruna hələ də şübhə edə bilərsiniz. Nə olursa olsun, bu mənim ilk təcrübəm idi. İkinci təcrübəm səyahətlə bağlı idi. Mən həmişə yeni mədəniyyətlər öyrənməkdən həzz almışam, ona görə də yoldaşımla mən ziyarət etdiyimiz hər bir şəhərdə bir neçə ay keçirərək bir illik səyahətə çıxdıq. Bəzi həmkarlarım bu uzun səyahəti qəribə görsələr də, biz altı fərqli ölkəni araşdıraraq onların mədəniyyətlərinə və dillərinə qərq olduq.

Üçüncü diqqətim dil öyrənmək idi. Artıq yeddi dildə sərbəst danışdığım üçün daha bir neçə dil öyrənmək qərarına gəldim. Hazırda Çin dilini öyrənirəm və ərəb dili biliklərimi təkmilləşdirirəm. Mən Çində iş tapmağa çalışmıram. Mən heç bir ərəb ölkəsində siyasətçi olmağa çalışmıram. Mən dilləri sevirəm və təkcə media orqanlarına güvənmədən özümü ifadə etmək və dünyanın hər yerindən qəzetləri oxumaq istəyirəm.

Lakin, hər şey asan yelkənli olmayıb. BƏƏ-dəki layihəmdən sonra öz şirkətimi qurmağı düşündüm və keçmiş etibarsızlıqların yenidən üzə çıxdığını başa düşdüm. Stenford məzunu olaraq, təkbuynuzlu bir startap yaratmaq üçün tez-tez təzyiqlər olur, lakin maliyyə müstəqilliyim mənə öz işimi yerinə yetirməyi prioritetləşdirməyə və yalnız məni həqiqətən maraqlandıran işlərlə məşğul olmağa imkan verdi. Təzyiq hiss etməkdənsə, həyatı öz şərtlərimlə yaşamaq üçün səlahiyyət almağa çalışıram.

Olumide Ogunsanwo: Bəli. Motivasiyanız daxildən gəlməlidir.

Achani Samon Biaou: Demək olar ki, altı aya qədər bununla mübarizə apardım. Bu müddət ərzində dostlarımla görüşmək və fikirlərimi işlətmək üçün bir neçə həftəlik Silikon Vadisinə qayıdırdım. Nəhayət, başa düşdüm ki, özümü başqa bir qəlibə (nəyin bahasına olursa olsun sahibkarlıq) atmaq ərəfəsindəyəm, bu, əldə etdiyim azadlığı boşa çıxaracaqdı. Bu keçmişdi. Bu gün dillərə diqqət yetirirəm, çünki onlar mənim üçün vacibdir. FIREDOM ilə mən harada yaşadığımı və özümü kiminlə əhatə etdiyimi seçmək bacarığına sahibim. ABŞ-da yaşamaq mənim üçün vacibdir, çünki o, dünyanın heç bir yerində tapılmayan çoxlu fikir və azadlıq təklif edir. Beləliklə, vaxtımı mənim üçün ən vacib olan şəkildə keçirə bilərəm.

Olumide Ogunsanwo: Əlbəttə, amerikalılar azadlığı sevirlər. Bu, ölkənin mənəviyyatının bir hissəsidir.

Achani Samon Biaou: FIREDOM və Freedom mənim dəyərlərimə çox uyğun gəlir, lakin mən ömrümün sonuna qədər Amerikada qalmağı planlaşdırmıram. Gələcəkdə səyahət etmək və bəlkə də başqa yerə köçmək istəyirəm. Mənim üçün önəmli olan odur ki, yaşadığım yeri seçmək bacarığım var. Maddi müstəqilliyə nail olmaq məndə yetkinlik və məsuliyyət hissi yaratdı. Bu FIREDOM kitabını yazmaq, startaplar üzərində işləmək və yeni layihələrə başlamaq kimi zaman-zaman yeni şeyləri sınamaq üçün özümü çağırıram.

Ən son layihələrimdən biri Afrikadakı orta məktəblilərə kompüter elmini öyrətməkdir. İngilis dilini kurrikuluma inteqrasiya etməklə biz ümid edirik ki, bu tələbələrə dünyanın hər yerindən olan insanlarla ünsiyyət qurmaq və potensial olaraq ingilisdilli ölkələrdə təhsil almaq imkanı verəcəyik. Ola bilsin ki, onlar universitetə getmədən və ya şagirdlik modelində təhsil almadan əvvəl texnologiya sənayesində iş tapa biləcəklər. Kəşf etmək üçün sonsuz imkanlar var, lakin təəssüf ki, bir çox insanın onları həyata keçirmək azadlığı və ya marağı yoxdur.

Olumide Ogunsanwo: Maliyyə müstəqilliyi sizə marağınızı cəlb edən hər şeyə diqqət yetirmək üçün zehni məkan, bant genişliyi, vaxt və diqqət verir. Bütün bunların gözəlliyi budur. Maliyyə müstəqilliyi sizə istədiyinizi həyata keçirmək azadlığı verir. Bəlkə də Samonun hekayəsi sizi maraqlandırmır, çünki siz təhsilə və ya dilə həvəsli deyilsiniz. Bu yaxşıdır. Məsələ burasındadır ki, maliyyə müstəqilliyi sizə istədiyiniz hər şeyi etmək imkanı verir, istər ehtiraslarınızın arxasınca getmək, istərsə də yeni imkanları kəşf etmək.

Achani Samon Biaou: Mən bir neçə səbəbə görə maliyyə müstəqilliyini sevirəm. Birincisi, mən coğrafi çevikliyi qiymətləndirirəm. Mənə sevinc gətirmədiyi üçün daha bir qışı qar və onunla gələn çətinliklərlə məşğul olmaq istəmirəm. İkincisi, şəbəkə qurmaqdan və məni intellektual olaraq stimullaşdıra biləcək insanlarla olmaqdan həzz alıram. Ona görə də mən San-Fransiskoda, Bay Area-da yaşamağı seçdim. Nəhayət, mən araşdırma və tinker azadlığını sevirəm.

Budur maliyyə müstəqilliyinin transvers görünüşü. Azadlıqdan söz düşəndə həyatımızı üç mərhələyə bölmək olar. Başlanğıcda biz azad doğuluruq. Daha sonrakı həyatda, təqaüdə çıxanda, artıq işimizlə məhdudlaşdırılmadığımız üçün azadlığımızı bərpa edirik. Bununla belə, iş illərimizin orta mərhələsində biz tez-tez azadlığımızı məhdudlaşdıran müxtəlif öhdəliklər və məhdudiyyətlərlə qarşılaşırıq.

FIREDOM-un mahiyyəti budur - orta zaman dövrünü sıxışdırmaq və həyatı öz şərtlərimizlə yaşamaq, ehtiraslarımızı təqib etmək və məhsuldar illərimizdə xoşbəxtliyi və məqsədi maksimuma çatdırmaq bacarığı. Qısacası, maliyyə müstəqilliyi bizə ən çox həvəsli olduğumuz şeyi etmək və ixtiraçılığımızı cəmiyyətə mənalı şəkildə töhfə vermək imkanı verir.

Olumide Ogunsanwo: İyirmi və otuzuncu yaşlarınızda maliyyə müstəqilliyinə nail olmaq inanılmaz dərəcədə həyəcan verici ola bilər. Həyatınızın bu mərhələsində siz gəncsiniz, enerji ilə dolu və dünyanı kəşf etməyə həvəslisiniz. Öz tərifinizə əsaslanaraq daha məqsədyönlü, zövqlü bir həyat yaşaya bilmək üçün nə üçün daha tez maliyyə müstəqilliyi əldə etmək üçün addımlar atmayasınız? Axı bu, ailəniz, müdiriniz və ya meneceriniz olsun, başqalarının gözləntilərinə uyğun gəlməkdən getmir. Bu, həyatı öz şərtlərinizlə yaşamaq və öz yolunuzu müəyyən etməkdir.

Məhz buna görə biz bu kitabı yaratdıq - maliyyə gələcəyinizi idarə etməyə və sevəcəyiniz bir həyat yaratmağınıza kömək etmək üçün. Sizə mesajımız həyatdan həyəcanlanmaq və həqiqətən arzuladığınız həyata doğru hərəkət etmək üçün planlar qurmağa başlamaqdır. İstədiyiniz həyatı yaşamağa başlamaq üçün 80 yaşına qədər gözləməyin – ən yaxşı həyatınızı yaşaya bilmək üçün indidən maliyyə müstəqilliyinə doğru addımlar atmağa başlayın.

Achani Samon Biaou: Digər insanların FIREDOM-u necə qiymətləndirdiyini göstərən iki nümunəm var. Birinci nümunə, Google kimi şirkətlərin öz işçilərinə təklif etdiyi 20% şəxsi layihə vaxtı anlayışıdır. Əslində, onlar öz işçilərinə həvəslə olduqları layihələrdə işləmək üçün vaxtlarının 20%-ni geri verirlər. Əgər şirkət layihənin potensiala malik olduğunu düşünürsə, bunun şirkət daxilində həyata keçirilməsini istəyirlər ki, nəticənin bir qədərini tələb edə bilsinlər. Bu, şirkətlərin insanlara öz ehtiraslarını həyata keçirmək azadlığı vermənin dəyərini necə dərk etmələrinin yalnız bir nümunəsidir.

İkinci misal, bir çox insanlar tərəfindən müzakirə edilən universal əsas gəlir (UBI) ideyasıdır. UBI təklif edir ki, insanlara qida və sığınacaq kimi əsas ehtiyacları barədə narahat olmamaq üçün müəyyən bir gəlir səviyyəsinin təmin edilməsi bəşəriyyətə müsbət təsir göstərə bilər, çünki bu, insanları istədikləri hər şeyi həyata keçirməkdən azad edir. Bu onu göstərir ki, bəşəriyyət qövsü bizi başqasının bizim üçün formalaşdırmaqdansa, həyatımızı formalaşdırmaq üçün daha çox azadlığa doğru sövq edir (məsələn, UBI ilə hökumət və ya şəxsi vaxtının 20%-i olan şirkətlər).

Nəhayət, bu kitabın dəyər təklifi FIREDOM-a gedən yolunuzu necə sürətləndirməkdir. Yolumuz müəyyən dərəcədə siçovul yarışından keçmək idi, lakin bunu niyyətlə etmək idi. Peşəkar xidmətlər kimi müəyyən yolları izləməklə xərclərimizi optimallaşdırdıq və gəlirimizi maksimuma çatdırdıq. Siz də eyni şeyi edə və siçovul yarışından erkən geri dönə bilərsiniz (təqaüdə çıxmaq əvəzinə) və atəşinizi dünyaya verə bilərsiniz.

Olumide Ogunsanwo: FIREDOM hekayəniz gözəl idi. Hekayənizdən dərsləri ümumiləşdirməyə çalışacağam. Ümid edirik ki, hekayəmizi oxuduqca yol boyu öyrəndiyimiz bəzi faydalı prinsipləri öyrəndiniz. Bunlara özünəinamın vacibliyi, müstəqil və tənqidi düşünmə, başqalarını təqlid etməmək, lazım gəldikdə aqressiv risklərə getmək, potensial mənfi cəhətlərdən qorxmamaq və bu vərdişləri inkişaf etdirmək daxildir. Bundan əlavə, gələcək haqqında həyəcanlanmaq və maliyyə müstəqilliyinə nail olmaq üçün planı amansızcasına icra etmək çox vacibdir.

Bunları yerinə yetirdikdən sonra, FIREDOM-un (FI + RE + Freedom) şərəfli və sehrli həyatı sizi qarşı tərəfdə gözləyir, burada öz şərtlərinizlə həyatı yaşaya bilərsiniz.

Achani Samon Biaou: Olumide, indi növbə sənindir. FIREDOM-dan bəri həyat haqqında fikirlərinizi almaqdan həyəcanlanıram. Tamaşaçılara bir az kontekstiniz və FIREDOM həyatına başladığınız zaman harada yerləşdiyiniz barədə məlumat verə bilərsinizmi?

Olumide Ogunsanwo: 2020-ci ildə 35 yaşım olanda maliyyə cəhətdən müstəqil oldum. Bu, inanılmaz hiss etdim. Özümü heyrətamiz hiss etdim! Mən sevindim. Bəlkə də həyatımın ən xoşbəxt günlərindən biri idi. İllərdir qarşıma məqsəd qoymuşdum və öz şərtlərimlə ona doğru çalışmışam və nəhayət, ona nail olmuşam. Bu, otağımda həyəcanla rəqs etdiyim zaman Oksforddan qəbul məktubu aldığım an kimi idi. Bilirdim ki, həyatım bir daha əvvəlki kimi olmayacaq.

Mən qürur duyurdum, çünki bilirdim ki, maliyyə müstəqilliyinə nail olmaq asan iş deyil. FI ideyasına aşiq olduğum və bunun mümkün olduğunu anladığım 2014-cü ilin yayını xatırladım. 2020-ci ilə sürətlə irəliləyin və mən bunu reallaşdırdım. Bu, inanılmaz dərəcədə xoşbəxtlik hissi idi və hiss etdim ki, əla bir iş görmüşəm. Özümdən və tutduğum yoldan razı qaldım.

Achani Samon Biaou: Mən bu hisslə tamamilə əlaqə saxlayıram və bu barədə danışdığınızı eşitmək mənə sevinc gətirir. Əslində, əvvəlki fəsildə verdiyiniz bir məsləhət var idi ki, həqiqətən də mənimlə rezonans doğurdu. Qeyd etdiniz ki, maliyyə müstəqilliyi əldə etdikdən sonra belə, hər hansı böyük qərarlar qəbul etməzdən əvvəl bir müddət işləməyə davam etmək faydalı ola bilər. Bununla bağlı şəxsi təcrübəniz haqqında daha çox eşitmək mənə maraqlıdır. Etdikləriniz haqqında danışa bilərsinizmi?

Olumide Ogunsanwo: Budur, mən nə etdim və bunu təkrar etməli olsam, nəyi fərqli edərdim. 2020-ci ilin əvvəlində Bankole ilə Afrobility podkastına başladım, çünki texnologiya sənayesini, biznesləri təhlil etməyi sevirəm və onunla bir layihədə əməkdaşlıq etməyin əyləncəli olacağını düşündüm. O vaxt FI-yə çatmamış olsam da, podkasta başlamaq mənim şəxsiyyətimi dəyişdi və korporativ rolumdan kənar sahibkarlıq imkanlarını araşdırmağı daha rahat etdi. Mən özüm haqqında bir Google işçisi və podkaster kimi düşünməyə başladım.

Mən Google-dakı işimi tərk etmədim, çünki orada işləmək mənə xoş idi və hər şey yaxşı gedirdi. Bununla belə, 2021-ci ilə qədər Afrobility podkasti sürətlə populyarlıq qazanırdı və mən də Adamantium Fonduna başlamışdım. Nəticədə, şəxsiyyətim yenidən dəyişməyə başladı və mən özümü Google işçisi, Podcaster və İnvestor kimi görməyə başladım.

2021-ci ilə qədər podcast və fond böyüyürdü və korporativ rolumu şəxsi layihələrimlə balanslaşdırmaq çətinləşirdi. Beləliklə, mən 2021-ci ilin 4-cü rübündə yalnız fonda və podkasta diqqət yetirsəm həyatın necə olacağını yoxlamaq üçün üç aylıq məzuniyyət aldım. Əyləncəli və heyrətamiz idi. Rolumu bir az da əldən vermədim, ona görə də 2022-ci ildə geri qayıdanda, çıxmaq üçün dəqiq bir planım var idi və nəhayət, 2022-ci ilin sonunda Google-dan ayrıldım.

Bunu yenidən edə bilsəydim, daha əvvəl daha çox sahibkarlıq imkanlarını və şəxsi layihələri araşdırmağa başlayardım. Bəxtim gətirdi ki, maliyyə müstəqilliyimi əldə etdiyim vaxtda başqa işlərlə məşğul olmağa başladım. Mən Afrobility yazmağı və Adamantium Fondu vasitəsilə Afrika startaplarını dəstəkləməyi sevirəm.

Gənclərə məsləhətim odur ki, 20 yaşlarının əvvəllərində işlərinin yanında yan işlərlə və yan bizneslərlə təcrübə etməyə başlasınlar. Bir çox insanlar gündə dörd saat televizora baxmağa sərf edirlər ki, bu da ehtiraslı bir layihə və ya sahibkarlıq fürsəti əldə etməyə sərf edilə bilər. Bu, nəinki maliyyə cəhətdən daha sürətli müstəqil olmağınıza kömək edir, həm də fikrinizi maraqlı bir şeyə yönəldir. Şəxsi maliyyə sahəsində yaxşı olsanız və sabit bir işiniz olsa belə, başqa maraqları araşdırmağa başlamaq üçün heç vaxt tez və ya gec deyil. Əslində, erkən başlamaq daha yaxşıdır, çünki bu, daha uzun müddət sevdiyiniz şeylərdən həzz almağa və vaxt sərf etməyə imkan verir. Qısa yol axtarmayın və zəngin sxemlər əldə edin, işə başlamağa hazır olun.

Ehtiraslarınızın arxasınca getmək üçün maliyyə cəhətdən müstəqil olana və ya təqaüdə çıxana qədər gözləməyin; indi başlayın və səyahətdən həzz alın. Maliyyə müstəqilliyinə nail olduqdan sonra korporativ işdən çıxmağı gecikdirmək maliyyə buferi yaratmaq üçün ağıllı bir qərardır. Gələcək ehtiyaclarınızı və xərclərinizi təxmin etmək dəqiq bir elm deyil, ona görə də buferə malik olmaq sizə maliyyə müstəqilliyini planlaşdırarkən nəzərə almadığınız yeni və potensial olaraq daha bahalı layihələri həyata keçirmək üçün daha çox seçim və çeviklik təmin edəcək.

Vaxtınızı və enerjinizi cəmləmək üçün başqa layihələriniz olduqda işinizi tərk etmək daha yaxşıdır. Mənim vəziyyətimdə, Google-dan ayrılmaq üçün mükəmməl vaxt idi, çünki artıq işləmək üçün Adamantium Fondu və Afrobility podkastım var idi. Bununla belə, bundan sonra nə edəcəyimlə bağlı heç bir planım olmadan ayrılsaydım, "pensiya mavisi" ilə qarşılaşa bilərdim. Bu, birdən-birə tam iş günü işləməkdən gündə səkkiz saat televizora baxmaq üçün çoxlu boş vaxta keçdiyiniz zaman yarana biləcək cansıxıcılıq və ya boşluq hissidir [Gülüş]. Bunun qarşısını almaq üçün sizi məşğul saxlamaq və stimullaşdırmaq üçün başqa fəaliyyətlərə və ya layihələrə sahib olmaq vacibdir. Mənim vəziyyətimdə təqaüdçülük hissləri yaşamadım, çünki Adamantium Fondu üçün dörd təsisçi ilə danışdım və Google-dan ayrıldıqdan bir gün sonra Afrobility-nin növbəti epizoduna hazırlaşdım. Mən də zənglərim arasında otağımda rəqs edirdim. Bu möhtəşəm idi.

Nəhayət, işdən çıxmazdan əvvəl bir neçə ay müddətində təqaüdə çıxmaq və ya kiçik pensiya almaq barədə düşünün. Bunu özüm etdim və Google-dakı işimi tərk etməzdən əvvəl üç ay ara verdim. Bu, mənə fondum, podkastım və digər şəxsi layihələrim üzərində tam zamanlı işləməkdən həzz alacağımı görməyə imkan verdi, həm də günlərimi necə qurmaq və vaxtımı keçirmək istədiyim barədə düşünmək imkanı verdi. Bu, mənim işimdən ayrıldıqdan sonra keçidə hazırlaşmağa və vaxtımdan maksimum yararlanmağa kömək edən dəyərli təcrübə idi.

Achani Samon Biaou: Bu, çox dərindir. Öz trayektoriyama nəzər salanda anladım ki, istədiyim həyata keçidi sizin qədər rahat etməmişəm. EdTech məkanında startap yaratmaqla bağlı qeyri-müəyyən ideya ilə Parisə gedəndə əvvəlcədən kifayət qədər hazırlıq görmədim. Sahib olmaq istədiyim həyatı sınamağa kifayət qədər diqqət yetirmədim, bu da keçidi lazım olduğundan daha çətin etdi. Buna görə də mən tamaşaçılara planlarınızı həyata keçirməyin nə qədər vacib olduğunu vurğulamaq istəyirəm. Xoşbəxt oldum ki, COVID-19 pandemiyası məni bir qədər introspeksiya etməyə məcbur etdi. Əks halda, keçid daha çətin olardı. 21 yaşınız varsa, maraqlarınızı və hobbinizi araşdırın. Hər şeyi etməyə başlayın və onların sizi həqiqətən cəlb edib etmədiyini görün. Maliyyə müstəqilliyinizə çatdığınız zaman, korporativ və ya iş həyatınızı tərk etdikdən sonra etmək istədiyiniz fəaliyyətlərə vaxt ayırmaq üçün bir neçə ay daha məzuniyyətə çıxın. Onların sizi necə hiss etdirdiyinə baxın və sizin üçün ən uyğun olanı tapana qədər təkrarlayın.

Olumide Ogunsanwo: Bəli. Mən hər kəsi şəxsi layihələr və yan təlaşlarla sınaqdan keçirməyə dəvət edirəm, çünki bu, onlara yeni bacarıqlar öyrənməyə, yeni maraqlar inkişaf etdirməyə, yeni insanlarla tanış olmağa və həyatda öz ehtiraslarını və məqsədlərini tapmağa kömək edə bilər. Peşəkar həyatınız xaricində hobbilərə və layihələrə vaxt ayıraraq, sizi daha maraqlı danışacaq bir insan edəcək yeni sahələrdə bilik və təcrübə qazana bilərsiniz. Yalnız korporativ varlığınıza diqqət yetirmək əvəzinə, müzakirə etmək və başqaları ilə bölüşmək üçün müxtəlif mövzulara sahib olacaqsınız.

Əgər özümüzə qarşı dürüst olsaq, bir çoxumuzun əlimizdə çoxlu vaxtı var, lakin çox vaxt ondan səmərəli istifadə edə bilmirik. 20 yaşım olanda əksər günlərdə bir neçə saat video oyunlar və televiziya şouları oynadım, buna görə də istirahət fəaliyyəti ilə məşğul olmağın cazibəsi ilə əlaqələndirə bilərəm. Bununla belə, geriyə baxanda anlayıram ki, araşdırıb sınaqdan keçirə biləcəyim çox şey var idi, amma heç vaxt onları düşünməmişəm.

Bu şəxsi layihələr sonda gəlir gətirən biznesə çevrilə bilsə də, onları araşdırmağın əsas məqsədi pul üçün deyil, hələ gənc ikən nəyə vaxt və enerji sərf etməyi sevdiyinizi tapmaq üçün təcrübə edərək özünüzü daha yaxşı başa düşməkdir. . Otuz və qırx yaşlarınıza çatanda siz illərlə təcrübə keçirmiş olacaqsınız və YouTube videoları yaratmaq, podkast etmək, yazı yazmaq, bloq yazmaq, poker oynamaq və ya ürəyinizin arzuladığı başqa hər şey olsun, sizi maraqlandıran hər şeyi sınaya bilərsiniz. Nəhayət, daha çox vaxtınızı və enerjinizi sərf etmək istədiyiniz fəaliyyətləri və ya layihələri tapacaqsınız.

İllərlə bu layihələri sınaqdan keçirdikdən sonra hətta onlardan pul qazanmağın yollarını tapa bilərsiniz. Bu, sinergik effekt yaradaraq, maliyyə müstəqilliyinə daha da tez nail olmağı asanlaşdıracaq. Maliyyə müstəqilliyinə yaxınlaşdıqca, sevimli layihələrinizə daha çox vaxt sərf etməyin nə hiss edəcəyini yoxlamaq üçün məzuniyyət götürə bilərsiniz.

Nəhayət, müxtəlif şəxsi layihələrlə sınaqdan keçirmək daha dolğun bir həyata gətirib çıxara bilər. Afrobility podkastına başlayanda özümü daha xoşbəxt hiss etdim. Yeni şeylər sınamaq və həyatınızı yaşamaq üçün maliyyə müstəqilliyini gözləməyin. İndi yeni şeyləri sınayın!

Achani Samon Biaou: Mən sizinlə tamamilə razıyam. İcazə verin, buna başqa bir təbəqə əlavə edim. İyirmi yaşlarında təcrübəyə başlamağın bir sıra üstünlükləri var. Birincisi, təcrübənin ən az xərc tələb etdiyi dövrdür. Yaşayış dəyəriniz aşağıdır, gəliriniz də azdır. İkincisi, təcrübənin sosial və ya mədəni dəyərinin aşağı olduğu bir dövrdür. Podkastınızda uğursuz olsanız, asanlıqla başqasını yarada bilərsiniz. Üçüncüsü, hələ ailəniz və ya övladınız olmadığına görə, sonradan daha çox vaxtınız ola bilər.

İndi biz maliyyə müstəqilliyinə nail olmağın prinsiplərini və prosesini müzakirə etdikdən sonra, maliyyə cəhətdən müstəqil olduqdan sonra həyatınızın necə dəyişdiyini bilmək istərdim. Konkret olaraq, gündəlik iş rejiminizin və ya cədvəlinizin necə dəyişdiyinə dair konkret nümunələr verə bilərsinizmi? Məsələn, özünüzü gec oyandığınızı və ya daha az saat işlədiyinizi görürsünüz? Gündəlik həyatınızda müşahidə etdiyiniz bəzi nəzərəçarpacaq fərqlər hansılardır?

Olumide Ogunsanwo: Həyatımdakı müxtəlif mərhələlərdə tədricən dəyişiklik baş verdi. İlk mərhələ 35 yaşında maliyyə müstəqilliyinə nail olmaq idi, lakin o zaman heç nə dəyişmədi. Podkasti genişləndirərkən əsas işimi Google-da davam etdirdim.

Ancaq 35 ilə 37 arasında çox şey dəyişdi. Maddi cəhətdən müstəqil olduğum üçün özümü daha rahat hiss edirdim və öz şərtlərimlə işləyə bilirdim. Əhəmiyyətli dəyişiklik işimi tərk etmək barədə düşünməyə başlayanda baş verdi. Podkast və fond böyüyürdü və bu, mənim şəxsiyyətim Google və korporativ həyatımı vurğulamaq üçün təkamül etdiyi üçün təbii bir keçid idi. Mənim şəxsiyyətim yavaş-yavaş aşağıdakı şəkildə dəyişdi:

Googler (2014-2020) -> Googler və Podcaster (2020-2021) -> Podcaster, İnvestor və Googler (2021-2022) -> İnvestor və Podcaster (2022-Bu gün)

Mən Google-dan uzaqlaşmamı çox diqqətlə planlaşdırmışdım, ona görə də hər şey rəvan keçdi. Google-dan ayrıldıqdan sonra vaxtımı bir az fərqli şəkildə qurdum, amma ümumilikdə həyatım oxşar idi. Fərq onda idi ki, özümü daha rahat hiss edirdim və şəxsi layihələrlə təcrübə aparmaq üçün daha çox səlahiyyətim var idi. Google-da olduğum müddətin sonuna yaxın özümü Podcaster, İnvestor və Google işçisi kimi görəndə, başqa bir şeyin arxasınca getməyə imkanım yox idi. Lakin Google-dan ayrıldıqdan sonra bu FIREDOM kitabını yazmaq da daxil olmaqla, şəxsi layihələrimə diqqət yetirməyə daha çox vaxtım oldu.

Cədvəlimin necə dəyişdiyi barədə sualınıza daha birbaşa cavab vermək üçün səyahətim boyu cədvəlimdə və həyat tərzimdə dəyişikliklər etdim, buna görə də Google-dan ayrıldıqdan sonra həyatım çox dəyişmədi. İstədiyim həyatı yaratmaq üçün Google-dan ayrılmağı gözləmədim. Həyat istədiyinizi əldə etmək üçün gözləmək üçün çox qısadır.

35 yaşımda mən tamamilə uzaqlaşdım və bu, mənə gözəl Mayami şəhərinə köçməyə imkan verdi. Məhz bu zaman Afrobility podkastına başladım. Bir il sonra, 36 yaşım olanda Adamantium fonduna başladım. Sonra 37 yaşımda Google-dakı korporativ işimi tərk etdim. Ani, dramatik dəyişikliklərdənsə, təcrübə vasitəsilə tədricən dəyişikliklərə üstünlük verirəm.

Mən çox pula korporativ həyata qayıda bilərdimmi? Xeyr. Mən başqası üçün işləməyi və nə edəcəyimi söyləməyi təsəvvür edə bilmirəm. Fikir iyrəncdir. Mən cəmi iki il yarım əvvəl (2020-ci ildə) maliyyə cəhətdən müstəqil olmuşam və Google-dan yalnız keçən il (2022-ci ildə) ayrılsam da, artıq həyat tərzimə çox öyrəşmişəm. Mən maliyyə cəhətdən müstəqil olmadığımı təsəvvür etməkdə çətinlik çəkirəm. Mən həyatımı sevirəm!

Achani Samon Biaou: [Gülümsəyin] Bu gün çoxlu fikirlər var. Maliyyə müstəqilliyinizə nail olmaq üçün özünüz haqqında nə öyrəndiyinizi soruşmaq istərdim. Siz bir neçə təcrübə keçirmisiniz və mənə maraqlıdır ki, özünüzü və məqsədlərinizi anlamağa yaxınlaşdığınızı hiss edirsiniz, yoxsa təcrübələriniz yeni qapılar açıb. Maliyyə müstəqilliyinin bu yeni fəslində necə böyüdüyünüz və çiçəkləndiyinizi bölüşə bilərsinizmi?

Olumide Ogunsanwo: 32 yaşım olanda və maliyyə müstəqilliyimin təxminən yarısı olanda gələcəyimi təsəvvür etmək üçün vaxt ayırdım və coğrafi müstəqilliyin ümumi xoşbəxtliyim üçün çox vacib olduğunu başa düşdüm. Əvvəlcə coğrafi müstəqilliyin yalnız maliyyə müstəqilliyi ilə əldə oluna biləcəyinə inanırdım, çünki istədiyim yerdə yaşamaq üçün korporativ dünyanı tərk etməli olacağımı düşünürdüm. Coğrafi müstəqilliyin dəyərini erkən dərk edərək, hələ tam maliyyə müstəqilliyim əldə etməmişdən əvvəl ona doğru işləməyə başlaya bildim. Bu, mənə hələ maliyyə azadlığına doğru səyahət edərkən coğrafi müstəqilliyin bir çox faydalarından yararlanmağa imkan verdi.

Nəhayət, COVID-19-un yayılması ilə mən tamamilə uzaqlaşdım və coğrafi müstəqilliyin faydalarını dərk etdim. Hələ maliyyə cəhətdən tam müstəqil olmasam da, istənilən yerdən uzaqdan işləyə bilmək mənə maliyyə müstəqilliyinin faydalarının 50-70%-ni verdi. Təşəkkür edirəm COVID-19. Mən çox tövsiyə edirəm ki, uzaqdan işləmək və coğrafi cəhətdən müstəqil olmaq imkanınız varsa, mümkün qədər tez istifadə edin. Hələ maliyyə cəhətdən müstəqil olmasanız belə, düşünmədiyiniz bir çox üstünlüklərə malikdir.

Konkret bir misalla izah edim: bunu heç vaxt etməsəm də, başa düşdüm ki, dörd həftə Qvatemalaya gedə və oradan Google-da işləyə bilərdim. Mən də bir aya İspaniyaya gedib eyni şeyi edə bilərdim. Bunlar mənim otuzlu yaşlarımın əvvəllərində heç vaxt mümkün olduğunu düşünmədiyim şeylər idi, lakin coğrafi müstəqillik və uzaq iş ilə bu, reallığa çevrildi. Mən hər kəsi maliyyə müstəqilliyinə nail olmaqdan əvvəl onun bəzi üstünlüklərini təcrübədən keçirməyin yollarını tapmağa dəvət edirəm. Coğrafi müstəqillik və uzaqdan iş yalnız bir neçə nümunədir. Gözləmə. Təcrübə edin və sizin üçün nə işlədiyini görün!

Nəhayət, öyrəndim ki, coğrafi cəhətdən müstəqil olmağım məni bu günə qədər davam edən özümü kəşf səyahətinə apardı. Bir neçə ildir ki, maliyyə cəhətdən müstəqil olsam da, Google-dan ayrılmağım həyat tərzimdə kəskin dəyişikliklərlə nəticələnmədi, çünki mən artıq illərdir artan dəyişikliklər edirdim.

Achani Samon Biaou: Mən başa düşürəm. Maliyyə müstəqilliyini əldə etdikdən sonra hər hansı yeni prinsiplərlə rastlaşmısınız və ya mövcud olanları daha yaxşı başa düşmüsünüzmü?

Olumide Ogunsanwo: İnanıram ki, hər kəs mümkün qədər tez maliyyə cəhətdən müstəqil olmağa çalışmalıdır. O, sonsuz imkanlar açır, bir zamanlar qeyri-mümkün görünən işləri görməyə imkan verir. Mənim həyatım çox əyləncəlidir. İstədiyim hər şeyi etmək azadlığım var. Mən bu gün (çərşənbə) İspaniyaya səyahət etmək və çərşənbə axşamına qədər geri dönmək üçün bilet ala bilərdim. İmkanlar sonsuzdur. Həmişə maliyyə cəhətdən müstəqil həyat tərzinin heyrətamiz olacağını düşünürdüm, amma gözləntilərimi aşdı.

Mən bunu hər kəsə səmimi qəlbdən arzulayıram, buna görə də maarifləndirmə və başqalarını maliyyə müstəqilliyi əldə etməyə həvəsləndirmək üçün çox həvəsliyəm. Məqsədim insanları maliyyə azadlığı ilə maraqlanmağa və həyəcanlandırmağa ruhlandırmaq və ona çatmaq üçün lazımi addımları atmaqdır. Maliyyə müstəqilliyi təkcə bankda milyonlarla dollar toplamaq deyil; bu, dəyərlərinizə və istəklərinizlə uyğunlaşan bir həyat yaşamaq haqqındadır. Bu, fakturalar və ya borclar barədə narahat olmadan ehtiraslarınızı həyata keçirmək üçün kifayət qədər resursa sahib olmaq deməkdir. Bu, bir işə və ya yerə bağlı olmadan öz yolunuzu seçmək azadlığına sahib olmaq deməkdir. Bu, mənə səyahət etmək, yeni bacarıqlar əldə etmək, maraqlı layihələrə başlamaq və ailəm və dostlarımla keyfiyyətli vaxt keçirmək azadlığı verdi. Bu, həm də mənə hekayəmi bölüşmək və başqalarına öz maliyyə azadlıqlarına nail olmaqda kömək etmək imkanı verdi.

Mən Nigeriyanın Laqos şəhərində təvazökar bir ailədə böyümüşəm. Mən 27 yaşımda biznes məktəbi borcum da daxil olmaqla bir çox çətinliklərin öhdəsindən gəldim. Bununla belə, səbr etdim və dəyərlərə əsaslanan həyat sürərək 35 yaşımda maliyyə müstəqilliyinə nail oldum. Səyahəti çox bəyəndim və maliyyə müstəqilliyinin mənə verdiyi azadlığa görə minnətdaram. Kaş ki, hamı eyni şeyi yaşaya bilsin.

Sizin də buna nail olmaq bacarığınız var. FOMO xəyallarınızı alt-üst edə biləcək ən böyük qaranlıq maddə maneəsidir. Başqalarının sahib olduqları şeylərə tamah etmək sizi həqiqi istəklərinizdən yayındırır, özünüzü kəşf etməyə və kəşf etməyə mane olur. Maliyyə vəziyyətini və məqsədlərini tam dərk edə bilməyəcəyiniz biri ilə ayaqlaşmağa çalışdığınız zaman bu, həddindən artıq xərcləməyə səbəb ola bilər. Məsələn, dostunuz BMW alır, lakin onlar ya milyonçu ola bilər, ya da borc içində boğula bilər. Dəyərlərini, gəlirlərini, xərclərini və istəklərini anlamadan başqasının xərcləmə strategiyasını təqlid etmək çətindir. FOMO xərcləri mahiyyət etibarilə problemlidir, çünki o, natamam məlumatlara əsaslanır.

Achani Samon Biaou: Borc ideyası ABŞ-da təriflǝndi və insanlar inanmağa vadar etdi ki, onlar mütləq istəmədikləri və ya ehtiyac duymadıqları, lakin cəmiyyət və ya qonşuları tərəfindən qiymətləndirilən şeyləri almaq üçün borcdan istifadə edə bilərlər və etməlidilər. Bu, hətta Milad bayramını qeyd etmədiyiniz zaman böyük dekorativ ağac almaq kimidir. İnsanlar maliyyə cəhətdən müstəqil olan biri üçün həyatın necə göründüyünü təsəvvür edə bilməsi üçün bizə adi bir həftə keçirə bilərsinizmi?

Olumide Ogunsanwo: Maraqlıdır. Suala cavab vermənin məqsədəuyğun olub-olmayacağından əmin deyiləm, çünki bu, oxucuları qərəzləndirə bilər. Bunun əvəzinə, icazə verin şəxsi vaxt idarəçiliyimlə bağlı fəlsəfəmi paylaşım. İnanıram ki, vaxtım özümə məxsusdur və onunla istədiyim hər şeyi etmək azadlığım var. Bir çox maliyyə cəhətdən müstəqil insanlar bütün günlərini asudə vaxt keçirməyə sərf etmirlər. Bunun səbəbi, insanların məqsəd, məmnunluq və sevinc duyğusuna ehtiyacı var ki, bu da yalnız istirahətin təmin edə bilməz. Məsələn, sabah 12 Ulduz Müharibəsi filminə baxmağı seçə bilərdim, lakin məşhur inancın əksinə olaraq, günüm asudə vaxtlarla dolu deyil və vaxtımın çoxunu şoulara baxaraq və ya çimərlikdə keçirmirəm [Gülüş].

Son bir neçə ildə xoşbəxtlik, özündən razılıq və həyatdan məmnunluq haqqında çoxlu kitab oxuduqdan sonra anladım ki, xoşbəxt həyatın tərkib hissələrinə cəmiyyət, dostlar, yaxşı sağlamlıq, müstəqillik və davamlı şəxsi inkişaf daxildir. Mənim günüm bu şeylər ətrafında keçir. İntrovert meyllərimə baxmayaraq, başqaları ilə ünsiyyət qurmağa çalışıram. Təxminən hər ay insanları bir araya gətirmək üçün tədbirlər təşkil edirəm. Samonu keçən həftə (2023-yanvarda) gördüm, çünki San Fransiskoda bir tədbir təşkil etdim. Mən dostum Bankole ilə Afrobility podkastını qeyd edirəm və Afrika Texniki ekosistemi haqqında daha çox məlumat əldə etmək və ona töhfə vermək üçün. Adamantium fondunun bir hissəsi olaraq şirkətlərini inkişaf etdirməyə və müştərilər üçün məhsullar yaratmağa kömək etmək üçün təsisçiləri dəstəkləyirəm.

Mənim günüm məni daha çox xoşbəxt edəcək yuxarıda göstərilən elementlərə nail olmağa yönəlmiş şəxsi layihələrin birləşməsindən ibarətdir. Mənim üçün vacib və mənalı olan şeylərin arxasınca getmək üçün vaxt lüksüm var. Gündəlik cədvəlimdən çox razıyam, çünki bu, əyləncəlidir və hər gün macəradır.

Bu mənim FIREDOM həyatımın xülasəsidir. Daha nə deyə bilərəm? Bu heyrətamizdir və mən onu sevirəm!

Bu, son fəsildir, xülasəni oxucularımıza təqdim edək. Samon, hekayənizin uşaqlığınızdan, biznes məktəbinizdən, təhsilinizdən, karyeranızdan və maliyyə müstəqilliyinə doğru səyahətinizdən - izləyicilərimiz üçün vurğulamaq istədiyiniz hər hansı bir cəhət varmı?

Achani Samon Biaou: Bəli. Biz sizin maliyyə müstəqilliyinizə nail olmaq ehtimalınızı artıran prinsipləri müzakirə etdik. Olumide və mən hamımız bu prinsipləri eyni vaxtda yaşamırdıq. Bu prinsiplər maliyyə müstəqilliyinə nail olmuş insanların həyatlarının müəyyən məqamlarında öyrəndikləri, təcəssüm etdirdikləri və tətbiq etdikləri şeylərdir.

Uşaqlıqdan başlayaraq bir çox amilləri nəzərə almaq lazımdır. Mənim üçün atamın mühasibat işi ilə tanış olmaq və başqa bir şəhərdə öz maliyyəmi idarə etmək məcburiyyətində qalmaq mənə özünə inamı və özünə inamı öyrətdi. Bu təcrübə özüm üçün düşünmək, özümə güvənmək və hər şeyə nail ola biləcəyimə inanmaq qabiliyyətini normallaşdırdı. Bu, ilk mühüm məqam idi.

Universitet illərim Cotonouda valideynlərimdən uzaq yaşayarkən təcrübə etdiyim özünə inamımı və inamımı daha da möhkəmləndirdi. Valideynlərimdən minlərlə mil uzaqda olan Fransada olmaq özünə inam və özünə inamın əhəmiyyətini artırdı. Bu müddət ərzində mən müstəqil düşüncəni qorumaqla öz marağımı və başqaları haqqında öyrənməyimi balanslaşdırdım. Mən şəxsiyyətimlə bağlı aydın idim və tam məsuliyyət və hesabatlılığı öz üzərimə götürərək həll yolları haqqında yaradıcı olmağa hazır idim.

Karyeramın ilk illərində səyahətə olan həvəsimə uyğun bir iş tapdığım üçün şanslı oldum, bu da digər mədəniyyətləri kəşf etməyimə təkan verdi və cəsarətimi artırdı. Mənim ambisiyam həm peşəkar, həm də maliyyə baxımından daha yüksək oldu, çünki ən yaxşı peşəkar xidmət şirkətlərindən olan insanlarla qarşılıqlı əlaqələrim və giriş səviyyəli analitik kimi yüksək maaş aldığım üçün. Məsələn, Parisdə başqa bir işə getsəydim, ambisiyam o qədər yüksək olmaya bilərdi və biznes məktəbinin dalınca getməzdim.

Olumide Ogunsanwo: Bəli. Həmçinin, məruz qalmağınıza əsaslanaraq.

Achani Samon Biaou: Tam olaraq. Həmin nöqtəyə çatanda mən artıq 20-yə yaxın ölkəni gəzmişəm, eyni zamanda Almaniyada qazana biləcəyimin üç-beş qatını qazanmışam. Beləliklə, mən artan maaş artımlarına və ya hər il daha bir neçə ölkəyə səfər etməyə diqqət yetirmədim. Bununla belə, idarəetmə konsaltinqində, özəl kapitalda və hedcinq fondlarında insanlara məruz qalmaq mənə yüksək ambisiyalar qoymağa kömək etdi.

Olumide Ogunsanwo: Buna görə də siz özünüzü yeni ideyalar, konsepsiyalar və insanlara təqdim etməlisiniz. Əks halda, ambisiya səviyyəniz cari mühitinizdə artıq mövcud olanların ortalaması ilə məhdudlaşacaq.

Achani Samon Biaou: Fransadakı dostlarımın çoxu MBA və ya mühacir həyatına davam etməyin faydalarını mən bunu edənə qədər dərk etmədilər. Yaxın dostlarımdan beşi INSEAD-da icraçı MBA təhsili almağa getdi və mənə dedi ki, "Sən məni MBA almağa ruhlandırdın". Bir çoxları indi BƏƏ və ya ABŞ-da iş imkanları haqqında soruşur. Xülasə, ifşa ambisiyalarınızın formalaşmasında mühüm rol oynayır. İndiki mühitinizdə çoxlu imkanlarınız olmasa belə, özünüzü daha yüksək hədəflər qoymağınıza kömək edəcək daha geniş bir dairə ilə əhatə etməyə çalışın. Xoşbəxtlikdən, çox şeyə məruz qaldım və ambisiyam göydə idi. Mən yalnız ən yaxşı 10 MBA məktəbinə müraciət etdim.

Olumide Ogunsanwo: Bəli, əlbəttə. Siz artıq Deutsche Telekom-da idiniz.

Achani Samon Biaou: Tam olaraq. MBA təhsili almaq qərarına gələndə bu, təkcə maaş artımı üçün deyildi. Mən artıq bir qürbətçi kimi kifayət qədər çox qazanırdım, ayda 10.000 dollara yaxın qazanırdım. Post-MBA, mən BCG-də ayda $12,000-a qədər yüksəltmək niyyətində idim. Maaş artımı mənim üçün ən böyük motivasiya deyildi. Mən ambisiyamı biznes məktəbinə daşıdım və qarşıma yeni hədəflər qoydum. Mən dünyanı dəyişdirmək potensialına malik təsirli bir işə başlamaq üçün texnologiya və ya konsaltinqdən kənara çıxmaq istədim. Deutsche Telekom-da işlədiyim vaxtlarda belə iddialı məqsədlər qoymağa və həyata keçirməyə yetkinlik yox idi. Amma dünyanı gördükdən, təhsil alandan və şəbəkə qurduqdan sonra başa düşdüm ki, böyük xəyallar qurmalıyam.

Əvvəlcə edə biləcəyim təsirin miqyası haqqında düşündüm, amma sonda qlobal təsir haqqında düşünməyə başladım. Daha böyük bir şeyə keçmək mənim üçün gözəl bir an idi. Bilirdim ki, daha böyük ambisiyalarımı həyata keçirərkən qarşıma maliyyə müstəqilliyi hədəfi qoymalıyam.

Olumide Ogunsanwo: Gözlənilməz beyin əməliyyatı hekayənizdə hansı rolu oynadı?

Achani Samon Biaou: Bu uğursuz və qorxulu bir an olsa da, beyin əməliyyatı mənə çox aydınlıq gətirdi. Əməliyyat masasında olarkən anladım ki, ölə və ya funksional qüsurlu ola bilərdim. Belə hadisələrlə üzləşəndə düşüncəniz daha aydın olur. O an ağlıma gələn yeganə şey dünyaya və ailəmə sahib olmaq istədiyim təsir idi. Zamanın dəyəri daha da qiymətli oldu.

Olumide Ogunsanwo: Bu, 30-cu yaşlarınızın ortalarında, hələ 50-60 il ömrünüz olduğunu düşünəndə baş verdi. Bu barədə düşünmək belə qorxuludur.

Achani Samon Biaou: Təsəvvür edirsinizmi? Əməliyyat masasında olarkən fikrim o qədər aydın idi ki, BCG-dəki işimi və ya müştərilərimin təqdimatlarını düşünmürdüm. Bunun əvəzinə beynimdə iki sual var idi: Valideynlərimi ziyarət etmək, dostlarla vaxt keçirmək və gülmək kimi sadə şeylərdə daha çox xoşbəxtliyi necə tapa bilərəm? Dünyanın səs-küyündən yayınmadan böyük məqsədlərimə necə diqqət yetirə bilərəm?

Əməliyyatdan ayılanda hər şey aydın oldu. Məsləhətləşmə yalnız məqsədə çatmaq üçün bir vasitədir. Mən dərindən hiss etdiyim ağrı nöqtələri üzərində sınaqdan keçirmək istədim və maliyyə azadlığı buna nail olmaq üçün şərait yaratdı. Əvvəllər ağlımda maliyyə azadlığı olsa da, əməliyyatdan sonrakı qədər qətiyyətli deyildi. İndi mənim Excel modelim "nə qədər pul qazana bilərəm? "Mənə lazım olan pulu qazanmaq üçün nə qədər az vaxt sərf edə bilərəm?"

Olumide Ogunsanwo: Puldan daha qiymətli valyuta olan zaman üçün optimallaşdırma.

Achani Samon Biaou: BCG-də son günümü irəli və geri köçürməyə imkan verən açılan seçim əlavə edərək maliyyə modelini yenidən qurdum. Bu, mənə nə qədər qənaət etməli və bonusumun nə qədər böyük olması kimi parametrləri müəyyənləşdirməyə kömək etdi və məni maliyyə müstəqilliyinə nail olmaq missiyasına istiqamətləndirdi. BCG-nin nüfuzlu Səfir proqramına müraciət etmək təkcə əla fürsət deyil, həm də qazancımı demək olar ki, iki dəfə artırmaq və bununla da maliyyə müstəqilliyimə gedən yolumu sürətləndirmək şansı idi. Beyin cərrahiyyəsi anı uğurumun böyük hissəsinin katalizatoru oldu. Oxucularımıza aydınlıq əldə etməyə kömək edən pozucu

FTE tapmağın vacibliyini kifayət qədər vurğulaya bilmirəm və lazım gələrsə, onu özünüz hazırlaya bilərsiniz. Zonada olduqdan sonra onu saxlayın və icra edin. Cazibədarlıqlar və diqqəti yayındıranlar sizdən sıçrayacaq.

Nəhayət, əgər uşaqlarınız varsa, onlara özlərinə inam və özünə inam yaradan təcrübələrlə tanış olun. Onları birinci yerə qoyun və sizdən uzaqlaşmanın onların böyüməsini sürətləndirdiyini anlayın. Onlara tez öyrənmək və səhv etmək imkanı verin. Onları başqa ölkələrə aparın və dünyanın necə işlədiyini göstərin.

Olumide Ogunsanwo: Yəni onlar yeni mühitlərdə necə uğurlu olmağı öyrənə bilərlər?

Achani Samon Biaou: Tam olaraq. Maraqlı olun. İrlandiyanın Dublinə son səfərim zamanı Uber sürücüsümlə insanların Dublində necə uğur qazandıqları barədə söhbət etdim. Biz yüksək vergi mühiti və mövcud olan gəlirli texnoloji işləri müzakirə etdik. Mümkün qədər çox insanla danışmaq vacibdir, lakin onların etdiklərini sadəcə kopyalamaq deyil. Əksinə, onların təcrübələrini öz güclü və bacarıqlarınızla əlaqələndirin.

Karyeranızın ilkin mərhələlərində rahat işlərlə kifayətlənməyin. Son dərəcə iddialı olun və yüksək hədəflərə çatın. Özünüzdən soruşun: "Mən analitikdən direktor vəzifəsinə necə keçə bilərəm?" və ya "CEO olmaq üçün nə lazımdır?" və ya hətta "Bu böyüklükdə bir şirkət yaratmaq üçün nə lazımdır?"

Ambisiyanızı yüksəldin, cəsarətli olun və yaxşı işinizin mükafatı olaraq hər altı aydan bir yüksəliş və ya bonus almaqla kifayətlənməyin.

Olumide Ogunsanwo: Əgər icazə versəniz, şirkətlər sizi qırıntılarla qidalandıracaq. Əgər onların təsiri ambisiyanızı azaldırsa, həmyaşıdlarınız qrupundan kənara baxın. Həmyaşıd qrupunuz sizi hazırda saxlayan ən böyük şey ola bilər. Hekayələrimizi oxumaqla, biz sizi hiss edə biləcəyiniz məhdudiyyətlərdən kənarda düşünməyə və daha böyük bir şeyə nail olmağa ruhlandırmağa ümid edirik. Olduğunuz yerlə kifayətlənməyin, çünki dostlarınız öz həyatlarından razıdırlar. Unutmayın, hər kəsin fərqli məqsədləri və istəkləri var.

Mümkün olduğuna inandığınız şeylərin sərhədlərini itələyin və sıradan bir həyatla kifayətlənməyin. Narazılıq hissi sizi daha çox şeyə nail olmağa həvəsləndirə bilər. Buna görə də bu kitabı yazırıq. Bizə pul lazım deyil, biz artıq maliyyə cəhətdən müstəqilik. Ancaq biz başqalarına kömək etmək və özümüzü inkişaf etdirməyə davam etmək istəyirik. Maliyyə müstəqilliyinə nail olmağımıza baxmayaraq, biz maraqlı və şəxsi inkişafa sadiq qalırıq. İnsan böyüdükcə özünü bir doyumluq hiss edir.

Achani Samon Biaou: Gözəl. Sizinlə tam razıyam. Ənənəvi 9-dan 5-ə qədər işiniz bədəniniz zəifləyənə və 70 yaşında təqaüdə çıxana qədər işləməyinizi təmin etmək üçün qurulub. Bununla belə, maliyyə müstəqilliyinizlə siz bu qrafiki sıxışdırıb siçovul yarışından 10-20 il ərzində çıxa bilərsiniz. . Beləliklə, siz maddi cəhətdən təhlükəsiz olarkən ən yaxşı illərinizi yaşaya bilərsiniz. Maliyyə müstəqilliyi sadə bir tənlikdir - rasional şəkildə çoxlu pul qazanın və çox pul xərcləməyin. Qalan pul birləşəcək və nəticədə sizi maliyyə cəhətdən müstəqil edəcək. Essensializm kritikdir. Gəlirinizi artırarkən xərclərinizi azaltmaq üçün vacib hesab etdiyiniz şeylərə diqqət yetirin. Bu, nizam-intizam və icra tələb edəcək, amma sonda buna dəyər.

Bu gün mən öz həyatımı sevirəm. Səyahət etmək, yeni dillər öyrənmək, yeni layihələri araşdırmaq və zərgərlik kimi zövq aldığım şeylərlə məşğul olmağı sevirəm.

Olumide Ogunsanwo: FIREDOM ailəsinə qışqırın!

Achani Samon Biaou: Olumide ilə görüş mənim üçün əlamətdar hadisə idi. Biz qeydlər mübadiləsi apardıq və həyatımız haqqında hekayələr paylaşdıq. Çox gözəl idi, çünki düşüncə tərzinizi genişləndirən insanlarla danışmaq gözəldir. Mən sizinlə bu kitab üzərində işləmək təcrübəsini sevirəm. [Gülümsəmək]

Olumide Ogunsanwo: Mən də sizinlə işləməyi sevirəm. [Gülümsəmək] Biz zəif idik və buna nail olduq. İnanılmaz! Bu günə qədər həyatımın hekayəsi.

Mən Nigeriyanın Laqos şəhərində böyümüşəm və böyük bir azadlıqla böyümüşəm. Akademik cəhətdən mükəmməl olduğum üçün hər şeyi təkbaşına başa düşə biləcəyimə inam və özünə inam inkişaf etdirdim. Nəticə etibarilə Amerikaya köçmək şansım oldu, çünki liseydə ardıcıl olaraq ən yüksək qiymətlərə sahib idim. Valideynlərimin bunu ödəyə bilməsində şans rol oynasa da, mənim qiymətlərim daha böyük bir şey üçün potensialı göstərdi.

17 yaşım olanda Amerikaya köçdüm və başqa heç kimin mənimlə maraqlanmayacağını bildiyim üçün özümə güvənməyi tez öyrəndim. Bir

immiqrant kimi mənim heç bir dəstək şəbəkəm yox idi, ona görə də özümə güvənməli idim. Uğurumda şans rol oynasa da, şansımı öz xeyrimə düzəltməyə çalışdım. Özünüzü tanıyaraq və ona inanaraq, doğru şeylər üzərində çox çalışaraq, yeni şeylərlə sınaqdan keçirərək və özünüzü doğru insanlarla əhatə etməklə, bəxtiniz gətirmə şansınızı artırırsınız. Həyatda şansın gücünü qiymətləndirməyin, eyni zamanda ona yeganə uğur mənbəyiniz kimi etibar etməyin. Bunun əvəzinə, uğur şansınızı artırmaq üçün özünüzü və bacarıqlarınızı inkişaf etdirməyə diqqət edin və onlar yarandıqda fürsətlərə hazır olun.

Növbəti şey şəxsi inkişaf idi. Mən erkən yaşlarımdan şəxsi inkişafa diqqət yetirdim, çünki qazanc potensialımı artırmaq üçün vacib olduğunu bilirdim. Buna görə də mən Kimya Mühəndisliyi üzrə təhsil aldım və həm Oksfordda, həm də MIT-də yüksək dərəcələr aldım. Hər gün yeni şeylər öyrənmək üçün vaxt ayıraraq şəxsi inkişafımı prioritetləşdirməyə davam edirəm. 2023-cü ilin may ayından etibarən gündəlik diqqət mərkəzində olduğum sahələr bunlardır: Şənbə günləri Əlaqələr və Məhsulların İdarə Edilməsi, Bazar günləri Sağlamlıq və Satışlar, Bazar ertəsi günü AI, Çərşənbə axşamı Bulud və Avtonom Avtomobillər, Çərşənbə günləri Blokçeyn, Web3 və Kripto, və China Tech & India Cümə axşamı Tech, cümə günləri isə Africa Tech.

Şəxsi inkişaf insan kapitalınızın inkişafının demək olar ki, təməl qatıdır. Buna görə də bu kitabı aldınız. Bu kitab maliyyə müstəqilliyi haqqındadır, lakin daha çox şəxsi inkişaf haqqındadır.

İşəgötürənin mərhəmətində olmaq istəmədiyim üçün maliyyə cəhətdən müstəqil olmağımla bağlı aydın təsəvvürüm var idi. 21 yaşımda ilk işimi itirmək dönüş nöqtəsi oldu. Dərhal başa düşdüm ki, heç bir şirkət mənim haqqımda bir şey vermədi. MJ DeMarco'nun "FTE" və ya "bu hadisəni sikin" adlandırdığı bu hadisə mənim üçün oyanış zəngi idi. Bu mənə başa saldı ki, həyatımı idarə etməliyəm. Bu kitabı oxuyursunuzsa, maliyyə müstəqilliyinin əhəmiyyətini başa düşmək üçün kifayət qədər çarəsiz hiss etdiyiniz bir vəziyyət və ya vəziyyət yaratmalısınız. Sizə maliyyə müstəqilliyinin çox vacib olduğunu başa düşmək üçün gəncliyimdə yaşadığım hadisə kimi öz FTE tədbirinizi təşkil etməlisiniz.

Achani Samon Biaou: İndi dediklərıniz mənim üçün başqa bir fikir qatıdır. Bu FTE, istəyən insanları istəyən insanlardan ayıran körpüdür. FTE, həyatınızı dəyişdirməyiniz lazım olduğunun başa düşülməsi ilə nəticələnən bir hadisədir. Mənim FTE əməliyyatım olanda məsləhətçi karyeram zamanı baş verdi. Akademik və peşəkar uğurlarıma baxmayaraq, hələ də həssas və kövrək olduğumu başa düşdüm. Mən başa düşdüm ki, nailiyyətlərim məni şəxsiyyət kimi müəyyən etməyən xarici amillərdir. Təəssüf ki, hər kəsin FTE sahibi olmaq şansı yoxdur.

Olumide Ogunsanwo: MJ DeMarco hesab edir ki, əgər siz FTE hadisəsi ilə qarşılaşdığınızdan əmin deyilsinizsə, o zaman yəqin ki, etməmisiniz. Bir təcrübə etdiyiniz zaman, bu, həyatınızın trayektoriyasını dəyişdirəcək və gələcək üçün dəyərlərinizi və məqsədlərinizi dəyişdirəcək aydın və dəyişdirici bir an olacaq. Başqa sözlə, FTE hadisəsi həyatınıza əhəmiyyətli təsir göstərən bir şeydir və heç bir şübhə yoxdur ki, siz bunu yaşamısınız.

Achani Samon Biaou: Müxtəlif yaş qrupları üçün bir neçə fikir:

Övladlarınız üçün: Əgər övladınızı maliyyə müstəqilliyinə hazırlamaq istəyirsinizsə, bu gün ev təsərrüfatınızın maliyyə məsələlərini onlara həvalə etməklə başlayın. Onların çox gənc olduğunu düşünsəniz belə, ev büdcəsini idarə etsinlər. İnsan sonsuz qabiliyyətə malikdir. Mən 7 yaşım olanda ev büdcəsindən daha çoxunu idarə edirdim; Mən orta müəssisənin P&L ilə məşğul olurdum. Uşaqlarınızla böyüklər kimi davranın və məsuliyyətlərini onlara etibar edin. Onlar uğur qazana və ya uğursuz ola bilərlər, lakin təcrübədən öyrənəcəklər.

Tələbələr üçün: Bir il xaricdə öyrənmək və ya təhsil almaq, yerli mədəniyyətə qərq olmaq və dil öyrənmək üçün vətəninizi tərk edin. Məsələn, MIT-də bakalavr tələbəsiysinizsə, bir il məzuniyyət götürün və Koreyada və ya Cənubi Afrikada oxuyun. Bu təcrübə perspektivinizi genişləndirəcək və sizə dünyanı daha dərindən dərk edəcək.

Böyüklər üçün: Düşünmək və özünüzü daha yaxşı tanımaq üçün məzuniyyət götürün və ya sizi rahatlıq zonanızdan çıxaran yeni bir fəaliyyətlə məşğul olun. Rutininizdən çıxmaq sizə yeni maraq və bacarıqlar kəşf etməyə kömək edə bilər.

Olumide Ogunsanwo: İnsanların həyatlarını və mədəniyyətlərini daha yaxşı başa düşmək üçün Qvatemala və ya Uqanda kimi ölkələrə səyahət etməyi düşünün. Fərqli mədəniyyətlərə qərq olmaq yeni perspektivlər aça və yeni ideyalar alovlandıra bilər.

Achani Samon Biaou: Yeni mühitinizdə evinizdən kömək istəməməyi qarşıya məqsəd qoyun. Özünüzə güvənməyi məşq edin və lazım gələrsə, dolanışığını təmin etmək üçün yerli işlərlə məşğul olun. Bu böhranı yaratmaq sizə bəzi addımlar atacaq. Ondan bir şey öyrənəcəksiniz. Vətəninizə qayıtdığınız zaman geri qayıtmaq qərarına gəlsəniz, həyatınız bunun üçün daha yaxşı olacaq. Əsl özünü kəşf etməyə kömək etməklə şəxsi inkişafı sürətləndirmək üçün həyatınızda FTE yaratmağı təklif edirəm. Bu, maliyyə müstəqilliyinə nail olmağın açarıdır.

Olumide Ogunsanwo: 21 yaşında iş itkisi ilə FTE-ni yaşadıqdan sonra mən başa düşdüm ki, özümdən başqa güvənəcəyim heç kim yoxdur. Nəticədə, həyatımı dəyişmək üçün maliyyə müstəqilliyinə doğru səyahətə başladım. Bundan sonra planımı həyata keçirmək məsələsi oldu. Nə etməli olduğumu bilirdim və hərəkətə keçdiyimə görə minnətdaram. Dünyadakı hər kəsə eyni şeyi arzulayıram. Samon həqiqətən dərkedici bir şey söylədi ki, biz sizin maddi müstəqilliyinizə sahib olmanızı istəyirik ki, odununuzu dünyaya verəsiniz. Mən bunu hamı üçün istəyirəm. Buna görə də, hekayələrimizin başqalarını maliyyə müstəqilliyinə nail olmaq və ən yaxşı həyatlarını yaşamaq yolunda ruhlandıra və istiqamətləndirə biləcəyi ümidi ilə bu kitabı yazdıq.

Ümid edirəm ki, həyatınıza tətbiq edə biləcəyiniz bəzi prinsipləri götürmüsünüz: özünə inam, özünə güvənmə, maraq, müstəqil düşünmə, ambisiya, cəsarət, məqsəd qoyma, şəxsi inkişaf və gəlirinizi maksimuma çatdırmaq və ona uyğun xərcləmək üçün qəsdən yaşamaq. dəyərləriniz. Müzakirə etdiyimiz bu prinsiplər universaldır, lakin həyatınıza tətbiqi unikal olacaq. Prinsiplərin sizin üçün işləməsi üçün öz yolunuzu axtarın.

Ən yaxşısını etməyə çalışın. Peşmanlığın ən pis növü, ən yaxşı həyatınızı yaşamağa çalışmadığınızı bilməkdir. Bilirəm ki, əlimdən gələni etdim. Özümü inkişaf etdirməyə və ətrafımdakı şərtlərə əsaslanaraq bacardığım hər şeyi öyrənməyə çalışdım. Buna görə bu kitabı aldınız, çünki sınamaq istədiyinizi bilirsiniz. Rahat bir həyat yaşaya bilərsiniz, ancaq özünüzü itələmək üçün rahatlıqdan kənara baxmağa çalışmalısınız. Əlinizdən gələni etsəniz, çox fərqli heyrətamiz şeylər edə bilərsiniz. Bütün günü televizora baxmaqla şəxsi böyüklüyün tərifinə nail ola və ən yaxşı həyatınızı yaşaya bilməzsiniz. Bu kitabı təkcə maliyyə müstəqilliyi üçün deyil, həm də fəxr edə biləcəyiniz bir həyat yaşamanızı istədiyimiz üçün yazırıq.

Bu, yazmaq üçün ən çox sevdiyim fəsillərdən biri oldu, çünki çoxlu mövzuları bir araya gətirir və oxucular üçün hamısını birləşdirir. Heyrətamiz!

Achani Samon Biaou: Mən bunu sevirəm. Möhtəşəm. Təşəkkür edirəm və bu səfərdə olmaqdan şadam.

Olumide Ogunsanwo: Biz birlikdə necə inanılmaz səyahət etmişik! Kitabın sona çatdığına inanmaq çətindir. Ümid edirik ki, hekayələrimiz sizi maliyyə müstəqilliyinə nail olmaq üçün həyatınızda müsbət dəyişikliklər etməyə ruhlandırıb.

Fürsətdən istifadə edib iki nəfərə öz təşəkkürümü bildirmək istəyirəm. İlk növbədə Samona böyük təşəkkürlər. Samonla işləməyi çox sevirdim. Bu layihəni birlikdə icra etmək çox xoşdur. Kitab yaratmaq asan məsələ deyil, lakin Samon bütün səyahət boyu zəhmli tərəfdaş olmuşdur. Onunla birgə işləmək fürsətinə görə minnətdaram.

Mən də bu kitabı oxuyan sizə ürəkdən təşəkkürümü bildirmək istəyirəm. Təcrübələrimizi və maliyyə müstəqilliyi ilə bağlı fikirlərimizi bölüşərkən bu səyahətdə bizə qoşulmaq üçün vaxt ayırdığınız üçün təşəkkür edirik. Siz keçmişimizi xatırlamaq üçün bizə qoşuldunuz və vaxt ayırdığınız üçün sizə təşəkkür edirəm. Ümid edirik ki, biz sizin maliyyə müstəqilliyinizə nail olmaq üçün cəlbedici, maraqlı və faydalı kitab yaratmışıq. Dəstəyiniz üçün təşəkkür edirik!

Hello@myfiredom.com ünvanında bizimlə əlaqə saxlayın və FI haqqında söhbətə davam etmək üçün dərc edəcəyimiz firedom.substack.com [1]ünvanındakı alt yığın xəbər bülletenimizə qoşulun . Mən sizin hamınızın bir gün maliyyə müstəqilliyinə çatmağınızı və xəyallarınızdakı həyatı yaşamanızı səbirsizliklə gözləyirəm. Bu səyahətdə bizimlə olduğunuz üçün hər birinizə təşəkkür edirik!

Achani Samon Biaou: Dediyiniz hər şeylə tamamilə razıyam, Olumide. Gözəl təcrübə üçün təşəkkür edirik. Hər dəfə səsyazma planımız olanda onu böyük səbirsizliklə gözləyirdim, çünki bilirdim ki, əla söhbət olacaq. Ümid edirik ki, kitabımız öz səyahətinə çıxan bütün oxucularımıza faydalı olacaq. Daha bir şey, əvvəllər dediyim kimi, mən xoş əhval-ruhiyyəni sevirəm...

Olumide Ogunsanwo: [İsterik gülüş] Birinci fəsildə bunu dedin. İndi yeddinci fəsildə yenə deyirsiniz.

Achani Samon Biaou: Əgər daha çox insan maliyyə müstəqilliyinə nail olsa, mən daha xoşbəxt olacam. Unutmayın ki, başqasının maliyyə müstəqilliyi sizin öz potensialınızı ona çatmaq üçün məhdudlaşdırmır.

1. http://firedom.substack.com

Olumide Ogunsanwo: Razılaşdım. Əslində, nümunə nümunələri görsəniz, maliyyə müstəqilliyinin sizin üçün mümkün olduğuna daha çox inanırsınız.

Achani Samon Biaou: Mənim həyatda şəxsi fəlsəfəm başqalarına mənim əldə etdiklərimdən daha yaxşısını etməyə kömək etməkdir. Etdiklərimi yeni bir şey yaratmaq üçün təməl kimi istifadə edə bilərsinizmi? Bu mövzu ilə maraqlananların hekayələrimizi daha dərindən araşdırması və araşdırması, məsləhətləri və ən əsası maliyyə müstəqilliyinə nail olmaq üçün tətbiq edə biləcəyiniz prinsipləri paylaşması məni həyəcanlandırır. Sözlərimizin sizi ən kiçik şəkildə belə ruhlandırdığını və maliyyə müstəqilliyinizə nail olmağınıza kömək etdiyini bilmək mənə hədsiz sevinc bəxş edərdi. Olumide dediyi kimi, əgər siz nə vaxtsa əlaqə saxlamaq istəyirsinizsə, bizə e-poçt göndərə və ya alt yığın bülletenimizə qoşularaq FIREDOM söhbətinə davam edə bilərsiniz. İcma işləri daha yaxşı edir, ona görə də maliyyə müstəqilliyinizi artırmağa davam edin!

Olumide Ogunsanwo: Nə gözəl səyahətdir! Sağ ol Samon. Hər kəsə təşəkkürlər! **Özünüzü və sizi incidən başqalarını bağışlayın, özünüzə inanın, orijinal mənliyiniz olun, həyatınızın cəlbedici gələcək vizyonunu yaradın, iddialı dəyərlərə əsaslanan məqsədlər qoyun və məqsədlərinizə çatmaq üçün hər gün özünüzü inkişaf etdirin.** FIREDOM-a doğru gedin və qalib gəlin!

www.ingramcontent.com/pod-product-compliance
Lightning Source LLC
LaVergne TN
LVHW100129051026
849525LV00004B/1338
* 9 7 9 8 8 6 9 0 0 7 9 2 6 *